움직이는 문명, 자원과 물류의 세계사

움직이는 문명,
자원과 물류의 세계사

한종수 · 성흠제 · 조성준 지음

섬앤섬

추천사

자원과 물류는 인류 문명의 흥망성쇠를 결정짓는 핵심 동력이자 도시와 국가의 미래를 좌우하는 중요한 기반입니다. 이 책은 자원의 채굴에서 교통·물류 네트워크의 발전에 이르기까지, 문명의 거대한 흐름을 쉽고도 깊이 있게 풀어내며 우리가 살아가는 도시와 사회를 이해하는 데 꼭 필요한 시각을 제공합니다.

특히 성흠제 의원이 공동저자로 참여해 도시와 교통, 그리고 현장의 정책 경험을 더한 점은 이 책을 더욱 특별하게 만듭니다. 연구자나 전문가가 미처 다루지 못한 부분까지 균형 잡힌 시각으로 엮어내어, 독자로 하여금 과거의 문명뿐 아니라 현재와 미래의 과제를 함께 성찰하도록 이끕니다. 자원과 물류의 역사를 통해 '움직이는 문명'의 원리를 깨닫고자 하는 모든 독자에게, 이 책은 흥미와 울림을 동시에 전해줄 것이라 확신합니다. ―김형진 (전)연세대학교 도시공학과 교수, (전)한국교통연구원 원장, (전)국토교통부 국가교통위원회 위원

한종수 작가의 〈문명을 일으킨 자원과 물류의 역사〉는 한국에서는 나오기 힘든 책이다. 출입처에 묶여 있는 기자들이나 세부전공에 집중하는 학자가 감히 도전할 수 없는 영역을 한 권의 책으로 묶어냈다. 그것도 가독성 있고 재미있게. 우리도 유발 하라리나 제레미 다이아몬드를 가질 수 있다는 가능성을 보여줬다. ―윤범기 MBN 기자 《오바마처럼 연설하고 노무현처럼 공감하라》 저자

평소 구수한 입담을 자랑하는 저자들은 이 책을 마치 옛날이야기를 풀어내듯 재미있고 흥미롭게 썼다. 하지만 이 책은 단순히 과거의 일들을 전달하는 차원을 넘어, 오늘날 우리의 삶과, 우리의 후손들이 살아갈 미래를 위한 묵직한 질문도 외면하지 않는다. 역사에 관심을 가진 독자라면, 이 책을 통해 역사를 바라보는 흥미로우면서도 신선한 관점을 얻을 수 있을 뿐만 아니라, 더 깊은 공부를 위한 문제의식도 함께 얻을 수 있으리라 확신한다. ―전성민 가천대학교 경영학과 교수. 취업진로처장. 한국경영사학회 부회장

프롤로그

문명이 태동하고 발전하기 위해서는 반드시 자원과 물류망이라는 물적인 토대가 수반되어야 하며, 이들을 효율적으로 이용한 국가가 동서고금을 막론하고 성공했다는 내용이 이 책의 주제이다. 1부 자원 편에서는 물과 나무, 동물, 곡물, 해양자원, 지하자원, 석유 그리고 핵과 신재생에너지로 나누어 살폈고, 2부인 물류 편에서는 도로, 해군, 이탈리아와 한자동맹의 해양 도시국가들, 대항해시대와 그 주역인 유럽의 다섯 나라와 항만, 철도 그리고 미국이 주도한 항공과 전파 이야기로 나누어 구성했다.

이야기는 수메르에서 시작한다. 이 신비의 민족은 기원전 5천 년경, 메소포타미아로 이주하여 농경을 위한 수리시설을 만들면서 인류 최초의 문명을 일으켰다. 그 뒤로 인류는 나무를 베어 농경지와 목장을 조성했고, 쓸모 있는 광물을 캐내고, 어장을 개척했다. 그 결과 밀(그리고 벼)을 위시한 많은 곡물과 개와 소, 말, 양, 돼지, 닭 등의 동물들이 인류의 편의를 위해 길들여지거나 개량되었다. 이러한 인류의 활동으로 문명의 상징이자 꽃인 도시가 탄생했고, 도시에 사는 사람들에게 필요한 물자를 공급하기 위해 도로와 항구 같은 교통시설들이 만들어졌다. 이처럼 인류는 자연에서 출발해 문명을 이루었지만 거기에 만족하지 않았다. 자신들에게 부족한 자원을 보충하고 나아가 지배층의 사치와 편의, 호기심을 만족하는 물자를 구하고자 교환(무역)을 시작했던 것이다.

무역의 발달은 육상과 해상의 실크로드를 구축했고 대항해시대로 이어졌다. 신대륙에서 재배된 옥수수, 감자와 같은 획기적인 작물과 신기한 물질 고무가 전 세계로 퍼져나갔고, 엄청난 인구 증가가 이어졌다. 마침내 인간이 사는 모든 대륙이 연결되면서 서로가 서로에게 끝없이 영향을 미치기에 이른다. 그리고 신석기 농업혁명 이후 인류 역사 최대의 혁신이라 할 수 있는 '산업혁명'을 이루어냈다. 이 산업혁명이 전 세계로 확산되면서 이후 약 두 세기에 걸쳐 유사 이래 최대의 사회 변혁이 이루어졌고, 이는 개인의 일상까지도 '혁명적으로' 변화시켜 오늘날의 세상을 만들었다. 이후의 인류는 결코 그 전의 시대로 되돌아갈 수 없었다. 오직 앞으로만 나아갔다. 이와 같은 혁신의 과정 속에서 석탄과 석유, 알루미늄, 우라늄, 리튬 등 그 이전에는 큰 의미가 없었던 자원들이 엄청난 가치를 지니고 있음을 새롭게 알게 되었다. 철도와 자동차, 엔진으로 움직이는 선박, 고속도로, 항공기, 전신과 전화, 무선통신, 인터넷 등 산업혁명 이전에는 상상도 할 수 없었던 교통과 통신 수단으로 전 세계를 하나로 묶었다. 하지만 이런 놀라운 진보가 행복만을 가져다 주지는 않았다. 인류에게 엄청난 비극도 가져다 주었다. 두 차례의 세계대전을 비롯한 수많은 전쟁에서 수천만 단위의 대규모 인명 살상이 일어났고 전쟁과 살육의 고도화를 통해 기술이 자본가의 배를 불렸던 것도 부인할 수 없는 사실이기 때문이다.

물질과 산업이 가져온 이 문명의 파도에 우리나라도 예외일 수는 없었다. '문명'이라는 이름으로 무장한 열강들의 각축 속에서 안타깝게도 우리는 국권을 잃었고, 해방과 거의 동시에 분단의 고통을 겪어야 했다. 하지만 또 한편으로는 얼마 되지 않는 가용자원을 최대한 활용하고, 체계적인 물류망을 갖추면서 빠르게 산업화와 정보화에 성공한 몇 안 되는 국가로 성장했다. 세계 문명사의 흐름 속에 우리 민족이 어떻게 적응하며 살아왔는가는 이 책의 중요한 주제이다. 저자들은 문명사의 거대한 흐름을 다루면서 독자들이 편하게 읽고 이해할 수 있도록 썼지만 자신할 수는 없다. 그저 좋은 반응이 있기를 기대할 뿐이다.

차 례

추천사 · 4
프롤로그 · 5

1부 자원

가장 중요한 수자원 15
물을 관리하면서 탄생한 문명 / 교통과 동력, 발전수단으로서의 수자원 / 무기로서의 수자원 / 일제강점기의 수리조합 / 현대의 수자원

나무 자원 35
고대 문명을 만든 나무 / 고대 지중해 문명의 흥망을 좌우한 나무 / 해양국가 베네치아와 대영제국에 심각한 영향을 미친 나무 부족 / 아메리카의 두 대국 미국과 브라질을 만든 나무 / 나무가 준 선물들 / 우리나라의 삼림자원 / 근현대의 삼림 자원

동물 자원 53
가장 중요한 가축 : 소 / 단백질 덩어리 : 돼지 / 가장 흔하고 중요하지만 존재감이 약한 가축 : 닭 / 인류 최초의 가축 : 양 / 말의 전투력과 수송력 그리고 낙타 / 다른 동물들 / 가축들이 제공하는 부산물들 : 달걀과 젖, 배설물 / 종교적 희생물로서의 동물 / 우리 민족과 동물 / 축산의 산업화와 그 대가

곡물과 작물 82

인류의 경로를 바꾼 밀 / 밀의 산업화 / 제왕적 작물 : 벼(쌀) / 우리나라와 일본의 쌀 / 밀과 쌀 그 뒷이야기 / 신대륙의 작물들 / '식물계의 코스모폴리탄' 옥수수 / 세계 역사를 바꾼 감자 / 신대륙의 작물이 세계에 미친 영향

해양 자원   109

대구와 청어 / 고급생선 다랑어와 캐비어 그리고 갑각류 / 고래가 바꾼 세상 / 사소해 보이지만 중요한 해양자원들 / 해양광산자원 / 우리나라의 해양자원 / 남획과 기후변화 그리고 해양오염

지하 자원   127

신대륙의 노다지 / 미국과 호주, 남아공을 만든 골드러쉬 / 다이아몬드를 위시한 보석들 / 다른 광물들 / 우리나라를 움직인 광물들 / 가장 흔한 광물 자원 '모래' / 산업혁명의 동력, 가장 풍부한 매장 에너지 : 석탄 / 세계로 퍼져나간 석탄 시대 / 석탄에서 나온 부산물들 / 석탄의 부작용 / 석탄의 현재와 미래 / 유럽 석탄 철강공동체

현대의 핵심 자원, 석유   157

현대 산업의 혈액 / 최초의 석유 패권국 영국 / 미국의 자동차 대중화 / 도전자 독일과 1차세계대전 / 2차세계대전을 좌우한 석유 / 새로운 패권자 미국 / 장외의 도전자들 / 자동차와 석유화학 산업, 조선업 그리고 농업의 기계화 / 1973년 오일쇼크와 우리나라 / 석유로 인한 환경파괴 / 셰일 가스와 천연 가스 / 여전히 석유는 세상을 움직인다

핵과 신재생 에너지   182

'환상적'으로 보였던 핵 에너지 / 핵(원자력) 에너지의 문제점 / 풍력과 태양에너지 / 다른 신재생 에너지 / 신재생 에너지의 강점

2부 물류

도로 201

로마의 가도 / 진나라의 직도 / 페르시아와 잉카 제국의 도로 / 도로의 근대화 / 독일의 아우토반과 미국의 연방 고속도로 / 우리나라의 도로

강대국과 해군력 217

고대와 중세의 제해권 쟁탈전 / 영국의 해양 패권 / 신흥제국 독일의 도전 / 일본 해군의 굴기와 남미의 태평양 전쟁 / 미국의 해양패권 / 소련 해군의 급성장과 붕괴 / 21세기에 반복되는 제해권 쟁탈전

세계 제국의 물류와 통신망 234

몽골과 위구르 그리고 바다와 육지의 실크로드 / 완벽한 역참망 / 무역의 제국 송나라 / 쿠빌라이 시대에 입체화된 교통망 / 후세에 미친 영향과 소멸 / 현대 중국의 일대일로 / 세계 최초의 글로벌 교통, 통신망 : 대영제국의 세 가지 강철 네트워크 / 미국과 세기의 상징 : 파나마 운하

이탈리아와 한자 동맹의 해양 도시국가들 258

아말피와 피사 공화국 / 베네치아 공화국 / 제노바 공화국 / 북유럽의 패자 한자동맹 / 뤼벡의 건설과 한자동맹의 결성 / 특혜도시들 / 한자동맹의 상품과 산업 / 한자동맹의 전성기 / 한자동맹의 구조 / 한자동맹의 쇠퇴와 소멸 / 한자동맹이 미친 영향 / 이탈리아 도시국가들과 한자 동맹의 비교

문명을 바꾼 대항해 시대 281

첫 번째 주자 : 포르투갈 / 두 번째 주자 : 스페인 / 세 번째 주자 : 네덜란드 / 네 번째 주자 : 영국과 프랑스

해양력의 중요성과 우수한 항만 295

제국주의가 만든 항구도시들 / 싱가포르 / 로테르담 / 선적으로 수입을 얻는 나라들과 선박의 초대형화 / 우리나라의 해양력 / 미국의 쇠퇴와 중국의 부상

세상을 바꾼 철도 309

철도의 탄생과 유럽의 변화 / 대륙횡단 철도들 / 전쟁의 양상을 바꾼 철도 / 근현대 자본주의 발전에 결정적인 역할을 한 철도 / 철도 궤도가 다른 이유 / 일본의 철도 / 세계 최고의 중국 철도 / 우리나라의 철도

항공과 전파로 세계를 지배한 미국 336

항공기의 종주국 / 공군력으로 승리한 2차세계대전 / 민수용 전환 / 여전한 미국의 항공패권 / 공항의 대형화와 도서화 / 미국이 주도한 통신혁명 / 전기 중심의 2차 산업혁명과 컴퓨터의 등장 / 반도체가 일으킨 혁명 / PC의 등장과 급속한 보급 / 인터넷의 등장 / 지구를 지배하는 GPS기술 / 중국의 항공과 통신 굴기 / 영독 패권 쟁탈전과 닮은 꼴인 미중 패권 쟁탈전

에필로그 · 361

1부

자원

자원이란 어떤 목적을 위해 자연계에서 얻고 생산되는 물질을 의미한다.

국어사전에서는 자원資源을 "인간 생활 및 경제 생산에 이용되는 원료로서의 광물, 산림, 수산물 따위를 통틀어 이르는 말"이라고 정의한다. 즉 일차적인 의미에서 자원은 어떤 목적을 위해 자연계에서 얻거나 생산되는 물질을 뜻한다.

자원의 가치는 금과 은 같은 희귀 자원을 제외하면 시대와 장소에 따라 달라지는 경우가 많았다. 현대 문명에서 가장 중요한 자원인 석유가 중요해진 시기는 1859년부터이지만, 그때도 등유만 쓰고 휘발유는 버려졌다. 휘발유를 사용하는 자동차가 개발되고 대중화되면서 석유의 가치는 최고가 되었다. 알루미늄 역시 19세기 말 전기 정련법이 나오기 전까지는 사용도가 극히 낮았다. 우라늄의 가치가 알려진 시기는 이들보다도 더 짧아서 지금으로부터 불과 80년 전에는 그냥 돌덩이에 불과했다. 감자는 경작이 편하고 영양분이 많음에도 불구하고 종교, 문화적 편견 때문에 두 세기 가까이 유럽인들에게 외면당했었다. 참치는 유럽의 소국 포르투갈이 역사의 변곡점인 '대항해 시대'를 열 수 있게 한 자금원이었다. 남미의 어떤 나무에서 나오는 놀라운 탄력성을 가진 고무는 해저케이블을 비롯한 전기선의 절연체 그리고 자전거와 자동차의 타이어 원료가 되어 현대 문명 발전에 결정적인 역할을 했다.

즉 자원의 가치는 물질 그 자체가 아니라 인간의 요구와 기술의 발전을 통해 빛을 발하는 것이다. 이런 자원들은 인류 문명을 움직였고, 수많은 국가와 민족들의 흥망성쇠에 결정적인 역할을 했다. 그 서사를 이제 시작하려고 한다.

가장 중요한 수자원

— 자유롭지 않은 자유재

물을 관리하면서 탄생한 문명

인류 최초의 자원은 생명유지에 반드시 필요한 '물'이었다. 큰 종교의 경전도 이야기를 물로 시작한다. 《성서》의 시작인 〈창세기〉도 암흑의 혼돈 상태에서 물은 가득 차 있었다는 묘사로 시작한다. 힌두교의 경전인 《베다》에서도 태초에는 물밖에 없었다는 구절이 있다. 이슬람의 율법인 샤리아는 아랍어로 '물 긷는 곳으로 향하는 길'이라는 의미이다. 우리나라의 민간신앙에서도 반드시 필요한 것이 정화수였다. 인간의 몸은 그 반 이상이 물이고 신생아는 75%에 달한다. 이처럼 생명의 근원인 물은 인류 문명의 탄생에도 결정적인 공헌을 하였다.

수렵과 채집으로 살아가던 인류 일부가 기원전 9천 년경 원시적인 농경을 하면서 가축 사육과 함께 정착 생활을 시작했다.[1] 그들은 점점 다양한 곡물을 교배하고 신품종을 개발하여 수확량을 늘려나갔다. 인류

---

1) 한국의 대표적인 신석기 시대 유적인 강동구 암사동 유적도 한강변에 있다.

문명이 시작된 메소포타미아는 단어 자체가 '두 강 사이의 땅'이라는 의미이다. 이곳에서 기원전 6천 년경 최초의 관개시설이 만들어졌다. 그전까지 농부들은 작물 재배에 필요한 물을 오직 하늘에서 내리는 비와 불규칙하게 범람하는 하천에만 의존해야 했다.

물을 관리하는 관개시설이 발명되면서 수확량의 편차가 크게 줄어들었다. 이 관개시설을 만든 집단에서는 이를 통제하는 지도자가 등장하기 시작했다. 관개시설은 당연히 지킬 가치가 있는 것이었고, 잉여 식량으로 전문적인 병사를 고용하기에 이르렀다. 그러면서 지도자의 권력은 커져 갔고 메소포타미아에서 인류 역사상 첫번째 문명이 탄생하게 된 것이다. 법전으로 유명한 함무라비 대왕은 '백성에게 풍요로운 물을 마련하는 자'라고 자칭할 정도였고, 제방의 관리에 대한 조문이 여럿 나왔을 정도로 관개시설 관리를 아주 중요시했다.

이집트와 인더스, 중동에서도 수자원 관리를 바탕으로 문명이 발달하기 시작했다. 고대 이집트는 기원전 3천 년 전에 길이 100미터, 높이 12미터가 넘는 가라위 댐을 건설했다. 이집트의 경우에는 상류인 아스완에 주재하는 사제들과 관리들이 강물의 빛깔과 움직임을 자세하게 관찰하고 눈금이 새겨진 사다리로 수위를 측정했다. 정보는 배를 탄 관리들이 하류로 전달했고 농사와 산업, 그리고 각종 국책 사업이 이 정보에 따라 시행되었다. 이런 이집트의 수리 기술은 이슬람화 이후에도 이어졌고, 맘루크 시대에는 여러 지역의 댐을 조사하고 쓰레기 투기 등을 막고 관리하는 카시프 알 주수르라는 관리까지 두었다.

인더스 문명의 핵심지역인 모헨조다로에서는 인류 최초의 공중목욕탕 유적이 발견되었다. 페르시아는 본토에 큰 강은 없었지만 대신 까나트qanat라고 하는 지하수로를 만들어 제국의 기초를 쌓을 수 있었다. 까나트는 현재에도 사용하고 있다. 《성서》에 등장하는 시바의 여왕으로 유명한 사바 왕국은 지금의 예멘에 자리 잡고 있었는데, 이미 기원전 8세기에 거대한 마리브Marib 댐을 건설해 수백 년간 번영을 누릴 수 있었다.

중국의 경우에도 우禹 임금이 치수사업으로 왕위에 올라, 중국 최초의 하夏 왕조를 열었다고 할 정도로 수자원은 대단히 중요했다. 정치의 治가 물을 다스린다는 의미일 정도이다. 전국시대 각 열강은 운하와 제방을 쌓아 교통과 농업생산력 향상을 도모했는데, 진나라는 이빙李冰이 만든 도강언都江堰 덕분에 사천 지방의 농업 생산력을 획기적으로 끌어올려 천하통일을 이룰 수 있었다. 1880년대 후반 중국 오지까지 여행을 했던 이사벨라 버드 비숍 여사도 이빙을 천재 기술자라고 부르며 찬사를 아끼지 않았다. 춘추오패 중 하나인 초나라 장왕莊王에게는 손숙오孫叔敖라는 명재상이 있었는데, 그는 원래 제방을 쌓는 기술자였다. 그는 기사피期思陂라는 인공호수를 만들어 벼 생산을 가능하게 만들었다. 기사피는 지금의 안휘성 육안현에 있는데. 현재는 안풍당安豊塘이라고 부른다. 중국 고대의 치수 기술은 사마천의 《사기》 중 수리사업을 전문적으로 다룬 〈하거서〉에 잘 나와 있다. 사마천 본인도 황하 상류의 용문 출신이고 황하변 호자瓠子에서 일어난 제방 붕괴 사고 후 복구현장에서 노동을 한 적이 있었다. 이때 한 무제가 직접 현장지도를 했다.

북송의 명재상이자 라이벌이었던 사마광과 왕안석은 황하의 물줄기를 돌리는 방향에 대해 의견 충돌을 일으켰고, 결국 그 유명한 구법당과 신법당의 대립으로 이어졌다. 중국사 최고의 명군인 강희제는 여섯 번이나 황하변에 나아가 제방 건설 등 치수를 감독한 바 있었다. 대시인으로 유명한 백거이와 소동파도 항주에 백제와 소제라는 제방을 만들었다.

우리나라도 이미 삼한시대부터 김제의 벽골제, 제천의 의림지, 밀양의 수산제, 상주의 공검지 등 대형 수리시설을 건설할 정도로 수리 사업에 일가견이 있는 나라였다. 조선의 지식인들 중에서도 수리에 정통한 인물

중국 사천성 성도에 남아 있는 도강언. 기원전 256년 진나라 시기에 만들어진 고대의 수리시설로 지금도 경기도 면적에 해당하는 농지에 물을 공급하고 있다. 제갈량의 북벌도 이 도강언이 제공한 농업생산력 덕분에 가능했다.

이 많았는데, 대표적인 인물이 조선의 대시인 윤선도이다. 그는 수리지식에 기반을 둔 대정원을 보길도에 만들었다. 동서양을 막론하고 관개농업에 기반을 둔 사회를 수력 사회라고 부른다.

로마의 경우는 도로 못지않게 신선한 물 공급에도 신경을 썼다. 저 유명한 아피아^{Appia} 가도와 함께 아피아 수도가 기원전 312년에 착공되었다. 제국의 전성기에는 열 개가 넘는 수도가 로마에 연결되었고, 카르타고, 쾰른, 파리 등 제국의 주요 요충지에 건설한 수도가 아직도 남아 있다. 지금 기준으로도 손색이 없을 정도로 훌륭한 수도교와 이스탄불에 남아 있는 예레바탄^{Yerebatan} 지하 저수조는 로마가 인간의 가장 기본적인 자원인 물을 얼마나 중요하게 여기고 관리했는지 잘 보여주고 있다.[2] 참고로 서기 1세기 중엽, 로마로 들어오는 수돗물은 인구 1인당 세제곱미터로 누수량을 감안한다고 해도 런던, 뉴욕, 도쿄, 서울 등 현대 대도시의 1인당 공급량을 능가하는 수준이었다. 로마와 비잔티움 제국의 후계자임을 자처한 오스만 제국 역시 수도교를 건설하고 도시마다 대규모 공중목욕탕을 설치하였다. 공중목욕탕은 시장과 모스크와 함께 가장 중요하고 필수적인 시설이었다.

19세기에 들어 산업혁명이 영국을 넘어 유럽 전역으로 확산되면서, 도시로의 입구 집중이 본격화되었다. 자연스럽게 런던과 파리 등 주요 대도시들은 물을 공급하고 하수를 처리하는 기술을 쌓아갔고, 이는 현대 도시 문명의 기초가 되었다. 도시문명 뿐 아니라 관개 기술의 발전으로 농업도 산업화되었는데 대표적인 지역이 무함마드 알리(1769~1849)가 지배했던 이집트였다. 이집트는 중동에서 면화 농업을 산업화하는 데 성공한 나라이다. 사하라 이남 아프리카가 여전히 어렵게 사는 이유도 결국

---

2) 결은 약간 다르지만, 기원전 700년경 유다 왕국의 히즈키야 왕은 아시리아의 침공을 대비하여 기혼샘 윗물을 막고 터널을 뚫어 실로암이라는 저수지를 확보했다.

수자원 관리 기술 부족이 국가발전을 저해했기 때문이다. 이렇게 보면 고대부터 물을 다스리는 기술에서 인류 문명이 시작되었는데, 지금도 선진국일수록 홍수를 비롯한 재해관리능력이 뛰어나다.

교통과 동력, 발전수단으로서의 수자원

물은 식수와 농업용수 뿐 아니라 교통과 동력으로서도 인류 역사에 큰 공헌을 하였다. 물의 부력은 인류를 중력의 제약에서 상당 부분 해방시켜 주었고, 육상 교통과 비교할 수 없는 이점을 제공했다. 따라서 문명국가라면 거의 예외 없이 강과 바다를 이용한 대규모 조운을 실시했으며, 많은 나라는 이에 만족하지 않고 운하를 팠다. 가장 대표적인 존재가 수나라 양제 때 만들어진 대운하였다.

자신의 근육과 가축의 힘에 의존하던 인류는 기원전 2천 년경 페르시아에서 수차가 발명되면서 수력을 이용하기 시작했다. 수자원이 비교적 풍부한 유럽과 중국에서 많은 수차가 사용되었는데, 영국에는 이미 1086년에 5,624대의 수차가 있었다고 한다. 1500년 무렵에는 기어가 달린 수차가 개발되어 급류가 아닌 곳에서도 설치할 수 있게 되었다.

방직기 등 많은 기계들이 만들어져 수력으로 작동되었는데, 증기기관 발명 직전에는 수력의 60%를 동력으로 전환시킬 정도로 발전되었다. 이렇게 보면 증기기관이 발명되어 산업혁명이 일어났다는 일반적인 주장에는 문제가 있다. 전기모터가 본격적으로 도입되기 이전까지 수차는 농업에 큰 역할을 했는데, 1790년 미국의 올리버 에반스Oliver Evans는 컨베이어 벨트가 달린 반자동화된 제분기를 개발했고, 1840년대에 이르면 미국에는 약 6만 6천 대의 수차가 가동되어 농업용수의 공급과 제분산업에 큰 힘이 되었다. 특히 미시시피 강에서 유일하게 존재하는 세인트앤서니 폭포는 보기 드문 평지 폭포인데 약 28미터의 낙차를 지녔다. 이곳에 세계 최대 규모의 제분소인 필스버리^{Pillsbury} 공장이 세워졌고, 미네소타의 주도^{州都} 미니애폴리스가 탄생했다.

수차는 그 자체로도 인류에게 큰 도움이 되었지만, 이를 개량하는 과정에서 지렛대, 회전축, 톱니바퀴, 도르래, 나사 등에 대해 많은 것을 알게 했다는 점에서 중요하다. 이는 풍차도 마찬가지인데, 여기에서 생긴 기술 진보가 후대의 산업혁명을 이끌었기 때문이다. 1875년에는 미국에서 최초의 수력 터빈이 개발되어 공장에 전력을 공급하기 시작했다. 루스벨트가 대공황 탈출을 위해 테네시 강과 콜로라도 강 유역 개발 사업을 실행한 것은 유명하다. 특히 콜로라도 강에 세워진 후버 댐이 제공하는 물과 전기 덕분에 로스엔젤레스가 미국의 두 번째 대도시로 성장할 수 있었다. 이후 유럽 각국에서는 수력발전소를 겸하는 거대한 댐들이 건설되었고 일부 국가들에서는 전력 공급의 주력이 되었다. 윈스턴 처칠은 나일 강의 수원인 빅토리아 호수와 폭포를 방문하고 "이런 거대한 수력으로 터빈을 돌린다면 얼마나 멋지겠는가."라는 감상을 남기기도 했다.

화석연료가 거의 없는 이탈리아는 빙하로 뒤덮인 알프스 계곡을 이용하여 수력발전을 시작했고, 밀라노-토리노-제노바를 잇는 삼각지대는 이를 이용해 유럽에서도 손꼽히는 산업지대가 되었다. 특히 밀라노는 세계에서 두 번째로 전기로 가로등을 밝히는 도시가 될 정도로 부유함을 자랑했다. 1937년에 알프스의 수력은 이탈리아 전역에 전기를 공급했다. 비록 용두사미로 끝나기는 했지만, 지중해와 아프리카를 자신의 제국으로 만들겠다는 무솔리니의 야심은 수력 덕분에 시작이라도 가능했던 것이다. 시계를 비롯한 스위스의 정밀기계 산업과 중요한 관광자원인 산악철도 알프스의 수력이 없었다면 존재하기 힘들었다. 같은 알프스 국가인 오스트리아 역시 수력이 전체 발전의 3분 2를 차지하고 있다.[3] 노르웨이는 전력의 거의 전부를, 스웨덴은 거의 절반을, 캐나다는 과반 이상을 수력에 의존하고 있다. 파미르 고원을 끼고 있는 중앙아시아의 내륙국 타지키스탄과 코카서스 산맥에 자리 잡은 아르메니아와 조지아 역시 수력의 덕을 톡톡히 보고 있으며, 아프리카의 내륙국 짐바브웨나 잠비아도 수력에 의지하고 있다. 히말라야 산맥의 작은 나라 부탄도 전력을 100% 수력으로 공급받고 있는데, 이러한 풍부한 전력과 서늘한 기후를 이용해 비트코인을 채굴하면서 세계 4위의 비트코인 보유국으로 올라섰다.

오랫동안 세계를 주름잡았던 일본의 전기, 전자 산업도 수력에서 기원한다. 일본에는 유속이 빠른 강들이 많아 수력발전에 적합해서 많은 수력발전소들이 세워졌다. 이 과정에서 히타치, 후지쓰, 도시바, NEC 같은 전기, 전자 회사들이 탄생했다. 대표적인 도시가 교토인데 비와호(琵琶湖)를 연결하는 수로를 발전용도로 사용하여 산업화에 성공할 수 있었다.

남미의 대국 브라질도 초대형 이타이푸 댐을 파라과이와 공동으로 건설하는 등 전력의 80% 이상을 수력에 의존하고 있으며, 이 댐의 공동소유자 파라과이는 거의 모든 전력을 이 댐에 의존하고 있다. 2차 대전 후 독립한 신생 국가들은 동서진영이건 제3세계 건 모두 대형 댐 건설에 나섰다. 이집트는 애스완 하이 댐을, 중국은 나라 크기에 걸맞는 거대한 삼협댐을 완공시켰다. 아프리카의 중견국가 가나는 거대한 아코솜보 댐을 완공시켜 세계 최대의 인공호수인 볼타호를 만들었다. 파키스탄은 인더스 강에 타르벨라 댐을, 소련도 크라스노야르스크 등 여러 곳에, 우간다도 오웬 폴스 댐을, 베네주엘라는 구리 댐을 완성했다.

우리나라 역시 산업화 과정에서 소양강 댐과 충주, 팔당, 대청, 안동,

---

3) 사실 오스트리아는 제국 시절인 1918년까지는 보헤미아의 석탄에 크게 의지했지만, 1차세계대전 패전 후 보헤미아가 체코슬로바키아로 독립하자, 수력을 집중적으로 개발할 수밖에 없었다.

브라질과 파라과이의 국경을 흐르는 파라과이 강에 1971년부터 1984년에 걸쳐 건설된 이타이푸 댐은 나중에 지어진 싼샤 댐과 함께 세계에서 가장 수력 발전량이 많은 댐이다. 브라질과 파라과이가 협정을 맺어 건설한 이 댐은 브라질(4분의 1)과 파라과이(대부분)에 막대한 양의 전기를 공급하고 있다. 한편 댐 건설로 인해 세계 최대 폭포 중 하나였던 과이라 폭포가 수몰되었다.

임하, 합천 등 대규모 댐을 완공하였다. 특히 소양강 댐은 한강 하류의 저지대여서 늘 침수되던 강남 지역을 거대한 신도시로 변모시키는 데 가장 큰 역할을 하였다. 한강 개발 과정에서 압구정 앞에 떠 있던 저자도와 난지도 등 여러 섬이 없어지거나 육지화되었고, 매립을 통해 여의도, 반포, 압구정, 잠실, 상암동 등 새로운 시가지가 건설되었다. 기존 시가에서도 만초천, 도림천, 성북천 등 대부분의 소하천을 전부 또는 일부 복개하여 도로로 사용하였다. 하지만 복개하천들은 청계천 사업의 성공[4]에 힘입어 다시 되돌려 놓자는 분위기가 조성되었고, 적지 않은 하천들이 복원되거나 복원 예정이다. 녹번천도 그 중 하나이다.

이런 대규모 댐들은 그 나라의 현대화와 산업화에 많은 기여를 하였다. 하지만 실패작도 적지 않다. 대표적인 존재가 세네갈, 모리타니, 말리 세 나라가 공동으로 투자하여 세네갈 강에 세운 마난탈리^{Manantali} 댐이다. 이 댐의 건설로 바닷물이 삼각주에 유입되지 않으면서 전염병이 확산되었고, 생태계와 전통적인 농업과 임업, 어업이 파괴되었다. 뿐만 아니라 퇴적작용 때문에 터빈을 제대로 돌릴 수 없어 발전도 제대로 할 수 없게 되는 최악의 결과를 낳았다.

수력발전과 안정적인 생활용수와 관개용수, 관광자원을 제공하는 거대한 댐 자체는 이산화탄소를 발생시키지 않지만, 수몰된 삼림이 부패하면서 온실가스가 발생한다. 물론 엄청난 수의 이주민도 나올 수밖에 없다. 또한 하류 삼각주 수위를 저하시켜 바닷물이 유입되고, 상류의 영양분이 하류에 전달되지 못하면서 해양생물이 폐사하고 어업이 파괴되는 대가를 치르기도 한다. 또한 댐 건설을 하려면 도로를 낼 수밖에 없고, 여기에 벌목업자가 끼어든다. 수몰지역 주민들도 삼림을 개간하여 사는

---

4)   청계천 복원이 성공적이었음은 분명하지만, 당시 이명박 시장의 대권 일정에 맞춰 진행되었기에 수표교가 복원되지 않는 등 불완전한 사업이었다는 비판도 여전히 유효하다.

경우가 많아질 수밖에 없다. 이런 과정에서 삼림이 파괴되고 댐의 건설 목적인 홍수조절 기능이 사라지는 역설을 낳게 된다. 지질 구조상 적당하지 않은 곳에 댐을 세우는 경우 지반 침하 현상이 나타나기도 한다. 우리나라의 경우 임하댐 주변에서 이런 현상이 나타났다. 최근에는 선진국에서는 댐 건설이 거의 중단된 상태이고, 사실 대부분의 나라에서도 수력발전 최적지는 거의 개발이 끝난 상태이다.[5] 인도조차도 이미 1990년대 중반 이후 큰 댐을 건설하지 못했다. 우리나라에서도 1990년에 준공된 용담댐이 마지막 대규모 다목적 댐일 정도로 수력발전 목적의 개발은 이제 거의 불가능한 상황이다. 또한 수력발전은 계절에 따른 수량의 변화 때문에 일정한 발전량을 유지하기 어렵다는 큰 결점도 가지고 있다.

무기로서의 수자원

물은 가장 중요한 자원이지만, 겉으로 볼 때는 이를 두고 전쟁이 난 경우는 거의 없는 듯하다. 하지만 이집트나 메소포타미아, 황하와 장강 일대에서 전쟁이 자주 일어난 이유는 근본적으로 그 곳이 물이 풍부하고 비옥한 땅이었기 때문이다. 경쟁자를 뜻하는 영어단어 라이벌rival의 어원은 강을 뜻하는 라틴어 rivus에서 나왔다. 즉 라이벌은 강 건너에 살면서 같은 물을 먹는 자라는 의미인 것이다. 우리나라 역사에서도 가장 치열한 전쟁이 일어난 시기는 삼국시대 후반이었고, 무대는 주로 한강 유역이었던 것도 이와 같은 맥락이다.

    물은 그 자체가 무기가 되었던 경우도 많다. 우물에 독을 타거나 수

---

5) 대안으로 최소 2미터에서 최대 십수 미터 정도의 낙차를 이용하여 최소 100킬로와트, 최대 1만 킬로와트 정도의 전력을 생산하는 소수력 발전도 활기를 띠고 있다. 이 발전은 지역적인 의미는 있지만 본질적인 해결책과는 거리가 멀다.

원을 오염시킴으로써 적의 진격을 방해하는 경우는 동서양을 막론하고 수없이 나타나며 막아놓은 물의 둑을 터뜨리는 방식으로 인위적인 홍수를 일으키는 경우도 많았다. 《삼국지》에서 관우가 번성 전투에서 수공을 했으며, 1187년 십자군이 물이 없어 갈증에 시달리다가 살라딘 군에게 크게 패하고 말았던 하틴 전투 역시 아주 유명하다. 근대에 들어서도 네덜란드는 아예 수몰을 국가 방어 전략의 마지막 전술로 삼았고 스페인과 벌인 독립전쟁과 프랑스와의 전쟁에서 효과를 보았다. 태평천국 전쟁 당시 태평천국과 청조 양측은 모두 상대방 지역의 관개시설 파괴에 열중했고, 그 후유증은 한 세기 가까이 계속되었을 정도로 엄청났다.

이런 전술, 전략은 현대에 와서도 별로 달라지지 않았다. 댐이나 관개시설은 중요한 군사적 목표물이었다. 1차세계대전 초기, 벨기에는 거의 전 국토를 독일에게 점령당했지만, 수몰 작전 덕분에 서쪽 끝 이프르 만은 끝까지 지킬 수 있었다. 1938년 6월, 중일전쟁 때 장개석은 황하의 화원구花園區 제방을 폭파하여 일본군의 진격을 막는 데 성공했지만, 수백만의 이재민이 발생하고 300만이 아사하는 등 엄청난 대가를 치렀다. 제2차세계대전 당시 독일군은 이탈리아와 네덜란드에서 제방을 폭파하거나 방류해서 효과적인 방어전을 수행했다. 태평양 전쟁 당시 10만이 넘는 싱가포르의 영국군이 제대로 싸워보지도 못하고 어이없게 항복한 이유 역시 정수장의 파괴로 인한 식수 부족 때문이었다. 카슈미르를 두고 파키스탄이 자신들보다 훨씬 강력한 인도를 상대로 여러 번 전쟁을 치른 이유도 이 땅이 자신들의 생명줄인 인더스 강의 수원이기 때문이다. 미군은 베트남 전쟁 당시 북베트남의 수리시설을 공격하기도 했다.

큰 것만 다섯 차례, 작은 전쟁까지 포함하면 열 차례에 가까운 중동전쟁의 원인 가운데 하나도 수자원 때문이다. 중동전쟁은 요르단 강, 갈릴리 호수 등 한정된 수자원의 근원지를 확보하기 위한 '땅따먹기' 싸움이기도 했다. 이스라엘에게 많은 영토를 빼앗긴 요르단이 이스라엘과 수교를 한 이유도 수자원 때문이었다. 이스라엘은 농산물 재배에 최소한의 물만 사용하는 점적관수를 개발하는 등 세계에서 가장 수자원 이용률이 높고 관련 기술도 세계 최정상급이다. 점적관수 시스템을 개발한 네타핌Netafim 은 세계적인 대기업으로 성장했고, 우리나라에도 도입된 스마트 농업은 여기에서 기원한다. 이스라엘은 요르단 서안에서 팔레스타인 인들에게는 지하수 개발을 지하 20미터까지로 제한하면서도, 자국 정착민들에게는 무제한으로 허용하는 차별로 팔레스타인 인들의 이주를 유도하는 비열하고 치사한 정책을 실행하고 있다.

우리나라도 전두환 군사정권 때 금강산댐 물 폭탄 운운하며 범국민 모금운동까지 벌여 평화의 댐을 쌓기도 했다. 훗날 사기극으로 밝혀졌지만, 현대인에게도 수공이 여전히 공포로 남아 있음을 보여주었다. 2022년 벌어진 러시아-우크라이나 전쟁에서도 댐은 주요 공격목표가 되고 있다. 한때 중동 지역을 공포로 몰아넣은 테러집단 IS도 북시리아와 이라크의 댐을 장악하여, 침수와 식수 차단으로 세력을 확장하기도 했다.

수자원이 여러 나라에 걸쳐있는 경우는 이스라엘 주변을 포함해 지구상에 240개나 된다. 전쟁까지 나지는 않았지만, 유프라테스 강과 티그리스 강의 수원을 장악하고 있는 튀르키예와 하류에 있는 이라크, 시리아가 일으키는 갈등, 메콩강 상류를 차지한 중국과 라오스가 하류에 있는 베트남, 타이, 캄보디아와 벌이는 갈등도 언제 터질지 모르는 시한폭탄이다.[6]

---

6) 쿠르드 족은 튀르키예 정부의 댐 건설을 반대하며, 게릴라전을 펼친 적도 있다. 중국이 티베트를 차지하고 있는 이유 중 티베트 고원이 하나는 메콩강을 비롯하여 땅뤼강, 인더스 강 등 동남아시아와 남아시아의 생명줄인 주요 하천의 발원지이기 때문이다. 중국내 최대 하천인 장강의 발원지도 티벳 고원이다. 내륙국이자 폐쇄적인 지형을 가진 라오스는 수자원이 거의 유일한 천연자원인 국가이기도 하다.

일제강점기의 수리조합

을사늑약이 강제 체결된 이후, 한반도는 사실상 일본의 식민지로 전락하였고, 경제수탈도 합법화, 노골화되었는데, 수자원 역시 예외가 아니었다. 오사카의 상인이었던 후지이 간타로藤井寬太郎는 미곡무역으로 자본을 축적했고, 러일전쟁을 계기로 대한제국에 건너와 일본 면포와 생활필수품을 들여왔다. 또한 쌀과 쇠가죽 등을 일본으로 가져가 막대한 이익을 보았다. 후지이는 일본에 비해 조선의 토지가 아주 저렴하다는 사실을 알고 1906년 전라북도 옥구·익산 일대에 전북농장을 설립하면서 본격적으로 대농장 경영에 착수했다.

1914년에는 불이흥업 주식회사를 설립하였고, 전북과 평북, 강원 등 전국 각지에 이른바 불이농장不二農場이라는 대규모 농장을 운영했다. 후지이가 1920년부터 3년간 조선 농민들을 동원해 바닷가를 간척한 군산 불이농촌不二農村은 현재 새만금 간척사업지의 절반가량인 농지 600만 평, 저수지 100만 평이라는 어마어마한 넓이였다. 총독부가 식민지 농업 발전의 대표적인 성과로 요란하게 선전할 만한 규모였다.

그의 농장개발은 저렴한 황무지를 구입하거나 총독부로부터 토지를 불하받은 후 이주농민을 동원해 간척·개간하여 농장을 만들고, 소작인들로부터 소작미를 징수하는 방식이었다. 물론 새로운 농법도 도입하였다. 이런 방식이었기 때문에 무엇보다도 수원확보가 관건이었고, 초기부터 대규모 수리사업을 입안하고 수리조합사업을 적극 추진할 수밖에 없었다. 그의 소유인 전북농장에는 임익수리조합, 평북의 서선농장에는 대정수리조합, 옥구농장에는 익옥수리조합, 철원농장에는 중앙수리조합과 어운수리조합이 설립되었다.

또한 대규모 미간지를 간척하기 위해서는 대규모 인력이 필요했는데 이들은 대부분 일본인에게 농지를 빼앗긴 농민이거나, 언제 빼앗길지 모르는 소작인들이었다. '영구 소작권 보장, 소작료 3년 면제, 간척 공사 임금 지급'이라는 불이흥업의 모집 광고에 속아 호남과 충남에서 몰려든 농민들이 3천 명이 넘었다고 한다. 그러나 이들은 약속과 달리 고율의 소작료와 각종 노역에 시달려야 했다. 불이흥업은 수도권에도 진출했다. 서울혁신파크에서 독바위역에 이르는 넓은 땅에 경성농원을 운영했기 때문이다. 당시 주민들은 이 곳을 불이농장이라고 불렀고 이 곳에서는 돼지와 닭 수십만 마리를 사육하고, 자두와 앵두 등 다양한 과일이 재배되었다. 인근 주민들은 하루 날품팔이로 농장에서 일을 하며 생계를 이어갔다. 수도권이었기 때문에 곡물보다는 상업 작물 재배와 축산을 위주로 했던 것으로 보인다.

한반도의 토목기술은 수리사업 위주로 발달했고, 한국도 1960년대 후반까지는 농어촌공사와 수자원 공사가 가장 나은 토목기술을 가지고 있었다. 다목적 댐을 제외하면 우리나라에서 가장 큰 저수지는 10제곱킬로미터가 넘는 규모를 자랑하는 예산의 예당저수지인데, 1929년 일제강점기에 착공되었지만, 이런저런 사정으로 계속 연기되어 무려 35년 후인 1964년에야 완공을 이룬다.

현대의 수자원

수자원은 현대 산업에서도 아주 중요하다. 식수와 생활용수, 농업과 축산용수는 말할 것도 없고, 공업과 광업 그리고 화력과 원자력 발전에서도 엄청난 양의 물이 필요하기 때문이다. 뒤에서 다시 서술하겠지만 캘리포니아에서 일어난 골드러시 때 댐을 건설하여 사금을 채취하는 방법을 사용하기도 했다.7 호주를 세계의 변방이라고들 하지만, 광업에서만큼은 결코 변방이 아니다. 호주 애들레이드Adelaide 인근의 한 광산에서는 배출되는 엄청난 폐기물을 처리하기 위해 하루에 무려 3천 5백만 리터의 물을 사용하고 있다. 대규모 공업단지들이 가열을 한 원료나 반제품을 냉각하는 데 사용되는 물의 양은 측정조차 쉽지 않다.

가장 기초적인 식수와 생활용수는 전체 물 소비량의 10%에 불과하지만 에너지와 마찬가지로 지역별 소비량 차이는 엄청나다. 선진국 사이에도 그래서 미국의 일부 지역은 1인당 1년간 900리터를 넘게 물을 쓰지만, 독일은 120리터 정도에 불과하다. 일부 국가들의 무분별한 물 소비 외에도 국가별 상수도 시설의 관리 상태에 따른 누수량 차이도 심각하다. 예를 들면 덴마크에서는 누수량이 3%에 불과하지만 요르단은 48%에 달한다고 한다. 수자원 관리에서 최첨단을 달리는 이스라엘은 여기에서도 혁신을 이루어냈다. 이스라엘 군에서 최고 엘리트 부대인 탈피오트 출신의 아미르 펠렉Amir Peleg은 빅데이터와 클라우드를 결합하여 타카두Takadu라는 송수관 파열 관리 시스템을 개발해서 엄청난 양의 물을 절약할 수 있도록 하였다.

물의 단점 가운데 하나는 콜레라나 장티푸스 같은 수인성 전염병을 옮긴다는 사실이다. 이런 전염병은 산업혁명 후 도시화가 진행하면서 더 치명적인 존재가 되었다. 1854년, 존 스노John Snow라는 의사가 배설물로 오염된 펌프 우물이 콜레라를 옮긴다는 사실을 밝혀 냈다. 이후 도시의 관리자들은 맑은 물 확보를 위해 많은 투자를 했다. 뉴욕의 경우 1865년경에는 매년 1천 명당 30명이 수인성 전염병으로 숨졌지만, 1920년대에는 10명 정도로 줄어들었다. 염소 소독의 실시도 전염병 방지에 큰 공헌

---

7) 댐을 건설해 도수관으로 물과 토사를 유도해서 사금을 채취하는 방식이다. 농업에도 이런 방법을 응용하면서 미 서부의 농업이 크게 발전했다.

을 해서 도시 인구가 더 폭발적으로 늘어났다. 우리나라에는 1908년 완공된 뚝섬 정수장이 최초의 근대적 정수시설이다.

가장 많은 물을 사용하는 분야는 농업이다. 전문가들은 모든 담수의 70%가 농업에 사용되고 있다고 추산한다. 나머지는 대부분 공업용수로 사용된다. 문제는 많은 물을 사용하는 데다가 정부 보조금까지 지급하는 산업화된 농지에서 생산한 농산물 상당수가 가격유지를 위해 폐기처분되고 있다는 점이다.

뒤에 이어지는 '석유' 편에서 기술하겠지만 석유를 뽑아내기 위한 시추 기술은 지하수 개발에도 사용되었다. 그 결과 1950년대부터 미국 중서부 즉 텍사스에서 사우스다코타까지 이어지는 그레이트 플레인스 지하에 있는 거대한 오갈라라^{Ogallala} 대수층에서 물을 뽑아낼 수 있게 되었다. 이 대수층의 넓이는 한반도의 두 배에 달한다. 이후 그레이트 플레인스는 황무지에서 거대한 곡창지대와 목축지대로 변신했다. 이보다는 규모가 작지만 인도의 펀잡 지방도 지하수를 개발하여 동절기에는 밀을, 몬순 기간에는 벼를 재배하여 식량 생산을 크게 늘렸다. 하지만 자연적으로 채워지는 양보다 훨씬 많은 양의 지하수를 사용하고 있으므로, 아무리 길어도 백년 후면 고갈될 수밖에 없을 것이다.

유엔의 추산에 따르면 아직도 전 세계에서는 25억 가량이 식수원에 기초적인 정화시설이 없는 곳에 살고 있으며, 10억 이상이 깨끗한 물을 전혀 공급받지 못하고 있다. 매일 최소한 6천 명 이상이 물 부족 또는 오염된 물을 마셔 죽고 있다고 한다. 반면 프랑스는 에비앙^{Evian} 같은 최고급 생수를 전 세계에 수출하고 있는데, 현재 세계 생수 시장의 규모는 3천억 달러가 넘는다. 그러나 대부분의 담수가 남극, 그리고 브라질의 아마존 강 유역, 캐나다나 핀란드, 스웨덴 같은 인구가 적은 특정 지역에 편중되어 있다는 사실은 심각한 문제가 아닐 수 없다.

물은 지하자원과는 달리 재생이 가능한 자원이기는 하지만 그렇다고 무한정 퍼다 쓸 수 있는 자원은 아니다. 가장 좋은 예가 아랄 해이다. 아랄 해는 남한 면적의 3분의 2인 6만 8천 제곱킬로미터에 달하는 거대한 염수호로써, 어부들이 해마다 4만 톤의 물고기를 잡을 정도로 주변 주민들의 삶의 터전이었다. 그러나 옛 소련 정부가 호수 주위에 대규모 면화농장을 조성하면서 관개용수로 사용하려고 아랄 해의 수원인 아무다리야Amudarya 강과 시르다리야Syrdarya 강의 물길을 돌려버렸다.[8] 그 결과 현재 호수 면적은 과거의 절반, 수량은 75%나 줄어들었다. 심지어 과거 호수변의 도시였던 무이낙Muynak은 이제 호수에서 100킬로미터나 떨어지게 될 정도로 과거의 생활 터전이 완전히 파괴되고 말았다. 아랄해보다는 덜 알려졌지만 차드, 니제르, 나이지리아, 카메룬 무려 네 나라가 공유하는 아프리카의 차드 호수 역시 약 26,000제곱킬로미터의 거대한 담수호였지만 인구증가로 인한 무리한 관개농업 때문에 현재는 약 20분의 1 수준인 1,300제곱킬로미터로 줄어들어 버렸다.

이런 수자원 부족 현상에 대해 전혀 대안이 없는 것은 아니다. 물을 재활용하는 기술과 바닷물을 담수화하는 기술이 발달하고 있기 때문이다. 중동의 산유국들은 이 기술 덕분에 현대 문명 생활에 반드시 필요한 물을 확보할 수 있었고, 사막의 도시 두바이의 번영과, 강이 없는 지중해의 섬나라 몰타의 생존도 가능했다. 하지만 증발을 통한 담수화 설비에는 많은 전력이 필요하다는 큰 단점이 있는데, 최근에는 특수한 막의 반대방향에서 압력을 가해 바닷물에서 순수한 물만 뽑아내는 역삼투압 기술이 개발되었다. 이 신기술은 증발기술에 비해 에너지 소모량이 3분의 1밖에 되지 않는다. 하지만 바다를 오염시키는 부산물들을 대량으로 방

---

8) 누수가 심한 송수관도 큰 문제였다. 옛 소련에서 독립한 후 우즈베키스탄 정부는 면화 생산을 위해 더 무리하게 수리시설을 가동시켜 이런 상황을 더 악화시켰다.

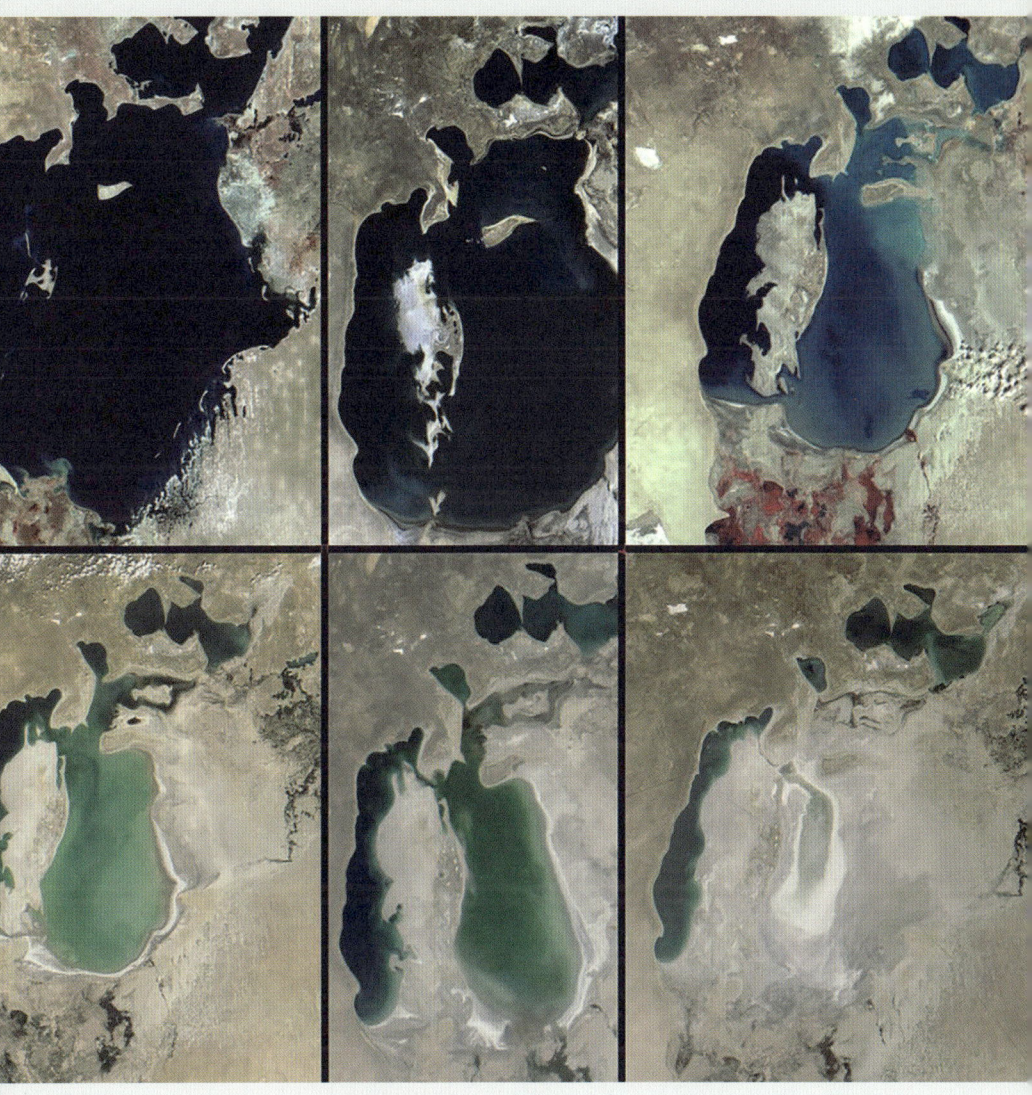

1977년부터 2009년까지 아랄해의 면적 변화를 보여주는 위성사진. 한때 표면적 68,000제곱킬로미터로 세계 4위의 호수였으며 평균 수심 16미터, 최대 수심 69미터로 면적에 비해서는 얕은 편이었으나 1,100세제곱킬로미터로 상당한 물을 가지고 있었다. 1960년대에 소련이 우즈베키스탄의 면화 생산량을 증가하고자 아무다리야 강과 시르다리야 강에 댐을 건설하고 대규모 관계수로를 건설하면서 강물의 유입이 해마다 줄어들어 면적이 급감하고 3개의 호수로 갈라졌다. 북아랄해는 카자흐스탄의 영내에 완전히 들어가 있고 남아랄해는 카자흐스탄과 우즈베키스탄에 걸쳐 있다.

출하는 문제는 쉽게 해결되지 않고 있다. 또한 이런 담수화 기술들로 공급되는 담수는 전 세계 소비량의 1% 정도에 불과하다고 한다. 우리나라에서는 독도, 홍도, 추자도 등 물이 부족한 도서 지역에 담수화 시설이 가동되고 있다.

물은 산소와 더불어 인간에게 반드시 필요하며 대체가 불가능한 필수 자원이다. 현재 엄청난 양으로 추산되는 해저 지하수 개발 등이 이루어지고 있지만, 수자원에 대한 체계적인 관리는 물론 수자원을 재생시키는 삼림에 대한 보호가 절실한 상황이다.

참고서적

- 가차없는 자본주의 / 조이스 애플비 저 / 주경철, 안민석 역 / 까치
- 도시의 승리 / 에드워드 글레이저 저 / 이진원 역 / 해냄
- 물의 미래 / 에릭 오르세나 저 / 양영란 역 / 김영사
- 물의 세 시대 – 물과 인류의 위기 / 피터 글릭 저 / (재)물경제연구원 역 / 세종연구원
- 물 전쟁 / 빌헬름 자거 저 / 유동환 역 / 푸른나무
- 20세기 환경의 역사 / J. R. 맥닐 저 / 홍욱희 역 / 에코리브르
- 지구의 생명, 물의 위기 / 아니타 로딕 저 / 황해선 역 / 시간과공간사

나무 자원

— 나무가 없으면 문명은 물론 생존도 불가능하다

인류의 생존에 가장 중요한 자원이 물이라면 두 번째로 중요한 존재는 불이다. 불은 인류에게 난방과 조명은 물론, 식물과 육류를 편하게 소화할 수 있도록 조리할 수 있게 해주었으며, 토기와 도기, 금속제 도구를 만들게 해주었고, 필수품인 소금도 구을 수 있게 해주었다. 조금 더 나아가면 주거 등 일상생활을 편리하게 만들어준 유리 역시 불이 없었다면 탄생 자체가 불가능했다. 이렇게 인류에게 엄청난 도움을 주고 문명을 만들었다고도 할 수 있는 불의 시작은 자연 상태에서 만들어졌겠지만 연료인 나무가 있어서 인류는 불을 자신의 의지대로 조정할 수 있었다. 그리고 좀 더 생각해보면 물 역시 빗물을 저장했다가 내보내는 숲(나무)의 조절 능력이 없다면 인류에게 엄청난 피해를 주었을 것이다. 숲이 있는 산은 민둥산보다 열배나 더 느리게 물을 흘려보낸다. 숲은 이런 홍수조절 능력뿐 아니라 수질을 정화해주는 기능과 가뭄에도 계곡의 물을 마르지 않게 해주는 갈수 완화 기능까지 지니고 있다.

인류의 삶을 좌우하는 나무와 불과 물은 이렇게 상호 간에 불가분의 관계에 있지만 인류의 나무 의존도는 여기에서 멈추지 않는다. 생산적이건 파괴적이건 인류가 사용한 첫 도구 가운데 대다수가 나무로 만들어졌다. 사실 인류 최초의 무기는 돌과 막대기였고, 동서양을 막론하고 보병의 가장 기본적인 무기인 창의 자루도 나무였다. 주택과 사원, 수송을 맡은 수레와 배, 동력을 제공해준 수차와 풍차는 산업혁명 이전에는 거의 나무로 만들어졌다. 악기와 농기구도 기본적으로 나무가 그 재료이다. 숲에서 나는 도토리나 버섯, 산딸기 등은 가난한 농민들에게는 중요한 양식이었다.

동아시아에서 부드러운 버드나무 가지는 칫솔로 사용되었다. 고대 동아시아에서 기록과 문학을 위해 사용한 먹은 대부분 나무가 원료였고, 나무를 잘라 만든 목간이나 죽간에 글을 썼다. 채륜이 종이를 발명한 이래 근 2천 년 가까이 인류의 거의 모든 언어와 행동을 기록할 수 있게 되었지만 그 종이의 원료 역시 지금까지는 기본적으로 나무에 의존하고 있다. 현재에도 산업용으로 벌목되는 나무의 약 40%가 종이를 만드는 데 사용되고 있을 정도이다.

고대 문명을 만든 나무

인류 역사에서 가장 오래된 이야기인 《길가메시 서사시》에서 주인공 길가메시가 도시를 만들기 위해 삼나무 숲을 베려는 장면이 나온다. 여기에서 공포에 떠는 삼나무와 엔릴 신의 저주는 《반지의 제왕》에서 나무의 정령인 엔트의 분노를 연상하게 한다.

인류 문명의 발상지인 메소포타미아에는 지금과는 다르게 울창한 숲이 있었다. 이 숲이 없었다면 라가시Lagash나 우르크Uruk라는 도시와 수메르 문명은 탄생하기 어려웠다. 그러나 이후 남벌로 인해 자원은 고갈되었고, 인도나 시리아, 소아시아 반도에서 목재를 수입해야 했다. 수메르의 뒤를 이은 아카드 왕조의 사르곤 대왕과 그의 후계자 나람신$^{Naram-Sin}$은 정복전쟁을 시작했는데, 그 이유 중의 하나가 목재의 확보였고, 정복한 에블라의 숲에서 나무를 베어 유프라테스 강과 티그리스 강을 통해 남쪽으로 내려보내 제국의 번영을 유지했다.

하지만 이런 벌목은 토사 침적이라는 심각한 문제를 낳았다. 바람과 비와 햇볕에 노출된 경사면에서 토사가 흘러내려 관개수로와 운하를 메워버렸다. 이 문제는 준설로 해결했지만, 염분이 많은 퇴적암들이 침식에 노출되면서 엄청난 염분이 하류에 유입되었다. 또한 40도가 넘는 여름의 고온은 자연히 염분을 증가시켰다. 이런 염분 문제는 인력으로 해결이 불가능해서 메소포타미아의 작물 생산 특히 주곡인 밀과 보리의 생산에 큰 악영향을 미쳤다. 그나마 염분에 강한 보리로 주곡을 전환했지만, 최종적인 파국은 막을 수 없었다. 기원전 2400년경 메소포타미아 남부의 주요 경작지인 기르수^{Girsu}의 헥타르 당 보리 수확량은 2,537리터 였는데, 이는 현대 미국과 캐나다의 생산량에 맞먹는 수준이다. 그러나 700년 후에는 35%인 897리터에 불과할 정도로 격감했다. 이 시기, 즉 기원전 1700년대에 제정된 함무라비 법전에서 국유지의 삼림에 손을 대는 자는 사형에 처한다는 규정이 이런 상황을 잘 보여준다. 결국 메소포타미아 문명의 중심지는 북부로 이동했으며, 수메르인들이 건설한 대도시들은 황폐해져 버려지고 말았다.

4대 문명 중 하나인 인더스 문명의 쇠퇴 역시 나무와 깊은 관련이 있다. 그들은 건축자재로 화덕에 구은 벽돌을 사용했기 때문에 엄청난 양의 나무를 연료로 사용했다. 인더스 문명의 멸망은 아리아인의 침략 때문이지만, 그 전에 삼림의 황폐화로 잉여 식량이 부족해져 군대와 행정이 쇠퇴하는 등 내부 붕괴가 진행되어 침략을 저지할 힘이 없었다.

　인류 최초의 해양민족인 페니키아인들이 일어날 수 있었던 이유도, 그들의 땅에 솔로몬의 성전을 만들 때 사용했던 최고의 목재인 백향목이 있었기 때문이다. 그들은 이 나무와 페니키아의 어원이기도 한 바다 달팽이에서 나오는 최고급 염료 포이닉스^{Phoinix}로 지중해의 무역을 장악했고, 로마의 최고 강적이 된 카르타고를 건설하기에 이르렀다. 중국 역시 예외가 아니었다. 《사기》의 〈화식열전〉에 따르면 춘추전국시대 남방의 강국 초나라도 나무를 벌채하여 부강해질 수 있었다. 또한 오동나무 기름은 선박 방수용으로 널리 사용되어 중요한 임산물로 자리 잡았다. 당나라 때부터 시작된 목판 인쇄도 나무로 만들어졌고, 송나라 시절에는 목판인쇄업이 산업화되기에 이른다.

고대 지중해 문명의 흥망을 좌우한 나무

유럽 최초의 문명은 크레타 섬에서 태어났다. 크레타에는 울창한 참나무와 소나무 그리고 중동에서는 거의 고갈된 삼나무 숲이 있었다. 크레타인들은 삼나무를 메소포타미아까지 수출해 부를 쌓았고 이를 이용해 건축과 야금술을 발전시켜 찬란한 크노소스 문명을 일으켰다. 하지만 그들 역시 메소포타미아 인들의 전철을 밟았다. 남벌로 목재가 부족해지자 문설주를 석고 블록으로 만들 정도로 절약했지만 풍부한 목재로 선단을 만든 이집트와 미케네에게 제해권을 내주고 결국 몰락하고 말았다. 미케네 문명도 울창한 숲을 배경으로 번성했지만 남벌로 인한 토양침식과 범람 등의 자연 재해, 부족한 자원을 두고 벌어진 내전으로 인해 몰락했다.

　당시 지중해 세계에 구리를 공급하던 키프로스 섬의 경우 연료인 목재가 풍부했던 시절에는 구리 제련으로 번영을 누렸다. 처음 대장장이들은 원광만 제련했지 찌꺼기인 슬래그는 방치해 버렸다. 하지만 연료가 부족해지자 그들은 슬래그에 많은 철이 함유되어 있음을 알게 되었다. 구리의 함량은 4%에 불과했지만 철 함량은 40%에 달했기에 같은 연료로 훨씬 많은 금속을 얻을 수 있었다. 이때문에 철의 보급이 빨라졌다. 하지만 이런 발견도 목재 부족을 극복하지는 못했다. 키프로스인들은 목재의 고갈로 채굴 가능한 구리가 많이 남아 있었음에도 기원전 1050년경 구리 채굴과 제련을 중지할 수밖에 없었다.

기원전 6세기 이후, 그리스 도시국가들의 전성기가 시작되었다. 최강자인 아테네의 경우도 도시 주위에 울창한 숲이 있었다. 이 숲 덕분에 그리스 최강의 함대를 건조했고 페르시아의 대함대를 살라미스에서 물리칠 수 있었다. 아테네는 라우리온 광산에서 캐낸 은으로 도시를 재건했고 함대를 확장하여 아테네의 패권 시대를 열었다. 하지만 은 제련, 함대 건조, 도시 건설에는 모두 엄청난 목재가 필요했다. 당연히 나무가 귀해졌고, 펠로폰네소스 전쟁이 일어나자 아티카^{Attica}에서 아테네로 피신하는 시골 사람들은 목재로 된 것들은 모두 떼어서 가져갔고[9], 아테네 해군은 해전이 끝난 뒤 군함의 목재 파편을 부지런히 모았을 정도였다. 펠로폰네소스 전쟁이 일어나자 스파르타는 아테네의 중요한 자원인 올리브와 포도나무를 조직적으로 파괴했다. 한편 아테네는 목재가 풍부한 암피폴리스^{Amphipolis}를 정복하기도 했고, 울창한 숲이 있는 시칠리아를 차지하기 위해 대원정군을 보냈으나 전멸당하고 말았다. 결국 아테네는 전쟁에서 패했고 다시는 패권국이 되지 못했다.[10] 아테네에는 미치지 못했지만 지협

---

9) 나폴레옹이 1798년 이집트로 원정을 떠났을 때, 현지인들은 나무로 만든 문짝을 뜯어 피난을 갈 정도로 목재가 귀했다. 고대 그리스와 비슷한 상황이었던 것이다.
10) 플라톤이 아테네가 위치한 아티카 지방의 황폐를 한탄하는 글을 남겼을 정도로 목재 부족과 이로 인한 토양 침식 등 폐해는 심각했다.

에 자리잡아 무역과 조선업 그리고 요업으로 번영하던 도시국가 코린토스 역시 남벌로 조선과 요업이 쇠퇴하면서 패망하고 말았다.

다음 패권국인 마케도니아와 로마 역시 울창한 숲 덕분에 일어날 수 있었다. 마케도니아의 삼림에는 굵은 지붕보나 배의 돛대로 쓸 수 있는 낙엽수와 상록수가 풍부했다. 아테네 해군의 전성기에도 그 목재는 상당수가 마케도니아산일 정도였다. 즉 마케도니아산 목재는 그리스 최고였다. 목재를 팔아 축적한 자금이 마케도니아의 팽창에 큰 도움이 되었음은 물론이다.

로마는 이전의 나라들과는 달리 목욕탕과 유리 제조 그리고 수도교와 경기장 등 공공사업을 위한 벽돌과 석회 제조에 엄청난 양의 목재를 사용했다. 귀족들의 경쟁적인 별장 건설도 삼림 황폐화에 악영향을 비쳤다. 그래도 로마제국은 그리스와는 달리 워낙 넓었기에 목재가 고갈된 이탈리아에서 갈리아로 산업을 이동시켰고, 이곳저곳의 자원을 약탈하면서 버틸 수 있었다. 로마제국은 이런 식으로 목재의 부족을 매웠지만 제국 말기에 세워진 건축물들은 연료의 부족으로 벽돌과 석회의 질이 현저하게 떨어졌다. 로마 역시 사치를 위해 숲을 파괴한 대가를 혹독하게 치른 것이다.

우리나라 역시 예외가 아니었는데, 화려한 철기문화를 꽃피운 가야도 제련과정에서 너무 많은 나무를 소비해 쇠퇴했다는 연구결과가 있다. 일본은 7~8세기에는 아스카에서 나라로, 지금의 교토로 여러 번 수도를 옮겼지만 794년 이후로는 메이지 시대까지 천도를 하지 않았는데, 목재 부족이 직접적인 원인이었다고 한다. 인류가 첫 번째로 사용한 소재이자 연료였던 나무는 인류 문명의 탄생과 멸망에 결정적인 역할을 했다.

해양국가 베네치아와 대영제국에 심각한 영향을 미친 나무 부족

지중해의 여왕이었던 베네치아 역시 멀지 않은 베로나 너머의 알프스 산맥에서 자라는 나무 덕분에 막강한 함대와 상선단 그리고 유리공업을 유지할 수 있었다. 수세기 동안 베네치아의 병기창으로 이름을 떨친 아르제날Arsenal(영어 단어 아스널과 뜻과 스펠링이 같다)은 서유럽 최대의 조선소이자 무기 공장이었다. 물론 이 곳과 지금도 유명한 유리산업은 엄청난 양의 목재를 소비했고, 베네치아인들은 법률까지 제정하며 삼림을 세심하게 관리했다. 하지만 대항해 시대의 도래와 함께 베네치아의 무역은 쇠퇴했고, 같은 시기에 내륙 지방 주민들의 생계를 위한 벌목과 잦은 산불 때문에 숲은 점차 파괴되어 어쩔 수 없이 부족해진 목재는 그렇지 않아도 쇠퇴기인 베네치아의 국가경쟁력을 저하시켰다. 결국 베네치아의 선주들은 값싸게 배를 만드는 네덜란드에서 상선을 주문하였고, 17세기 말에는 베네치아 국기를 단 상선의 80%를 외국제가 차지하기에 이르렀다. 설상가상으로 벌채로 인한 토양 침식으로 토사와 온갖 쓰레기들이 베네치아의 석호로 유입되면서 항구의 경쟁력마저 낮아지고 말았다.

반대로 베네치아가 이끌던 지중해 무역 시대를 끝내고 대서양 시대를 연 스페인은 목재가 풍부했는데, 전성기가 지난 17세기 중반까지도 이를 따라올 나라가 없었다. 이 덕분에 스페인의 해상패권이 가능했던 것이다. 지중해의 초강대국 오스만 제국도 강력한 함대와 포병대를 보유했다. 군함을 건조하고 대포를 주조하며 화약을 만들기 위해서는 당연히 많은 목재가 필요했다. 소아시아와 그리스의 삼림 덕분에 가능했지만 점차 고갈되자 발칸반도를 침략하여 목재를 확보하였으나 이것도 한계가 있었다.[11]

---

11) 오스만 제국은 삼림을 가지고 있었던 지주들에게 목재로 세금을 낼 수 있게 했지만, 시가의 3분 1이나 4분의 1 수준에 불과했기 때문에 실효성이 없었다.

오스만 제국이 쇠퇴한 원인 중 하나는 나무를 대체할 연료를 구하지 못했기 때문이다.

영국은 목재 부족으로 이미 13세기부터 난방과 제조업에 석탄을 사용했지만, 18세기에 들어서는 함대를 만들 목재도 부족해졌다. 로빈 후드가 활동하던 셔우드 숲은 사라진 지 이미 오래였다. 해군은 삼림 보호에 많은 노력을 기울였고 왕실 숲을 함대 건조에 사용하기도 했지만 그조차도 한계가 있었다. 16세기 말에는 노르웨이를 소유하고 있는 덴마크, 핀란드의 침엽수림을 가진 스웨덴과 러시아에서 수입할 수밖에 없게 되었다. 당연하게도 가장 중요한 전략물자를 외국에 의존하는 것에 반대하는 여론이 일어났으나, 현실론에 밀려나고 말았다. 그런데 대부분의 재목 특히 가장 중요한 돛대용 재목을 수입하려면 너비 130킬로미터 정도인 스카게라크^{Skagerrak} 해협을 통과해야만 했다. 사실 네덜란드와 전쟁 때 이 해협은 봉쇄될 뻔했다. 이런 목재 수입선을 지키기 위해 영국은 더욱 해군을 강화할 수밖에 없었고, '해군을 위한 목재', '목재 확보를 위한 해군'이라는 순환이 이루어지게 된 것이다. 다행히 베네치아와 달리 영국은 광대한 아메리카를 식민지로 보유하고 있었기에, 울창한 숲이 있는 대서양 너머의 아메리카 식민지 뉴잉글랜드로 눈을 돌렸다. 하지만 당시의 해운능력의 한계로 운송비 비중이 심한 경우에는 95%에 달할 정도였다.

이런 이유로 식민지에 제조업을 육성하지 않던 방침을 바꾸어 목재 가공 공장과 조선소를 세워야 했다. 1714년에서 반세기 후인 1763년 사이에 영국 해군의 규모가 두 배로 커졌는데 목재의 대부분이 아메리카산이었다. 특히 거대한 전열함을 움직이는 돛대는 모두 뉴잉글랜드산이었다. 풍부한 목재와 철광 덕에 영국 본토보다 제철 비용도 훨씬 저렴했다.[12]

---

12) 식민지 시절부터 미국인들은 집짓기와 난방, 취사에 마음껏 목재를 쓸 수 있었는데, 대표적인 존재가 링컨이 태어난 곳으로 유명한 통나무집이었다. 당시 유럽인들은 집을 지을 때 잘해야 목재를 절반 정도밖에 사용하지 못했다.

이렇게 중요한 전략물자가 뉴잉글랜드에 있는 이상, 영국 정부는 과거의 방임주의적 식민정책을 바꾸어 목재와 철에 대한 적극적인 통제에 나서게 되었다. 하지만 아메리카 인들은 영국 이외의 나라에 수출하는 목재와 철에 부가된 규제에 반발했고, 이런 대립은 결국 독립전쟁으로까지 이어져 영국은 미국을 잃고 말았다. 미국을 잃은 영국은 캐나다산 목재와 북유럽산 목재와 철에 의지할 수밖에 없게 되었는데, 다행히 코크스를 이용한 제철이 가능해져 다리를 비롯한 구조물들을 강철로 만들기 시작하면서 목재 의존도를 낮출 수 있었다.

아메리카의 두 대국 미국과 브라질을 만든 나무

 미국에서는 서부 개척으로 태평양 연안에 새로운 도시들이 생겨났는데, 그 중 시애틀과 포틀랜드는 목재의 집산과 가공 산업으로 발전한 대표적인 도시였다. 인접한 캐나다의 밴쿠버 역시 1865년 제재소의 건설로 도시가 시작되었고, 이후 목재 외에 유황과 사금, 연어 등을 수출하면서 대도시로 발전했다. 미국으로 흡수되기 전, 하와이의 카메하메하^{Kamehameha} 대왕이 나라를 통일하고 1795년부터 1893년까지 한 세기 동안 왕조를 이어나갈 수 있었던 이유도 단향목이라는 고가의 목재를 수출하고 서구의 무기와 사치품을 수입해 왕실의 위엄을 떨칠 수 있었기 때문이다.

 남미의 대국 브라질의 국호가 나무에서 유래되었다는 사실을 아는 이는 많지 않다. 브라질 나무는 목질이 매우 단단해서 현악기의 활을 만드는 데 쓰이지만 무엇보다 대패질하여 갈아낸 뒤 그 톱밥을 가공하면 붉은색 염료를 추출할 수 있어 귀중한 자원이 되었다. 이 염료는 화학 염료가 발명되기 전까지는 유럽에서 벨벳 같은 고급 옷감 염색 시 재료로 애용되었다. 이 나무는 15세기~16세기만 해도 아시아 일부 지역에서만 발견되었고 분말화하여 유럽으로 수출되었다. 그러나 이후 신대륙 탐사를 한 포르투갈인들이 아마존 밀림지대에서 이 나무가 무진장 자라고 있는 사실을 발견했다. 이 발견으로 아마존이 주목을 받았고, 그동안 아시아와 아프리카에 집중하고 아메리카 식민지 확장에 소홀했던 포르투갈이 본격적으로 남미 내륙부로 진출하는 계기가 되었다.

나무가 준 선물들

나무는 목재 말고도 인류에게 유용한 과실과 잎, 껍질, 진 등을 제공했고, 문명사에 큰 영향을 끼쳤다. 중국인들은 뽕나무 잎으로 누에를 길러 비단을 만들었고, 닥나무 펄프로 종이를 발명했다. 신라에는 질 좋은 닥나무가 자라 이를 이용해 백추지白硾紙라는 우수한 종이를 만들어 당나라에 판매하거나 조공품으로 바쳤다. 세계에서 가장 오래된 목판인쇄물인 다라니경이 신라에서 나온 것도 이런 우수한 종이 덕분이었다. 이 두 발명품이 인류에 미친 영향은 이루 말할 수 없을 정도이다. 동서양 할 것 없이 소나무에서 나오는 송진은 가난한 이들에게는 아주 소중한 조명을 제공했다. 캐나다 국기가 사탕단풍나무 잎이라는 것은 유명한데, 이 사탕단풍나무에서 나오는 단 맛의 진은 메이플 시럽의 원료가 되었고 캐나다가 국가로서 자리 잡는 데에 일익을 담당했다.

　올리브 나무에서 나오는 기름은 식용유, 비누, 모직용 세제, 조명용 등으로 널리 쓰여서 지중해 세계와 유럽에서는 말 그대로 필수품이었고, oil이라는 단어의 어원이 되었을 정도였다. 올리브는 인류가 최초로 대량 재배한 과수이자 이미 3천 년 전 페니키아 시절부터 지중해의 중요한 무역상품이었다. 따라서 지중해의 항로개척에 결정적인 역할을 했다. 올리브유를 담은 앙포라는 항아리는 지중해 지역 발굴 현장 어디에서나 나오는 흔한 물건인데, 이로 인해 지중해 지역 특히 아테네에서 요업이 크게 발달했다.

야자나무에서 나오는 팜유는 식품산업의 혈액이라고 부를 정도로 현대에 들어와 중요한 기름이 되었는데, 특히 우리나라의 모든 라면이 팜유로 튀겨진다. 팜유는 인도네시아와 말레이시아, 필리핀, 온두라스, 과테말라, 말레이시아, 베냉 등 열대지방 국가들의 경제를 떠받치는 중요한 수출품이기도 하며 옥수수기름과 함께 중요한 바이오 에너지의 원료이기도 하다.[13] 나이지리아의 라고스는 영국이 1860년대부터 팜유의 집산지로 개발해 아프리카 굴지의 도시로 발전하였다.

우리말로 계피라고도 하는 시나몬은 녹나무속^{Cinnamomum}에 속하는 몇 종의 육계나무에서 새로 자란 가지의 연한 속껍질^{bark}을 벗겨 말리거나 가루 상태로 만든 향신료인데, 차나 향수의 원료로 널리 사용된다. 방글라데시를 포함한 인도 아대륙과 동남아시아에서 많이 생산하고 있다. 초콜릿의 원료인 카카오를 생산하는 카카오나무도 열대 지방 국가들에게는 중요한 자원이다. 석유가 활용되기 전 베네수엘라의 기간산업은 카카오 재배였다. 1648년 베네수엘라에는 37만 그루의 카카오나무와 흑인 노예 16,000명이 있었지만 18세기 초에는 카카오나무 500만 그루, 노예의 수는 20만 명이 이를 정도로 폭발적으로 늘어났고, 수도 카라카스는 카카오 열매의 집산지로서 크게 발전했다.

근대에 나무가 준 가장 놀라운 물질 중 하나는 고무다. 콜럼버스가

---

13) 인도네시아를 30년 넘게 지배한 독재자 수하르토는 야자나무 재배 강요로 악명 높았다. 특히 개발지의 대부분을 팜유 채취를 위한 야자나무 재배로 전용하고 농민들에게는 극히 일부의 경지만 주어졌다. 특히 야자나무 재배에 이상적인 기후를 지닌 보르네오 섬의 열대림 파괴가 심각했고, 오랑우탄의 서식지가 거의 사라지고 말았다. 동남아의 팜유 플랜테이션 기업은 대부분 화교들이 장악하고 있으며, 정경유착, 환경파괴, 노동착취라는 국제 사회의 비난을 받고 있다.

원주민들이 고무공을 가지고 노는 것을 본 이후 서구인들은 이 신비한 물질을 상품화하려고 했지만, 기온이 내려가면 딱딱해지고 쉽게 끈적거리는 등 많은 문제점이 있었다. 따라서 지우개 정도로만 썼을 뿐 활용도가 아주 낮았다. 하지만 미국의 철물상 찰스 굿이어가 1839년 황을 섞으면 탄성을 유지하면서도 단단해진다는 사실을 발견했고 이를 상품화하는 데 성공했다. 이로써 타이어가 탄생했고, 자전거와 자동차, 해저케이블이 빠른 속도로 보급되면서 고무 농업은 엄청난 산업으로 발전했다. 특히 말레이 반도는 고무농업의 총본산으로 자리 잡았는데, 싱가포르의 발전에 큰 역할을 함과 동시에 중간 유통을 장악한 화교들의 경제력 향상에도 엄청난 영향을 주었다. 유럽 열강이 빠르게 아프리카를 식민지화한 이유의 상당 부분은 고무나무 때문이었다. 그 중 벨기에의 레오폴드 왕이 지배했던 콩고는 지방 족장들에게 고무를 할당하고 잔혹한 강제노동과 수족 절단 같은 잔인한 처벌로 관리해서 가장 악명이 높았다. 콩고는 아직도 그 후유증에 시달리고 있다.

 이보다는 덜 하지만 프랑스가 지배하는 베트남에서도 고무 플랜테이션은 광범위하게 조성되었고, 고무타이어의 원조인 미슐랭^{Michelin}이 그 주인이었다. 이 농장에서는 하루 15시간 이상에 달하는 사실상의 노예노동을 강요당한 베트남인 수만 명이 희생되었다. 문명인의 접근이 거의 불가능할 정도로 울창한 아마존 강 유역이 지금의 수준이나마 개발되고, 강 중류에 오페라 하우스를 갖춘 200만의 대도시 마나우스가 건설될 수 있었던 것도 브라질 나무에 이어 등장한 고무 덕분이었다. 콩고 강 하류에 마주보고 있는 두 도시 킨샤사와 브라자빌도 고무의 집산지로 시작하여 대도시로 발전했고, 각각 콩고 민주공화국과 콩고 공화국의 수도가 되었다. 후발 제국주의 국가인 독일도 식민지 탄자니아와 카메룬에 상당한 규모의 고무 플랜테이션을 만들었다. 잘 알려지지 않았지만, 중국도 고무나

고무나무는 남미 열대 지방에서 자라는 대극과의 나무이다. 나무껍질에 생긴 상처에서 흘러나오는 유백색 액체(라텍스)에는 약 30%의 고무가 함유되어 있으며, 이를 응고시켜 타이어와 같은 고체 제품으로 가공한다. 라텍스는 수술용 장갑과 같은 담금질 제품을 생산하기도 한다.

무의 북방한계선인 운남성 시솽반나西双版納에 대규모 고무 농장을 만들면서 엄청난 환경파괴를 저질렀다.

인류는 근현대에 와서 놀라운 약들을 많이 만들었는데 그 중에 대표적인 존재 둘을 뽑는다면 기나 나무껍질에서 얻는 퀴논quinone(키니네)과 버드나무 껍질에서 얻은 살리신이라는 성분을 기초로 만든 아스피린Aspirin이다. 말라리아의 특효약인 퀴논은 페루에서 발견된 이후 예수회에 의해 전 세계로 퍼져나갔고, 청나라의 명군 강희제를 살리기도 했다. 반면 예수회를 극도로 혐오하던 청교도 올리버 크롬웰은 이를 거부하다가 죽고 말았다. 퀴논의 보급으로 서유럽인들은 열대에 거대한 식민제국을 세울 수 있었고, 중국인들이 대거 동남아로 이주하여 거대한 화교 네트워크를 만들 수 있었다. 1897년 바이엘 사에서 개발한 아스피린은 버드나무 껍질이 원료인데, 두 세기를 넘긴 현재에도 전 세계에서 연간 600억 정이 팔리고 있다. 최근까지도 새로운 효능이 있다는 것이 밝혀지면서 인류를 고통에서 해방시킨 기적의 만병통치약이라는 찬사를 받고 있다.

우리나라의 삼림자원

삼국과 고려시대의 산림정책에 대한 사료는 빈약하다. 다만 고려왕조가 풍수사상에 근거한 산림보호 정책을 실시했다는 기록 정도가 남아 있을 뿐이다. 조선왕조는 중요한 건축자재인 소나무 목재의 보호를 위해 봉산과 금산 조치를 취하고 조림사업도 벌였지만, 후반기로 갈수록 세도정치로 인해 국가기강이 해이해지면서 왕릉 주변 정도를 제외하면 삼림관리가 부실해졌다. 특히 온돌의 보급으로 인한 땔감 소요 급증은 이런 상황을 더 악화시켰다. 18세기 이후 산림 소유권을 두고 벌어진 소위 산송 분쟁이 급증한 것은 이를 반증한다.[14] 19세기 후반에 들어서면 남해안의 소나무가 고갈되어 배를 건조할 수 없을 지경에까지 이르렀다.[15]

일제강점기에 접어들자, 총독부는 국유지를 중심으로 인공조림을 대대적으로 실시했지만 이에 못지않게 벌채도 많이 자행해서 산림녹화 효과는 제한적이었다. 통감부 시절인 1907년부터 압록강 유역과 개마고원 일대의 원시림을 벌채했는데, 일제강점기에 벌채된 목재를 현재 가치로 환산하면 50조 원이 넘는다고 한다. 화가 이중섭은 "벌거벗은 우리 산이 울창한 일본 숲보다 아름답다."고 했지만, 1940년대에는 석유 대용품인 송진을 채취하기 시작하면서 산림 황폐화는 더 심각해졌다. 화전민의 급증도 상황을 더 악화시켰다.

해방의 기쁨도 잠시였고 전 국토를 초토화한 한국전쟁은 이런 상황을 더욱 악화시켰다. 물론 1948년 출범한 대한민국 정부가 손을 놓지만은 않았다. 이승만은 조림사업에 관심을 가지고 있었으며, 시군 단위에 산림조합을 결성하고, 1949년에는 식목일도 지정하였다. 전후에는 속성수를 중심으로 조림사업도 벌였지만 성과는 미미하였다. 본격적인 조림사업은 1961년 산림법의 제정과 1967년 산림청의 출범에서 시작되었다. 이후 정부 주도로 강력한 조림사업이 펼쳐졌다. 1973년부터 더욱 강력한 산림녹화 정책이 실시되었고, 새마을 운동과 연계되면서 비교적 빠른 시기에 산림녹화를 완수할 수 있었다. 또한 조림 전용 비료를 개발해 보급할 정도로 상당히 체계적이었다는 점에서 더욱 돋보인다. 리기다소나무나 아까시나무 같이 목재로서 쓸모없는 수종이 상당수를 차지하는 등 오류도 적지 않았지만, 우리나라의 산림녹화는 성공적이었다. 하지만 골

14) 조선 후기 실학자들은 중국을 본받아 벽돌을 사용하자고 주장하고, 수원 화성 건설에 벽돌을 일부 사용하는 데에는 성공했다. 하지만 여기서 멈출 수밖에 없었는데, 이 또한 땔감 부족이 원인 중 하나였을 것으로 추정한다.
15) 고려시대에도 비슷한 일이 일어났는데, 두 차례의 일본 원정 과정에서 군함 건조를 위해 엄청난 나무를 잘라냈기에 3차 원정이 불가능해지고 말았다.

프장 개발로 인한 삼림파괴는 결코 방관할 수 없는 수준이다. 18홀 규모의 골프장 하나를 만들면 10만 그루의 나무가 사라지기 때문이다.

성공적인 산림녹화에 성공한 한국에 비해 북한은 무리한 벌채로 처참한 결과를 맞이했다. 북한은 전력 생산의 60%를 수력에 의존하는데, 벌채로 물 공급이 줄어들었고, 홍수 방지 기능이 크게 약화되어 홍수로 수력발전소가 파괴되었다. 설상가상으로 탄광이 침수되어 석탄 생산이 줄어들기까지 했다. 또한 홍수로 송전과 배전망이 파괴되어 생산된 전기를 공장과 공공시설, 가정에 공급할 수 없게 되었다. 이렇게 남벌로 인한 악순환은 북한 경제 자체를 파괴하고 말았다.

근현대의 삼림자원

화석연료에 의존하는 산업혁명이 본격화 되면서 인류는 처음으로 생물학적 한계 즉 목재의 의존에서 벗어날 수 있게 되었다. 연료는 물론 군함을 비롯한 선박이 금속으로, 주택이 콘크리트로, 무기를 비롯한 많은 도구가 플라스틱이나 금속으로 만들어지면서 목재 소비는 더욱 줄어들었다. 하지만 산업혁명이 일어나면서 새로운 목재에 대한 새로운 수요도 생겨났다. 그 수요는 철도의 침목과 탄광 갱도의 버팀목이었다. 일제강점기 만주의 거대한 푸순撫順 탄광은 엄청난 양의 버팀목을 필요로 했고, 상당수는 압록강 주변의 원시림에서 조달했다.

또한 일부 고급 목재, 특히 식민지에서 자라는 나무들에 대한 파괴는 가차 없었다. 인도의 티크 삼림을 거의 파괴한 영국은 1826년에 미얀마까지 식민지화했는데, 그 이유가 풍부한 티크 숲 때문이었다. 19세기 후반까지 무려 4백만 헥타르의 삼림이 벌목되고 개간되었다. 미국은 고급가

구와 피아노 등 고급 악기의 재료가 되는 마호가니를 얻기 위해 쿠바 등 중남미 여러 나라들을 반식민지화했다.[16]

근대 이후 적어도 자국의 삼림을 보호한다는 인식은 넓어져 선진국들이 집중된 온대 지방의 삼림은 1910년 이후 안정을 유지하고 1945년 이후에는 오히려 확대되었다. 대표적인 지역이 독일의 자랑인 슈바르츠발트이다. 중남미에서 보기 드물게 정치가 안정된 나라인 코스타리카는 적극적인 산림보존 정책을 생태관광과 연결시켜 바나나와 커피 수출을 제치고 관광업을 최대 산업으로 성장시켰다.

물론 지구 전체적으로 보면 삼림 파괴가 줄어들지는 않았다. 필수품인 종이는 여전히 나무에 의존하며 가구 역시 부피와 무게, 가공의 용이성 및 유지보수 대비 가격을 고려했을 때 아직도 목재만한 재료가 없는 실정이다.[17] 따라서 개발도상국은 목재와 펄프 수출로 인한 외화 획득과 식량 증산을 위해 농지와 목장을 만들면서 삼림을 파괴할 수밖에 없었다. 더구나 기술적인 발전 즉 전기톱과 불도저, 트랙터, 굴삭기의 등장도 파괴를 가속화시켰다.[18] 그래서 과거와는 달리 브라질, 아프리카, 인도네시아 지역의 열대 우림의 약 30% 이상이 파괴되었다. 특히 국가의 크기에 비해 화석연료가 부족한 브라질은 연료용으로 많이 벌채했다.

최근에는 나무 찌꺼기와 톱밥을 뭉친 펠릿^{Pellet}이라는 나무연료, 그리고 동물의 분변을 이용한 바이오매스 발전이 각광을 받고 있는데 기술적인 어려움이 없어서 농촌이나 산간 지역에서는 유용한 발전 수단으로 인정받고 있다. 효과적인 삼림관리로 유명한 오스트리아에서는 전체 에너지의 20% 가까이를 나무를 위주로 한 바이오매스가 담당하고 있다.

16) 마호가니는 도미니카와 벨리즈의 국수^{國樹}이기도 하다.
17) 최근 CLT(Cross Laminated Timber : 직각으로 겹쳐진 목판)라는 건축자재가 개발되었는데, 10층 이상의 중층 빌딩을 지을 수 있을 정도의 강도를 자랑한다. 오스트리아와 이탈리아 등에서는 이 자재를 이용한 빌딩 건축이 활발하고, 일본에서도 산간지역의 소도시 시청을 CLT로 짓는 등 의미 있는 시도를 하고 있다.
18) 전기톱은 도끼나 가로톱보다 100배 이상의 작업효율을 자랑한다.

나무는 과거처럼 도구나 연료로써 절대적이고 필수적인 자원은 아니지만, 여전히 이산화탄소를 흡수하고, 인간에게 가장 필요한 산소와 깨끗한 물을 만들어 환경을 정화하며 토양도 보호해 준다. 홍수예방도 중요한 나무의 순기능이다. 또한 개발도상국이나 빈곤 국가에 사는 인류의 상당수는 현재에도 나무를 가장 중요한 연료로 사용한다. 즉 나무 없이 인류의 생존은 불가능한 것이다. 환경보호와 지구온난화 방지를 위한 최선의 방법은 나무를 심고 가꾸는 것으로, 삼림의 보호와 조림은 전 지구적인 당면 과제가 아닐 수 없다.

참고서적

- 녹색 세계사 / 클라이브 폰팅 / 이진아, 김정민 역 / 민음사
- 한국의 산림녹화, 어떻게 성공했나? / 이경준 저 / 기파랑
- 숲에서 자본주의를 껴안다 / 모타니 소스케 저 / 김영주 역 / 동아시아
- 숲의 서사시 / 존 펄린 저 / 송명규 역 / 따님
- 아세안의 시간 / 박번순 지음 / 지식의 날개
- 20세기 환경의 역사 / J. R. 맥닐 저 / 홍욱희 역 / 에코리브르

동물 자원

가장 중요한 가축 : 소

인류는 원시시대에 동물을 사냥하면서 생존했다. 그러나 점차 단순한 사냥을 벗어나 동물을 길들이면서 부족한 노동력을 보충했고, 가축들은 계속 출산을 하기 때문에 안정적으로 의식주에 필요한 자원을 얻을 수 있었다. 뼈로는 화살촉이나 바늘 같은 도구를 만들었다. 구대륙 인류는 개를 시작으로 소, 염소, 양, 돼지, 닭, 코끼리, 낙타 그리고 무엇보다도 20세기 초까지 교통수단과 전쟁무기로 결정적인 역할을 한 말을 길들여 그 힘으로 지구를 정복했다. 동아시아인들의 시간관념을 지배했던 60간지 중 지지地支는 열두 동물을 나타내는데, 그 중 절반이 넘는 소, 토끼, 말, 양, 닭, 개, 돼지가 가축이다. 동물 중 가축화된 것은 극히 소수인데도 말이다.

특히 소는 유목민과 농경민을 막론하고 중요한 재산이었다. 페니키아의 에우로페 공주가 황소로 둔갑한 제우스에게 납치되어 유럽이라는 단어가 생겨났다. 라스코 동굴 벽화에도 오록스aurochs19라는 황소가 등장한다. 라틴어에서 화폐를 의미하는 pecunia가 소를 뜻하는 pecus를 어원으로 하고 있고, 소를 뜻하는 cattle은 자본을 뜻하는 capital과 어원이 같다.[20] 《일리아드Iliad》에서 디오메네스의 갑옷은 황소 9마리의 가치와 같다는 표현이 나오고, 아킬레스가 친구 파트로클루스를 기리는 운동 시합에서는 '황소 12마리의 가치가 있는 세 발 솥이 상으로 나왔다'는 묘사가 등장하는 것이 좋은 증거이다. 고대 슬라브어에서도 가축을 의미하는 스코트는 재산과 동일한 의미였다. 우리나라에서도 '빈집에 소 들어간다'라든지 '소 잃고 외양간 고치기', '바늘 도둑이 소도둑 된다'처럼 소의 가치를 보여주는 속담이 많다. 얼마 전까지만 해도 소를 팔아 자식을 대학 보낸다고 대학을 상아탑이 아닌 우골탑으로 빗대기까지 했을 정도였다.

또한 붉은 쇠고기는 동서양을 막론하고 최고의 식재료였다. 산업혁명으로 부와 패권을 움켜쥔 영국인들은 쇠고기를 탐했고, 미국의 중서부에 펼쳐진 목초지는 소를 키우기에 최적의 공간이었다. 거기에 미국의 철도가 서쪽으로 확장되면서 소의 운송이 쉬워졌고, 철조망이 발명되면서 관리가 훨씬 쉬워졌다. 거기에다 옥수수가 사료로 사용되면서 엄청난 시너지 효과가 일어났으며, 1875년 대형 팬을 이용한 냉각기술까지 개발되면서 미국의 소 사육은 날개를 달았다. 소의 집산지인 시카고에는 유니언 스톡 야드라는 거대한 도살장이 생겨났는데, 냉장기술이 나오기 전인 1874년에 이 곳에서 약 2만 마리의 소가 도축되었지만 1890년에는 무려 220여만 마리로 늘어났다. 현재 미국의 연간 쇠고기 생산량은 1200만 톤에 달한다.

이에 비해 신대륙의 원주민들은 라마와 알파카, 기니피그 정도만 길

19) 오록스(Aurochs)는 약 0.8톤에서 1.5톤에 달하는 거대한 소로서 모든 소들의 선조 격이다. 비교적 최근인 1627년에 멸종했다.
20) 정확하게 말하면 라틴어로 소의 머리를 뜻하는 caput이 어원이다.

Aurochs from the Hall of Bulls in Lascaux Cave,

오록스는 우제목 소과의 일종으로, 유럽을 중심으로 유라시아 대륙 각지에 넓게 분포했었지만, 17세기에 멸종했다. 현재의 유럽 계통 소의 선조에 해당하는 종으로, 선사시대의 동굴 벽화에 그 모습이 잘 남아 있다. 몸길이는 250~310cm, 높이 140~185cm , 체중 0.8 ~ 1.5톤 정도이다. 몸의 빛깔은 수컷이 흑갈색 또는 흑색, 암컷은 갈색이다. 뿔은 크고 매끄러우며, 길이는 80cm 정도로 여겨진다.

들이는 데 성공했을 뿐이어서 동물성 단백질 섭취량이 훨씬 적었다. 그들의 비극은 고기를 먹지 못한 것보다도 스페인의 침략 당시 스페인 병사들의 말과 사냥개 그리고 보이지 않는 병균에 치명적인 재난을 당했다는 사실이다. 신대륙의 제국들이 쉽게 멸망 당한 이유 중 상당 부분은 그들이 사육하는 동물이 훨씬 적었기 때문이다. 아메리카 대륙의 원주민들이 무능해서가 아니라 대륙 이동 이후 아메리카 대륙에는 가축화할 수 있는 대형 포유류 자체가 거의 없었다. 중남미를 정복한 스페인인들은 미국인들보다 앞서 본토에서 소를 대거 들여왔고, 이를 기반으로 지배계급으로 자리잡았다. 아르헨티나를 위시해서 브라질, 파라과이, 우루과이에서는 소의 개체수가 인구와 필적하거나, 상회할 정도이다.

소의 동력이 없었다면 인류의 농업은 훨씬 위축되었을 것이 분명하다. 소의 힘 덕분에 동서양 할 것 없이 엄청난 면적의 숲이 개간되었다. 인도와 동남아시아에서는 소와 물소가 벼를 밟아 탈곡을 하기도 한다. 소는 농사에 반드시 필요한 동물이었기에 일본은 675년에 육식을 금지하고 물고기와 계란만 먹게 했으며, 이는 무려 1200년 후인 메이지 유신 때까지 이어졌다. 소는 말보다 훨씬 느리지만 힘은 더 좋았기에, 농사와 수송에 큰 기여를 했다. 쿠바의 경우 소련 붕괴 후 석유 수입이 거의 끊기자 소를 다시 농업에 투입했는데, 1960년 50만 마리였던 황소가 1990년에는 16만 3천 마리로 줄었지만, 1990년 말에는 38만 마리까지 증가하여 4만 대의 트랙터를 대체했다. 소는 고기와 동력, 가죽, 우유를 제공하고 심지어 뼈와 발굽은 아교의 원료가 될 정도로 버릴 게 없는 유용한 동물이다. 조선의 자랑인 각궁角弓도 물소의 뿔이 주재료라는 것은 잘 알려져 있다. 소는 의외의 분야에서도 인류에게 큰 도움을 주었는데 바로 종두種痘이다. 영국의 내과의사 에드워드 제너가 우두 고름을 이용하여 천연두 백신을 만들었고, 이로 인해 인류의 공포였던 천연두가 박멸되기에 이른다. 오락으로서는 투우와 소싸움, 로데오가 유명하다.

이렇게 인류에게 가장 유용한 동물이라고 해도 과언이 아닌 소에게도 큰 단점이 있다. 바로 소가 소화하는 과정에서 내는 트림과 소똥에서 발생하는 메탄이 지구 온난화의 큰 원인이기 때문이다. 소의 트림과 소똥이 그렇게 악영향을 끼치는지 의문이 들겠지만, 전 세계의 소는 15억 마리나 되기 때문이며 이들이 배출하는 메탄가스의 양은 1억 톤에 달한다. 메탄은 이산화탄소 다음으로 온실가스의 주성분이다. 하지만 인도 등에서는 이런 단점조차도 소중하게 여긴다. 메탄이 주는 열량 때문에 연료로 사용하고 단열이 잘되기 때문에 진흙에 섞어서 벽돌로 만들어 집을 짓기까지 하기 때문이다. 인도인, 정확하게 말하면 힌두교도들이 소를 신성시하여 쇠고기를 먹지 않는 것은 유명하지만, 우유와 유제품 소비량은 세계 최정상급이다. 물론 소똥은 훌륭한 비료이기도 하다.

소와 사촌 격인 야크^{yak}는 가죽과 젖을 제공해 네팔과 부탄, 티베트, 중앙아시아와 몽골에서 중요한 가축이다. 아마 야크가 없었다면 이러한 고지대에서 인류의 생존은 불가능했을지도 모른다. 소와 마찬가지로 젖과 가죽, 수송력을 제공하지만 털과 가죽도 큰 가치가 있다. 야크 역시 소처럼 배설물을 연료와 비료로 사용한다.

단백질 덩어리 : 돼지

동물 길들이기의 장점은 이루 말할 수 없이 많고, 인류의 역사에 큰 영향을 미쳤다. 상당수의 동물은 인간이 먹을 수 없는 식물을 육류로 바꾸어준다. 물론 콩을 비롯한 식물성 단백질도 있지만, 동물성 단백질은 더 다양하다. 더구나 살아있는 가축은 썩지 않게 보관할 수 있는 식량이기도 하다. 대표적인 동물이 돼지다. 돼지는 먹는 것의 35%나 고기를 전환시킬 수 있고 한 해 최대 30마리를 낳을 수 있는 다산 동물인데다가 음식 쓰레기까지 먹는 잡식이라는 장점이 있다. 이에 비해 소는 사료 대비 고기 전환이 6.5%에 불과하며, 새끼는 거의 한 마리밖에 못 낳는다. 또한 돼지는 인간과 92%의 유전자를 공유하고 있기 때문에 실험대상으로 적합한 동물이기도 하다. 돼지기름 라드는 서구에서는 식용유처럼 많이 사용된다.

최초로 돼지를 사육한 지역은 중국 하북의 자산磁山이다. 1933년에 발굴된 이 유적지는 약 8,000년 전의 것인데, 돼지와 개의 뼈가 출토되었다. 개를 제외하면 돼지는 중국 지역에서 가장 먼저 사육된 동물로 추정된다. 방목하지 않고 우리를 이용해 사육하는데, 이때문인지 돼지를 집 안에 키우는 모양의 家가 집이란 의미가 되었다. 이렇게 소와 양과는 달리 가두어 기른다는 것이 얼마나 안정감을 주었으면 집이란 의미가 되었을까? 돼지 똥은 소똥보다 3배가량 많은 질소를 품고 있어 훌륭한 퇴비 역할을 했다. 중국의 농업이 그렇게 집약적으로 발달한 이유 가운데 하나가 돼지에 있었던 것이다. 게다가 돼지는 인간이 남긴 음식찌꺼기를 먹어치우는 환경미화원의 역할까지 해낼 뿐 아니라 그 배설물은 훌륭한 비료가 된다. 다만 돼지의 젖을 먹을 수 없었기에 중국요리에서는 유제품이 거의 발달하지 못했다. 송나라의 대문호 소동파는 돼지고기 찬가인 저육송猪肉頌을 쓰기도 하고, 지금까지 전해지는 돼지고기찜 요리인 동파육을 발명하기까지 했다.

현대에 와서도 돼지는 여전히 중국인들에게 가장 중요한 동물성 단백질 공급원인데, "돼지에서 못 쓰는 것은 울음소리뿐이다."는 말이 있을 정도로 철저하게 모든 부위를 사용한다. 돼지사육과 활용이 이렇게까지 발달한 이유는 신대륙과 같은 거대한 소 방목지가 중국에는 없기 때문이다. 이와 같은 이유로 전 세계 돼지고기의 거의 절반을 중국에서 소비한다. 옛날 중국에서는 돼지기름을 화장품으로 사용하기도 했다. 잘 알려지지 않았지만, 불모지나 산림을 개간할 때 돼지는 사람이 파내서 처리하기 힘든 뿌리들을 다 먹어치워 잡초나 잡목이 자라지 못하도록 해주어 개간에 큰 역할을 해내기도 했다.

물론 중국 외의 다른 나라에서도 돼지에 의존하는 경우는 얼마든지 찾아 볼 수 있다. 중세 유럽에서는 숲에서 나는 잡초와 도토리로 돼지를 키워 도살한 다음 햄과 소시지, 베이컨 같은 보존식품을 만들어 겨울을 났다. 유럽 도시들은 생활쓰레기를 먹어 치우는 돼지를 도시에 풀어놓았고, 뉴욕도 이런 방식을 무려 19세기까지 유지했다.[21] '돼지의 도시 Porkopolos'라는 별명이 붙을 정도인 미국 오하이오 주 신시내티는 돼지사육이 기간산업이다. 돼지기름인 라드로 양초와 비누를, 뼈로는 빗 같은 일상용품을 만들었다. 뉴기니의 수많은 부족사회에서 부를 가늠하는 기준은 가지고 있는 돼지의 숫자였다.

세르비아는 돼지 사육과 고기 매매를 대규모로 운영했던 페트로비치 카라조르제Karadjordje Petrovic가 국왕이 될 정도로 돼지사육이 주산업이었다. 이 돼지고기 대부분을 오스트리아-헝가리에 수출했는데, 세르비아를 길들이려는 오스트리아-헝가리가 관세를 대폭 인상하면서 '돼지전쟁'이라는 관세 분쟁이 일어나기도 했다. 세르비아는 오스트리아-헝가리 제국에 대한 경제적 의존도를 낮추기 위해 1904년에 오스트리아 군수품 대신 프랑스제를 수입하기 시작했고, 1905년에는 불가리아와 관세 동맹을 맺어 관세율이 높은 오스트리아 상품들의 자국 내 판매를 종식시켰다. 축산선진국 덴마크도 매년 2,800만 마리의 돼지를 도축할 정도로 돼지사육 강국이며, 현재도 엄청난 양의 베이컨을 영국에 수출하고 있다.

21) 물론 돼지들이 시민들을 공격하고, 배변을 하기 때문에 점차 '돼지의 도시방목'은 사라졌다.

하지만 돼지는 땀구멍이 없어서 체온 조절을 위해 물이 많이 필요하고 그늘이 있어야 하기 때문에 물이 부족한 중동과 북아프리카에서는 종교적으로 기피하는 동물이 되었다.[22] 종교적 이유는 아니지만 몽골 등 북방 유목민족도 비슷한 환경적인 이유로 돼지를 키우지 않아서, 만리장성은 자연히 돼지 사육의 북방 한계선이 되었다. 이들이 돼지를 키우지 않은 이유는 풀만 먹어도 번식이 가능한 소나 양과는 달리 먹는 것이 인간과 비슷하고, 고기와 털 외에는 생산하는 것이 없기 때문이다. 돼지털은 구둣솔과 옷솔의 원료가 되는데, 놀랍게도 1960년대에는 우리나라의 주요 수출품이기도 했다.[23] 하지만 돼지는 세상 일이 다 그렇듯이 인간에게 좋은 것만 주지는 않는다. 인플루엔자(이른바 돼지독감)를 퍼뜨리는 숙주이기도 하기 때문이다.

가장 흔하고 중요하지만 존재감이 약한 가축 : 닭

닭은 돼지나 소와 달리 종교적 금기가 거의 없는 가축인데, 크기가 작고 쉽게 기를 수 있는데다가 빨리 자라 대항해 시대 이전 신대륙과 오세아니아의 섬 원주민들도 닭을 길렀을 정도로 전 세계에 분포한다. 또한 단백질 그 자체이자 완전식품 중 하나인 달걀을 공급한다는 점에서 엄청나게 중요한 가축이다. 참고로 단백질蛋白質이라는 단어의 글자 그대로의 의미는 달걀흰자위이다.

19세기 중후반까지만 해도 암컷은 달걀을 얻기 위해, 수컷은 닭싸움

---

22) 유대인과 무슬림이 돼지고기를 금기시한다는 사실은 유명하지만, 예외가 없는 것은 아니다. 세속화된 유대인이나 이슬람 국가이기는 하지만 튀니지나 바레인 같은 세속국가의 국민들은 돼지고기를 먹는 경우도 적지 않다.
23) 어느 작가는 한국의 산업이 돼지털에서 디지털로 반세기 만에 뛰어올랐다고 표현하기도 했다.

현재 전 세계에서 사육하고 있는 닭이 250억 마리가 넘을 정도로 양계는 그야말로 거대한 산업이 되었다.

과 새벽을 알리는 기능 때문에 길러졌다. 오락으로써 닭싸움과 이에 수반하는 도박은 전 세계로 퍼져나갔는데 특히 동남아에서 가장 성행한다. 달걀은 농작물보다도 훨씬 일찍 인류의 식량이 되었고, 동서고금을 통틀어 달걀이 들어간 요리는 이루 헤아릴 수 없을 정도로 많다. 해충을 먹이로 삼는 능력 역시 인류에게 도움이 되었다.

   닭과 비슷한 가금류로는 오리와 거위가 있지만 알 생산에서 비교가 되지 않아 닭이 훨씬 많이 사육되었다. 다만 오리의 털은 방한복의 소재로 많이 사용되고 있다. 오리를 가장 많이 키우는 나라는 베이징 덕이라는 세계적인 요리를 가지고 있는 중국이다. 중세 유럽에서는 금육일에도 달걀과 닭고기는 허용되었기에 청어처럼 널리 보급되었다. 참고로 달걀은 곡물 대비 생산 효율이 쇠고기보다 3배 이상, 닭고기보다 4배 이상 높다. 16세기 프랑스의 명군 앙리 4세는 "반드시 모든 백성들이 일요일마다 닭

동물 자원 — 61

고기를 먹을 수 있는 나라를 만들겠다."고 다짐했고, 이를 실현했다. 이때문에 수탉은 프랑스의 상징이 되었다.

이런 장점에 더해 부화기계가 개발되고, 약 석 달 만에 성계가 되어서 1960년대 이후 양계는 급속히 산업화되었다. 물론 KFC와 맥도널드[24] 같은 패스트푸드 체인의 발전도 한 요인이다. 영국은 1950년대에 닭 개체수가 100만에 불과했지만, 1965년에는 무려 1억 5천만 마리가 될 정도였다. 미국에서는 1992년에 닭고기 소비량이 쇠고기를 넘어섰다. 한국에도 엄청난 수의 치킨집이 있으며, 하림은 양계로 대기업의 반열에 올랐다.

양계 산업은 현재 전 세계에서 250억 마리 넘게 사육하고 있을 정도로 엄청나게 성장했다. 이 숫자는 다른 모든 가축을 합친 것보다도 월등히 많은 숫자이며, 육류를 얻는 가축 중 가장 큰 비중을 차지한다. 하지만 양계산업 역시 지나치게 산업화된 사육방식으로 인해 비난을 받고 있는데, 사실을 따지면 인류는 닭이 아닌 태어난 지 대략 7주 정도 되는 '큰 병아리'를 먹고 있는 셈이다. 사람으로 치면 두 살짜리가 160킬로그램의 체중을 지닌 셈이라고 한다. 참고로 현대 이전에는 닭을 알용, 고기용으로 따로 사육하지는 않았다.

인류 최초의 가축 : 양

양은 약 1만 년 전 중동에서 가축화되었으며 16세기 이후에는 신대륙으로도 전파되었다. 양은 풀과 물만 있으면, 생존이 가능하고, 열대지방만 제외하면 날씨에 크게 좌우되지 않아 널리 사육되었다. 다만 양은 소나

---

[24] 맥도널드의 주력 상품은 쇠고기 햄버거이지만 1983년 등장한 맥너겟도 엄청난 닭사육 붐을 일으켰다. KFC의 탄생지 루이스빌은 덕분에 도시 규모에 비해 대단한 인지도를 가지게 되었다.

돼지와 달리 비육이 불가능하다. 인류는 양고기를 즐겼지만, 모피와 털이 더 중요했다. 양가죽은 양피지로 가공되어 고대 유럽의 기록을 지금까지 전해주는 중요한 수단이 되었고[25], 중동지역의 최고 수공업 제품인 융단도 양모가 원자재이다.

양모는 신석기 시대에 발명된 베틀을 통해 인류 최초의 직물이 되었다. 인류 최초의 문명을 만든 수메르인도 양모를 첫 직물의 원료로 사용했다. 중동에서는 양모를 이용해서 특산품인 카펫을 만들었고, 사파비조 페르시아는 국가적 산업으로 키우기까지 했다. 놀랍게도 바이킹들은 양모로 돛을 만들어 바다로 나아갔고 전 유럽을 공포에 빠뜨렸다. 영국은 양모를 이탈리아에 수출하면서 상업 제국으로서의 기반을 쌓았고, 모직공업을 일으켜 산업혁명의 단초를 열었다. 공유지에 울타리를 쳐 사유지화 하는 인클로저 운동도 양모를 얻기 위한 양목축이 농업보다 수익성이 좋아서 일어났으며, 이때문에 농민들이 대거 도시노동자나 빈민으로 전락하는 현상이 일어났다. 18세기 중반까지 바이올린의 현은 양의 창자로만 만들어졌다. 지금은 합성섬유나 금속이 사용되지만, 여전히 양의 창자로 만든 현도 일부 사용된다.

호주와 뉴질랜드가 국가로서의 기반을 쌓은 자원도 양이었다. 소련에서 떨어져 나온 벨로루시도 양가죽 수출이 세계 4위일 정도로 양 목축이 중요한 산업이며, 옛 유고 연방에서 2006년에 독립한 몬테네그로 역시 양 목축이 국가의 기간산업 중 하나이다.

양복이 전 세계의 표준 복장으로 자리 잡자, 모직은 아시아로도 퍼져 나갔다. 한국은 양복 원단을 수입에만 의존했지만 1957년 제일모직이 대구에 대규모 공장을 세우면서 국산화에 성공했다.

---

[25] 하지만 양피지에 쓴 글은 쉽게 지울 수 있었기에 변조나 왜곡이 쉬웠다. 반면 종이는 스며들기 때문에 그럴 우려가 적었다. 물론 종이가 양피지보다 제조비용도 훨씬 싸고 제조도 용이했음은 물론이다.

말의 전투력과 수송력 그리고 낙타

소는 쟁기를 끌어 농업 생산력 증대에 큰 역할을 하였는데, 인력보다 몇 배나 넓은 땅을 경작할 수 있게 해주었다. 수운을 제외하면 인간은 증기기관이 나오기 전까지 수송력의 대부분을 동물에 의존했다. 인간이 수송에 이용한 첫 번째 동물은 당나귀였지만, 시간이 흐르고 노하우가 쌓이면서 좀 더 힘이 강한 소와 말, 노새, 낙타를 장거리 수송에 이용하였다. 이런 동물들을 길들이기 전에는 식량운반이 매우 어려워서 식량을 구할 수 있는 곳 근처에서만 살아야 했고, 도시의 건설은 꿈도 꿀 수 없었다.

말이 인류 역사 특히 전쟁에 얼마나 큰 역할을 했는지는 잘 알려져 있다. 이슬람의 경전인 《쿠란》에는 "너는 다른 피조물보다 사랑을 받을 것이다. 너는 날개 없이 날 수 있고, 칼 없이 정복할 것이다"라는 구절이 있을 정도이다. 많은 학자들은 전 세계의 문명을 말의 유무로 나누거나 지구상에서 가장 머리가 좋은 두 발 동물과 가장 빠른 네 발 동물이 역사를 만들었다고 주장하기도 한다.

정확하지는 않지만 말 사육은 우크라이나의 평원에 사는 쿠르간^{Kurgan}족이 토종 야생마를 길들이면서 시작되었다고 한다. 유목민족들이 사는 스텝지역에는 풀이 많아 말을 대량으로 키울 수 있었다. 더구나 말을 타면 훨씬 많은 동물을 관리할 수 있었다. 인간이 도보로 개의 도움을 받으면 200마리의 양을 키울 수 있지만, 말을 타면 500마리까지 관리가 가능하다. 이렇게 해서 유목민은 힘을 키울 수 있었던 것이다.

유목민족들은 농경민족에 비해 소수임에도 불구하고 말의 기동력 덕분에 엄청난 군사적 우위 즉 달리는 말 위에서 중심을 잡고 활을 쏘는 기마궁술을 익히면서 그들은 화기가 대량으로 사용되는 18세기 중반까지 유라시아 대륙에서 군림할 수 있었다. 유라시아 대륙의 문명화된 역대 국가 중 바다와 태풍이 방패가 되어준 일본과 운이 따라 참화를 피할 수 있었던 서유럽을 제외하면 모두 유목민에게 정복당한 역사가 있다. 일부 역사가는 말이 있는 문명과 없는 문명으로 나누기도 한다. 참고로 누구나 아는 영어 단어인 management의 어원은 이탈리아어 maneggier인데, '말의 고삐를 쥔다'라는 의미라고 한다. 귀족이 말을 타는 것은 당연한 일이고, 말고삐를 쥔다는 것은 조직 관리와 일맥상통하기 때문이다.

농경사회에서도 기병을 양성하여 맞서려 했지만, 기본적으로 승마가 생활인 유목민들의 기술을 당할 수는 없었다. 사마천은 이런 상황을 〈흉노열전〉에서 '그들은 걷기 전부터 말을 탄다'라고 멋지게 표현했다. 하지만 목초지가 적은 지역에서는 말에게 곡물을 먹여야 했는데, 한 마리가 인간 열 명이 먹는 곡물을 먹어치워서 유목민 수준의 대량 사육에는 한계가 있었다. 그럼에도 말을 비롯한 가축들은 농경국가에서도 아주 중요한 자원이어서 중국 왕조들도 농경지대의 중심인 낙양이나 남경보다는 가축을 대량으로 키울 수 있는 목초지가 주위에 넓게 분포한 장안이나 북경을 수도로 삼는 경우가 많았다. 《사기》의 〈진본기〉에 따르면 첫 통일 제국을 만든 진나라의 선조는 주나라 왕실에 말을 키워 공급하는 일을 맡으며 힘을 키웠다. 진나라의 수도는 장안과 가까운 함양이었다. 흉노와 고대의 세계대전을 벌인 한나라 무제가 명마를 얻기 위해 장건을 서역에 보냈고 이 과정에서 실크로드가 열렸다는 사실은 너무나 유명하다. 5호 16국 시대의 주인공 가운데 하나인 석륵石勒도 원래는 이민족인 갈족羯族 출신으로 목장 노예에 불과했지만 준마를 약탈해 이를 실력자에게 바치면서 입신해 한때 화북을 거의 통일하는 후조後趙 왕조까지 세운다. 남북조 시대로 접어들자 고구려의 장수왕은 북위를 견제하기 위해 해로를 통해 남방의 송나라에게 군마 800필을 지원하기도 했다. 10세기에 불완전한 통일을 이룬 송나라가 요, 금, 서하, 몽골이라는 유목민족 국가들에게 밀렸던 이유 중 하나는 서하가 한나라 이후 중요한 군마 생산지였던 감숙성과 하서회랑을 장악했기 때문이다.

유럽에서도 말은 아주 중요한 자원이었다. 마케도니아가 그리스의 맹주가 되고, 페르시아까지 정복해 패업을 이룬 이유 중 하나는 강력한 기병대를 만들었기 때문이다. 그리스의 폴리스들은 말들을 많이 키울 수 있는 평원이 없어서, 거의 중장보병에 의존해야 했고, 기병은 정찰 용도에 불과했다. 하지만 마케도니아는 평원이 있어 말들을 대량으로 키울 수 있었던 것이다. 비록 로마에 패했지만, 카르타고가 백 년 가까이 로마와 싸울 수 있었던 힘 중 하나도 누미디아 기병 덕분이었다. 이 누미디아 기병대가 로마로 넘어가면서 자마전투^{Battle of Zama}(BC 202)에서 참패했고, 카르타고는 결국 멸망하고 만다.

중세는 기병의 시대였고, 십자군의 시대이기도 했다. 십자군이나 이슬람군 모두 기병이 주 전력이었지만 운용방법은 엄청난 차이가 있었다. 십자군은 군마까지 갑옷을 입힌 중기병으로 돌격이 주 전술이었으며, 말 그 자체를 무기로 사용했다. 하지만 이슬람군은 활을 주무기로 사용하는 경기병으로 말은 활을 쏘기 위한 '플랫폼'에 불과했다. 유럽에서는 수송용이나 군사용 못지않게 농업용으로도 많은 말이 사용되어 생산성 향상에 큰 역할을 했다. 프랑스의 지방행정구역인 도는 도청에서 말을 타고 하루 동안 갈 수 있는 거리로 설정되기도 했다. 나폴레옹은 1812년 러시아 원정에서 수십만의 대군과 함께 20만 필의 군마를 잃는 대재앙을 겪었다. 그럼에도 그는 1813년 여러 전투에서 승리했지만, 군마의 부족으로 치밀한 정찰과 전과확대를 하지 못했고, 결국 라이프치히와 워털루에서 패해 완전히 몰락하고 만다. 기나긴 전쟁사에서 말은 이렇게 중요했지만, 군량으로서도 상당한 역할을 했다. 죽은 말의 고기는 어느 나라 군대에

1890년대 뉴욕은 수십만 마리의 말에서 나오는 엄청난 양의 배설물로 거리가 오염되고 파리 떼가 들끓는 위기에 직면했다. 이들이 하루에 배출하는 배설물 양은 1,130톤에 달했는데 이로 인해 거리가 배설물로 뒤덮이는 심각한 위생 문제가 일어났다.

게나 중요한 식량이 되었기 때문이다.

철도를 중심으로 산업혁명이 가속화되자, 역설적으로 말은 더욱 중요해졌다. 생산물은 엄청나게 늘어났지만, 기계화된 수송은 역까지였고 최종 목적지까지는 말에 의존했기 때문이다. 증기기관의 힘을 마력으로 측정했다는 것이 좋은 증거이다. 1890년대 뉴욕의 경우, 6만 마리의 말이 매일 124톤의 똥과 6만 갤런의 오줌을 배출하여 도시의 큰 골칫거리였다. 당연히 엄청난 수의 파리도 꼬였다. 1년 동안 죽는 말도 1만 5천 마리에 달해 이 처리 또한 보통 문제가 아니었고, 며칠씩 방치되는 경우 위생상의 문제도 심각했다. 당시 유럽과 미국인들은 말 없이는 살 수 없었지만 바로 그 말 때문에 죽겠다고 하소연하는 모순의 삶을 살아야 했다.

산업혁명을 일으키고 철도의 종주국이 된 영국도 전 세계 4분의 1을 식민지로 만들면서 가장 필요했던 존재가 말이었다. 호주의 건조지대를 말 사육장으로 만드는 데 성공한 영국은 50만 마리가 넘는 군마를 전 세계로 보냈다. 보어 전쟁과 의화단 전쟁 때 사용한 군마의 대부분이 호주산이었고, 일본과 동맹을 맺고 러일전쟁 때 일본에 지원하거나 판 군마도 호주산이었다.[26] 당당한 영국 해군 못지않게 대영제국을 지탱한 기둥이 호주산 군마였다. 1920~30년대부터 자동차가 대중화되고 나서야 이런 문제가 해결되었다. 그럼에도 미국의 카우보이들과 아르헨티나의 가우초gaucho들은 말에서 내리지 않았지만, 자동차의 대중화와 말의 퇴출은 의외의 효과를 낳았다. 말 수요가 격감하면서 목초지와 귀리를 재배하는 농지가 다른 곡물을 재배하는 경지로 대거 전환되었고, 자연스럽게 식품 가격이 하락했다.[27] 그 결과 노동자들의 도시 이주가 더 늘어났다. 자동차와 각종 중장비가 등장한 이후 말은 일부 지역을 제외하면 경마나 승마

26) 호주에서 수출하거나 지원한 군마는 약 1만 두였는데, 군마 외에도 만주의 겨울을 견디기 위한 양모코트도 호주에서 대량으로 공급되었다.
27) 1920년 미국 경작지의 4분 1이 말이 먹는 귀리 재배에 사용되었지만, 1990년에는 거의 없어졌다.

같은 레저용으로 바뀌었지만, 인간의 소중한 친구로서의 역할은 여전하다. 승마는 올림픽에서 유일하게 동물이 등장하는 종목이다.

말과 소보다는 비중이 작지만, 낙타 역시 인류에 큰 기여를 한 동물이다. 속도는 떨어지지만 500킬로그램의 짐을 싣고 강한 지구력을 자랑하는 쌍봉낙타와 하루에 160킬로미터를 이동하는 빠른 단봉낙타가 없었다면 아랍인들은 결코 이슬람 제국을 만들지 못했을 것이다. 단봉낙타는 자체 전투력은 약해도, 군마용 물과 기병용 화살을 나르는 중요한 역할을 했다. 무엇보다 낙타가 없었다면 실크로드의 탄생은 불가능했다. 중동에서 낙타 의존도는 대단해서 오스만 제국도 발칸을 정복하면서 낙타에 군수물자 수송을 맡겼다. 시골은 물론 수도 콘스탄티노플조차 19세기 중후반까지 적어도 육상에서는 낙타 대상에 크게 의지해야 했다. 의외로 중국 북부에서도 소와 당나귀, 말보다는 적지만 낙타가 많이 사용되었다. 중국의 국보 1호라고 할 정도로 유명한 〈청명상하도〉에 낙타가 등장하는데, 주위 사람들이 놀란 표정을 짓지 않는다. 잘 알려져 있지 않지만 낙타는 소처럼 인간들에게 고기와 젖 가죽도 제공한다. 그리고 낙타의 똥은 소똥과 마찬가지로 현지인들에게는 소중한 연료이기도 하다.

다른 동물들

모피를 얻기 위해 여우나 밍크, 햄스터 등이 사육되기도 했으며, 토끼 역시 가죽과 고기를 제공한다. 참고로 북한은 세계 제 2위의 토끼고기 생산국이다. 가장 큰 포유류인 코끼리가 길들여져 전투용이나 수송용으로 쓰이기도 했는데, 카르타고나 인도에서는 상당한 비중을 차지했다. 잘 알려지지는 않았지만 삼번의 난 때 오삼계 군이 코끼리를 동원하기도 했다.

영국은 인도 전역에 철도를 놓았는데, 선로전환과 차량교체 작업에 코끼리를 사용했고, 2차세계대전 때 중국을 지원하는 버마로드 건설에도 동원했다. 미얀마 타이에서는 코끼리가 아직도 벌목사업 등에 동원되고 있으며, 타이의 옛 국기에는 코끼리가 새겨져 있을 정도였다. 하지만 코끼리의 힘보다 인류가 더 탐을 냈던 것은 상아였다. 상아는 동서양에서 모두 귀중한 보물로 여겼고, 의치, 당구공, 바둑돌 그리고 피아노 건반 등의 재료로 사용되어 많은 코끼리가 희생되었다. 코끼리가 많이 사는 태국은 섬유질이 풍부한 코끼리 똥으로 종이를 만들기도 한다. 이런 여러 역할에도 불구하고 다른 동물에 비하면 코끼리가 인간에 미치는 영향은 상당히 낮다고 보아야 할 것이다.

인간과 가장 가까운 동물인 개는 동아시아를 제외하면 식용으로는 쓰이지 않았지만 대신 사냥이나 목축에서 인간의 도우미로서 큰 도움을 주었다. 북극의 이누이트들은 개를 길들여 썰매를 끌게하면서 북극권에서 생존을 가능하게 했다.[28] 일부 견종들은 군견, 경찰견, 구조견, 시각장애인 안내견, 치료견 등으로 인간에게 실질적인 많은 도움을 주고 있다. 하지만 길들인 동물만이 인간의 역사를 바꾼 것은 아니다. 야생동물도 인간의 역사에 커다란 영향을 주었다. 러시아산 야생 모피는 유럽인을 사로잡았고, 발트해와 북해를 지배한 상업 도시들의 거대한 동맹인 한자도 모피 교역이 주요한 동인이 되어 결성되었다. 북미와 시베리아에서는 비버와 여우, 족제비 모피를 얻기 위해 사냥꾼들이 불모지 개척에 나서 결과적으로 미국과 러시아가 세계적인 강대국으로 올라서는 데 큰 역할을 하기도 했다.[29] 참고로 비버의 모피는 방수가 되고 윤기가 흘러 매우 인

---

28) 이누이트들은 훨씬 거대한 순록도 가축화하였다.
29) 신대륙 원주민들과 마찬가지로 외부 병원균에 대한 면역력이 없는 시베리아 원주민들은 무더기로 죽음을 당했다. 러시아의 모피는 이슬람 세계에까지 수출되었는데, 러시아인들은 시베리아의 동물들을 거의 잡아버리자 알래스카까지 진출하였다. 러시아가 그 머나먼 알래스카를 정복한 이유는 오로지 모피 때문이다.

기가 있었는데, 사냥터 쟁탈전이 벌어지면서 결국 영국과 프랑스 간에 벌어진 7년 전쟁의 원인 중 하나가 되기에 이르렀다. 조선시대 호랑이 가죽은 한양 도성 내 초가집 한 채와 맞먹을 정도로 엄청난 귀중품이었다. 모피보다는 비중이 훨씬 작지만, 공작은 아름다운 깃털과 맛있는 알 때문에 인간에게 사육되었고, 타조 깃털도 장식용으로 인기가 높고, 알도 별미로 유명하다.

중국인들은 기원전 3천 년 전부터 곤충인 누에를 길들여 비단이라는 최고의 의복 재료이자 상품을 만들었다.[30] 삼국시대의 촉나라는 촉금蜀錦이란 비단을 생산하여 동맹국 오나라는 물론 적국 위나라까지 수출하여 북벌의 기반을 쌓았다. 송나라는 비단생산을 보다 전문화해서 시스템화했다. 송나라는 비단생산으로 엄청난 세수를 올렸을 뿐 아니라, 수십만 필의 비단을 보내 거란과 금나라와의 평화를 유지할 수 있었다. 우리나라 역시 왕비들이 직접 누에를 키우고, 비단을 짤 정도로 양잠과 비단 제조를 중요시하였다. 서울에서도 잠원과 잠실이라는 지명이 뽕나무 밭에서 유래한 것이다. 누에의 신을 모시는 선잠단도 성북동에 있다.

일본은 19세기 후반부터 근대화를 시작하면서 수많은 기계와 자재, 교사를 서구에서 수입해야 했는데, 이 재원의 상당 부분은 근대화된 양잠기술을 도입해 생사를 수출한 자금으로 충당할 수 있었다. 결국 일본 제국주의도 누에에서 일어난 셈이었다. 벌을 길들여 얻은 꿀과 밀랍도 인류에 큰 도움이 되었는데, 특히 벌꿀은 물만 타면 자연 발효가 되기에 인류 최초의 술 재료가 되었다. 참고로 알타미라의 벽화에도 꿀을 채집하는 모습이 그려져 있다.

조류도 빼놓을 수 없다. 훈련시킨 사냥용 매나 전서구는 최근까지 사용했을 정도로 유용한 존재였는데, 잘 훈련된 전서구는 편지 뿐 아니라

---

30) 은나라의 갑골문에도 누에, 뽕, 비단을 나타내는 문자가 있었다.

귀중품도 운반했다. 요나라의 천조제는 매사냥에 탐닉해 해동청이라는 매를 여진족에게 지나치게 요구하다 반격을 받고 나라를 잃고 말았다. 해동청은 이름대로 우리나라가 원조이며, 해주와 백령도 산 해동청이 유명했고, 고려 때에는 매사냥 전문기관인 응방應坊이 있을 정도였다. 서울 은평구 응암동과 성동구 응봉동은 매 사냥터에서 유래한 이름이다.

녹용[31]과 고급 기름, 사향을 제공하는 사슴도 유익한 동물이다. 한무제 때에는 흰사슴 가죽이 고액권 화폐의 재료가 되기도 했다. 일본 나라시는 도심에 사슴을 방목하는데 그 자체로 훌륭한 관광상품이다. 그 외에도 미국에서는 추수감사절의 메인 메뉴가 되는 칠면조와 카나리아나 앵무새 같은 관상용 새도 사육된다. 쥐나 토끼, 비둘기, 개 등은 의학 실험용으로 인간 대신 엄청난 희생을 치르고 있다. 또한 야생동물 그 자체도 관광자원이 된다. 탄자니아나 르완다, 케냐, 우간다 등의 아프리카 국가들은 사파리를 국가 산업으로 육성해 상당한 외화를 벌어들이고 있다. 그러나 이런 동물들이 인류 문명에 큰 비중을 차지한다고 볼 수는 없다.

가축들이 제공하는 부산물들 : 달걀과 젖, 배설물

닭이 달걀을 생산한다면 소와 양과 염소는 고기는 물론 젖과 가죽, 털을 생산한다. 사료를 먹이고 키운 가축의 젖은 그 가축을 죽여 고기를 얻을 때보다 4배 이상의 칼로리를 얻을 수 있다. 젖으로 만든 요구르트 같은 발효음료와 술, 치즈, 버터는 유라시아 대륙의 유목민족들을 혹독한 환경 속에서 생존할 수 있게 해주었다. 참고로 인류는 성인이 되어서도 젖을 먹는 유일한 동물이자 다른 동물의 젖을 먹는 유일한 생물이기도 하

---

31) 뉴질랜드는 세계 최대의 녹용 수출국인데, 연간 생산량 1천 톤 중 600톤을 한국에 수출한다.

다. 낙농업의 최고 선진국인 네덜란드인이 세계 최장신인 이유도 유제품을 많이 섭취하기 때문인데, 역시 낙농강국인 스위스에서 네슬레라는 세계적인 식품회사가 탄생한 것도 우연이 아니다. 우유를 발효시킨 요구르트는 전 세계적으로 엄청난 생산량을 자랑하며, 가장 산업화된 식품 중 하나가 되었다. 불가리아는 아예 요구르트가 국가의 상징물이 될 정도이다. 이런 우유의 가치 때문에 인간은 소를 계속해서 개량했고, 개 정도는 아니지만 놀랄 만큼 다양한 품종의 소가 전 세계를 누비기에 이르렀다. 인도인들이 소를 신성시하는 이유는 주 단백질원인 우유를 제공하기 때문인데, 창조서사시 《마하바라타》에서 신과 악마가 우유의 바다에서 불멸의 묘약을 찾는 장면이 나온다는 것이 좋은 증거이다.

가축들의 배설물은 거름이 되었고, 많은 지역에서는 연료나 건축자재로 사용했다. 지금도 인도에서는 소들이 연간 7억 톤의 배설물을 만들어 그 중 반은 연료로, 반은 거름으로 사용하고 있으며, 다른 나라에서도 동물의 배설물은 바이오매스 발전의 원료로 사용되고 있다. 말똥은 훌륭한 비료여서 일본에서는 에도 시대에 말이 길에 배설한 똥은 바로 농민들이 수거해갔다고 한다.

소나 양, 염소를 비롯한 가축의 가죽은 옷과 가방, 혁대, 구두를 비롯한 다양한 제품들의 재료가 되었으며 천막의 재료로도 사용되었다. 소에서 나오는 각종 부산물은 현대 과학이 발달하면서 더 중요해졌는데, 대표적인 것이 영국의 내과의사 제너가 발명한 종두법이다. 잘 알려진 바대로 종두, 즉 천연두 백신은 소의 두창에서 얻은 것이다.[32] 당뇨병 환자들의 수명을 크게 늘려준 인슐린은 소와 돼지의 췌장에서 추출한다.

---

32) Vaccine의 어원은 암소를 의미하는 라틴어 Vacca에서 나왔다.

종교적 희생물로서의 동물

인류 역사상 최대의 베스트셀러인 《성서》의 맨 앞을 장식하는 〈창세기〉 그것도 아담과 하와의 낙원 추방 이후 첫 번째 사건인 카인과 아벨에 희생 양이 등장할 정도로 동물을 종교적 희생물로 바쳤던 역사는 장구하다. 이와 유사한 의식이나 풍습은 세계 어디에서나 볼 수 있을 정도로 보편적인 현상이다. 호메로스와 베르길리우스의 서사시에도 동물을 희생물로 바치는 모습은 자주 등장한다. 대표적인 예가 아킬레스가 친구 파트로클로스의 장례 때 네 마리의 군마를 같이 화장하는 장면이다. 힌두교의 원형인 브라만교도 희생제물을 바치는 의식을 대단히 중요시했으며 지나친 비용 지출과 허례허식에 대한 반발로 자이나교와 불교가 탄생했을 정도다. 힌두교는 이 두 종교의 영향을 받아 가축 대신 곡물이나 술, 우유, 빵 등을 제물로 바치는 방식의 예식으로 바뀌었다.

주류 문명과는 거리가 멀었던 바이킹들도 각각 다른 9마리의 숫짐승을 제물로 바쳤다는 기록이 있다. 이슬람에서는 '희생의 축제'라고 하는 이드 알 아드하가 있는데, 이브라힘(그리스도교와 유대교에서는 아브라함)이 아들을 희생물로 바치라는 신의 말씀을 실행하려 하자 신이 이를 멈추게 하고 양을 대신 제물로 바치도록 했다는 《쿠란》의 내용에서 유래한다. 라마단 다음가는 중요한 축제일로 이날은 양과 염소를 잡아 이웃들과 나누곤 한다. 드물게는 낙타도 제물이 된다. 고대 중국과 이집트에서도 소는 중요한 희생제물이었다. 조선시대에도 성균관과 향교, 사직단에서 공자와 성현들에게 생고기를 바쳤으니 우리 역시 예외가 아니었다.

희생 제물을 공동체 구성원들에게 나누어주는 것도 약간의 차이는 있지만 보편적인 현상이며, 중국도 마찬가지였다. 상나라 시대의 갑골문이 신탁을 새긴 것이라는 사실은 널리 알려져 있는데, 여기에서도 희생

제물로 소의 뼈 특히 어깨뼈가 주로 사용되었다. 공자가 노나라를 떠나 천하주유에 나선 이유도 제사 후 고기 분배가 제대로 이루어지지 않아서였을 정도로 중요한 행사였다. 유방의 참모이자 한나라의 명재상이었던 진평陳平도 고향에서 토지신에게 바치는 제사에서 고기를 나눠주는 재宰를 맡았는데 매우 공평하게 나누어 주어 호평을 받았다는 기록이 있다.

희생제물이 아니더라도 동물 특히 탈 것이 되는 동물은 세계종교가 탄생하는 중요한 장면에 반드시 등장한다. 싯다르타 왕자는 백마 칸타카 Kanthaka를 타고 출가했으며, 예수 그리스도는 당나귀를 타고 예루살렘에 입성하고, 사도 바오로(바울)는 다마스쿠스로 말을 타고 가다가 회심을 한다. 예언자 무함마드는 백마 부라크Buraq를 타고 천국으로 올라갔다. 주나라에서 도서관장을 지냈던 노자는 푸른 소를 타고 함곡관 밖으로 간 다음 종적이 묘연해졌다 하는데, 그 전에 문지기인 윤희에게 5,000자로 된 책을 전수하니, 이것이 '도덕경'이라고도 부르는 《노자》이다. 공자 역시 젊은 시절 가축을 돌보는 하급 관리를 지낸 적이 있다.

우리 민족과 동물

고조선 시대에 호피를 중국에 수출했다는 기록이 있을 정도로 호랑이 가죽은 우리 민족의 전통적인 수출품이었다. 고구려는 군마에도 갑옷을 입힌 개마기병으로 강대국이 되었고, 발해는 좋은 말을 키워 안록산에게 팔기도 했다. 발해가 해동성국이라 할 정도로 강성해진 이유는 호랑이, 표범, 물개, 담비, 토끼 등의 모피들을 대량으로 수출했기 때문인데, 특히 담비 가죽은 중국과 일본의 귀족들에게 큰 인기를 끌었다. 담비 가죽의 인기는 고려는 물론[33] 조선시대까지 계속되어 중국으로 가는 조공물로 인기를 끌었고, 개항 후에도 주요 수출품으로 자리잡았을 정도였다.

돼지는 잘 알려지지는 않았지만 고구려와 고려에서 제사용 가축으로 중요한 존재였다. 또한 조선시대에는 고기도 중요했지만, 농업과 인간생활의 부산물인 쌀겨와 지게미, 풀, 인분 등을 먹고 분뇨를 비료로 제공하는 청소동물이자 채비동물로 인간 생존에 큰 도움을 주는 가축이었다. 제주도 사람들은 아예 인분을 주 사료로 하는 똥돼지를 키우기도 했다. 세종과 세조는 대대적인 양돈장려 정책을 펼쳐 돼지사육이 보편화되는 성과를 거두었다. 1970년대까지도 강북구와 노원구, 강남구 서초구 일대에 돼지를 치는 이들이 많았다. 하지만 1979년 돼지파동이 일어나면서 돼지고기 가격이 폭락했고 많은 돈사가 버려졌다. 이때 적지 않은 수의 상경민들이 이 돈사를 수리해 거처로 삼았다. 이곳은 1970~1980년대 강남과 북서울이 개발되면서 모두 아파트 숲으로 바뀌었다.

조선왕조에서도 말은 아주 중요한 전략 자원이었고, 말총은 양반의 필수품인 갓의 재료이기도 했다. 조선시대에 지금의 서대문구 대현동 일대에는 갓과 감투를 만드는 공장이 많이 있었다.[34] 조선의 말 목장으로는 제주도가 가장 대표적이다. 제주도는 고려시대에 몽골이, 지리상으로 일본 침략의 전진기지로 알맞고 넓은 초지도 있어서 몽골말을 들여오며 말 목장으로 자리 잡았다.[35] 한양에서는 도성의 동쪽 일대 즉 동교東郊가 가장 중요한 목장이었다. 한양대 자리에는 말의 조상에 제사하던 마조단馬祖壇이 있었다. 마장동, 면목동, 장안동, 자양동, 용마산 등의 지명이 이때문에 생겨났다. 정인지는 이런 글을 남겼다.

---

33) 여몽 전쟁의 직접적인 원인이 된 사신 저고여도 수달피를 가지고 돌아가다가 피살되었다.
34) 서구에서도 말총과 털을 체와 붓, 낚시줄, 충전제 등으로 요긴하게 사용했다.
35) 대부분의 제주목사는 목민보다 목마를 더 중요시 했다고 할 정도였다.

동교는 그 토질이 기름지고 물과 풀이 넉넉하여 마필을 놓아 기르는 데 매우 적합하다. 고개를 들어 쳐다보니 좋은 말이 만여 마리나 되는 듯 싶은데, 마치 구름떼가 몰린 것 같다. 그 들판 가운데 높은 언덕이 있어 그 형상이 가마솥을 엎어 놓은 것과 같다.

영등포 일대에도 말 목장이 많았지만, 조선 중기 이후에는 문약화 현상이 두드러지면서 목장의 상당 부분이 논밭이 되었다. 일제강점기에는 청량리에서 첫 젖소가 사육되었으며, 이 일대의 목축 문화는 곳곳에 많은 흔적을 남겼다. 건국대학교 축산대, 마장동 축산물 시장, 서울우유 공장, 성수동 수제화 거리, 장충동 족발 거리, 왕십리 곱창골목, 우림시장 등이 이 영향으로 생겨난 것들이다. 일제강점기에 자행된 쌀 공출이 유명하지만, 소도 착취의 대상이었다. 부산 우암동에는 소막마을이라는 국가등록문화유산이 있는데, 일본으로 반출되는 소의 검역을 하던 장소였다. 1930년대에는 연간 최대 5만 마리의 소가 일본으로 반출되었다.

축산의 산업화와 그 대가

하지만 인류는 동물을 길들여 얻은 것들 대신 전염병이라는 치명적인 대가를 치러야 했다. 근대까지 인류의 주된 사망 원인이었던 천연두, 인플루엔자, 결핵, 말라리아, 흑사병으로 더 유명한 페스트, 홍역, 콜레라 심지어 나병도 동물의 질병에서 진화한 것들이다. 아메리카 대륙 원주민들이 이런 균에 엄청난 희생을 치른 이유도 그들이 기른 동물이 적어서 상대적으로 면역력이 약했기 때문이다. 전염병을 옮긴 것은 아니지만 호주는 1859년 영국에서 온 이주자가 사냥용 토끼를 방사했다가 천적이 없는 환경에서 엄청난 번식력을 보이면서 나라가 망할 뻔한 적도 있었다.

가축이건 야생이건 재화를 얻을 수 있는 동물은 어느 지역을 막론하고 국가나 마을, 가정의 큰 재산이었다. 인간은 동물과 식물이 주는 혜택 한도 내에서 문명을 만들었다. 하지만 현대 산업사회에 들어서면서 인간의 동물 의존도는 크게 낮아졌다. 말은 철도와 자동차로 완전히 대체되었고, 가죽과 털은 각종 합성 섬유로 대부분 대체되었다.

서구인들 특히 영국인들은 쇠고기 스테이크를 즐기기 위해 영국의 공짜 목초와 미국 중서부 곡창지대의 잉여 옥수수로 소 목축을 산업화하는 데 성공했다. 신대륙은 크기가 거대할 뿐만 아니라 유럽과는 달리 국경이 단순했고, 전통적 생산구조와 충돌할 우려도 없었기 때문이다. 미국의 소 목축지대의 면적은 한반도의 5배에 달한다. 기온이 쇠고기 자연 냉장에 적합해 쇠고기 집산지가 되었던 시카고는 냉장기술의 발전과 급성장한 도축 산업을 바탕으로 미국 굴지의 대도시로 성장했다. 마이클 조던이 뛰었던 농구팀의 이름이 '불스'인 이유도 여기에서 유래한다.

스팸을 발명한 제이 호멜Jay Hormel은 시카고의 고급 육가공 업체를 창업한 조지 호멜의 아들이다. 대량생산이 가능한 스팸은 2차대전 당시 소련에 지원물자로 엄청난 양이 제공되었다. 소련군은 스팸을 루스벨트 소시지라고 불렀다. 벨트 콘베이어로 기계화된 시카고의 대규모 도살장은 헨리 포드에게 영감을 주어 자동차 생산의 자동화에 큰 영향을 미치기도 했다. 이후 대규모 소 목축은 캐나다 서부, 아르헨티나의 팜파스 평원과 호주로 확장되었다. 이런 산업화된 목축이 이루어지기 전에는 버팔로들이 이 땅의 주인이었고, 원주민들은 버펄로의 고기와 가죽에 의존하며 살았다. 하지만 유럽의 이주민들은 모피를 얻고, 대륙횡단철도를 놓는 노동자의 식량 조달, 그리고 원주민들을 축출하기 위해 버펄로들을 대거 살육하고, 유럽에서 가져온 소들을 이 땅에 풀어 놓았다.

환경보호주의자들은 산업화된 소 사육을 위해 너무 많은 곡물이 소모되고 있다고 비판한다. 실제로 100그램의 소고기 스테이크를 만들기 위해서는 2.5킬로그램의 곡물과 2톤의 물을 소비해야 한다는 통계가 있을 정도이다. 일부에서는 가축 사료를 위해 소비되는 곡물로 10억의 인간이 배불리 먹을 수 있다는 통계를 내놓았다. 미국인들처럼 소고기를 먹는다면 지구는 26억 명만 부양할 수 있지만 인도인처럼 먹는다면 95억 명을 먹여 살릴 수 있다는 통계까지 나올 정도이다. 특히 중요한 것은 목축을 위해 사용하는 토지 면적이 곡물을 위해 사용하는 면적의 두 배에 달한다는 사실이다. 아마존의 밀림도 소 사육에 사용하는 콩밭을 만들기 위해 사라지고 있다. 물론 목축용지는 대부분 산지나 초지여서 곡물을 키우기 어려운 땅이기는 하다.

또한 기계화된 잔인한 도축 과정과 인간 광우병 등 여러 가지 문제를 지적하며 채식을 권장하고 육식을 최소화하라는 운동을 펼치고 있다. 어느 시인은 소를 '숨 쉬는 햄버거'라고 표현했으며, 채식주의자인 《사피엔스》의 저자 유발 하라리는 동물 사육과 도축이 인류가 저지른 최악의 범죄라고 주장한다. 사실 이런 문제 제기는 이미 1906년, 미국에서 업튼 싱클레어가 《정글》이라는 책에 시카고의 잔혹한 도살장을 생생하게 고발하여 베스트셀러가 되었을 정도로 오랜 역사를 자랑한다. 이 책 발간 이후 육가공 업체의 절반 이상이 도산했다. 이때문에 한때 미국의 육류 소비가 절반 이하로 떨어졌고, 도축 관련 법안이 크게 강화되었다.[36] 최근에는 전기로 기절시키고 세척한 뒤 매달아서 이산화탄소로 안락사시킨 다음 피를 빼서 고기로 처리하는 '인도적인 방식'으로 바뀌었다. 하지만 도축의 잔인함과 엄청난 분뇨가 일으키는 환경오염은 여전히 심각하다. 가

---

36) 난방을 할 수 없고 추운 데다가 유혈이 낭자한 도축장에서 일한다는 것은 아주 힘든 일이기 때문에 이직이 잦다. 이때문에 노동조합 결성도 어렵기에 작업환경개선이 어려워진다는 악순환이 발생하고 있다.

축들 때문에 발생하는 온실가스는 대기 중에 있는 메탄의 37%, 이산화질소의 65%, 암모니아의 64%를 차지할 정도이다.

다만 최근에 콩, 버섯, 호박 등 식물성 재료에서 추출한 단백질을 활용한 인조고기와 식용가축의 줄기세포에서 만든 배양육이 등장하고 있어 이런 문제를 해결할 수 있는 길이 열렸다.[37] 하지만 기존 육류에 길들여진 소비자들이 어떻게 받아들일지는 미지수이다.

이런 수많은 문제에도 불구하고 일차적인 단백질 공급원으로서, 그리고 아직도 인간에게 많은 유익한 것들을 제공해 주는 동물들은 여전히 귀중한 자원이 아닐 수 없다. 최근까지도 전쟁이 일어나면 적군이 노리는 중요한 전리품이다. 그리고 여전히 몽골, 레소토, 우루과이 등 일부 국가들에서는 가장 중요한 자원이기도 하다.

참고서적

- 돼지 그 생태와 문화의 역사 / 리처드 루트위치 저 / 윤철희 역 / 연암서가
- 물질문명과 자본주의 / 페르낭 브로델 저 / 주경철 역 / 까치
- 사육과 육식 / 리처드 불리엣 저 / 임옥희 역 / 알마
- 사피엔스 / 유발 하라리 / 조현욱 역 / 김영사
- 세상을 바꾼 길들임의 역사 / 앨리스 로버트 저 / 김명주 역 / 푸른숲
- 소 그 생태와 문화의 역사 / 케이트린 러틀랜드 저 / 윤철희 역 / 연암서가

37) 식물성 인조고기는 기존 육류보다 토지 사용량을 95%, 온실가스 배출량을 87%, 물 소비량을 75% 감소시킨다고 한다. 배양육은 기존 육류보다 토지 사용량을 99%, 물 소비량을 96%, 에너지는 45%밖에 쓰지 않는다.

- 우리는 왜 개는 사랑하고 돼지는 먹고 소는 신을까 / 멜라니 조이 저 / 노순옥 역 / 모멘토
- 육식의 종말 / 제러미 리프킨 저 / 신현승 역 / 시공사
- 중국사를 꿰뚫는 질문 25 / 조영헌, 윤형진 외 / arte
- 총, 균, 쇠 / 제레드 다이아몬드 저 / 강주헌 역 / 김영사
- 치킨로드 / 앤드루 롤러 저 / 이종인 역 / 책과함께
- 클린미트 / 폴 샤피로 저 / 이진구 역 / 흐름출판
- 한양 그 곳에서 살고 싶다 / 최완기 저 / 교학사

곡물과 작물
— 구대륙의 밀과 쌀, 신대륙의 옥수수와 감자

채집과 수렵으로 살아가던 인류는 식량이 될 작물을 재배하고, 자연스럽게 그것들을 저장하기 시작했다. 동물 중에도 다람쥐나 벌, 개미같이 먹이를 저장하는 경우가 제법 있지만 인간만이 특정한 농작물을 의도적으로 재배하고 유용한 특성을 선별해서 전파한다. 과거에는 인구의 절대다수를 차지했고 지금도 인구의 40%가 넘는 농민은 다른 기술자들과 마찬가지로 자연 상태에서는 결코 나오지 않는 것들을 만들어 낸다.

재배식물, 곧 곡물이 없었다면 인류의 역사는 완전히 다르게 진행되었거나 아니면 역사와 문명 자체가 존재하지 않았을 수도 있다. 곡물이 없었다면 인류는 사냥이나 채집, 어로에 만족해야 했을 것이고, 문자는 물론 도시와 국가도 생겨나지 않았을 것이기 때문이다.

앞서 동물을 다루었다. 동물에 의존하는 유목민족을 보면 알 수 있듯이 정주 촌락이나 문자, 도시는 그들에게서 생겨나지 않았다. 따라서 동물 사육과 별개로 곡물의 재배는 인류 문명사에 가장 필수적인 요소가 아닐 수 없다. 곡물의 생산으로 국가가 태어났고, 문명이 일어났으며,

점차 무역망이 형성되기에 이르렀고, 대 제국도 탄생했다.

이 가운데 가장 중요한 곡물은 밀과 쌀 그리고 옥수수와 감자이다. 특히 밀과 쌀 두 작물은 인류 역사에서 가장 큰 무대였던 유라시아 대륙에서 사는 대부분의 인류를 먹여 살린 존재로서 큰 의미를 가지기에 먼저 다루어 보고자 한다.

인류의 경로를 바꾼 밀

밀의 경작은 어떻게 시작되었을까? 우선 야생 밀부터 살펴보아야 한다. 수메르 인들이 첫 문명을 일으킬 수 있었던 것도 그들이 살던 메소포타미아에 야생밀이 풍부했기 때문이다. 야생 밀의 낟알은 물론 먹을 수 있었고 야생 상태에서도 수확량이 나쁘지 않았을 것이다. 그러나 밀은 엽축^{rachis}이라고 하는 중심축에 낟알이 붙어 있다. 낟알이 무르익으면 엽축이 부서지고 바람까지 맞게 되면 낟알은 산산이 흩어지게 된다. 더 멀리 번식해야 하는 야생 밀 입장에서는 당연히 바라는 바이지만 낟알을 거두어야 하는 인간 입장에서는 무척 불편한 현상이다. 그런데, 야생 밀 가운데 유전적 돌연변이를 일으킨 일부는 무르익으면서도 엽축이 쉽게 부서지지 않았다. 이런 '돌연변이'는 인류입장에서는 반가운 존재였고, 이런 돌연변이 종들을 모으기 시작했다. 이 돌연변이종의 낟알을 심기 시작하면서 농업이 시작되었다.

물론 인류는 여기에 만족하지 않았다. 심은 낟알 중에서도 제때 자라나는 것들을 모아 통제하는 데 성공했다. 더 나아가 낟알을 덮는 껍데기가 더 잘 벗겨지는 종까지 만들어내는 데 성공한다. 이렇게 탈곡까지 쉬워지자 정기적인 농업이 시작되었다. 이런 방식으로 길들여진 밀과 보리가 대략 기원전 8500년경 지금의 터키에서 이란에 이르는 서아시아에서 재배되기 시작했다. 이렇게 보면 인간이 밀을 길들인 것으로 생각되지만 유발 하라리는 오히려 밀이 인간을 길들였다고 주장한다. 공평하게 말해도 밀과 인간은 함께 진화해왔기 때문에 이제 상대방이 없으면 생존이 불가능하게 되었다고 보아야 할 것이다.

밀은 제분을 하면 보관하기도 쉬웠기에 유라시아 전체와 이집트로 퍼져나갔고 빵을 만드는 기술까지 개발되면서 확고한 주곡의 위치를 차지하게 되었다. 참고로 영어 단어 mill은 맷돌이 어원으로 방앗간이란 뜻이 있다. 즉 제분은 인류 역사에서 가장 오래된 공업 중 하나인 것이다.[38]

이집트 신화에서 풍요의 여신 이시스가 머리에 밀을 이고 있는 모습으로 등장하고, 그리스 신화에서 밀을 관장하는 데메테르(로마에서는 케레스) 여신이 등장한 것은 어찌 보면 당연할 정도다. 지중해 세계를 통일한 로마는 곡창지대인 이집트를 로마 본국에 공급하는 밀 생산지로 만들고, 수송 항로를 세심하게 관리했다. 로마제국이 소비하는 밀의 30% 이상을 담당했던 이집트 밀은 로마 서민들에게 공짜 또는 염가로 제공되어 역대 황제의 정권 유지에 큰 도움을 주었다. 제국의 수도가 콘스탄티노플로 이동한 후에도 이집트는 여전히 제국의 '빵 주머니'로 최고 연 30만 톤의 밀을 공급했다. 하지만 지금의 이집트는 세계 최대의 밀 수입국 중 하나로 전락했다. 현재 이스라엘의 화폐 단위인 셰켈은 고대 이스라엘에서 쓰던 셰켈에서 나왔는데, 밀^{She}과 다발^{kel}의 합성어였다.

밀은 서구의 전유물만은 아니다. 중국에 전래된 밀은 기존의 좁쌀과 보리, 기장을 밀어내고 주곡의 자리에 올랐다. 《목천자전穆天子傳[39]》에는 주

---

38) 서구인의 성이 직업에서 나온 경우가 많다는 것은 잘 알려져 있다. 영어권에서 흔한 성인 Miller는 제분소에서 유래한 것이다.
39) 중국에서 가장 오래된 역사소설. 서주 5대 임금인 목왕(穆王)이 하신(河神)의 안내로 천제의 딸 서왕모를 만나고, 다시 남방(南方)으로 가서 성희(盛姬)라는 미인과 연애하고 혼인한다는 이야기 등이 연대순으로 기술되어 있다. 전 6권.

밀(common wheat 또는 bread wheat)은 밀, 듀럼밀, 스펠트밀 등 밀속 식물의 낟알을 두루 일컫는 말이다. 식물학적으로는 외떡잎식물 벼목 화본과의 한해살이 풀로 약 22개의 품종이 전 세계적으로 재배되고 있다. 보리(대맥)와 구별하여 소맥(小麥)이라고도 한다. 세계 곡물 생산량에서 옥수수에 이어 2위를 차지하는 밀은, 동양에서는 보조식량으로 쓰이지만 서양에서는 주식량이며, 쌀과 함께 세계의 2대 식량 작물이다. 수분과 양분의 흡수력이 강해 가뭄이나 척박한 토양에도 잘 견딘다.

나라 목왕이 서왕모를 만나러 서쪽으로 여행할 때, 들리던 마을마다 밀을 바쳤다는 설화가 기록되어 있다. 이는 밀이 서쪽에서 전래되었다는 간접 증거라 할 수 있다. 예전의 주곡이었던 기장은 주로 죽을 쑤어서 먹었다. 밀의 주산지인 관중 평야를 장악한 진나라가 결국 통일을 이룬 이유도 상당부분은 밀 덕분이었다. 중국인들은 가루와 빵에 멈추지 않고 국수와 만두를 만들었고, 특히 국수는 동아시아에서도 밥 다음가는 음식의 위치까지 올랐다. 이런 과정에서 소와 물을 이용하는 방앗간이 보편화되었다. 즉 4대 고대문명은 모두 밀을 바탕으로 성장한 것이다.

이와 같이 밀이 대세가 된 이유는 빵과 비스킷을 만드는 데 적합하고 같은 칼로리를 얻는 데 비용이 가장 적게 들기 때문이다. 그리고 먼저 재배작물이 된 보리보다 맛이 좋다는 이유도 있다.[40] 19세기 파리 사람들의 식생활을 조사해 보면 밀은 가장 중요한 칼로리 공급원이면서도 지출액으로는 고기와 포도주에 이어 세 번째에 불과했다.

밀의 산업화

밀은 근대에 들어서 아메리카 대륙과 호주로 전해졌다. 특히 산업혁명 이후에는 증기선과 철도의 등장 그리고 인력보다 15배의 효율을 자랑하는 자동수확기(사이러스 매코믹Cyrus Hall McCormick이 발명)를 비롯한 농업의 기계화와 결합하면서 엄청난 수확량을 올리고 세계 최고의 곡물이 되었다. 1886년, 미국의 경제학자 아서 헤들리Arthur Hadley는 그의 저서에서 "운하시대에 밀의 소비지역은 생산지로부터 300킬로미터 이내였다. 하지만 증기

---

40) 하지만 밀의 단점도 많다. 지력 소모가 심해 윤작을 해야 하고, 단백질이 너무 부족해서 목축업을 병행해야 하기 때문이다. 이때문에 서구에서는 다른 지역에 비해 상대적으로 분업과 교역이 더 발달할 수밖에 없었다. 중세에 발트해와 북해의 지배자였던 한자동맹의 주거래 상품 중 하나가 밀이었다.

선과 철도의 등장 이후 미국의 밀 농가는 남미와 러시아의 농가들과 경쟁하게 되었다."라고 기록했을 정도였다. 20세기에 들어서 캐나다도 대륙간 철도의 완공으로 교통이 아주 편해지면서 대평원이 밀 농장으로 변신했다. 이런 북미의 밀 생산력은 양차 대전 승리의 숨은 주역이 되었다.

이렇게 밀은 대부분 자체 소비되는 쌀보다 원산지와 소비지 사이에 이동이 활발하다. 이런 특성 때문에 1848년 시카고에 거래소가 들어섰고, 벤저민 허친슨Benjamin Hutchnson 같은 투기꾼들의 표적이 되기도 했다. 1890년 독일에서도 아르헨티나의 밀을 선물 거래하여 독일 밀 시장을 독점하려는 곡물상의 시도가 실패하여 큰 금융위기를 가져왔다.[41] 이런 현상은 현대에도 이어졌고 2008년 MF 글로벌이라는 대형 상품중개회사는 과도한 밀 선물 투자를 하다가 파산당하고 말았다. 이런 투기와는 별개로 남반구의 아르헨티나와 호주는 수확철이 소비지인 북반구와 반대였기에 큰 이점을 누릴 수 있었다.

2차대전 이후 미국과 캐나다는 잉여 농산물 특히 밀을 신생 독립국과 일본 등 우방국에 무상 원조 또는 저이율의 차관으로 제공했다. 이 조치는 공산주의의 확산을 막자는 목적과 신생국들이 '식량원조'를 '졸업'하면 곡물 수입국이 되는 일석이조의 효과를 거두었다. 1970년대에 미국은 130여 개국에 농산물을 수출했는데, 신생국들이 수입하는 밀의 70%가 미국산이었다. 물론 그 대상 중 하나가 우리나라였다. 1945년부터 1973년까지 무려 30억 달러 상당의 곡물이 지원되었고, 덕분에 우리나라는 집단 아사라는 최악의 비극은 면할 수 있었다. 점차 원조나 수입에서 벗어나 제분산업이 육성되었고, 많은 재벌들이 이를 통해 성장했고, 라면이라는 최고의 히트 식품이 탄생하기도 했다. 하지만 이로 인해 서

---

41) 이때문에 독일의 은행은 투기를 엄격하게 금지하였고, 지금까지도 투자은행으로서의 성격은 영미계 은행에 비해 훨씬 약하다.

구식으로 입맛이 변화되었고, 식량자급률은 30% 이하로 OECD 국가 중 최하위 수준으로 전락했다. 또한 전통적 농업은 거의 파괴되는 값비싼 대가를 치러야만 했다. 이런 현상은 일본에서도 비슷하게 나타났다. 패전 직후 극심한 식량부족에 시달린 일본 특히 초등학교 아동 300만 명에 빵과 우유로 이루어진 학교급식이 시작되었고, 1950년에는 전국으로 확대되었다.

1960-1970년대에 일어난 녹색혁명의 시작이자 중심도 밀이었다. 산업화의 상징인 록펠러와 포드 두 재벌이 만든 재단이 중심이 되어 국제농업연구센터들이 개발한 신품종이 획기적으로 높은 수확량을 거두게 했다. 물론 당시 발전하기 시작한 생명공학의 덕분이기도 했다. 이 신품종들은 화학비료와 관계용수에 잘 적응하게 만들어진 것들이었다. 이 신품종 밀이 전 세계를 휩쓸었음은 당연한 결과였다. 대표작인 '노린$^{Norin 10}$' 이란 다수확 밀 품종을 개발한 노먼 볼로그$^{Norma Borlag}$는 1970년 노벨 평화상을 받을 정도였다. 하지만 이런 유전공학에 기반한 농업의 산업화는 카길^{Cargill}과 몬산토^{Monsanto}를 비롯한 곡물/종자 기업의 종자 독점을 낳아 소규모 농업의 피폐와 토종 종자의 절멸, 환경 오염을 가져왔다.[42]

미국에서 대량생산된 곡물은 냉전의 한계조차 뛰어넘었다. 1972년과 1973년, 미국은 소련이 흉년을 맞게 되자 엄청난 양의 밀을 포함한 무려 1800만 톤의 곡물을 수출하기까지 했다. 소련은 도시 인구의 증가와 비효율적인 농업 그리고 동유럽 위성국가들에 대한 의무 때문에 막대한 식량을 미국과 캐나다, 아르헨티나 등 서구 국가들에서 수입했다. 이로 인해 보유한 금과 원유 판매대금을 소모함으로써 국력이 크게 약화되어 냉전에서 패배하는 중요한 원인이 되었다. 이렇게 산업화된 미국의 밀 생산

---

42) 한국의 경우도 흥농종묘 등 토종 종자기업이 외환위기 이후 외국 자본에 넘어가 고유 종자의 개량이 아주 어려워지고, 외국 종자 기술에 종속되는 결과를 낳았다.

은 냉전의 승리에 큰 공헌을 했다. 하지만 그 무렵 만들어진 산업화된 농업과 다국적 곡물 기업의 지배는 지금도 계속되고 있다.

　밀의 위력은 21세기에서도 드러났다. 앞에서 말했듯이 세계 최대의 밀 수입국인 이집트는 수입물량의 60%를 러시아에 의존하고 있었다. 그런데 2010년 8월 러시아 푸틴 총리는 생산량 급감으로 인해 밀 수출 중단을 선언했다. 이에 따라 국제 밀 가격이 급등하면서 이집트는 러시아로부터 밀 수입을 할 수 없게 되었다. 따라서 이집트 내 밀 재고량이 급격히 줄어들면서 빵 가격이 폭등하기 시작했다. 이집트 시위대의 반정부 시위 구호도 대통령의 퇴진이 아닌 "빵을 달라"는 것으로 시작했지만, 결국 무바라크는 2011년 2월, 30년 독재를 끝내고 하야해야만 했다.

제왕적 작물 : 벼(쌀)

밀보다 1천 년 정도 후에 재배에 성공한 벼도 밀과 비슷한 과정이 반복되었다. 다만 무대는 중국 남부와 동남아시아, 인도였다. 중남부 아프리카에서도 쌀은 주식의 자리를 차지했는데, 특히 마다가스카르가 그렇다. 키가 더 크고 굵은 벼가 선호되었고 그런 쪽으로 길들여졌다. 대신 벼는 자생력을 잃고 홍수에는 인간의 도움 없이는 생존이 불가능하게 되었다.[43] 벼에서 나오는 쌀은 맛이 좋고 소화가 잘 될 뿐만 아니라 식물성 단백질 덩어리인 콩과 곁들이면 영양 면에서도 큰 문제가 없다. 더구나 요리도 간편하고 보관도 용이했다. 이런 장점으로 쌀은 점차 기존의 주곡 조, 보리, 기장 등을 밀어내면서 아시아의 주곡 자리에 오르기 시작했다. 밀

---

43)　벼의 가장 큰 장점은 줄기에서 뿌리까지 공기가 잘 통한다는 것인데, 보리보다 10배, 옥수수보다 4배 빠르다고 한다.

이 진나라를 만들었다면 남방의 대국 초나라는 쌀이 만들었다고 할 수 있다. 《사기》에 나오는 "초나라와 월나라 사람들이 먹는 것은 '쌀밥에 물고기 국'이다."라는 기록은 당시 초나라 사람들의 식생활을 잘 보여준다. 중국에서 최초로 쌀 재배가 확인된 곳은 항저우 인근의 하모도^{河姆渡}이다.

벼 재배에는 밀과 비교할 수 없을 정도로 많은 물과 노동력이 들어간다. 일설에 따르면 쌀 米 자는 88번의 손길이 필요하다는 의미라고 한다. 대신 밀보다 월등한 단위 면적당 생산량을 자랑한다. 따라서 수자원이 풍부한 남부 쪽이 경작에 더 적합했다. 유목민족의 침입과 북중국의 상실로 남중국으로 대거 이주한 한족들은 다시 중국이 통일되고 대운하가 개통된 8세기부터 본격적으로 벼 재배에 나섰다. 결정적인 계기는 1012년이었다.

송나라는 인도차이나에서 전래된, 일찍 여물고 겨울에도 여무는 새로운 벼인 점성도^{占城稻}를 도입했다. 그 가운데 어떤 품종은 60일 만에 여물기도 했다. 송나라 사람들은 남부 지방에 이 벼를 심었고, 관개시설이 우수한 곳에서는 이모작 심지어 삼모작도 가능하고, 벼 대신 밀이나 콩을 심기도 했다. 점성도는 성장에 필요한 영양분을 주로 물에서 얻기에 지력 손실이 적었다. 비록 농민들의 노동시간이 늘어나기는 했지만, 수확량을 두 배로 늘릴 수 있었다. 경제학 용어로 표현하면 중국 농민들은 노동력으로 땅을 대신한 것이다. 저습지나 호수에 둥근 제방을 쌓고 물을 빼낸 다음 경작지로 만드는 위전^{圍田}이 대규모로 조성되었다. 이 과정에서 많은 자금과 노동력이 투입되었지만 일단 완성만 되면 양호한 농지를 안정적으로 확보할 수 있었다. 이런 식으로 만든 논이 무려 14만 제곱킬로미터에 달했다.[44]

---

44) 물론 부작용도 만만치 않았다. 호수의 물을 바다로 빼내고 수로를 직선화하자 둑에 가해지는 압력이 증가하고 바닷물이 내륙 깊숙이 들어왔기 때문이다.

뿐만 아니라 남부 중국의 산 중턱을 개간하여 계단식 논을 조성하여 경작지 자체도 크게 넓혔다. 더구나 종묘장을 이용한 모내기 기술이 등장했고, 논을 가는 쟁기와 여러 개의 노를 사슬로 엮은 형태의 양수기도 도입되어 생산효율이 높아졌다. 그리고 인분과 축분이 비료로 사용되어 청소와 시비라는 일거양득의 효과를 거두었지만 대신 중국 농민들은 해로운 기생충에 노출되는 대가를 치러야 했다.

송나라 정부는 영농법을 12장의 삽화가 들어간 책자로 만들어 농민들에게 보급했다. 당시 송나라는 1제곱킬로미터의 경지가 최대 1천 명의 인구를 부양할 정도로 세계에서 가장 세련된 농업을 구사하는 국가였다. 이 결과 송나라 시기 중국의 인구는 1억에 달했고, 백만에 달하는 수도 개봉의 인구 부양과 북방 민족과 대치하는 백만 대군의 유지 그리고 평화유지세인 세폐를 낼 수 있게 해주었다. 프랑스의 역사가인 페르낭 브로델Fernand Braudel은 이런 엄청난 인구 부양력 때문에 쌀을 '제왕적 작물'이라고 부르기까지 했다. 이 시기에 쌀은 보리와 수수, 밀 등을 제치고 완벽하게 동아시아의 주곡 자리에 오르게 되었다. 실제로 동아시아의 집약적 벼농사는 인류역사상 가장 효율이 높은 농법이다. 이런 혁명에 가까운 변화로 쌀의 주산지인 "소주 항주에 풍년이 들면 천하의 식량은 충분하다蘇杭熟 天下足"라는 말까지 생겨났다. 또한 벼는 담수능력이 뛰어나 홍수가 날 때 토양 유실을 줄여주는 역할도 수행한다.

하지만 이런 인구와 생산력에도 불구하고 송나라는 북방 유목민족의 남하를 저지하지는 못했다. 대신 인구가 크게 늘어난 한족들은 화전을 일구며 남부에 살던 소수민족들을 운남, 귀주와 광서 산간 지역으로 몰아내는 데 성공했다. 이런 결과의 상당 부분은 벼가 만든 것이다. 송나라의 벼 재배 기술은 시간이 지나면서 한반도와 일본 열도에 전해졌고, 20세기 초중반까지도 대부분의 이 지역 인구를 논에 묶어 놓았다.

1991년 경기도 고양시 대화동(옛 대화4리 가와지 마을) 일대에서 무려 5천년 전의 '볍씨'가 발견됐다. 볍씨는 한반도 최초 농사의 기원을 밝혀내는 단서이기도 했다. 출토지점에서 발견된 볍씨 11톨은 연대 확인을 위해 곧장 미국의 베타연구소로 보내졌고 연대측정결과 5천년 전의 볍씨라는 사실이 밝혀졌다. 당시 발굴한 볍씨를 가와지 볍씨로 명칭 했고 한반도에서 가장 오래된, 최초의 재배 볍씨로 알려지게 됐다.

우리나라와 일본의 쌀

우리나라는 김포와 일산에서 5천 년 전의 볍씨가 출토될 정도로 벼농사의 역사가 길다.[45] 마한에서 벼를 본격적으로 재배한 이래 점점 의존도가 높아졌다. 조선 후기에 이르면 세법인 대동법의 골간이 쌀로 내는 것이 될 정도, 즉 화폐의 기능을 할 정도로 의존도는 거의 절대적인 수준까지 올라갔다. 그럼에도 쌀 생산량은 늘 부족해서 고려시대부터 계단식 논이 만들어졌고[46], 결국 남해안의 절벽이나 태백과 소백산맥의 산간벽지에도 논을 만들어 벼 재배에 성공했다.

그러나 일제강점기에는 쌀을 일본으로 공출당하고 보리와 콩을 주식으로 해야 했다. 먹고 살기 위해 국경을 넘은 한국인들은 척박하고 한랭한 간도, 이어서 연해주와 카자흐스탄 같은 중앙아시아에서도 벼농사를 지어 현지인들을 놀라게 했다.[47] 이렇게 한국인의 쌀 집착은 대단했지만 쌀 자급은 1971년에 획기적인 다품종인 통일벼 재배가 시작되면서부터 가능했다. 한국판 녹색혁명이었던 셈이다. 이후 수원 251, 258, 264호, 영남조생과 호남조생, 밀양 21, 23, 30호 등 새로운 품종이 쏟아져 나오면서 질과 양에서 획기적인 발전을 이루었다.

하지만 이렇게 '쌀만은 자급해야지' 하는 한풀이 심리로 이루어진 '쌀 올인'은 심각한 부작용을 낳았다. 식생활이 서구화되면서 쌀 소비량이 줄어 보관도 어려운 상황에 이르렀기 때문이다. 또한 '쌀 올인'으로 보리와 콩 등 중요한 자물들이 사실상 멸종 직전의 상황으로 몰리는 원인이 되었다. 현재 우리나라의 보리와 콩 자급률은 30%에도 미치지 못한다.

---

45) 강서구 화곡동(禾谷洞)은 볏골이라는 의미인데, 까치산부터 김포 평야가 시작된다. 이 곳은 평탄할 뿐 아니라 퇴적층도 두텁고 가양천, 방화천 등 지천도 잘 발달되어 있어 벼농사의 최적지였다.
46) 고려에 사신으로 온 송나라 서긍은 고려의 계단식 논을 보고 사다리 같다고 묘사했다.
47) 1882년에 조선에서 태어난 김만삼은 카자흐스탄으로 이주한 이후 아들 김홍빈과 함께 벼 재배 전문 콜호즈를 세워, 일반적인 생산량의 3배가 넘는 양을 생산하여, '사회주의 노력영웅'의 칭호를 받았다.

그러나 놀랍게도 우리나라의 유사시 쌀 자급률은 아주 취약하다. 쌀을 주식으로 하는 인구는 30억에 달하지만, 대부분은 알이 길쭉하고 찰기가 없는 인디카형 장립종을 먹고, 우리나라와 중국 일부, 일본만 둥글고 찰기가 있는 자포니카^{japonica} 종을 먹기 때문이다. 자포니카 종은 전 세계 쌀 거래량의 5% 정도에 불과해서 심각한 부족현상이 나타날 경우 구하기가 쉽지 않다. 실제로 통일벼 혁명을 이룬 이후인 1978년에서 1980년까지 연이은 홍수와 태풍으로 흉년이 들었을 때, 웃돈을 주면서도 썩은 쌀을 사와야 했던 적도 있었다.

일본에서도 쌀은 이루 말할 수 없을 정도로 중요하다. 야요이 시대에 벼농사가 시작되면서 일본도 쌀에 목숨을 거는 나라가 되었는데, 지방영주인 다이묘의 등급이 영지의 쌀 생산량인 석고$^{石高(고쿠다카)}$로 구분될 정도였다. 일본인들은 지속적으로 품종을 개량하여 한랭한 동북지방은 물론 더 북쪽인 북해도에서도 벼농사에 성공했으니, 쌀에 대한 집착은 우리 못지 않다. 또한 토착민들을 계속해서 동북지방에 이어 북해도로 밀어냈고, 결국 일본 열도를 모두 차지하는 데 성공했다. 이는 한족의 서남지방 진출과도 비슷한 면이 있다.

한국과 일본 모두 전체 식량자급률은 40%에도 미치지 못하지만 쌀만은 자급이 가능하다는 공통점이 있다.[48] 에도 시대에 들어와서는 거물 쌀 상인이 등장하여, 막부의 재정고문을 맡기에 이르는데, 대표적인 인물이 혼마 무네히사^{本間宗久}이다. 그는 선납수표로 쌀을 거래했고, 훗날 캔들차트라고 부르게 되는 봉그래프를 개발할 정도로 선진적인 기법을 사용한 인물이다.

논은 단순히 쌀만 생산하는 공간이 아니다. 한국의 경우 전체 논에 담겨 있는 물의 양은 소양강 댐 저수량의 6배에 달해 엄청난 홍수조절

---

48) 2025년에 일어난 일본의 쌀 파동은 좀 더 지켜볼 필요가 있고, 우리의 반면교사가 될 수도 있다.

능력을 보유한 셈이다. 한반도와 일본열도, 중국 강남지방과 베트남의 통킹, 메콩강 삼각주는 쌀 때문에 통째로 개조한 땅이라 해도 될 정도이다. 이렇게 벼농사가 동아시아에 미친 엄청난 영향 때문에 페르낭 브로델은 '벼농사는 동아시아 역사에서 가장 중요한 사건'이라고 평가하였다. 현재도 벼의 신품종은 계속 개발되어 2,000종이 훨씬 넘는다.

쌀은 위와 같은 특징으로 인해 밀과 달리 국제적인 이동이 적고, 대부분 국내에서 소비된다. 하지만 1990년대 이후 동남아시아 특히 필리핀은 쌀 수출국에서 세계 최대의 수입국으로 전락했다. 세계은행과 IMF가 주도한 신자유주의적 구조조정 때문인데, 인도네시아의 경우는 새로운 농업정책을 펼쳐 쌀 자급에 성공하였다.

밀과 쌀 그 뒷이야기

《빵은 길을 만들고 밥은 마을을 만든다》라는 책이 있다. 제목 그대로 동서양을 대표하는 양대 작물인 밀과 쌀은 그만큼 대조적인 문화를 만들었다. 물론 떡과 술 같은 예외는 있지만 밀은 기본적으로 빵을, 쌀은 밥을 만든다. 빵은 가지고 다닐 수 있지만 밥은 주먹밥 같은 예외가 없는 것은 아니지만 가지고 다닐 수 없다. 따라서 서양에는 길이 발달하고, 동양에는 마을이 발달한 것이다. 서양의 주소 체계가 스트리트와 애비뉴같이 길 위주로 되어 있지만, 중국의 村, 한국의 洞과 里, 일본의 町은 기본적으로 모두 마을이란 의미이다.

무엇보다 밀과 쌀은 농사법에서 큰 차이가 난다. 밀농사는 혼자 또는 소수가 걸어 다니며 씨를 뿌리는 방식으로 농사를 시작한다. 하지만 벼농사는 줄을 맞추어 모를 심어야 한다. 또한 밀에 비해 훨씬 조밀한 관개수로가 필요하다. 따라서 공동체성이 강해질 수밖에 없다. 중국과 베트남, 북한이 사회주의 국가가 되었고, 소련 붕괴 후에도 무너지지 않았으며, 자본주의 국가인 일본과 한국 역시 서구에 비해 집단에 대한 소속감이 강한 이유의 상당 부분이 벼농사에 있다고 해도 과언은 아니다.

신대륙의 작물들

콜럼버스는 대서양과 태평양을 사이에 두고 오랜 기간 떨어져 있던 아메리카 대륙에 첫발을 내디뎠다. 그는 원하는 금은 조금밖에 얻지 못했지만, 대신 놀라운 식용 식물들을 발견했다. 그중 하나가 옥수수였는데, 그는 이것을 가지고 유럽에 돌아갔다. 그 외에도 많은 식물들이 하나둘씩 구대륙에 전파되기 시작했다. 탐험가의 멋을 상징하는 담배는 얼마 지나지 않아 빠른 속도로 구대륙에 전파되었고 이미 17세기 초에 버지니아에서 상업목적의 재배가 시작되었을 정도였다. 그에 비해 다른 식용 작물들은 그렇게 빨리 퍼지지 않았지만 구대륙의 작물들이 수천 년 동안 퍼진 속도보다는 훨씬 빨랐고, 구대륙 특히 유럽이 생태학적 한계를 벗어나게 하는 데 큰 도움을 주었다.

 신대륙의 작물 가운데 중국과 유럽을 비롯한 구대륙의 인구를 폭발적으로 증가시킨 두 가지 작물이 있다. 옥수수와 감자가 바로 그것이다. 밀이나 쌀, 보리 같은 구대륙의 작물들은 생육 기간이 길다. 씨를 심어서 곡식을 거둘 때까지 일반적으로 6개월은 지나야 한다. 조숙종이라 하더라도 다섯 달은 걸린다. 그렇기에 열대지방을 제외하면 1년에 한 번 농사를 짓는 것이 고작이었다. 더구나 생육 조건이 까다로워 일정 기간 햇빛이 필요하고 너무 추운 고산지방에서는 농사를 지을 수 없었다. 안개가 많이 끼거나 기온이 낮은 지역에서는 농사를 지을 수 없고 초지를 가꾸어 가축을 기르는 수밖에 없었다. 한정된 곡물의 생산, 기근으로 인한 식량 부족, 전염병 등은 오랫동안 인구의 증가를 막아온 자연적 제약이었다. 그렇지만 이 신대륙의 작물들은 달랐다.

'식물계의 코스모폴리탄' 옥수수

기원전 4천년 경에 멕시코 지역에서 토종 야생식물이었던 테오신테 Teosinte(옥수수의 조상)를 식용으로 재배하기 시작하면서 아메리카 원주민들의 농경생활이 시작되었다. 잡종교배를 통해 생산량이 늘어났고 중앙아메리카의 왕조들이 발흥하는 데 경제적 기반이 되었다. 잉카제국이 라마 외에는 가축화된 대형 포유류가 없고, 철기의 부재라는 악조건에도 대제국과 고대 이집트를 연상시키는 거대한 건축물을 조성할 수 있었던 이유가 여기에 있었다. 옥수수 재배의 성공은 콜럼버스 도착 이전 아메리카 대륙에서 가장 획기적인 사건이었다. 하지만 이런 장점은 원주민들에게만 좋은 것이 아니었다. 아메리카 대륙으로 이주한 유럽인들이 빨리 정착하고 지배할 수 있었던 이유도 옥수수 덕분이었다. 옥수수는 유럽에서 들어온 양조기술과 결합되어 잭 다니엘이나 버번위스키 같은 대중주의 원료로도 각광받았다.

　옥수수는 두 달 정도면 수확할 수 있을 정도로 빨리 자라고 가뭄에도 강하다. 쌀이나 밀처럼 손이 많이 가지도 않아서 쟁기질이나 타작, 도정도 필요 없다. 그냥 땅에 구멍을 파고 씨만 뿌리면 될 정도이다. 옥수수는 같은 노동력으로 기장이나 수수에 비해 9배나 많은 양을 수확할 수 있고, 연간 50일 정도의 노동으로도 수확할 수 있다. 유럽의 농민들은

옥수수를 먹고 대신 값이 두 배가 되는 밀을 내다 팔아 밀의 상업화를 촉진시켰고, 소농의 경제력이 올라가면서 사유재산 옹호론과 계몽주의가 확산되는 계기가 되었다. 조금 과장이지만 옥수수가 서구 민주주의와 산업혁명을 이끌었다고 주장하는 학자들까지 있을 정도이다.

또한 밀을 재배하기에는 너무 습하고, 벼를 재배하기에는 너무 건조한 곳에서도 잘 자란다. 고향인 아메리카 대륙을 기준으로 남위 40도인 칠레 남부에서 북위 50도인 캐나다까지 고루 재배된다. 구대륙에서도 강우량이 적은 이탈리아나 스페인, 발칸반도 같은 남유럽의 대표 작물이 되었고, 모로코와 서아프리카에 전래되면서 곧 아프리카에서도 대표적인 작물 자리에 올랐다. 케냐와 탄자니아 인들은 우갈리^{Ugali}라고 부르는 옥수수죽을 우리의 밥처럼 항상 먹을 정도이다. 말라위, 짐바브웨, 남아공, 잠비아, 에스티와니^{Eswatini}(옛 스와질랜드) 등에서도 이름만 다를 뿐 비슷한 옥수수죽을 주식으로 삼고 있다. 어느 학자의 표현대로 가히 '식물계의 코스모폴리탄'이라 할 것이다. 옥수수는 쌀과 밀과 함께 인류에게 공급하는 칼로리의 70%를 감당하고 있다. 게다가 옥수수는 품종 개량에도 유리하다. 농부들은 낟알 줄기가 고르거나, 달콤하거나, 줄기에 옥수수가 많이 달리는 종자들을 선별해서 심어 부가가치를 높였다. 이렇게 선별육종가로 진화한 일부 농민들은 아예 종자회사를 차리기도 했다.

옥수수는 동남아시아에 이어 16세기에는 중국에도 전래되어 쌀을 보완하기도 하고, 지방에 따라서는 주곡의 위치까지 올랐다. 유럽과 미국인들이 자행한 대규모 노예무역 때에는 노예선에 강제로 실린 흑인들의 주식이기도 했다. 그만큼 값싸고 보관하기 쉬운 곡식이 없었기 때문이다. 19세기 초 700만 명에 불과했던 미국의 인구가 한 세기 사이에 9,200만 명으로 늘어난 데에는 옥수수의 공헌이 컸다. 20세기 초, 켈로그 형제는 옥수수를 바탕으로 우유만 부으면 먹을 수 있는 간단한 대용식인 콘프레이크를 개발해 옥수수 수요 증가에 한몫을 해낸다.

옥수수는 곡식으로서의 비중도 크지만, 식용유와 전분, 설탕을 대체하는 옥수수 시럽까지 용도가 많다. 일설에 따르면 곡물을 사용하는 대형마트 상품의 25%에 옥수수가 사용된다고 한다. 무엇보다 옥수수는 세계 제일의 사료작물이자 바이오 연료의 원료로도 최고의 비중을 차지하고 있다. 미국의 경우 국내 소비량의 45%가 사료용으로, 34%가 바이오 연료로 사용되고 있다.[49] 더구나 옥수수는 대부분의 전분이나 물엿의 원료이기도 하다. 즉 인류가 먹는 육류와 유제품, 음료, 가공식품은 대부분 옥수수의 영양분이 녹아든 것이다. 하지만 원래 목초를 먹으며 진화했던 가축, 특히 소는 옥수수를 먹기는 하지만 제대로 소화시키지 못해 이런저런 병에 걸린다. 이를 예방하기 위한 항생물질도 개발되었다. 축산업자들은 옥수수 사료 덕분에 이전에는 도축까지 5년이 넘어야 했던 사육 기간을 3분의 1정도로 줄일 수 있게 되었다.[50]

옥수수는 매니큐어를 지울 때 사용하는 아세톤의 원료이다. 제1차 세계대전 당시 영국은 목재에서 나오는 아세트산칼슘에서 아세톤을 얻었는데, 목재 조달의 한계 때문에 아세톤이 부족해지자 화약의 품질이 떨어져 포탄이 설계된 사거리까지 날지 못하는 문제가 발생했다. 그런데 벨라루스 태생의 유대인이자 시오니스트인 하임 바이츠만Chaim Azriel Weizmann이 옥수수에서 당분발효를 통해 아세톤을 생산하자 영국은 아세톤을 술 증류공장에서 대량생산할 수 있게 되었다. 탄약부 장관 데이비드 로이드 조지는 이 문제를 해결한 공으로 수상까지 올랐다. 얼마 후 영국이 유대인 국가 설립을 골자로 하는 밸푸어선언을 발표해 이스라엘 건국에 큰

49) 옥수수를 많이 재배하는 중국 서남지방에서는 식량으로서뿐 아니라 껍질을 난방과 취사용 연료로 요긴하게 사용했다. 지금도 껍질과 줄기는 바이오 연료의 원료로 사용되는 경우가 많다. 조금 결은 다르지만 사탕수수 대국인 쿠바는 사탕수수 폐기물인 버개스 bagaass를 발전연료로 사용하고 있다.
50) 소에게 목초를 먹이면 넓은 토지가 필요하지만, 옥수수 사료를 먹이면 그럴 필요가 없다. 이런 방식으로 소 축산은 산업화된 것이다.

영향을 주었다. 그는 훗날 초대 이스라엘 대통령에 오른다.

옥수수는 작물로서는 거의 완벽하지만 식량으로서는 그렇지가 않다. 인체에 반드시 필요한 아미노산의 부족과 옥수수만 먹으면 걸리는 펠라그라 병은 고름이 나면서 광기가 발작하여 죽음에 이르게 하는 가공할 질병으로, 품종 개량에도 불구하고 완전히 극복되지 않는 옥수수의 결점이라고 할 수 있다.

바이오 디젤Biodiesel Fuel은 식물성 기름이나 동물성 기름을 화학적으로 처리해서 경유와 유사한 연료를 제조하여 대체하거나 혼합해서 사용하는 연료인데 옥수수가 가장 중요한 원료이다. 바이오 디젤은 생산량에 한계가 있다는 명백한 단점이 있지만 다른 신재생에너지와는 달리 차량의 원료로 사용할 수 있다는 강점이 있다.

이외에도 고구마, 코코아, 파인애플, 호박, 토마토, 땅콩 등의 신대륙 산 작물이 전 세계에 보급되었다. 이런 신대륙 산 작물들은 모래땅이나 구릉 등 방치되었던 곳에서도 농사를 가능하게 했다. 필리핀에 사는 화교의 손에 전해진 고구마가 중국 본토의 복건성으로 전해졌고, 감자와 옥수수에 비해 역할은 적었지만 그래도 동아시아와 태평양 섬들에 사는 주민들에게는 중요한 식량이 되었다. 무엇보다 척박한 환경에서도 잘 자라고 가뭄과 해충에도 강하고 일손도 별로 들지 않는다는 여러 가지 강점이 있었다. 명나라의 학자이자 대신인 서광계는 고구마를 자신의 저서인 《농정전서》에 기록하고 고향 상해에서 재배했으며, 중국 전역에 보급했다.[51] 척박한 땅에서도 잘 자라고, 또 땅을 기름지게 하는 땅콩도 전 세계에 퍼져나갔지만, 특히 아프리카에서 많이 재배한다. 세네갈, 기니비사우, 감비아 등 아프리카 서부의 나라들은 아예 땅콩이 주력 수출품이다.

---

51) 고구마는 오키나와를 거쳐 가고시마(당시 지명은 사쓰마)에 전래되었는데, 가고시마 인들은 고구마로 소주를 만들었는데 일본의 명주로 자리 잡았다.

세계 역사를 바꾼 감자

이렇게 인류 역사에 엄청난 역할을 한 옥수수보다 더 뛰어난 생산력을 보인 신대륙의 작물은 감자였다. 1만 3천 년 전 안데스에서 야생 감자가 재배된 이후 감자는 옥수수가 자라지 못하는 고지대에서 재배되었고 잉카 제국의 멸망 이후 유럽으로 전래되었다. 식량으로서 효용이 나타나기 시작한 시기는 옥수수보다 한 참 늦은 거의 200년이 지나서였다.[52]

그 이유는 일단 나병 환자의 손이 연상되는 흉한 외모와 땅속에서 캐낸다는 꺼림직함 때문이다. 반면 옥수수는 외견상 밀과 보리와는 달라도 땅 위에서 재배하고 추수할 수 있는 곡식으로 보여서 거부감이 적었다. 사실 지금 우리나라에서도 감자는 '주먹감자', '감자바위' 등 좋지 않은 뜻으로 사용하는 경우가 많다. 또한 감자 싹에는 솔라닌Solanine이라는 독성 물질이 있고 수분이 많아 저장하기 힘들다는 단점도 있다. 그래서 유럽 농민들은 먹기는커녕 만지고 싶어 하지도 않았다. 다만 지력 소모가 없다는 엄청난 장점이 있어서 가축 사료로는 초기부터 많이 재배했다.

하지만 척박한 아일랜드에서는 거의 주식으로 삼다시피 할 정도로 감자가 확산되었고, 영국과 독일, 북유럽, 러시아 같이 기후와 토질이 좋지 않은 지역에서도 보급이 확산되었다. 조선에서도 산지가 많은 강원도에서 감자가 많이 재배된 것과 같은 맥락이다. 비타민 A와 D, 칼슘만 보충하면 필수영양소가 다 들어 있고 감자만 먹어서 걸리는 병도 없다. 특히 가열해도 비타민 C가 파괴되지 않는다. 열량도 일반 곡물에 비해 훨씬 적어 다이어트에도 유리하다. 또한 땅속에서 자라기 때문에 전쟁의 참화에서도 상대적으로 안전할 수 있었다. 저장문제도 전분으로 만들면 해

---

52) 스페인인들은 감자를 광산에서 혹사 당하는 원주민들의 식량으로 주로 사용했고, 보관이 용이했기 때문에 선원들도 식량으로 사용했다. 당시 감자는 추뇨(chuno)라는 이름으로 불렸다.

결된다. 감자는 바다 위에서도 각광을 받았다. 괴혈병의 원인이 되는 비타민 C가 풍부하기 때문에, 선원들은 감자를 배에 싣고 떠났고, 장거리 항해가 더 쉬워졌기 때문이었다.

독일에서는 18세기 중반 프로이센 국왕 프리드리히 2세가 감자를 구황작물로 심도록 명령을 내리면서 널리 보급되었다. 프리드리히 2세는 맛없는 감자를 심지 못하겠다는 상소문이 날아오자 아예 자신이 직접 매일 감자를 먹음으로써 여론을 무마시켰고, 재배법을 담은 소책자도 전국에 보급했다. 지금도 프리드리히 대왕의 무덤을 방문할 때 감자를 두고 오는 독일인들이 많다. 감자 꽃의 꽃말이 '복종'이니, 이는 '당신을 여전히 우리의 주군으로 인정하겠습니다.' 하는 의미이다. 이후 감자는 점점 독일인의 식탁을 장악해나갔고, 하루에 감자가 들어가지 않은 음식을 먹지 않는 독일인이 거의 없을 정도에 이르렀다. 특히 곡물로 만든 증류주 슈납스^{Schnapps}의 원료가 감자로 바뀌면서 완전히 대중화되었다.

자연스럽게 7년 전쟁 당시 프로이센과 싸운 오스트리아와 프랑스 병사들도 감자를 많이 먹었다. 이때 약사로 참전한 오귀스트 파르망티에$^{Antoine-Augustin\ Parmentier}$라는 프랑스 과학자는 프로이센의 포로가 되어 3년 동안 지냈는데, 그 동안 거의 감자만 먹어야 했다. 자연스럽게 감자의 효용성을 확인한 그는 귀국 후 감자 전도사가 되었고, 그 공로를 인정 받아 나폴레옹에게 훈장까지 받았다. 현재 파리에는 그를 기리는 파르망티에 역이 있고, 농민에게 감자를 건네는 모양의 대리석상도 서 있다. 참고로 프랑스 요리에서 감자가 들어가면 파르망티에라는 단어가 포함되는데, 감자의 프랑스어인 폼드테르$^{pomme\ de\ terre}$는 대지의 사과라는 의미이다.[53]

러시아의 여황제 예카테리나 역시 감자는 훌륭한 식품이라고 공식적으로 선포하며 감자 보급에 나섰다. 아담 스미스도 그의 명저 《국부론》

---

53) 밀레의 걸작 〈만종〉의 배경은 감자밭이다.

에서 감자의 효율성을 높이 평가했다. 한 세대 후 미국의 제퍼슨 대통령은 백악관에 온 손님들에게 프렌치프라이를 내놓아 감자 보급에 큰 역할을 했다. 또한 상온은 물론 가루로 만들거나 냉동해도 맛에 큰 차이가 없고 찌기만 해도 먹을 수 있는 감자는 유럽의 하층민을 먹여 살리는 데 큰 역할을 했다. 앞에서 소개한 옥수수가 남유럽인 이탈리아나 스페인, 발칸반도 같은 남유럽의 대표 작물이라면 감자는 독일, 러시아, 아일랜드, 네덜란드 등 북유럽의 대표작물로 자리 잡았다.

이 지역의 농민들도 옥수수처럼 감자를 먹고 대신 밀을 내다팔아 자본을 축적했다. 두 제왕 덕분에 감자가 널리 보급되어 인구가 크게 늘어난 독일과 러시아는 대규모의 육군을 편성하여 유럽의 패권국으로 올라섰고, 세계사를 주름잡는다. 이런 변화를 혹자는 '감자혁명'이라고 부를 정도다. 다만 발칸 반도에서는 농민들이 '프랑스인들처럼 비굴하게 땅속에 몸을 숨기고 있는 저주받은 채소는 먹을 수 없다.'며 19세기까지도 감자를 재배하지 않았다.

대부분의 옥토를 영국인 지주들에게 빼앗긴 아일랜드인들은 감자를 삶거나, 굽거나, 버터를 만들고 남은 우유와 양파를 섞어 으깨 먹으며 연명했다. 아일랜드의 가축도 감자와 감자껍질을 먹고 살았다. 그러나 아일랜드인들은 1840년대에 발생한 감자 마름병으로 먹지 못하는 시커먼 감자들이 나오면서 대기근을 맞고 수백만 명의 아사자를 냈다. 그들이 살기 위해 대거 미국으로 이주하며 역사를 바꾸게 된다. 상당수는 가까운 영국 본토로 이주했는데, 마침 영국은 철도 건설 붐이 불고 있어서 건설 노동자로 일하는 경우가 많았다. 굶주림 때문에 어쩔 수 없이 죄를 저질러 유죄판결을 받은 아일랜드인들 중 일부는 호주로 유형을 떠나야 했다.

나중에 밝혀진 사실이지만 감자 마름병은 남미에서 유입된 구아나에 묻어온 병균 때문에 일어난 것이었다. 더구나 아일랜드의 감자는 단

© Glenna Maxey Goodacre

1840년대 아일랜드 인구는 대략 850만 명이었는데 대기근 기간에 100만 여명이 아사하고, 100만 여명이 미국과 캐나다, 호주 등으로 이민을 떠났다. 기근이 끝날 시점인 1852년에는 총 인구의 25%가 사라져 600만 명 정도로 격감했다. 아일랜드 인구는 200년 가까이 지난 지금도 회복되지 않아 현재 아일랜드 공화국과 북아일랜드를 합쳐도 700만 명 정도밖에 되지 않는다. 사진은 미국 작가 글레나 굿에이커(Glenna Maxey Goodacre)가 해외로 나가다가 바다에서 희생된 아일랜드 난민들을 기리며 만든 작품이다. 오른쪽에 보이는 십자가는 원과 십자를 결합한 켈트족 특유의 십자가이다.

한 종이었기 때문에 한 알의 감자가 적응력을 갖지 못해 마름병에 걸리자 전국의 모든 감자가 괴사했다. 만일 여러 종의 감자가 번식했다면 이런 참사는 벌어지지 않았을지도 모른다. 여기에 지나칠 정도로 자유방임주의를 신봉하고 아일랜드인에 대한 민족적 편견(빈곤을 게으름과 무능 탓으로 돌리며, 대규모 국가 지원은 도덕적 해이를 키울 뿐이라고 본)을 가지고 있던 영국 정부의 안일한 대처도 대참사를 키웠다. 워낙 아일랜드 대기근이 유명한 탓에 덜 알려졌지만, 네덜란드와 벨기에의 감자 의존도도 만만치 않았고, 감자 흉작으로 1847년에 수만 명이 목숨을 잃었다. 어쨌든 19세기 중후반까지 감자는 빈민과 서민층의 주식으로 인식되었다.

음식문화가 빈곤한 영국에서 거의 유일하게 세계에 알려진 음식인 피시 앤 칩스의 '칩'은 감자튀김이다. 감자를 튀기면 지방질이 크게 늘어나 고열량 식품이 된다. 고된 일을 해야 하는 노동자들에게 최적화된 값싼 식품인 셈이다. 피시앤칩스의 탄생했던 이유는 기선에 의한 트롤 어업으로 대량 어획과, 철도와 냉동기술로 대량 수송이 가능해졌기 때문이다. 노동자들의 음식인 피시앤칩스는 탄생과 소비 양 측면에서 말 그대로 산업혁명의 산물이다. 이렇게 감자는 유럽인들을 사로잡았고, 현재 유럽인들의 감자 소비량은 남아메리카보다 훨씬 많다. 감자는 러시아에도 전래되었다. 변방 시베리아에 감자를 전래한 시기는 1825년 데카브리스트의 봉기 이후였다. 이때 시베리아로 유형을 떠난 지식인들이 감자 재배법을 주민들에게 가르쳤다.

감자가 중국에 전래된 시기는 옥수수보다 한참 늦은 18세기 이후로 보인다. 감자는 청나라 전성기의 인구 증가에 큰 공헌을 했으며, 특히 산간 지역 개발에 큰 도움이 되었다. 일본은 네덜란드를 통해 감자가 들어오는데, 다른 나라들처럼 척박하면서 기후에 맞았던 홋카이도와 도호쿠 지방에서 널리 재배되었다. 그때문에 텐메이^{天明} 대기근을 잘 넘길 수 있었으며, 두 지방의 개척에도 큰 도움이 되었다.

감자가 우리나라에 전해진 시기는 19세기 중반으로 한참 늦었지만, 그 전분을 이용한 면류와 송편, 조림, 전과 부침, 수제비 등 수많은 요리가 나올 정도로 보급은 굉장히 빨랐다. 이렇게 빠른 보급 속도는 토란이나 마 등 뿌리식물을 먹던 기존의 식습관 덕분이기도 했고, 당시 안동 김씨의 세도정치로 인한 빈곤 때문으로 추정하기도 한다. 다만 고구마는 이미 조엄 등이 1760년대 중반에 동래 지방으로 들여와서 삼남 지방에서는 구황작물로 널리 재배되었다. 우리나라의 대표적인 서민 술인 희석식 소주의 주정도 예전에는 거의 고구마로 만들었다.

1925년에는 미국에서 감자껍질 벗기는 기계가 발명되면서 감자튀김이 더 널리 보급되었고, 맥도널드는 이를 세계화하는 데 성공했다. 다만 이렇게 먹으면 맛은 있지만 열량이 훨씬 늘어난다는 단점이 있다. 이스라엘의 다비드 레비는 덥고 건조하고 물이 부족한 환경에서도 자랄 수 있는 사막형 감자를 개발했다. 감자의 고향인 페루의 수도 리마에는 국제 감자센터가 설립되어 효율적인 감자 재배와 기술 보급에 노력하고 있다.

신대륙의 작물이 세계에 미친 영향

현재 세계 문명의 중심은 누가 뭐래도 유럽-북아메리카의 북대서양 세계와 동아시아이다. 이 두 지역이 이런 위상에 오르게 된 이유 중 하나가 바로 신대륙 작물 덕분이다. 청나라의 전성기인 강희, 옹정, 건륭 세 황제 시대, 정확히 말하면 그들의 집권 직후인 1650년경에는 1억 4천만 명이었던 중국 인구가 두 세기 후 3억 8천만 명으로 불어난 데에는 세 황제의 선정 뿐 아니라 신대륙 작물의 도움이 컸다. 이 현상은 앞의 '쌀과 밀'

편에서 송나라 시기 참파산 벼 도입에 이은 '제2의 농업혁명'이라고 부른다. 공간적인 관점으로 보면 신대륙의 작물은 중국의 주곡인 쌀, 밀과는 달리 산악지대에서도 재배할 수 있어서 운남과 귀주의 개척에 큰 도움을 주고 중화세계의 확장에도 기여했다. 유럽도 거의 같은 시기에 1억이 조금 넘던 인구가 2억 7천만 명까지 불어났다. 미국의 패권 역시 옥수수와 감자가 없었다면 불가능했다.

참고서적

- 감자의 세계사 / 야마모토 노리오 저 / 김효진 역 / AK 커뮤니케이션
- 굶주리는 세계 / 프란시스 무어 라페, 조지프 콜린스, 피터 로쎗, 루이스 에스빠르샤, 식량과발전정책연구소 저 / 허남혁 역 / 창비
- 국가의 부와 빈곤 / 데이비드 랜즈 저 / 안진환, 최소영 저 / 한국경제신문
- 라면의 재발견 / 김정현, 한종수 저 / 따비
- 물질문명과 자본주의 / 페르낭 브로델 저 / 주경철 역 / 까치
- 식량의 세계사 / 톰 스탠디지 저 / 웅진지식하우스 역
- 식량의 제국 / 제니퍼 클랩 저 / 정서진 역 / 이상북스
- 아틀라스 중국사 / 박한제, 이근명, 김형종 저 / 사계절
- 악마가 준 선물, 감자 이야기 / 래리 주커먼 저 / 박영준 / 지호
- 인간과 식량 / 성락춘, 이철 공저 / 고려대학교출판부
- 사피엔스 / 유발 하라리 / 조현욱 역 / 김영사
- 식물, 역사를 뒤집다 / 서종기 역 / 예경
- 쌀 재난 국가 / 이철승 저 / 문학과 지성사
- 케임브리지 중국사 / 패트리샤 버클리 에브리 저 / 이동진, 윤미경 역 / 시공사

해양 자원

— 대구, 청어 고래 그리고 다시마까지

 육지의 동물들에 비할 바는 아니지만 바다의 수산자원도 인류 역사에 큰 영향을 미쳤다. 2만 종에 달하는 어류는 대부분 인간들이 먹을 수 있기 때문이다. 인류는 원시시대부터 강과 호수 그리고 연안의 물고기를 잡으며 동물성 단백질을 섭취했지만 기술의 한계로 인해 규모는 작을 수밖에 없었다. 춘추시대 제나라가 어업과 염업을 일으켜 첫번째 패자가 되었고, 카르타고 역시 다랑어와 바닷장어를 상품화한 바 있다. 동아시아인의 주식인 쌀은 생선과 잘 어울리고 주위 해역에 어종도 풍부하고, 육식을 금하는 불교의 영향도 있어서 생선요리가 발달했다. 특히 섬나라이자 주위 해역이 한류와 난류와 교차되어 풍부한 어장을 보유한 일본은 오랜 기간 세계 1위의 어업국이었고, 스시 등 세계 최고 수준의 생선요리 레시피를 자랑한다. 일본이 세계 최장수국이 된 이유 중 하나도 어패류와 해조류 덕분이다.

 하지만 생선이 대량으로 잡혀 본격적인 상품이 된 시기는 중세 말이다. 항해술이 발달하기 시작한 시점과 일치한다. 약용인 물고기 부레나 최고의 식자재인 상어 지느러미, 말린 해삼은 화교들에게 중요한 상품이었고, 지금까지 이어지는 그들의 동남아 네트워크를 만드는 데 중요한 역할을 했다. 현대에 와서는 어류 외에 해양에 부존된 자원도 점점 중요성이 커져갔다.

대구와 청어

발트해를 중심으로 막강한 경제력을 과시했던 한자동맹에 속한 도시들의 물적 기반 중 가장 중요한 것은 손으로 잡을 수 있을 정도로 풍부했던 발트해의 청어와 노르웨이 연안에서 잡히는 대구였다. 대구는 노르웨이란 나라를 만든 최고의 자원이기도 했다. 사실 바이킹들이 전 유럽의 바다를 장악하고 멀리 북아메리카까지 갈 수 있었던 이유는 대구를 보존하는 방법을 알고 있었기 때문이다.[54] 지금의 캐나다에 도달한 에릭슨의 항로와 대구의 서식 범위가 일치했던 것은 우연이 아니다. 그들은 이미 9세기에 노르웨이와 아이슬란드에 대구를 가공하는 공장을 세웠고, 특히 대구잡이의 중심인 노르웨이의 베르겐은 19세기까지도 북유럽 최대의 도시였다. 바스크인들은 뉴펀들랜드의 뱅크에서 대규모 대구 어장을 발견했지만 몇 세기 동안이나 비밀로 붙였다. 바스크인들은 어업을 산업화한 최초의 민족이다. 그들이 언어와 민족적 특성을 유지할 수 있던 이유가 바로 어업으로 다진 경제적 기반이었다. 세계 최초로 세계일주에 성공한 인물로 마젤란이 알려져 있지만 정확하게 말하면 그는 필리핀에서 죽임을 당했고, 스페인에 도착한 이들은 그를 제외한 18명이었다. 생존자 대표는 바스크인인 후안 세바스티안 엘카노$^{\text{Juan Sebastián Elcano}}$였다. 일

---

54   이런 바이킹의 모습은 말 위에서 말린 육포를 먹으며 유라시아 대륙을 정복한 몽골군을 연상하게 한다.

청어는 청어목 청어과 청어속의 바닷물고기로 동아시아에서 잡히는 태평양청어와 서구권에서 소비되는 대서양청어는 다른 종이다.

본까지 선교를 했던 예수회의 대선교사 프란치스코 하비에르도 바스크 출신일 정도로 바스크인들은 진정한 '바다의 민족'이었다.

'신대륙 발견' 이후에는 다른 나라들도 이 어장의 존재를 알게 되었지만, 강력한 해군력을 가진 영국, 프랑스, 네덜란드 어부들만이 접근이 가능했다.[55] 18세기 프랑스 탐험가이자 식민지 개척자인 니콜라 드뉘Nicolas Denye는 이 곳의 '대구는 고갈될 줄 모르는 만나와도 같다'는 기록을 남겼다. 노르웨이에서 잡힌 대구들은 건조와 염장 처리 후 자국에서 소비되기도 했지만 남부 유럽으로 많이 팔려나갔다. 대구는 건조하기도 쉬웠고, 나무토막처럼 단단해져도 가벼워서 운반하기 쉬워 유럽에서 끊임없이 벌어지는 전쟁에 동원된 군인들의 중요한 단백질 공급원이었다. 물론 선원들에게도 이상적인 음식이었다. 이런 과정에서 영국은 북아메리카 대륙 동해안을 장악해, 13개의 식민지를 만들었다. 그 가운데 뉴잉글랜드 즉 매사추세츠 주 일대가 성장 할 수 있었던 기반은 대구였다. 사실 뉴잉글랜드의 첫 이주민들은 농부였지만 상당수가 어부로 전직할 정도로 대구 등 어류가 풍부했다. 지금도 매사추세츠 주의회 의사당 천장에는 대구 조형물이 매달려 있을 정도다.

길이 30센티미터 정도로 대구보다 작고 대중적인 생선인 청어는 잡기도 쉬웠지만 식량이 부족한 겨울에 많이 잡히는 데다가 가톨릭에서 육식을 금했던 사순절 시기에는 더욱 많이 팔려나갔다. 번식력도 왕성한 청어는 별명이 '바다의 밀'이었을 정도였다. 청어는 발트해에서 많이 잡혔고, 이 바다를 중심으로 한자 동맹이 생겨나 번영했다. 하지만 1416년부터 1425년에 걸쳐 수온 변화로 청어 떼가 북해로 서식지를 옮긴 데다가 정치적 이유까지 겹쳐 한자동맹 도시들은 크게 쇠퇴한다.

북해로 청어 떼가 옮겨가자 네덜란드가 대박을 맞았다. 빌렘 뵈컬손

---

55) 대구 어업은 미래의 수병들을 길러내는 훈련소의 역할도 했다.

Willem Beukelszoon이라는 어부가 1358년에 청어의 지방이 많은 내장을 제거하고 소금으로 절이는 보관 기법을 개발해 놓았기에 더욱 그러했다. 이때문에 보관이 용이해진 네덜란드 산 청어는 통에 실려 대륙 깊숙이까지 팔려나갔다. 뵈컬손은 동상이 세워지고 교과서에 이름을 올릴 정도로 네덜란드 역사에서 중요한 역할을 한 인물이 되었다. 합스부르크 왕조와 발루아 왕조의 전쟁 중에도 청어잡이 철에는 휴전이 이루어졌다. 합스부르크 왕조의 전성기를 이끈 칼 5세는 네덜란드의 주인이기도 했는데, 뵈컬손의 무덤을 참배한 적도 있었다. 17세기 전반에는 보이센Buyssen이라고 부르던 대형 어선이 1,500척이나 있었고, 청어 어획량은 3만 2,500톤에 달했다. 1662년에는 전 인구의 20%인 45만 명이 청어 관련 산업에 종사하여, 중심도시 암스테르담은 청어의 뼈 위에 세워졌다는 말이 생겨날 정도였다. 이들은 청어 자원 보호를 위해 일정기간 어로를 금지하는 선진적인 면모도 과시했다. 청어로 얻는 부 덕분에 네덜란드는 북유럽에서 광물과 목재, 지중해에서는 도자기, 향신료, 후추 등을 삼각무역으로 유통시키며 막대한 부를 쌓았다. 네덜란드는 다시 이 부를 바탕으로 세계 최초의 주식회사인 동인도회사를 설립하고, 주식시장과 세계 최초의 선박 보험을 탄생시켰다.

청어는 일본에서도 큰 도움이 되었는데 방식은 유럽과는 많이 달랐다. 에도시대 일본은 질소와 인산이 풍부한 말린 청어를 가루로 만들어 비료로 사용하여 농업 생산량을 획기적으로 늘렸기 때문이다. 에도시대 일본의 인구는 전국시대의 2배인 3천만으로 늘어났을 정도였다. 이때문에 근해에 서식하는 청어가 크게 줄어들자 북해도까지 진출하여 청어를 잡았고, 이로 인해 러시아와 외교마찰이 일어나기도 했다.[56]

---

56) 훗날 러일전쟁에서 승리한 일본은 포츠머스 조약에 동해와 오호츠크해, 베링해의 러시아 제국령 연안의 어업권을 일본인에게 허용하는 조항을 넣을 정도로 어업을 중요시했다.

고급생선 다랑어와 캐비어 그리고 갑각류

최고의 생선인 다랑어(참치)는 이미 카르타고인들이 많이 잡았을 정도로 고대부터 인기가 있었다. 고대 그리스인들도 소금이나 기름에 절인 참치를 즐겨 먹었고, 아랍인들도 마찬가지였다. 대항해 시대를 가장 먼저 연 나라는 포르투갈인데, 이런 대사업을 준비하기 위해서는 당연히 자금이 필요했다. 항해왕 엔리케는 다랑어 어장을 독점하여 모은 자금으로 사그레스 곶에 항해 연구소를 설립하고, 이곳에 각 분야의 전문가들을 끌어모아 해양 탐사를 전문적으로 연구했다. 이 연구소는 결국 인도로 가는 뱃길을 열었고 세계사를 완전히 바꾸어 놓았다. 이 이야기는 뒤의 물류편에서 다시 다룰 것이다. 이런 엄청난 일을 하는 데 재원이 된 다랑어는 20세기 후반에 와서 스시의 전 세계적 보급과 함께 더욱 각광을 받았다. 다랑어 어업과 그 유통은 지금 거대한 산업으로 발전했다.

'바다의 보석'이라는 별명이 붙을 정도로 최고급 식재료 중 하나인 캐비어는 철갑상어의 알인데 카스피 해 연안에서 잡힌 것들을 최고로 꼽는다. 캐비어는 러시아 역사 내내 중요한 수출품목이었고, 앞서 언급한 모피만큼은 아니지만 철갑상어도 러시아가 대국으로 올라서는데 적지 않은 역할을 한 효자 상품이었다. 러시아가 소련이 된 이후로도 변함이 없었고, 중요 인사들에게 선물로 제공했다. 카스피 해를 공유하고 있는 이란은 《쿠란》에서 비늘 없는 생선과 그 알을 먹지 말라는 규정 때문에 별다른 수익을 올리지 못했다. 2차대전 승리 후 베를린에 모인 4대국 대표들 사이에 러시아 요리가 가장 인기가 있었는데 캐비어 때문이었다고 한다. 캐비어는 최고의 보드카 안주이기도 하다.

바다 갑각류인 바다가재와 게는 고급 식재료로 이름이 높은데, 캐나다의 뉴브런즈윅, 노바스코샤, 뉴펀들랜드 래브라도, 프린스 에드워드 등은 경제의 상당 부분을 이것들에 의존하고 있다.

고래가 바꾼 세상

고래는 그 거대한 덩치로 인류의 경외감을 사는 동물이다. 과거에는 기술적인 한계로 인해 해안으로 떠밀려온 고래를 잡거나 포획을 하더라도 연안을 벗어나지 못했다. 북극의 이누이트들도 고래를 잡아 그 고기와 지방을 먹고 가죽과 뼈로 집을 지어 극한의 환경을 이겨낼 수 있었다. 하지만 고래잡이를 산업화한 최초의 인류는 바스크인들이었다. 앞서 이야기했듯이 대구를 잡다가 뉴펀들랜드를 발견한 그들은 그 해역에 수염고래도 많이 산다는 사실을 알게 되었고, 15척 규모의 갤리온 선단을 보내 포경사업을 전개하였다. 현대에 들어와 발견된 갤리온 포경선 산 후안 호에는 현재 가치로 약 1천만 달러에 해당하는 고래기름이 실려 있었을 것으로 추정한다. 학자들은 16세기 내내 바스크 족이 약 1만 3천 마리의 고래를 잡았을 것으로 보고 있을 정도로 그들의 포경사업은 규모가 대단했다. 바스크인들이 잡은 고래는 기름뿐 아니라 고기도 육류가 아닌 생선 취급을 받아 금요일에도 먹을 수 있어서 상당한 인기였다.

근대에 들어와서는 상황이 달라졌다. 유럽인들이 고래기름을 조명용으로 사용하기 시작했기 때문이다. 그 중에서도 향유고래의 기름은 연기 없이 빛을 냈고, 극한의 온도에서도 얼지 않아 고속 정밀기계의 윤활유로 사용되었고, 양초, 마가린, 글리세린, 비누, 합성수지, 인쇄용 잉크 등 용도가 다양했다. 특히 수컷 향유고래에서 나오는 용연향은 향수용으로 사용되었는데 1킬로그램에 2,000달러에 거래될 정도의 보물이었다. 그래서 고래를 잡는 포경업은 위험하기는 했지만, 모험을 할 가치가 충분한 사업이었다.[57] 고래는 기름 외에도 고기와 뼈 모두 쓸모가 많았다. 특히 고래 뼈는 코르셋과 우산 살, 빗 등 강하고 부드러운 고급 생활용품의 재료였다. 고래 이빨도 상아처럼 내구성이 좋아 공예재료로 인기가 있었다.

포경업이 특히 발달한 곳은 네덜란드와 미국 동북부였는데, 네덜란드는 1596년 북극해의 스발바르 제도를 발견하여 그 곳을 포경기지로 삼았다. 1697년의 기록을 보면 네덜란드에서 128척의 포경선이 바다로 나갔고 그 중에 7척이 난파되었는데, 무려 1255마리의 고래를 잡아 4만 통이 넘는 고래 기름을 얻었다고 한다. 청어와 고래는 육지의 자원이 전무한 네덜란드가 무역대국으로 나아가는 데 큰 밑천이 되었다. 서구인들은 멀리 가고 더 큰 대형 범선을 지나 증기선까지 개발했고, 포경산업은 더욱 발전했다.

지금도 미국의 중심지인 뉴잉글랜드 지역 역시 고래잡이를 통해 자본을 축적했다. 이미 영국 식민지 시절에도 고래 관련 상품은 모피보다 더 많은 최대 수출품이었다. 1850년대 최대의 포경 항구였던 매사추세츠 주의 뉴베드포드는 포경 덕분에 세계에서 1인당 소득이 가장 높은 도시였다고 한다. 전성기에는 1만 명의 선원들과 3백 척의 포경선이 있었으며, 고래 기름은 화폐로 사용되었을 정도였고 교사나 목사들의 보수로 지급되었다. 19세기 중반에 포경은 미국 전체에서 무려 다섯 번째 규모의 산업이었다. 태평양 쪽에서 많은 포경이 이루어졌는데, 페리[Perry] 제독으로 이루어진 일본 개항의 목적 중 하나가 포경 기지의 확보였을 정도였다. 이때 일본이 개항하면서 처음으로 개방한 두 항구 중 하나가 의외로 변방 북해도에 위치한 하코다테였는데, 포경이 가장 중요한 이유였다. 1867년 미국이 러시아에서 알래스카를 매입한 이유 중 하나도 포경기지 확보였다. 포경은 그 자체가 거대한 산업이었지만 고래잡이를 위해 장기간 원

57) 일단 포경선을 타면 최소 4년, 최대 11년 동안 모항으로 돌아오지 못했고, 선내 환경은 열악하기 그지 없었다.

양 항해를 하면서 바다에 대한 인류의 이해도는 더욱 깊어졌다. 포경선 선장이었던 티모시 폴저$^{Timothy\ Folger}$가 멕시코 만류를 찾아내고 1770년 해도에 표시한 것이 대표적인 사례이다.

포경업은 향고래 한 마리를 잡으면 농장을 하나 살 수 있을 정도로 수익이 높았지만 위험도가 높았다. 분노한 고래에게 배를 잃거나 난파하면 2~3만 달러를 잃을 정도였다. 따라서 포경업자들은 위험분산을 위한 투자와 운영능력을 갖추어야 했다. 이때 투자기법을 배운 이들이 다른 사업에 진출하여 큰돈을 벌었다. 대표적인 인물이 백화점 체인의 창설자인 롤랜드 메이시$^{Rowland\ Hussey\ Macy}$와 제너럴 모터스의 창립자 윌리엄 듀런트$^{William\ C.\ Durant}$였다. 마오리 족만 살고 다른 세계와 완전히 고립되어 있던 뉴질랜드에 서구인들이 몰려들기 시작한 이유도 고래와 바다표범 때문이다. 이들의 뒤를 따라 선교사와 상인들이 몰려와 뉴질랜드의 기초를 이룬 것이다. 하와이의 수도 호놀룰루도 포경선의 중간 기착지로 각광을 받으면서 도시 발전의 기초를 닦았다.

19세기 중반 미국의 포경업은 세계 포경선 총 톤수의 80%를 차지할 정도로 위세를 자랑했지만 골드러시로 인한 선원들의 이탈과 1860년대부터 석유가 채굴되면서 조금씩 사양길로 접어들었다. 그 대신 19세기 후반 작살포가 등장하면서 더욱 산업화 되었고, 1960년대까지도 일 년에 5만 마리 이상의 고래가 포획될 정도로 규모는 만만치 않았다. 하지만 남획으로 고래가 거의 멸종 위기에 처하자 1982년부터 포경을 금지하자는 국제적 움직임이 일었고, 1988년부터는 상업용 포경은 거의 금지되기에 이르렀다. 이런 남획에 대한 반성으로 고래관찰 여행이 등장했고, 오키나와, 대만, 호주, 캐나다 등에서는 수십만 명의 관광객을 모으고 있다.[58]

---

58) 조금 결은 다르지만 바누아투나 팔라우, 통가 같은 태평양의 조그만 섬나라들은 스쿠버 다이빙 관광객 유치가 국가적인 사업이 되었다. 대표적인 해양스포츠인 요트와 서핑도 거의 산업화 될 정도로 성장했다.

고래보다는 비중이 떨어지지만 대형 해양 포유류인 바다코끼리도 상아와 기름 그리고 그 가죽 때문에 인간들의 사냥감이 되었다. 바이킹들은 이것을 가지고 무역을 했고, 활동무대를 확장할 수 있었다.

사소해 보이지만 중요한 해양자원들

우리나라에서는 작은 멸치가 근대사에서 큰 역할을 했다. 조선시대까지만 해도 멸치는 명칭조차 통일되지 않은 존재감 없는 생선이어서 지역별로 행어, 잔어, 멸오치, 몃, 멸, 명아치 등으로 부르며 해당 지역에 국한해 유통하거나 소비하는 정도였다. 당시 문헌에서도 멸치는 '작은 물고기'의 통칭이었다. 정조 때 문장가 김려는 유배지 창원에서 '특이한 물고기'를 관찰하며 쓴 《우해이어보》(1800)에서 멸치가 장마철 습한 날씨에 잡히는 것에 미루어 '장려병' 즉 학질을 일으킨다고 적어 터부시했다.

그러나 청어처럼 멸치를 비료로 삼는 일본인들이 조선 어장에 등장하고, 일본의 제국주의 정책에 따라 조선의 멸치어장에 어업기지를 건설하면서 멸치는 가장 잘 팔리는 물고기로 부상했고, 조선의 어장은 점차 식민지적 어업 구조로 변해갔다. 멸치에서 뽑아낸 어유魚油로 화약 등의 원료인 경화유를 만드는 경유화공장 설립이 붐을 이루었다. 어쨌든 이런 '멸치 관련 산업의 발전'은 우리나라의 음식문화에도 큰 영향을 미쳐 우리 밥상머리에 없어서는 안 될 식재료로 자리 잡았다.

멸치와 비슷하게 작은 앤초비도 한 대륙의 운명을 좌우한 적이 있었다. 에콰도르와 페루 연해에는 훔볼트 해류라고 부르는 거대한 한류가 흐르기 때문에, 앤초비가 엄청나게 잡힌다. 이 생선은 어분으로 만들어 가금류와 돼지의 사료로 많이 사용해서 페루 경제에 엄청난 도움이 되었다. 1962년 페루의 어획고는 700만 톤에 달했고, 1971년에는 1200만 톤에 이르러 잠시지만 일본을 제치고 세계 최대의 어업국이 되었을 정도였다. 하지만 1972년에 일어난 엘니뇨 현상으로 앤초비가 엄청나게 줄어들어 어획량은 470만 톤으로 급전 직하했고, 이후 15년 동안 150만에서 400만 톤 수준에 머물렀다. 페루 경제는 치명타를 입었고, 정치조차 혼란에 빠졌으며, 사료 공급이 중단되어 남미의 산업 전체가 큰 불황에 빠지고 말았다. 상어 역시 진미인 지느러미와 간에서 나오는 스쿠알렌 때문에 일부 종은 멸종 위기에 처해 있다.

생선은 아니지만 해조류인 다시마도 역사의 한 흐름을 바꾸었다. 다시마는 청나라에서 인기 있는 조미료였는데 에도시대 말기 사쓰마 번이 류큐에서 재배한 사탕수수로 설탕을 만들어 북쪽에 팔고 그 대금으로 북방의 다시마를 구해 청나라에 팔아 큰 돈을 벌었다. 이런 밀무역을 기반으로 사쓰마 번은 막부를 무너뜨리고 메이지 유신의 주역이 되었다.[59] 요즈음 다시마는 윤활제나 식품첨가물 등 다양한 용도로 사용하는데, 다시마, 김, 미역 등의 해조류 양식은 동아시아 3국에서만 한다. 최근까지 유럽에서 혐오식품 취급받던 김은 한국의 주요 수출품으로 1조가 넘는 수출고를 기록해 검은 반도체라는 별명까지 얻었다. 해삼이나 해마, 전복 등 비어류 해산물도 동아시아와 동남아시아 어민들의 중요한 소득원이었고, 건조처리한 후 화교 네트워크를 통해 아시아 전역으로 유통되었다.

바다의 보물인 진주는 고대부터 현대에 이르기까지 페르시아 만의 특산물이었고, 정화의 원정으로 중국으로 유입되기도 했다. 바레인, 카타르, 아랍에미리트 등 페르시아 만 국가들에게는 석유와 천연가스가 개발되기 전까지는 진주가 유일한 외화수입원이었다. 산호도 한때는 보석류

---

59) 다시마는 막부가 직영하는 공적 무역에서만 수출이 가능했지만, 사쓰마 번은 중국과 가깝다는 이점을 활용해 밀무역으로 큰돈을 벌었다. 중국에서 들여온 약재도 일본에서 인기가 있어 역시 재정에 큰 도움이 되었다.

로 취급될 정도로 귀하게 여겼고, 특히 지중해의 산호는 대항해 시대에 포르투갈인들의 중요한 동양 수출품이었다. 이탈리아 항구 도시 리보르노가 산호 무역과 가공의 중심지로서 번영을 누리기도 했다. 하지만 산호는 현재 남획과 부영양화, 지구온난화 등으로 점점 줄어들고 있다.

뿐만 아니라 키리바시나 마셜 군도, 투발루 같은 오세아니아의 작은 섬나라들은 산호가 만든 환초가 제방 역할을 하여 국토를 유지할 수 있었는데 최근 해양오염으로 인해 환초가 줄어들고 있어 국가의 존립 자체를 위협받고 있는 실정이다.

해양광산자원

인류는 기술이 발전하면서 육지 뿐 아니라 바다에서도 화석연료와 금속자원을 찾아내기 시작했다. 대표적인 존재가 북해 유전이며, 이 유전은 노르웨이를 세계 최고의 부국으로 올려놓았고, 스코틀랜드 독립운동의 주요 동력이 되었다. 해저유전을 개발한 앙골라는 2007년, 31년 만에 석유수출국기구 가입국이 되었다. 북극해에는 약 900억 배럴의 원유와 470억 세제곱미터에 달하는 천연가스가 매장되어 있다고 한다. 러시아를 비롯한 여러 나라들의 탐사와 기득권 확보가 치열하게 진행되고 있다.

구리, 니켈, 코발트를 풍부하게 함유하고 있는 망간 단괴는 심해자원 중 대표적인 존재다. 특히 이 자원은 양도 양이지만 국가의 주권이 미치지 않는 태평양 공해 깊숙이 묻혀 있다는 점이 매력적이다. 100억 톤 이상으로 추정되는 망간단괴를 놓고 미국, 독일, 프랑스 등 강대국들은 이미 심도 있는 연구와 탐사를 진행하고 있다.

독도 영유권 문제가 민감한 이유 중 하나는 독도 일대의 바다 밑에 일종의 얼음 천연가스인 메탄 하이드레이트$^{\text{methane hydrate}}$가 대량으로 매장되어 있기 때문이다. 일부에서는 한일 양국이 30년 동안 사용할 수 있는 양이라고 주장할 정도이다. 2006년 일본의 탐사선이 메탄 하이드레이트의 양을 측정하려다가 해군과 해경이 포위하자 물러난 바 있다. 이때 대규모 반일 시위가 일어났다.

우리나라의 해양자원

우리나라의 경우, 울산 반구대 암각화에 많은 고래가 그려져 있을 정도로 고래 자원이 풍부했다.[60] 3천 년 전에도 작은 배와 도넛 모양의 덫을 이용해서 고래를 잡았다. 고구려 서천왕 시절, 동해안에 위치한 부족국가 옥저는 고구려에 고래의 야광눈을 바쳤다는 기록이 있다.

고려시대에는 원나라에서 고래 기름을 받아갔다는 기록도 있고, 동해는 경해鯨海라고 부를 정도로 고래가 많았으며, 바다에서 발견된 당시 선박에는 고래기름이 실려 있기도 했다. 하지만 조선시대에 들어서는 정부의 해금 정책으로 항해술이 쇠퇴하면서 어업도 퇴조하였다. 물론 제주도나 남해안에서는 해녀를 중심으로 어업이 중심 산업이 되는 경우도 있었지만 어디까지나 예외였다. 이런 이유 때문에 18세기 이후 1세기 이상 서구 열강과 일본은 우리 바다의 고래 자원을 남획하여 자신들의 산업에 활용했다. 이렇게 보면 우리 민족은 3천 년 전에는 포경의 첨단을 달렸지만 조선시대에는 완전히 후진국으로 전락한 셈이다.

잘 알려지지는 않았지만, 구한말인 1883년, 김옥균은 '동남제도개척

---

60) 울산 반구대 암각화를 분석해 보면 초기 작품은 해양 동물이 압도적으로 많지만 후기로 갈수록 육상동물이 많아지는 것을 알 수 있다. 그럼에도 해양 동물 그림의 7할 이상이 고래이다.

사 겸 포경사라는 직책을 맡아 고래를 국부에 활용할 계획을 가지고 있었다. 하지만 다음 해 갑신정변의 실패로 물거품이 되었고, 동해는 일본과 러시아 포경선들의 독무대로 전락하고 만다. 해방 이후에야 장생포를 중심으로 포경업이 발달했지만 이미 20세기에 들어서 고래의 남획으로 자원이 줄어들자 세계적으로 포경금지 운동이 일어났고, 1986년부터 상업 목적의 포경은 중단된 상태다. 포경을 제외한 일반 어업에서도 월등한 장비를 갖춘 일본은 1883년부터 조일통상장정을 통해 합법적으로 고래와 정어리를 비롯한 우리의 해양자원을 남획했으며, 한일강제병합 직전에 우리나라로 이주한 일본 어민의 수가 5천 명이 넘었다. 1937년 한 해에만 137만 톤이나 잡힌 정어리는 지방질이 두터워 경화유로 가공해 화약 제조에 쓰였고, 일본 제국주의의 팽창에 일조를 하였다. 일본 어민들이 정착한 부산, 인천, 원산, 군산, 마산, 성진, 진남포, 포항 등은 어업은 물론 군사와 정치적 침략의 근거지이기도 했다.

우리나라는 해방 이후 원양어업에 많은 투자를 하였다. 1957년부터 인도양에서 낚시로 참치를 잡는 230톤짜리 어선이 조업을 시작했다. 당시에는 참치를 실제로 본 사람이 없었다고 한다. 놀랍게도 그 다음해 미국에 참치를 수출하면서 원양어업이 본격적으로 시작되었다. 1960년대에는 수산물이 주요 수출품목일 정도였다.[61] 원양어업은 눈부신 발전을 이루어 1990년대에는 해외기지가 28개소에 달했고, 원양어선은 850척까지 늘어나 세계 10대 수산대국으로 올라섰다. 원양어업은 지난 50년여 간 명태 오징어 꽁치 등 소비량이 많은 어종을 안정적으로 공급함으로써 우리 연근해 어장의 수산자원을 보호하고, 어장 황폐화를 완화했으며 국민들에게 부족한 동물성 단백질을 공급해왔다.

원양참치어업은 수입 수산물의 대체재로서의 역할과 함께 정부의 강

---

61) 어쩔 수 없는 상황이기는 했지만, 당시 우리나라의 원양어선은 대부분 일본의 중고 어선들이었다.

부산 영도에 있는 원양어선 희생자 추모비

력한 수출 정책의 일환으로서 그 몫을 다했다. 뿐만 아니라 조선업, 선박 기자재, 전자기기 등 연계산업의 진흥에도 크게 이바지했으며, 외국 연안국과 협력 및 해양영역 확장 등 민간외교에도 많은 기여를 했다. 그렇지만 1963년부터 1979년까지만 쳐도 선원들의 희생자 수는 700여 명에 달했다. 부산 영도와 남태평양의 사모아 섬에는 순직직원위령비가 서 있다. 피지 등 남태평양 국가들은 참치잡이 어선의 기지를 제공해 상당한 수입을 얻기도 했다. 참고로 바누아투나 미크로네시아 연방 같은 오세아니아의 작은 섬나라들은 어업 의존도가 상당히 높다.

 20세기에 들어서서 트롤 어선과 그물을 감는 양망기의 개발, 전자기술의 도입 즉 어군 탐지기의 등장, 강력한 전등을 이용한 오징어 유인 등 여러 분야의 기술 발전으로 이루어진 남획으로 자원 자체가 크게 줄어들었다. 21세기부터 각국의 자원보호와 입어료 인상 등 자원 민족주의가 강화되면서 한국의 원양어업은 크게 쇠퇴했으며, 수산물 무역적자국으로 전락하고 말았다.

남획과 기후변화 그리고 해양오염

인류는 어장을 옮겨가며 대응할 수 있었고, 19세기에는 증기기관 20세기에는 내연기관을 단 어선에다 냉동설비를 갖춘 어선들까지 등장하면서 완전히 산업화되었다. 일본이 그 선두주자였고, 오랜 기간 세계 어획량 1위를 자랑했다. 대형화된 어선들은 길이가 100미터가 넘는 저인망까지 쓸 수 있게 되었다. 이런 저인망은 거북이나 해면같이 인간에게 필요 없는 생물이나 멸종위기종까지 잡아 죽였고, 먹이사슬을 파괴해 해양생태계를 황폐화시켰다. 1970년대 200해리의 경제적 배타수역을 주장하는 나라들이 많이 생긴 것도 이런 이유 때문이다.

하지만 이제는 한계에 도달했다. 《텅빈 바다》라는 책이 나오고, 국내에서도 남획을 막기 위한 다양한 규제가 나올 정도로 문제가 심각하다. 남획과는 다른 문제이지만 기후변화로 인한 해수온도 상승 때문에 수산자원의 고갈이 심각해졌다. 고등어와 대구가 북극해에서 잡힌다는 사실이 이런 심각함을 잘 보여준다. 1980년대 이후에는 예전에는 거들떠보지도 않던 잡어들까지 잡고, 어획고에 포함하기에 이른다. 캐나다는 남획과 기후변화로 대구의 어획량이 급감하자 1992년부터 대구어획을 아예 금지해 44,000여 명이 생업을 잃었다. 우리나라 역시 같은 이유로 한류 어종으로서 대구와 사촌 격인 동해안의 명태가 거의 사라졌다. 1980년대에는 매년 10만 톤 이상 잡았지만 현재는 몇 톤밖에 잡히지 않을 지경이다. 노가리란 이름으로 치어까지 마구 잡았고 해수온도가 상승했기 때문이다. 도루묵이나 대구 같은 한류 어종도 마찬가지이다. 대신 오징어나 복어, 방어 같은 난류성 어종의 어획량이 늘었지만 전반적으로 보면 모두가 많이 줄어들었다. 이때문에 '여수에 가면 돈 자랑 하지 말라'고 할 정도로 부유했던 여수나 속초, 주문진, 묵호 등도 크게 쇠퇴했다.

이런 이유로 양식업이 대세가 되었는데, 노르웨이의 연어 양식과 베트남의 새우 양식은 국가기간 산업 중 하나가 될 정도이다.[62] 동아시아의 경우에는 양식이 전체 어획량의 절반 이상을 차지하고 있으며, 점차 산업화되고 있다. 불과 반세기 전만 해도 수산물은 절대적으로 자연에 의존해야 했으니 말 그대로 상전벽해의 변화라 할 수 있다. 어쩌면 한두 세대 안에 식탁 위에 오르는 모든 생선이 양식에서 나온 것들이 될지도 모른다. 당연히 영세 어민들은 이런 대형 양식장의 상대가 될 수 없어 도태되고 있다. 하지만 현재 양식 가능한 어류와 갑각류, 패류, 해조류 등 440종이 넘어 가축에 비해 훨씬 종류가 많고, 단백질 생산 효율도 훨씬 높아[63] 여전히 잠재력이 높다. 하지만 수산물 양식은 오물 배출, 폐기된 장비 투기, 항생제 남용, 야생 개체군에 대한 위협 등 많은 문제점을 안고 있다.

바다는 지상에서 배출되는 이산화탄소의 절반을 녹여주는 엄청난 정화활동을 해주고 있지만, 인류는 이런 은혜를 '원수'로 갚고 있다. 플라스틱과 금속류를 비롯한 산업과 생활 쓰레기, 그리고 낚시 등 레저 활동으로 인한 해양오염이 심각하기 때문이다. 미세 플라스틱에 의한 물고기의 오염은 많이 알려졌지만, 상당수의 바닷새들은 스티로폼 알갱이를 물고기 알로 착각하고 새끼들에게 먹이기도 한다. 고래의 사체 내부에서 수십 킬로그램에 달하는 쓰레기가 나왔다는 보도가 충격을 주었다.[64] 최근에는 많이 줄어들었지만 유조선 사고로 인한 해양오염, 후쿠시마 원전 사고로 인한 방사능 유출 같은 직접적인 해양오염도 어업에 큰 위험을 주

---

62) 《100가지 동물로 읽는 세계사》 469쪽 : 연어는 기르는 동물이 아니라 수확하는 식물 취급을 받고 있다. 우리가 보는 접시위의 연어는 영광의 길을 거슬러 올라가는 자유로운 야생연어가 아니라, 통근열차에 탄 사람들처럼 빽빽하게 갇혀 평생을 지내며 매 순간 자기 배설물 속을 헤엄치는 무리의 일원이다.

63) 어류는 뭍에 사는 그 어떤 가축보다 훨씬 적은 칼로리로 신체를 유지할 수 있어, 칼로리의 단백질 전환율이 훨씬 높다. 하지만 모든 어류가 그런 것은 아니다. 참치의 경우는 단백질 전환률이 5%에 불과해, 소보다도 낮다.

64) 유엔 환경 계획의 보고에 따르면 어류를 제외하고 매년 적어도 100만 마리의 바닷새와 10만 마리의 해양포유류가 플라스틱 쓰레기 때문에 죽는다.

고 있다.

인류는 지금껏 사육한 동물, 가축으로 인한 전염병으로 큰 피해를 입었지만, 아직까지 수산자원의 남획과 해양오염으로 인한 벌은 받지 않았다. 그러나 앞으로 이로 인해 무슨 화를 입을지는 알 수 없는 일이다.

참고서적

- 고래의 삶과 죽음 / 이브 코아 저 / 최원근 역 / 시공사
- 물질문명과 자본주의 / 페르낭 브로델 저 / 주경철 역 / 까치
- 심해전쟁 / 사라 치롤 저 / 박미화 역 / 엘도라도
- 역사에서 경영을 만나다 / 이훈범 저 / 살림Biz
- 조선시대 말 일본의 어업 침탈사 / 장수호 저 / 블루앤노트
- 먹거리의 역사 / 마귈론 투생 사마 저 / 이덕환 역 / 까치
- 20세기 환경의 역사 / J. R. 맥닐 저 / 홍욱희 역 / 에코리브르
- 조선시대 말 일본의 어업 침탈사 / 장수호 / 블루&노트
- 한국의 해양력 / 월간 조선

지하 자원

— 귀금속, 광물 그리고 석탄

가치 있는 지하자원이 발견되는 곳으로 인구가 이동하는 현상은 의도하지 않았다 하더라도 새로운 변경을 개척하는 효과적인 방법이다. 골드러시가 대표적인데, 이런 현상은 '신대륙 발견' 이후 유럽인들이 주도했다. 지역에 따라 정도의 차이는 있지만 기존 질서를 무너뜨리거나 재편하는 역할까지 맡았다.

이중 가장 중요한 광물은 금과 은이다. 사실 금과 은은 인간의 허영심이라는 욕망을 채워주기는 하지만 실용도는 낮다. 그럼에도 금과 은의 채굴에는 많은 노동력과 시간이 필요하고, 희귀성과 조형성 덕분에 장신구나 사치품에 적합한 소재였다. 또한 환경의 영향을 거의 받지 않아 오랫동안 보관이 가능하며 손실이 거의 없어 완전히 같은 크기로 나눌 수 있고, 작은 조각을 모아 큰 덩어리로 만들기도 편했다. 더구나 주석이나 구리와 함께 녹이면 상당히 단단해져서 주화를 만들기도 좋아서 숙명적으로 화폐의 기능을 가질 수밖에 없었다. 이런 이유로 모든 문명권은 정도의 차이는 있지만 모두 금과 은을 소중하게 여겼다. 4대 문명은 물론이고 완전히 격리된 아메리카의 아즈텍과 잉카, 유목민족인 스키타이와 흉노도 금과 은을 중요하게 여기고 많은 유물을 남겼다. 유대교와 그리스도교, 이슬람에서 모두 믿음의 조상으로 여기는 아브라함도 은으로 아내 사라를 묻을 땅을 샀다는 기록이 〈창세기〉에 나온다. 가롯 유다가 은전 30닢에 예수를 팔았다는 일화는 너무나 유명하다.

금과 은에 대한 인류의 사랑은 보편적이었고, 금광과 은광은 국력과 직결될 수밖에 없었다. 특히 고대 지중해 세계가 그랬다. 2500여년 전, 전설적인 부를 자랑했던 리디아의 왕 크로이소스는 금과 은으로 최초의 화폐를 만들었다. 고대 아테네는 페르시아의 침공이 있기 전에 라우리온 ^{Laurion} 은광이 발견되면서 그 돈으로 함대를 만들어 살라미스에서 승리할 수 있었고, 필리포스의 패업과 알렉산드로스 대왕의 동방원정을 가능케 한 마케도니아의 힘도 상당 부분은 매년 1천 탈렌트^{talent}의 금과 은을 생산하던 트라키아 광산 덕이었다. 한니발의 매형이자 하밀카르의 후계자 하스드루발은 스페인을 지배하면서 바에벨로에서 대규모 은광을 발견해 훗날 한니발이 로마까지 원정할 수 있는 물적 기반을 마련한 바 있다.

중국도 마찬가지였다. 춘추시대에 변방에 위치해 있던 초나라가 강대국으로 올라설 수 있었던 것도 풍부한 금 덕분이었는데, 수도 영^{郢} 주변은 금 산지이자 금화 주조의 중심이었다. 초나라의 금광은 국가 독점이었고, 사사로운 채굴은 사형에 처해졌다. 《한비자》에는 초나라의 강 여수^{麗水}에서 사금이 많이 나와 백성들이 죽음을 무릅쓰고 도굴에 나섰다는 내용이 나온다. 일본 전국시대의 유력 다이묘인 우에스기 겐신$^{上杉 謙信}$도 사도^{佐渡} 섬의 금광 덕에 그 지위를 누릴 수 있었다.[65]

---

65) 사도 금광은 일본 중세기부터 존재했지만, 태평양 전쟁 당시에는 금뿐만 아니라 구리, 철, 아연 등도 채굴했다. 많은 조선인 강제징용자들이 혹사를 당한 전쟁범죄의 현장이다. 일본에서 유네스코 문화유산으로 지정받으려 했고, 결국 지정을 받았다. 그 과정에서 많은 논란이 있었지만 윤석열 정부는 사실상 묵인하고 말았다.

아프리카 말리 왕국의 만사 무사^{Mansa Musa} 왕은 1324년 메카로 성지순례를 떠나면서 황금을 마구 뿌려 이슬람 세계는 물론 유럽까지 인플레이션을 일으켰고, 이 영향은 10년 동안 계속되었다고 한다. 15세기 후반 독일 남부에서 은광과 동광이 발견되었고, 야코프 푸거^{Jacob Fugger}는 광산뿐 아니라 금속가공에도 투자하여 큰돈을 벌었다. 이때부터 판금 갑옷이 본격적으로 만들어졌고, 현재까지도 세계 최고의 경쟁력을 가진 독일 금속공업이 발전하기 시작했다. 하지만 금과 은의 진짜 위력은 '신대륙 발견' 이후에 나타난다.

신대륙의 노다지

아메리카 대륙을 정복한 스페인은 1547년에 발견된 포토시^{Potosi}(지금의 볼리비아에 있다) 은광에서 유럽의 가격혁명을 일으킬 정도로 엄청난 은을 생산했다. 이 은광은 '부유한 산'이라는 뜻의 세로 리코^{Cerro Rico}라고 불렸다. 멕시코에서도 포토시보다는 적지만 많은 양의 은이 생산되었는데, 신대륙의 은 생산량은 16세기에 1만5천 톤, 17세기에 3만 톤, 18세기에 5만 톤으로 추정되는데 전 세계 생산량 80% 이상이었다고 한다.

포토시의 인구 역시 폭발적으로 늘어나 1580년대에는 15만 명이 넘었는데, 당시 런던보다 많고 파리, 베네치아와 맞먹었다고 한다. "세계의 금고이자, 모든 산들의 최고봉이며 모든 왕들이 부러워하는 포토시"라는 칭호까지 붙었다. 여기에서 채굴한 은괴는 합스부르크 스페인 제국의 패권을 유지해 주었고, 거의 백년 간 이어진 여러 전쟁의 재정적 기반이 되었다. 하지만 포토시의 은은 저주이기도 했다. 만약 이 은광이 없었다면 그런 무모한 전쟁을 계속 벌이지 않았을지도 모르기 때문이다. 포토시

은광을 보유했던 황제 칼5세와 아들 펠리페2세는 의회 같은 존재가 필요 없었고, 착취적인 제도를 그대로 유지했다. 결국 30년 전쟁 이후 스페인 제국은 몰락하고 말았다. 시야를 포토시로 좁히면 이 도시의 영광은 짧다고 할 수는 없겠지만 지속적이지 않았고, 지금의 포토시는 은광 대신 주석과 텅스텐의 채굴과 제련으로 볼리비아 굴지의 공업도시이기는 하지만 과거의 영광과는 거리가 멀다.

한 세기 후, 세계에서 다섯 번째로 큰 나라가 되는 브라질의 형성에도 골드러시가 결정적인 역할을 했다. 1695년에 '만물광산'이라는 의미의 미나스제라이스Minas Gerais 주州에서 금광이 발견되면서 골드러시가 시작되어 이른바 '황금시대'를 맞이했기 때문이다. 이후 60년간 포르투갈인구의 30%가 넘는 60만이나 되는 엄청난 수의 포르투갈인들이 브라질로 이주하여 국왕이 이민 금지령을 내릴 정도였다. 미나스제라이스에 위치한 천혜의 항구 도시 리우데자네이루는 200년간 브라질의 수도였던 살바도르를 대신하였고, 금광지대의 무역항으로서 엄청난 번영을 누리면서 세계적인 대도시로 성장하게 되었다.

그전까지 사탕수수 농장에만 의존했던 브라질은 주력 산업이 광업으로 바뀌었고, 금광으로 인한 부로 유럽식 건축물들이 세워지고 이민자들의 문화적 수요 때문에 유럽 문화도 많이 도입되었다. 하지만 이런 부가 진정한 근대화로 연결되지는 못했다. 광산 노동은 흑인 노예들에게 의존했고, 제조업은 전혀 발전하지 못해 완전히 뒤처지게 되었다. 1711년 이탈리아 출신의 한 예수회 선교사는 이렇게 말했다.

"하느님이 브라질을 벌주기 위해 금을 주셨다!"

물론 금광 개발이 부정적인 효과만 난 것은 아니었다. 금광 개발을 위해 개척자들이 내륙으로 깊숙이 진출하여 영토를 크게 확장하여 세계에서 다섯 번째의 영토를 가진 대국이 된 것은 골드러시의 긍정적인 효과였다. 1980년에는 아마존 강 유역의 세라 펠라다Serra Pelada에서도 금이 발견되어 약 3만 명이 무서운 풍토병도 아랑곳하지 않고 몰려들었다. 결국 정부와 충돌이 일어나 1백여 명이 사망하는 대참사까지 벌어졌다.

중남미에 비해 미국의 골드러시는 초강대국 미국을 만드는 데 매우 긍정적인 역할을 했다. 캘리포니아의 금광 발견으로 인한 미국인의 서부 대이동은 중세기 유럽인의 동부 이주와도 비슷한 면이 있지만 그보다 빠른 시간 내에 역동적으로 이루어졌다. 중국인들의 미국 이주도 골드러시가 강력한 요인이었다.

1848년 1월, 스위스계 무역상인 주터Sutter가 아메리칸 강의 계곡에서 사금을 발견했다. 그는 자신의 공동체가 금 때문에 깨어지기를 바라지 않았기에 비밀로 붙였지만 5월부터는 비밀이 밝혀졌고, 엄청난 사람들이 계곡으로 몰려들었다. 처음에는 캘리포니아 내부에서의 이동에 머물렀지만 같은 해 12월, 대통령 포크가 캘리포니아에 대규모 금광이 있다고 공식적으로 발표하면서, 엄청난 사람들이 미국 동부에서 위험을 무릎 쓰고 육로와 해로로 캘리포니아로 몰려들었다. 캘리포니아로 떠난 포장마차는 최소 6,000대가 넘었고, 최대 1만 대에 달했다는 설도 있다. 미국인들뿐 아니라 유럽과 중남미 심지어 호주와 중국에서도 서부로 몰려들었다. 이들을 '포티나이너(49er)'라고 부른다. 이들이 만든 야영지에는 독특한 민주주의가 꽃을 피웠고 기존의 멕시코-스페인 문화를 무너뜨리는 데 큰 공헌을 했다. 이렇게 캘리포니아는 골든스테이트가 되었다. 하지만 그 과정에서 수천 명의 원주민이 학살당하고, 수만 명이 삶의 터전을 떠나야 했다. 또한 '포티나이너'들은 중남미인, 중국인들에 대한 인종주의적 차별을 자행하기도 했다.

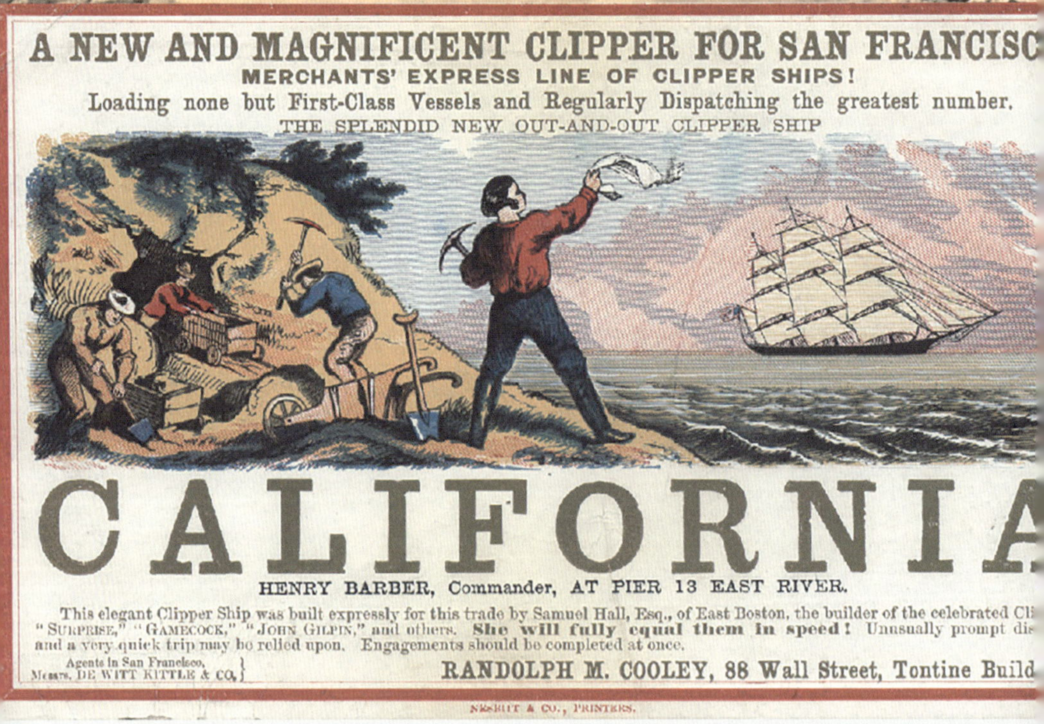

'49er'는 1848년부터 본격화한 캘리포니아 골드러시 기간에 금을 찾기 위해 캘리포니아로 몰려든 사람들을 가리키는 말로, '골드러시'는 캘리포니아 시에라네바다 산맥에서 금이 발견된 후 발생한 대규모 인구 이동과 급격한 사회 변화를 의미한다. 이 현상은 수십만 명의 사람들을 캘리포니아로 이끌었고, 샌프란시스코와 같은 도시들이 성장하며 캘리포니아의 인구가 급증했고, 캘리포니아의 연방 가입을 가속화시켰다.

미국과 호주, 남아공을 만든 골드러쉬

1849년의 '49er' 대이동으로 캘리포니아의 인구는 2만 5천 명에서 1852년 25만 명으로 급증했다. 1848년 샌프란시스코의 중국인은 세 명에 불과했지만 2년 후에는 2만 명에 이를 정도로 급증했고, 이를 계기로 화교 사회가 미국에 본격적으로 뿌리를 내렸다. 골드러시는 콜로라도와 몬태나로 번졌고 서부 개척을 크게 앞당겼다. 이 덕분에 덴버라는 도시가 탄생했다.[66] 1867년 대륙횡단 철도가 완공되면서 자본가들은 광물 개발에 엄청난 돈을 투자했다. 또한 철도를 놓기 위해 필수적인 제철소와 목재가공 공장, 석탄저장소가 중서부에 만들어지면서 미국의 국토 균형 발전에 크게 공헌하였다. 1896년에는 알래스카의 유콘 강가에서 사금이 발견되면서 불모지에 불과했던 이 땅의 발전에 크게 기여했고, 알래스카와 가장 가까운 시애틀이 목재 산업에 의존하는 도시에서 벗어나 한 단계 더 성장하는 계기가 되었다.

지하수 속에 포함된 미량의 금이 강물에 섞여 나오면서 사금이 되는 것인데, 강모래나 흙탕물을 그릇에 넣고 흔들면 비중이 작은 모래나 진흙은 씻겨 내려가고 무거운 금만 그릇에 가라앉는다. 즉 진입장벽이 전혀 없는 셈이다. 따라서 채광 기술을 전혀 모르는 남녀노소들이 너도나도 달려들 수 있기에 골드러시가 일어난 것이다.

미국인들이 동쪽에서 서쪽으로 이동했다면 러시아인들은 서쪽에서 동쪽으로 이동했다. 1832년 예니세이 강 유역에서 금광이 발견되었고, 많은 러시아인들이 노다지를 기대하며 지도조차 없던 시베리아로 이주했다. 17년 후의 미국의 서부 개척과 유사한 면이 있지만, 혹한과 체제의 보수성으로 인해 제한적인 개척만 이루어졌다. 1912년 4월, 시베리아의 레

---

66) 덴버의 프로농구팀 너게츠는 사금 덩어리를 의미한다.

나 강변 금광에서 노동자들의 봉기로 500여 명이 희생되는 대참사가 벌어지기도 했다. 이 사건은 1905년 피의 일요일 사건에 이어 러시아 혁명의 직접적인 원인 가운데 하나로 평가받는다. 러시아 혁명 후에도 시베리아 금광 개발은 계속해서 진행되었고, 약 30만 명이 이 불모지로 이동하였는데 한국인들도 상당수 있었다. 이 당시 미국인들이 초빙되어 상당한 도움을 주었다.

미국의 '1849' 직후인 1851년에는 호주에서도 금광이 발견되어 이민자가 급증했다. 1841년 15만에 불과했던 호주 인구가 1860년에는 115만 명에 이르게 되었다. 《성서》에 나오는 전설적인 황금도시의 이름을 딴 오빌Ophir이라는 거대한 천막촌 도시가 탄생할 정도였다. 금 생산도 가파른 상승곡선을 그렸다. 한창 때는 매주 2톤의 금이 나올 정도였다. 호주가 죄수들의 유형지라는 칙칙한 이미지에서 벗어나 기회의 땅이 된 시기도 이 무렵이었다. 중국인들의 호주 이주도 이 시기에 이루어졌다. 이 때문에 중국인들은 샌프란시스코를 구금산舊金山, 멜버른을 신금산新金山이라고 부른다.

20세기 중반까지만 해도 소도시에 불과했던 서호주의 퍼스가 인구 170만 명의 대도시로 발전한 이유도 금과 철광, 석유, 천연가스, 니켈 등 풍부한 지하자원 덕분이다. 퍼스는 백만 단위의 대도시 중 다른 도시와 세계에서 가장 멀리 떨어져 있는 도시이다.[67] 스포츠와 연예를 제외하고는 비주류일 수밖에 없는 호주인들이지만 광업계에서는 독보적일 정도로 전 세계에서 광산 개발에 앞장서고 있고, 특히 인접한 동남아시아의 광산 중 쓸 만한 것들은 대부분 호주 광산기업이 차지하고 있다.

1867년 3월에는 남아프리카의 바일Vaal 강변에서 다이아몬드가 발견되었다. 1869년까지 이 강변에 수 킬로미터에 걸쳐 거대한 천막촌이 형

67) 하지만 호주의 광산 개발은 원주민들의 성지를 광범위하게 파괴하는 심각한 부작용을 낳고 있다.

성되었다. 1883년에는 트랜스바알에서 대규모의 금광이 발견되었고, 현재 남아프리카공화국 최대의 도시인 요하네스버그가 이때 이 불모지 위에서 탄생했다. 다이아몬드 광산과 금광은 결국 보어전쟁의 직접적인 원인이 되고 말았다. 보어전쟁에서 외관상 볼품없던 보어민병대가 황금으로 독일에서 최신형 소총과 무연화약을 쓰는 대포를 구입해서 대영제국의 육군을 상당 기간 동안 막아내고 유린할 수 있었다. 그러나 대영제국의 완력을 끝내 이겨낼 수 없었고, 2만 6천 명이 넘는 민간인들이 희생되었다. 이런 면에서 보면 다이아몬드와 금광은 보어인들에게 축복이 아니라 저주였는지도 모른다.

그럼에도 다이아몬드 광산과 금광은 아프리카 최강국 남아프리카 공화국을 만드는 데 큰 공헌을 했으며, 또한 백인들에게 힘을 주어 아파르트헤이트Apartheid라는 야만적이고 인종차별적 법률로 흑인들을 지배하게 만든 것도 사실이다. 아파르트헤이트가 사라진 지금도 금광은 남아프리카 경제의 기둥인데, 이 나라가 낳은 가장 위대한 인물인 넬슨 만델라도 20대 시절, 금광 경비원으로 일한 경력이 있을 정도이다. 약 50만 명의 흑인 노동자들이 무자비하게 노동력을 착취당했다. 1897년에는 알래스카와 캐나다 북동부 유콘 강 일대에서 금광이 발견되면서 '황금의 세기' 19세기를 마지막으로 장식한다.

19세기 동안 채굴된 금은 무려 1만 1500톤에 달하며 이는 그전까지 인류가 채굴한 금의 양과 거의 맞먹을 정도였다. 이런 금의 대량 채굴로 강력한 금본위제가 유지될 수 있었던 것이다. 20세기와 21세기에는 이 정도 규모의 금광은 나오지 않았지만 소국들에게 금광의 발견은 국가 경제에 큰 도움을 준다. 대표적인 나라가 소련에서 독립한 키르기스스탄으로 수출의 절반이 금이다.

다이아몬드를 위시한 보석들

보석의 제왕 다이아몬드는 남아공의 생산량이 가장 많지만, 같은 아프리카 대륙에 있는 보츠와나와 시에라리온에서도 많이 생산된다. 하지만 두 나라의 운명은 완전히 달라졌다. 보츠와나는 아프리카에서 가장 안정된 정치와 경제 구조를 자랑하는 나라인데, 1967년부터 많은 다이아몬드 광산이 발견되면서 채굴이 시작되었다. 특히 세레체 카마^{Ceretse Khama} 페스투스 모가에^{Festus Mogae} 등 집권자들이 다른 아프리카 국가들과는 다르게 다이아몬드로 사익을 채우지 않고 무상 교육이나 의료 보험, 개발 사업 등을 시행한 덕분이었다. 시에라리온은 정반대의 길을 걸었다. 다이아몬드를 차지하기 위한 정부군과 반군 간의 내전이 1991년부터 2002년까지 12년간이나 벌어졌으며, 이들의 전쟁 비용은 각자의 점령지에서 나오는 다이아몬드를 판 돈이었다. 특히 반군은 강제노동, 소년병 납치, 손발 절단을 통한 공포 전술로 수십 만 명의 피해자를 만드는 등 엄청난 만행을 저질렀다. 이 비극은 영화 〈블러드 다이아몬드〉로 만들어져 소개되기도 했다. 내전이 끝난 후 유엔은 31개국에서 파견된 1만 7500명의 평화유지군을 보냈는데, 여기에 들어간 돈만 한해 6억 달러가 넘었다. 반면 시에라리온 반군이 일 년에 다이아몬드 원석을 팔아 번 돈은 매년 2500만 달러에서 1억 2천만 달러 수준이었다. 규모는 좀 작았지만 앙골라와 콩고민주공화국, 중앙아프리카공화국에서도 비슷한 비극이 일어났다. 아프리카를 통틀어 다이아몬드 때문에 죽은 이가 370만이 넘고 600만 명이 난민이 되었다.

 루비는 미얀마와 스리랑카, 캄보디아, 에메랄드는 콜롬비아와 잠비아, 짐바브웨, 탄자니아와 마다가스카르, 사파이어는 호주와 캄보디아가 주산지이다. 문제는 보석 산출국들은 호주를 제외하면 대부분 정정이 불안하여, 이런 자원이 오히려 사회불안을 가중시키고 있다는 것이다. 캄보디아의 악명 높은 극좌 집단인 크메르 루주가 상당 기간 버틸 수 있었던 이유도, 미얀마 군사정권의 정권 유지 비결도 루비에 있다. 이런 보석들은 운반하기가 좋기 때문에 악당들에게는 최고의 축복이 되고 만 것이다. 영롱한 파란색을 내는 청금석은 사실상 아프가니스탄에서만 채굴되는데, 미국과 동맹하여 한동안 이 나라를 지배한 북부동맹은 이것을 재정 기반으로 삼았었다.

다른 광물들

금과 은, 보석 외에도 인류 문명에 도움이 되는 광물은 많다. 인광석, 알루미늄, 구리, 크롬, 망간, 납, 아연, 니켈, 몰리브덴, 코발트, 리튬 등이 대표적이다. 유럽에서 영국 다음으로 산업 혁명에 성공한 나라는 의외로 소국 벨기에인데 그 비결 중 하나가 아연과 석탄이었다. 벨기에는 아연 제련으로 산업화에 성공했다. 비료와 화약의 원료가 되는 인광석이 풍부했던 남태평양의 소국 나우루는 이것의 채굴과 수출로만도 전 국민이 일하지 않고 세금도 내지 않고 세계 최고 수준의 소비생활을 누릴 수 있었지만,[68] 그 결과 거의 전 국민이 고도비만자가 되었다.[69] 하지만 인광석이 거의 고갈된 현재 나우루는 무능력 국가로 전락하고 국가의 존립조차 위태로운 상황이 되었다. 인광석의 채굴로 지하수마저 오염되어 농업

---

68) 인광석 채굴은 외국인 노동자들이 맡았고, 국민들은 공무원을 제외한 어떤 노동도 하지 않는 시절이 한 세대 가량 지속되었다.
69) 2022 월드컵을 개최한 카타르도 막대한 천연가스 수입으로 전 국민이 세금도 내지 않고 오히려 정부에서 배당금을 받는다. 즉 놀고 먹어도 된다는 의미이다. 그 결과 성인 인구 70% 이상이 고도 비만인 나라가 되었다. 아직 천연가스의 매장량은 많이 남았고, 국토 크기도 경기도 정도는 되기에 나우루 같은 신세가 되려면 상당한 시간이 필요하겠지만 국가의 미래는 그리 밝다고 할 수는 없다. 카타르와 비슷한 쿠웨이트 역시 비만과 당뇨병이 국가적 질병이다

도 불가능하다. 나우루보다 정도는 덜하지만, 인광석에 의지하던 키리바시 역시 고갈로 인한 심각한 경제위기를 겪고 있다.

가장 가벼운 금속 중 하나인 알루미늄은 비교적 풍부하게 매장되어 있지만 정련이 어려워 19세기 후반에는 금과 은보다 비쌌다. 하지만 19세기 말에 전기정련법이 개발되면서 완전히 대중화되었고, 항공기 기체를 만드는 자재의 주원료가 되면서 더욱 중요한 금속이 되었다. 알루미늄은 주로 보크사이트라는 광물에서 추출하는데, 자메이카나 기니, 수리남, 호주, 카자흐스탄 등이 주요 생산국이자 수출국이다. 하지만 기니의 경우 보크사이트 채굴로 인한 환경파괴와 국가의 헐값 토지 매각 등으로 인한 부작용이 심각한 실정이다.

미국은 2차대전 당시 네덜란드령이었던 수리남에서 수백만 톤의 보크사이트를 채굴해 수만 대의 항공기를 생산하여 2차 대전을 승리로 이끌었다. 전후에도 수리남은 보크사이트가 최대 수출품이었다. 그런데 2015년 수리남 보크사이트 광산을 운영하는 미국의 알코아^{Alcoa} 사가 원자재 가격 하락으로 인해 광산을 영구 폐쇄하면서 경제 위기가 도래했다. 광산 폐쇄는 수리남 경제에 치명타를 입혔으며, 수리남의 1인당 GDP는 2014년 9,472달러에서 2021년 4,836달러로 반 토막이 날 정도로 경제가 무너지고 말았다. 반면 이웃나라 가이아나는 유전 발견으로 대박을 쳤는데, 그 이야기는 석유 편에서 다루도록 하겠다.

최근에 주목을 받는 광물은 전기자동차 배터리 제조에 반드시 필요한 리튬이다. 하얀 석유라고 부를 정도로 중요해진 이 금속은 미국, 칠레, 호주, 캐나다, 중국 등이 주산지인데, 체코에서도 다른 광석을 캐던 폐광에서 대규모 리튬이 발견되어 세계 5위 규모의 생산국에 올랐다. 최근 볼리비아와 인도에서도 대규모 광산이 발견되었다.

우리나라를 움직인 광물들

광물 자원과는 거리가 멀어 보이는 우리나라도 황금과 텅스텐에 나라 전체가 들썩인 적이 있었다. 1920~1930년대 조선은 골드러시 아니 황금광의 시대였다. 대표적인 인물이 최창학과 방응모이다. 빈농 출신의 최창학은 평안북도 일대에서 실패를 거듭하다가 1923년 구성군에서 대규모 금광을 발견했다. 여기에서 막대한 부를 축적하였고, 1932년에는 금광을 미쓰이 그룹에 매각하여 조선 최고의 부자 가운데 한 명이 되었다. 김구 선생의 거처이자 대한민국 임시정부의 마지막 청사이기도 한 경교장이 그의 저택이었다. 1926년에 방응모는 평북 삭주에서 금맥을 발견하고, 1932년 이를 일본 광업회사에 매각하여 일약 엄청난 거부가 되었다. 이후 그 돈으로 조선일보를 인수하였는데, 조선일보는 지금까지도 방씨 집안의 소유로 남아있다. 이런 황금광 시대는 1930년대까지 이어졌고, 지금까지 이어지는 종로 금은방 거리가 이때 탄생했다. 일본은 조선의 금광 덕분에 세계 5대 금 산출국에 오르기도 했다. 여담이지만 1998년, 서울 한복판인 마포에서 금광이 발견된 적이 있었다. 아파트 건설 과정에서 기반 공사를 하다가 금광이 발견되었는데, 만약 경기도 외곽이었다면 채산성이 있는 광맥이었다. 하지만 땅값이 비싼 곳이어서 그냥 묻어버리고, 공사를 진행했는데 이때문에 쌍용황금아파트라는 이름이 붙게 되었다.

특수강과 핵심 무기 생산에 반드시 필요한 텅스텐(중석)도 우리나라에서는 중요한 광물이었다. 1917년에 발견된 영월 상동광산은 단일 광산으로는 세계 최대 규모였고, 1950년대에는 전체 수출의 60%를 차지한 적도 있었다. 정부는 대한중석이라는 공기업을 설립하여 중석을 관리했다. 이후 중국산 텅스텐 때문에 가격이 떨어지면서 채산성이 맞지 않아 1992년 문을 닫았다. 이때문에 한때 2만 명이 넘는 인구가 거주했던 상동읍은 현재 인구가 1천 명 수준으로 격감해 전국에서 인구가 가장 적은 읍으로 전락했다. 하지만 최근 텅스텐 가격이 올라 채산성이 확보되고, 미국이 중국 견제 정책으로 핵심 광물 공급망을 재편하면서 중국·러시아·북한산 텅스텐 수입을 전면 금지해 주목받고 있다. 이런 이유로 캐나다 광산기업이 다시 채굴 준비를 하고 있어, 상동읍의 부활도 기대해볼 만하다. 하지만 텅스텐 이야기는 여기서 끝이 아니다. 놀랍게도 일제강점기인 1935년, 서울에서도 손꼽히는 부촌인 서래마을 부근에서 텅스텐 광맥이 발견되었기 때문이다. 비록 채산성이 낮아 개발되지는 못했지만 이곳에 광산이 개발되었다면 지금의 강남이 어떻게 변했을지 모를 일이다.

가장 흔한 광물자원 '모래'

20세기에 들어서 중요해진 '광물'이 바로 흔한 모래다. 모래는 현대 문명의 기둥인 콘크리트 그리고 유리와 렌즈를 만드는 데 반드시 필요한 재료이다. 고대 페니키아인들이 발명했다는 유리가 베네치아에서 최고 수준으로 발전한 것은 잘 알려졌지만, 베네치아의 리도 섬과 그 주변의 모래가 유리 제조에 가장 적합하다는 사실은 그만큼 알려지지 않았다. 유리는 태양열은 거의 받아들이면서도, 외부의 냉기와 세균을 차단해 주택의 쾌적도를 엄청나게 높여주었다. 현재는 호주에서 나오는 규사가 가장 좋은 유리 재료라고 한다. 근대 이후 인류의 평균 수명이 엄청나게 높아진 이유 중 하나가 유리의 광범위한 보급이었다. 또한 유리는 안경과 망원경, 현미경으로 진화하면서 인류 문명 발전에 엄청난 공헌을 하였다.[70]

---

70) 〈사피엔스〉의 저자 유발 하라리는 1674년 현미경이 나오기 전까지, 인류는 전체 생물의 99.99% 즉 미생물에 대해 아무것도 몰랐다고 단언했다.

모래는 콘크리트의 중요한 원료이다. 콘크리트 자체는 이미 고대 로마 시대부터 사용되었지만, 벽돌과 석재, 목재에 밀려 근대까지 거의 사용되지 않다가 1906년 샌프란시스코 대지진 때 콘크리트 건물의 견고성이 증명되면서 널리 보급되기 시작했다. 현재는 전 세계 건축의 80%를 차지할 정도가 되었다. 콘크리트는 벽돌이나 석재에 비해 훨씬 싸고 빠르게 건물을 짓게 할 수 있는 자재이기 때문이다. 건물이 아니더라도 콘크리트로 땅바닥을 포장하기만 해도 기생충 감염을 획기적으로 줄일 수 있다. 하지만 탄소 배출과 엄청나 물 사용은 큰 단점이 아닐 수 없다.

'한강의 기적'도 모래와 깊은 관련이 있다. 한강은 1960년대 후반까지만 해도 엄청난 규모의 백사장을 가진 자연하천이었다. 유명한 여행가 비숍 여사가 한강변의 황금빛 모래를 보고 찬사를 남긴 바도 있다. 하지만 경제개발이 시작되면서, 당연히 대규모 건설사업이 뒤따랐다. 한강변의 모래는 바로 서울 시내의 공사판으로 나를 수 있어 엄청난 노다지가 되었던 것이다.

모래는 사막에 가장 많지만 아이러니하게도 알갱이가 너무 가늘어 콘크리트용으로는 사용할 수 없어, 중동 국가들은 건설 모래를 수입해야 한다. 국토 확장을 위한 매립 사업에도 모래가 많이 필요한데, 싱가포르는 건국 이후 매립을 통해 200제곱킬로미터 이상의 국토를 확장했다. 이는 현재 전 국토의 25%에 해당한다. 이때문에 한때 세계에서 가장 많이 모래를 수입하는 나라였다. 뿐만 아니라 전 세계적으로 진행되고 있는 도시화에 필요한 콘크리트와 유리 제조와 셰일 가스를 만드는 수압공법 과정에서 엄청난 양의 모래가 소모되고 있어서 환경파괴가 심각하다.

역사적으로 보면 금에서부터 금속, 석탄 같은 광물의 발견은 긍정적이든 부정적이든 국가의 발전과 변화에 큰 역할을 하였다. 하지만 단순히 지하자원의 발견만으로 강대국이 된 예는 하나도 찾아볼 수 없다. 아무리 노다지가 터지더라도 사람이 하기 나름이라는 평범한 진리를 여기에서도 확인 할 수 있다.

산업혁명의 동력, 가장 풍부한 매장 에너지 : 석탄

지질시대 중 고온다습한 석탄기 시절, 많은 식물들이 늪으로 가라앉아 이탄泥炭이 되고, 모래와 자갈로 이루어진 퇴적층이 이탄에서 물을 짜내면서 갈탄褐炭으로 변하고, 압력이 계속 가해지면서 석탄이 만들어졌다. 압력 기간이 길었던 석탄일수록 수분이 적고 질이 우수하다. 지하에 풍부하게 묻혀 있던 이 석탄은 근현대 인류 역사에 엄청난 영향을 미친다.

중국의 석탄 사용

석탄은 기원전 2천 년부터 중국에서 난방과 요리용으로 기원전 5세기경에는 제철용으로도 사용되었다. 발해에서도 석탄이 사용되었다는 고고학적 증거가 나오고 있다. 서양으로 눈을 돌리면 고대 그리스와 로마에서도 제철용으로 사용되었다는 기록이 있지만 일반적인 것은 아니었다. 그러나 목재가 부족해진 중국 송나라 시대에 와서는 가정용 연료 및 제철용으로 대량 사용되었고, 석탄에 세금을 매겼다는 기록도 남아 있다. 대문호 소동파가 석탄이 발견되었다고 기뻐하며 시를 남겼을 정도였다. 당시 송나라의 제철소는 석탄으로 만든 코크스와 수력풀무를 이용해 연간 12만 톤이 넘는 철을 칼, 못, 농기구, 식기, 바늘 등 분야별로 대량 생산하였다. 이로 인해 농업 생산력이 당나라 시절보다 2배가 될 정도로 폭발적으로 증가하였다.

석탄은 가정에도 대량 보급되어 난방은 물론 조리 연료로도 사용되

중국 음식의 특징 가운데 하나는 센 불과 기름을 이용해 빠르게 조리하는 것인데, 이는 당송시대에 널리 보급된 석탄(갈탄)이 남긴 영향이다. 가정에서도 여성이 아닌 남성이 주로 주방을 담당하는 이유가 센 불과 무거운 조리도구(웍) 때문이라고 한다.

었다. 삶고 찌는 요리와 회가 주력이었던 중국요리가 지지고 볶는 요리 위주로 바뀌게 되는 결정적 계기가 되기도 했다. 또한 술 양조, 석회와 벽돌, 유리 제작, 제염, 제지, 도자기 생산 등 여러 분야에서 광범위하게 사용되어 송나라의 경제 번영을 가능하게 해주었다.[71] 거의 산업혁명에 버금갈 정도의 이런 경제발전은 중국 역사 최초의 도시화 물결까지 일어나, 수도 개봉은 백만, 성도, 복주, 광주, 정주, 남경, 무창, 장사, 항주 등은 수십만의 대도시로 성장하기에 이른다.

  원나라 이후 전략적 요지이기는 했지만, 기후도 좋지 않고 수자원도

---

71) 중국이 근대 이전에 석탄을 이렇게 많이 사용했음에도 개항이후 석탄 채굴이 부진했던 가장 큰 이유는 개항장과 석탄 산지의 거리가 멀었기 때문이다.

지하 자원 ― 143

부족했던 북경이 수도가 될 수 있었던 이유 중 하나는 주위에 석탄이 풍부했기 때문이다. 하지만 이런 광범위한 석탄의 사용에도 불구하고 중국에서는 증기기관의 발명도 산업혁명도 일어나지 않았다. 일본도 중국과 달리 소금을 굽기 위해서이기는 하지만 18세기 후반 석탄을 채굴해서 사용했다. 이를 알게 된 미국은 일본을 석탄보급기지로 활용할 생각으로 개항을 강요했다. 앞서 포경기지를 확보하기 위해서라고 했지만, 석탄 보급도 그에 못지않은 이유였다.[72]

영국의 석탄 시대

유럽에서도 로마 시대부터 간헐적으로 석탄이 사용되었고, 중세에 들어와서는 영국과 독일의 빈민들이 제한적으로 사용하였지만, 잘 타지 않는 데다가 냄새와 독한 가스, 그리고 흑사병의 종양을 연상키는 외양 때문에 널리 사용되지는 않았다. 그래도 빈민들은 석탄을 사용했기에 매연이 발생하여 1237년 영국에서는 석탄 사용금지법이 제정되었고, 1306년 에드워드 1세는 실제로 석탄을 사용한 자를 처형하기까지 했다. 이미 15세기부터 런던의 하늘은 석탄 연기로 검은 날씨가 잦았다. 이로부터 거의 2세기 후인 1587년, 엘리자베스 여왕은 '석탄의 냄새와 연기가 역겹다'는 이유로 석탄 사용 금지를 재확인하였다. 하지만 주물과 석회, 양조 공장에서는 석탄 없이 조업을 할 수 없었기에, 17세기 런던의 연간 석탄 사용량은 3만 톤에 달했다고 한다. 1661년에는 찰스2세에게 스모그 문제 해결을 호소하는 보고서가 올라오기도 했다.

산업혁명 직전인 18세기까지도 유럽에서는 가정 연료로 석탄보다 목재를 선호했지만, 농업혁명으로 많은 산지가 개간되고 선박 건조에 많은 목재가 사용되면서 장작 가격이 급등했다. 프랑스의 명재상 쉴리는 "장작

---

72) 일본에서 첫 번째 근대적인 석탄 채굴 즉 갱내 채굴이 이때 북해도에서 시작되었다.

이 귀해지고 이때문에 물가가 오르고 있다."고 기록을 남길 정도였다. 더구나 17, 18세기의 잦은 전쟁은 무기 제조에 필요한 목재와 제철 산업용 장작 수요를 급증시켜 목재 부족을 더욱 가중시켰다. 18세기 초반, 유럽의 제철 강국은 스웨덴과 러시아였다. 이 두 나라는 철광석뿐만 아니라 다른 나라에서는 고갈된 삼림자원을 풍부하게 가지고 있었기 때문이다. 영국은 수요의 절반 이상을 이 두 나라에서 수입할 수밖에 없었다.

산업혁명의 직접적인 요인은 바로 이러한 목재 부족 때문이었다. 사실 13세기부터 런던의 빈민들은 석탄을 사용했으며, 1558년에는 벌채 제한령을 내렸을 정도였다. 영국의 경우 웨일스의 지표면에 엄청난 석탄이 매장되어 있어 석탄 가격이 훨씬 저렴한데다 수도인 런던과 그리 멀지도 않았다. 결국 17세기 후반부터는 부자들도 석탄을 사용할 수밖에 없었고, 석탄만 전문적으로 운반하는 선박이 건조되기에 이르렀다. 석탄은 에너지 밀도가 나무보다 훨씬 높기 때문에 석탄 1톤은 1300평의 산지에서 나오는 나무와 같은 열을 제공할 정도로 화력이 뛰어났다. 덕분에 벽돌, 유리, 양조, 제당, 제염, 염료 산업이 유지될 수 있었다.

토머스 뉴커먼$^{Thomas\ Newcomen}$은 증기를 이용한 동력에 관심을 기울여 연구에 주력했고, 1712년 뉴커먼 기관이라고 하는 증기기관을 완성하였다. 그러나 그의 기관은 상하운동만 가능하고 비효율적이어서 엄청난 석탄을 소모했다. 그래도 인력이나 말의 힘보다는 훨씬 나았고, 당시 영국의 석탄은 거의 무제한으로 공급이 가능했기에 그의 증기기관은 널리 사용될 수 있었다. 더구나 벌채한 숲에서 거대한 탄전이 발견되는 행운도 따랐다. 훗날 제임스 와트가 그의 기관을 획기적으로 개량한 증기기관을 내놓아 산업혁명을 더욱 가속화시켰다.

18세기 말부터 런던 인구가 급증하면서 석탄 소비량이 기하급수적으로 늘었고, 석탄재 처리도 골칫거리가 되었다. 이 석탄재가 비료와 벽돌

원료에 적합하다는 사실이 알려지면서 석탄재를 모아 벽돌공장과 농촌에 파는 직업까지 등장한다.[73] 현대에는 석탄재를 시멘트의 부원료로 사용하고 있다. 그을음으로 인한 굴뚝 막힘 현상 때문에 이를 제거하는 굴뚝 청소부가 등장했는데 체격이 작은 어린이가 유리하다고 해서 수많은 아동들이 혹사를 당하면서 사회문제가 되기도 했다. 우리나라의 경우에는 1960~70년대에 가장 중요한 연료였던 연탄에서 나온 연탄재로 한강 공유수면 매립 사업을 진행했는데, 잠실과 압구정동, 반포, 흑석동의 아파트 단지가 이렇게 탄생했다. 석탄은 벽돌과 유리 제조, 납과 구리 등 비철금속의 제련에 나무 대신 연료로 사용되면서 비중이 점점 높아졌다.

하지만 석탄은 유황 같은 불순물 때문에 제철용으로는 사용할 수 없었다. 이때 주물업자 에이브러햄 다비Abraham Darby가 등장했다. 그는 1709년 유연탄에 섞인 불순물을 제거하는 코크스 제조법을 고안했고, 그의 손자 때에 이르러서 완성되었다. 이런 혁신으로 영국의 선철 생산량은 1740년 1만 7천 톤에서 1840년에는 천 배가 넘는 1840만 톤으로 늘어났다. 철이 풍부해지자 선박과 교량, 가구 등이 철제로 대체되었다.

목재 부족에 따른 인간의 필요가 석탄의 대규모 채굴을 낳았고 이로써 인류는 처음으로 연료에서만큼은 생물학적 구체제에서 벗어나기 시작했다. 물론 이것이 지구 온난화와 기후변화의 시작일 줄은 누구도 상상하지 못했다. 아이러니하게도 당시에는 석탄이 산림을 보존해주는 친환경적 대체제로 여겨졌다고 한다. 1980년대 미국의 생물학자 유진 스토머Eugene Stoermer와 네덜란드의 화학자 파울 크뤼천Paua Crutzen은 석탄으로 시작된 산업혁명으로 지구 환경이 극단적으로 변화하게 되었다며 이를 지질시대에 포함시키고자 인류세를 제안했다. 인류세의 시작은 학자마다 조금씩 다르지만 대개 1800년 전후로 보고 있다. 석탄의 사용이 일으킨

---

73) 굵은 석탄재는 벽돌 제조에 가는 석탄재는 비료로 사용되었다.

변화는 이 정도로 엄청났다. 상당히 오랜 기간 동안 노예무역의 중심지였던 영국이 1833년 노예를 해방한 이유도 전부는 아니겠지만 증기기관 덕분이었다. 영국과는 달리 미국, 정확하게 말하면 남부의 주들은 면화 재배와 수확을 노예에 의존할 수밖에 없었다. 산업화 된 북부는 노예 노동력이 필요 없었고, 이런 입장 차이는 파괴적인 남북전쟁으로 이어진다.

채탄이 늘어나자 지표면의 석탄이 고갈되었고 갱도를 파기 시작했다. 이 과정에서 나오는 지하수를 배출하려고 증기기관이 개발되었고, 석탄 운반용 철제 궤도가 탄생했다. 이 둘을 결합한 것이 바로 기차와 철도였다. 석탄은 기술 발전을 이끌면서 영국을 최선진국으로 만들었고 영국의 석탄 생산량은 전 세계 생산량의 85%를 차지할 정도였다.[74] 석탄과 증기기관은 영국의 주력산업인 면방 기계를 돌리는 동력으로 이용되었고, 그 전에는 공업이 수력에 의존했기 때문에 강변에만 위치했던 공장의 입지를 바꾸어 놓았다. 또한 100미터가 넘는 굴뚝을 가진 공장들이 등장하면서 도시의 경관도 크게 바뀌었다. 하지만 석탄은 전체적으로 보면 교통기관의 동력 그리고 목재의 대체재로서 훨씬 더 큰 역할을 했다.

세계로 퍼져나간 석탄 시대

이렇게 석탄이 국가의 부를 좌우하는 시대가 되자 서구 열강들은 너도나도 탄광 개발에 나섰다. 영국 다음으로 산업화에 성공한 나라는 가까운 벨기에였다. 앞서 말한 아연에다가 풍부한 석탄을 활용해 두번째로 산업화에 성공한 국가가 되었다. 지리적으로도 영국과 가까웠기 때문이기도 하다.

---

74) 영국에서는 증기버스도 개발하여 도시 내 교통에 사용했지만 매연으로 악명이 높았다.

식민지 쟁탈전에서는 비록 영국에 밀렸어도 유럽의 최강자라고 자부하던 프랑스는 이 분야에서는 불운했다. 농업에는 가장 적합한 프랑스의 국토에 대규모 탄광이 없었기 때문이다. 프랑스의 중공업은 북부의 부족한 석탄과 수입 석탄에 의존해야 했다. 사실 산업혁명 이전에는 프랑스 역사에서 파리 이북이 중심적인 역할을 한 적이 거의 없었다. 여담이지만 탄광노동자의 투쟁을 다룬 프랑스의 대문호 에밀 졸라의 대작 《제르미날》은 프랑스 북부의 탄광을 공간 배경으로 하고 있다. 이런 상황 때문에 프랑스는 20세기 초까지 세계 최대의 석탄 수입국이었고, 1차대전 승리 후 엄청난 양의 석탄을 독일에서 전리품으로 가져왔다. 이에 비해 루르 지방에 대규모 그것도 양질의 석탄이 가득찬 탄광을 가진 독일은 곧 강력한 중공업과 석탄을 이용한 화학과 염색산업을 일으킬 수 있었다.[75] 이런 유럽의 산업화는 농촌인구의 도시 이주 즉 노동계급을 만들었고, 사회주의 확산에 결정적인 계기를 만들었다.

프랑스보다도 석탄이 적었고, 수입 수송거리조차 멀었던 이탈리아는 중공업 육성에서 더 불리했기에 수력의 도움에도 불구하고 지금까지 강력한 산업국가와는 거리가 먼 나라가 되고 말았다. 두 나라가 두 차례의 세계대전에서 자력으로 전쟁을 치르지 못한 이유의 상당 부분은 석탄 부족에 있었다. 반면 우크라이나의 도네츠크의 탄광 덕분에 소련은 스탈린 시대에 급속하게 산업화를 이룰 수 있었다.

무하마드 알리가 집권한 이집트는 비서구권 최초로 산업화에 착수하여 어느 정도 성공을 거두었는데, 자국 내에서 대량 생산되는 면화를 기반으로 면방직 공업을 일으켰다. 문제는 이집트에서는 석탄이 나지 않아 1천 마리의 소에게 25만 개의 면방추를 돌리게 하였다고 한다. 이집트의

---

75) 독일의 염료는 말 그대로 세계를 지배했는데, 박완서의 자전적 소설 〈그 많던 싱아는 누가 다 먹었을까〉에서 개성 부근의 시골에서 살던 저자가 첫 번째로 접한 서구문물이 독일의 염료였다. 독일의 석탄은 악명 높은 독가스의 원료가 되기도 했다.

예에서 보듯이 유럽과 가까운 중동이 산업혁명에서 아시아보다도 늦어진 이유의 상당 부분은 중동에서 석탄이 거의 나지 않았기 때문이다.

유럽보다 한 참 늦게 산업혁명을 시작한 일본도 기타큐슈와 홋카이도에서 탄광을 개발했다. 일본의 대표적 재벌그룹인 미쓰비시와 미쓰이도 초기에 석탄 채굴과 판매를 핵심사업으로 삼았을 정도였다. 일본은 자국에 기항하는 선박에 석탄을 팔고, 상해와 홍콩, 싱가포르에도 수출하면서 산업화의 기반을 쌓았다. 일본 최초의 대규모 제철소인 야하타八幡 제철소가 기타큐슈에 터를 잡은 이유도 탄전이 인접해 있었기 때문이다. 근대적 의미에서 우리의 첫 취업 이민도 1897년 7월 규슈 사가佐賀현 조자長촵 탄광 취업인데, 약 100여 명이었다. 반세기 후 태평양전쟁에 강제 동원된 조선인이 사할린과 북해도 탄광에서 혹사 당하고 희생되었다.

일본이 러일전쟁에서 승리하고 얻은 전리품 중에서 조선 다음으로 중요한 것이 푸순撫順 탄광이다. 이 탄광의 석탄은 일본 본토 석탄보다 제철에 필요한 코크스를 만드는 데 훨씬 적합했다. 최전성기에는 연간 1천만 톤 가까이 생산하던 이 탄광 덕분에 만주는 동아시아 굴지의 중공업 지대로 발전할 수 있었다.[76] 일본은 조선과 대만, 사할린의 탄광도 적극적으로 개발하여 제국주의적 팽창을 이룰 수 있었다. 하지만 전쟁 말기에는 극심한 노동력 착취, 설비 운영에 필요한 부품 부족 그리고 이런 요인에 따른 사고 다발이라는 악순환에 시달렸다. 결국 패전으로 해외 탄광을 모두 잃은 지금의 일본은 세계 3위의 석탄 수입국이다.

대서양 건너 미국은 석탄 매장량이 풍부했지만 19세기 초반까지도 아직 많은 삼림자원을 가지고 있어서 석탄 채굴이 활발하지 않았다. 하지만 증기기관차와 철도가 도입되자 상황은 달라졌다. 광활한 영토를 개

---

76) 1942년, 당시 일본군 장교였던 박정희가 푸순 탄광을 시찰했다. 이 경험은 산업화에 대한 그의 의지에 상당한 영향을 미쳤을 것이다.

척하기 위해서는 계속 철도를 놓아야 했고, 철도 레일과 기관차를 만들기 위해서는 석탄을 채굴해야 했다. 특히 피츠버그에서 거대한 역청탄층이 발견되면서 석탄 생산은 그야말로 기하급수적으로 증가했다.[77]

1840년 840만 톤에 불과했던 채굴량이 1870년에는 4천만 톤에 달했고, 1887년에는 목재의 사용량을 능가했다. 1900년에는 2억 7천만 톤, 1918년에는 사상 최고인 6억 8천만 톤에 달했다. 1940년 무렵에는 대도시들이 소비하는 에너지의 90%를 석탄이 맡기에 이르렀다. 1861년에 벌어진 남북전쟁은 공업화와 철도의 발전에 큰 계기가 되었다.

석탄에서 나온 부산물들

근대에서 생긴 풍경 중 하나인 가스등도 석탄이 원료였는데, 가스등은 1816년 볼티모어에 처음 등장했고 1828년에는 브로드웨이의 밤을 밝혔다. 가스등 덕분에 인류는 처음으로 밤에 도시 산책을 즐기게 되었고, 가스 가로등 불빛 아래 연인을 만나는 도시의 서정이 탄생하기에 이르렀다. 또한 수많은 가정에 보급된 석탄가스는 난방과 요리의 연료가 되었다. 19세기 후반 전기가 보급되면서 가스등을 대체하기 시작했지만, 발전소를 움직이는 연료는 엄청난 양의 석탄이었고, 지금도 그 비중은 압도적이다. 석탄을 가공하면서 나오는 점성 액체인 콜타르에서는 벤젠, 톨루엔, 나프탈렌 같은 화학물질을 얻을 수 있고, 여기서 염료 의약품 등 다양한 화학제품이 나온다. 1930년대에 개발된 나일론의 원료 역시 석탄이다.

2차대전 당시 자국 내에 유전이 거의 없었던 독일은 석탄에서 내연기

---

77) 갑신정변 후 미국으로 망명한 서재필을 후원해 의사로 만든 후원자 존 홀렌벡(John Hollenback)은 펜실베이니아에서 탄광으로 거부가 된 인물이었다.

관의 연료를 뽑아내는 액화기술로 전차와 차량 연료의 상당 부분을 조달했다. 일본도 태평양전쟁 말기에 조선의 아오지 탄광에 액화석유공장을 건설했지만, 대량 생산은 못했다. 석탄액화는 비용이 많이 들어 전후 상용화가 되지 않았다.[78] 석유가 나지 않는다고 석탄에서 뽑아낸 물질로 자력갱생을 추구하다가 망가진 나라가 휴전선 이북에 있다. 석탄은 여전히 북한의 주요 수출품이다.

석탄의 부작용

석탄은 이렇게 인류의 역사를 바꾸었지만, 많은 부작용도 따랐다. 나무도 마찬가지이지만 석탄은 산소와 함께 태워 에너지를 얻는다. 그런데 에너지를 뽑아 쓰고 남는 유해물질이 나무와는 차원이 다를 정도로 엄청나게 남는다. 유럽과 북미의 도시들은 석탄 연소 때 나오는 유황 연기와 재, 콜타르로 가득 차게 되었다. 특히 런던이 심각해서, 특유의 습기가 석탄 연기와 섞여 차갑게 식은 젤리처럼 도시를 뒤덮었다. 악명 높은 칼잡이 잭의 범행도 이런 스모그 속에서 가능했다. 당연히 호흡기 질환과 결핵, 폐렴 환자가 엄청나게 늘어났지만, 의학의 발달은 늦었고 원인을 파악한 시기는 한 참 뒤였다. 1873년, 1880년, 1889년, 1891년, 1892년에 대규모 스모그로 많은 사망자가 나왔다.

 20세기에도 스모그로 인한 희생자는 많았다. 특히 1952년 12월은 유난히 추워서 석탄을 평소보다 많이 사용했고 다량의 산성 연기가 짙은 스모그를 일으켜 일만 명 이상이 사망하고, 10만 명 이상이 호흡기 질환

---

78) 남아공은 1970년대 아파르트헤이트로 국제사회의 통상 금지 조치로 석유 수입이 어려워지자 액화기술을 발전시켜 유류를 조달했다. 이 덕분에 1990년대 초반까지 아파르트헤이트를 유지할 수 있었다.

에 걸리는 대참사가 일어났다. 당시 영국의 석탄 소비량은 연간 2억 톤에 달했다. 이후 영국은 1956년 공기 오염 방지법을 제정하고, 도시에서 석탄 사용을 금지하고 가스와 석유, 전기를 사용토록 하는 조치를 내렸다. 이 덕분에 1956년과 1962년에도 비슷한 사태가 일어났지만, 사망자 수는 크게 줄어들었고, 이후에도 꾸준히 석탄 사용을 줄여나갔다.[79] 뉴욕 역시 1968년에 연료를 석유로 전환했다. 아시아의 도시들도 시기만 늦었을 뿐 비슷한 과정을 거쳤다.

또한 질병 유발과 별개로 갱도 붕괴나 화재, 침수, 가스 누출 등의 사고로 수많은 광부들이 희생되었는데, 상당수는 10대 소년들이었다. 아직도 석탄 의존도가 높은 중국에서는 많은 광부들이 희생되고 있다. 파독 광부들 중 채탄 과정에서 세상을 떠난 이들이 27명이다. 그럼에도 석탄가스와 증기기관이 주는 편리함과 속도는 이런 희생을 감수하게 했다.[80]

2차 산업혁명 이후, 전기가 광범위하게 보급되자 발전소가 많이 지어졌다. 석탄 화력발전소는 석유나 천연가스를 쓰는 발전소보다 이산화탄소, 수은, 이산화질소, 이산화유황, 미세먼지 등 유독물질을 많이 배출하는데도 다른 에너지원보다 싸서 여전히 큰 비중을 차지하고 있다.

채굴 과정의 환경파괴도 심각한 문제이다. 채굴이 용이한 노천 탄광은 이제 거의 고갈된 상황이어서 채굴을 위해서는 능선을 파괴해야 하므로 자연환경을 외관부터 파괴할 뿐만 아니라 지하수도 오염시킨다. 이런 여러 가지 이유로 산업혁명의 동력이자 국부의 상징이었던 석탄은 20세기 후반에 들어오면서 석유와 천연가스에게 에너지의 왕좌 자리를 내줄 수밖에 없었다.

---

79) 영국은 2017년 4월 21일, 석탄 없이 필요한 모든 전력을 생산하는 '석탄 없는 하루'를 보냈다. 그 날 영국의 전력은 천연가스가 절반 이상, 4분 1은 원자력, 나머지는 풍력 등이 차지했다.
80) 조지 오웰은 광부를 "검댕 묻지 않은 거의 모든 것을 어깨로 떠받치는 검댕 투성이 여신상의 기둥"이라고 절묘하게 묘사했다.

석탄의 현재와 미래

하지만 석탄은 여전히 제철과 발전 분야에서 엄청난 비중을 차지하고 있다. 특히 제철소에서 사용하는 코크스용 석탄은 적어도 현재까지는 대체 불가능한 자원이다. 우리나라가 온실가스 배출 세계 7위인 이유도 여기에 있다. 또한 최대 인구를 가진 중국과 인도는 에너지를 거의 석탄에 의존하고 있다. 특히 최대 석탄생산국이기도 한 중국은 여전히 전력 생산의 절반 이상을 석탄에 의지하고 있어, 엄청난 채굴량에도 불구하고 북한과 호주 등에서 석탄을 수입해야 한다. 더구나 중국의 석탄은 질이 낮은 편이라 효율도 낮고 대기오염에도 취약하고 미세먼지 발생의 중요한 원인 중 하나가 되고 있다.

우리나라는 개항 후 일본 석탄을 수입하다가, 기선용 석탄 공급을 위해 첫 채굴이 시작되었고, 일제강점기에 구공탄이 등장했지만 일본인들의 독점으로 가격이 비싸 많이 보급되지는 못했다. 본격적인 보급은 1960년대 경제개발 시기에 시작되었는데, 가정연료의 대부분을 연탄에 의존할 정도로 완전히 자리를 잡았다. 이로 인해 수많은 광부가 희생되었고, 연탄가스로 인한 사망자가 많이 나왔지만 당시에는 대안이 없는 상황이었다. 소득 수준이 높아지자 점차 가스와 석유, 전기를 연료로 사용하게 되었고, 과거의 연탄 회사들인 삼천리나 대성 등은 가스 회사로 변신했다. 수색과 상봉, 신도림에 있던 거대한 연탄 공장들은 그 넓이때문에 모두 화려한 주상복합단지로 바뀌었다. 한때 한국 최대의 탄광이었던 정선 지역이 지금은 카지노 지역으로 변신하고 국내1호 공기업이던 한국석탄공사가 곧 사라진다는 현실이 탄광의 종말을 잘 보여주고 있다.[81]

---

81) 일본 역시 마찬가지여서 한때 10만의 인구를 자랑하던 홋카이도의 유바리(夕張) 시는 파산을 선언하고 현재 6천 명만 남아 있다. 군함도라는 별명으로 유명한 하시마(端島) 섬은 한때 도쿄 중심가보다 더 높은 인구밀도를 보인 섬이었지만 지금은 무인도로 전락했다.

그럼에도 석탄은 여전히 많은 강점을 지니고 있다. 지금과 같은 속도로 채굴한다 해도 최소 200년 이상, 최대 1,400년 이상 채굴이 가능하니, 70년 안팎에 불과한 석유나 가스와 비교할 수 없을 정도로 매장량이 풍부하다. 따라서 가격도 석유나 천연가스에 비해 25% 수준에 불과하여, 원자력을 제외하면 기존 발전 방식 중에서 단가가 가장 싸다. 또한 석유나 천연가스와는 달리 매장지역이 편중되어 있지 않고 호주나 미국, 영국, 폴란드, 독일 같은 정치적으로 안정되어 있는 국가도 충분한 매장량을 보유하고 있다는 장점까지 가지고 있다. 석탄은 85%가 채굴국 자체에서 소비되어 쌀과 비슷한 양상을 보이는 것도 중요한 특징이다. 다만 코크스와 도시가스를 만드는 역청탄만은 활발하게 거래되고 있다.

만약 석유와 가스가 더 부족해지고 석탄 처리 기술이 더 발전한다면 석탄은 다시 인류의 주 에너지원이 될 수도 있다. 아직도 석탄발전은 원자력을 제외하면 가장 저렴한 비용으로 전력을 생산하는 방식이다. 일본은 대용량화와 효율성 제고, 열의 재이용, 가스터빈의 활용, 증기의 고온고압화, 밀폐파이프를 이용한 석탄반입 등 다양한 신기술을 도입해 거의 공해가 나지 않는 석탄화력발전소를 가동하고 있다. 또한 이산화탄소 포집 저장기술(CCS, carbon capture & storage)도 부상하고 있다. 이 기술은 발전소나 제철소처럼 이산화탄소가 많이 발생하는 곳에서 포집한 탄소를 소금동굴 같은 심도 깊은 지하에 저장하는 것이다. 하지만 이 방식은 비용이 많이 들어간다. 최근에는 석탄에서 수소를 추출하여 연료로 사용하는 기술도 개발되고 있는데, 신재생에너지와 효율을 비교해야 할 것이다. 이렇게 석탄을 활용하고자 하는 여러 기술이 개발되고 있다는 것 자체가 석탄이 그만큼 풍부하며, 인류가 석탄을 끊기 힘들다는 현실을 반증하는 것이다.

유럽 석탄 철강공동체

구대륙에서도 자원을 둘러싼 전쟁은 끊이지 않았지만 가장 대표적인 경우가 독일과 프랑스의 석탄, 철광석 싸움이었다. 산업혁명이 시작되자 석탄과 철광석이 경제발전의 최우선적 요소로 떠올랐다. 영국 다음의 후발주자는 독일과 프랑스였다. 그런데 공교롭게도 독일은 풍부한 석탄을, 프랑스는 풍부한 철광석을 가지고 있었다. 프랑스와 인접한 루르 지방에 석탄이, 독일과 인접한 알자스-로렌 지방에는 철광석이 풍부했다는 것이 더 문제였다. 양국은 상대방의 자원을 탐냈고, 보불전쟁에 승리한 독일은 알자스 로렌 지방을 병합했다. 1차대전에 승리한 프랑스는 알자스-로렌을 탈환했음은 물론 배상금 미지불 문제로 루르 지방을 일시적이지만 점령하기까지 했다. 루르의 석탄 중 상당한 양이 한동안 배상금 대신으로 프랑스로 넘어가기도 했다. 1940년, 프랑스를 정복한 독일은 다시 알자스-로렌 지방을 병합했고, 전후에는 다시 프랑스로 돌아갔다.

전후 프랑스는 루르 지방을 농업지대로 되돌리려 했고 병합까지는 아니더라도 중립지대화하려 했다. 하지만 소련을 견제하기 위해 서독의 힘이 필요했던 미국과 영국의 반대로 그 시도는 좌절되었지만, 대신 1950년 5월 프랑스 외무장관 로베르 슈망Robert Schuman은 "주요 국가의 석탄과 철강을 국제적으로 관리하자"는 제안을 내놓았다. 공동번영이라는 명분과는 달리 본심은 막강한 산업능력을 지닌 독일의 철강과 석탄을 국제관리 아래 두어 군사대국화를 방지하려는 것이었다. 서독 입장에서는 국제무대에 복귀할 수 있는 절호의 기회로 여겼고, 경제적 이익을 노렸던 이탈리아와 베네룩스 3국이 참가하여 유럽석탄철강공동체를 출범시켰다. 이 공동체에서 역내 협력 사업을 진행하면서 신뢰가 쌓였고 유럽공동체 나아가 유럽연합까지 발전했다. 자원에 대한 갈등이 협력을 통해 국가 연합까지 발전한 희귀한 예이다.

역사적으로 보면 금에서부터 모래, 석탄 같은 지하자원의 발견은 긍정적이든 부정적이든 국가의 발전과 변화에 큰 역할을 하였다. 하지만 단순히 지하자원의 발견만으로 강대국이 된 예는 찾아볼 수 없다. 아무리 노다지가 터지더라도 사람이 하기 나름이라는 평범한 진리를 여기에서도 확인할 수 있다.

참고서적

- 대기 오염 그 죽음의 그림자 / 데브라 데이비스 / 김승욱 역 / 에코리브르
- 모래가 만든 세계 / 빈스 베이저 저 / 배상규 역 / 까치
- 물질문명과 자본주의 / 페르낭 브로델 / 주경철 역 / 까치
- 부의 역사 / 권홍우 저 / 인물과사상사
- 석탄사회 / 황동수, 이상호 저 / 동아시아
- 인류의 발자국 / 앤터니 페나 저 / 황보영조 역 / 삼천리
- 자원전쟁 / 알렉산더 융, 에리히 폴라트 저 / 김태희 역 / 영림카디널
- 채굴과 제련의 세계사 / 마틴 린치 저 / 채계병 역 / 책으로만나는세상
- 탄소기술관료주의 / 빅터 샤우 저 / 이종현 역 / 빨간소금
- 황금의 열기 엘도라도를 찾아서 / 시공사

현대의 핵심 자원, 석유

현대 산업의 혈액

석유는 이미 기원전부터 아시리아나 페르시아, 중국, 동로마 등에서 발화용이나 약품, 접착제, 화장품, 방수제, 윤활유, 세제, 조명용 등 다양한 용도로 사용되었다. 페르시아에서 시작된 조로아스터교가 불을 숭배한 것도 이런 이유 때문이었을 것이다. 하지만 반대로 '죽은 고래의 피, 유황이 농축된 이슬, 악마의 배설물' 등으로 부르며 기피하는 경우도 많았다. 또한 이용하는 경우도 어디까지나 자연스럽게 지표로 흘러나오는 석유를 사용한 것이지 채굴을 한 경우는 없었다. 원주민들은 이런 석유를 거의 만병통치약으로 사용했다.

앞서 해양자원 이야기를 하면서 서구에서는 고래기름을 조명으로 사용했다고 했지만 남획으로 값이 점점 비싸지면서 대체품이 절실해졌다. 송진도 사용했지만 품질이 만족스럽지 않았다. 1840년대 초에서 1850년대 초반 발명가들은 아스팔트와 석유에서 조명용 기름을 추출하는 기술을 개발했고, 등유는 송진보다 더 밝게 빛나고 안전했지만 지표로 유출되는 석유만으로는 안정적인 생산이 어려웠다.

자연스럽게 석유 채굴을 시도하는 이들이 나타났는데, 이를 최초로 성공시킨 인물은 에드윈 드레이크였다. 그 장소는 텍사스나 캘리포니아가 아닌 펜실베이니아였다. 1859년 이곳에서 최초의 상업 채굴이 이루어졌고, 10년 전에 일어난 골드러시에 못지않은 인구 이동을 일으켰다. 석유는 석탄과는 달리 사람이 땅속에 들어갈 필요가 없어 갱도 붕괴 사고로 인한 사망자도 없었다. 채굴되어 정제된 등유는 바로 다음 해인 1860년, 런던과 파리로 수출되었는데 이렇게 미국은 세계 최초의 석유 수출국이 되었다. 석유 수출과 거의 동시에 남북전쟁이 일어났는데, 조명용 송진의 산지가 주로 남부였기에 등유는 더 잘 팔려나갔다. 더구나 석유는 석탄가스보다 쌌고, 석탄가스를 공급받지 못하는 농촌에서도 환영받는 상품이었다. 따라서 등유는 순식간에 세계로 퍼져나갔고, 조선(대한제국)조차도 예외가 아니었다. 등유는 당시 조명으로 쓰이던 아주까리나 들깨 기름보다 2배 이상 오래 탔고, 값도 훨씬 쌌기 때문이다. 또한 취사와 난방용으로도 사용이 가능했다. 1865년에는 송유관이 개발되어 훨씬 운송이 편해졌다. 현재 전 세계의 송유관 길이는 1억 킬로미터가 넘는다.

1898년에는 한양 거리에 등유 가로등이 등장했을 정도로 보급이 빨랐다. 즉 등유는 세계 최초로 전 세계에 팔린 글로벌 소비 상품이다.[82] 이때 정유소와 유통망을 장악하여 세계 최고의 부자가 된 인물이 바로 록펠러이다. 그는 석유램프를 거의 원가로 소비자들에게 공급해서 등유를 계속 사도록 하는 고도의 마케팅 기법을 선보이기도 했다. 석탄도 일정 부분은 그랬지만 석유는 더더욱 개발과 유통 그 자체가 경제발전에서 중

---

82) 밀이 최초의 글로벌 소비상품이라는 상품이라는 이들도 있겠지만, 밀은 밀가루나 빵으로 가공된 형태로 공급되었다.

요한 역할을 했다. 또한 노동집약적인 석탄 산업보다 송유관과 유조선 등 기술적인 요소가 강해서 훨씬 더 자본과 기술 집약적인 성격을 갖는다. 이렇게 대규모 자본이 필요하기에 프로젝트 파이낸싱 기법이 탄생하기에 이른 것이다.

19세기 말에는 캘리포니아에서, 1901년 1월에는 텍사스에서도 하루에 10만 배럴 이상이 나올 정도의 대규모 유전이 발견되었고, 이는 골드러시에 이어 서부 개발에 강력한 촉진제 역할을 했다. 이 덕분에 LA와 휴스턴, 댈러스가 미국 굴지의 대도시로 발전할 수 있었다. 바로 전해인 1900년 허리케인으로 심하게 파괴된 면화도시 휴스턴은 텍사스에서 석유가 나오면서, 석유를 실어 나르는 항구로 재탄생할 수 있었다. 지금도 할리버튼이나 엑손모빌, 셰브론 같은 거대 석유회사의 본사가 휴스턴에 자리 잡고 있다. 하지만 당시의 채굴 드릴은 암반을 뚫을 수가 없었다. 1908년 암반을 뚫는 드릴이 개발되면서 석유 생산량은 더 급격하게 늘어났다. 이 드릴을 개발한 인물은 하워드 휴즈 시니어로 하워드 휴즈의 아버지이다. 이렇게 미국은 석유를 첫 번째로 산업화한 나라가 되었는데, 이후 자동차 문화와 결합하면서 과다한 석유를 쓰는 미국식 모델을 전 세계에 퍼뜨렸다. 사실 유전은 일단 경제성만 확보되면 액체이기 때문에 퍼내기만 하면 되는 엄청난 장점을 지니고 있다. 앞서 소개한 석탄이나 다른 광물이 채굴에 많은 노력이 필요한 것과 비하면 더욱 그렇다. 특히 초기에 개발된 유전들은 대단히 경제성이 높았다.

거의 같은 시기 현재 아제르바이잔의 수도 바쿠 일대에서 대규모 유전이 발견되었다. 아제르바이잔은 '불의 나라'라는 의미인데, 당시는 러시아 제국의 지배를 받고 있었다. 바쿠는 세계적인 석유도시이자 카프카스 지방 최대의 도시가 되었고, 러시아인들이 많이 들어와 한때는 아제르바이잔인보다 러시아인이 더 많이 살기도 했다. 물론 유입된 러시아인들의 대부분은 노동자였는데, 볼셰비키들이 이들을 대상으로 지하활동을 벌였다. 석유의 국내 유통망은 그들의 선전물을 전국 방방곡곡에 배포할 수 있는 최적의 조건을 제공했기 때문이다. 대표적인 인물이 스탈린과 훗날 소련 최고회의 의장에 오르는 칼리닌, 소련 적군 원수가 되는 클레멘티 보로실로프였다.[83] 바쿠에 투자하여 엄청난 부자가 된 인물이 바로 알프레드 노벨이었다. 노벨은 세계 최초의 유조선을 건조하는 혁신을 이루기도 했는데, 그 배의 이름은 조로아스터였다.

최초의 석유 패권국 영국

산업화 이후 에너지 확보 문제는 강대국들의 직접적인 충돌까지 불러일으키는 세계의 중대사가 되었다. 그래도 석탄이 주요 에너지였던 19세기에는 영국과 독일, 러시아, 미국 등 주요 열강 중 프랑스를 제외하면 대부분 석탄 자원을 풍부하게 가지고 있어서 적어도 에너지 자원을 둘러싼 직접적인 충돌은 없었다. 그러나 내연기관이 발명되고, 석탄 연기의 대기오염이 심각해지면서 석유가 차세대 에너지가 될 것이 명확해졌다. 상황이 완전히 달라졌지만, 러시아를 제외한 유럽 열강들은 본국 내에 대규모 유전이 없었다. 그러나 영국은 앞으로 세계 최대의 석유 산지가 될 중동을 장악하고 있었고, 1908년 5월 26일 페르시아에서 대규모의 유전을 발견했다. 물론 영국은 이 곳의 석유 채굴권을 확보했다. 다음 해인 1909년, '앵글로-페르시안Anglo-Persian Oil Company(영국 석유BP의 전신) 석유회사'가 설립되고 페르시아 정부와 20년 장기계약이 맺어졌다. 영국이 이렇게 발

---

83) 앙골라의 독립 영웅이자 독재자였던 호세 도스 산토스는 1960년대 바쿠에서 석유관련 학위를 취득한 바 있었다. 이때문만은 아니겠지만 앙골라는 석유를 집중적으로 개발하여 2007년에 석유수출국기구에 가입하기에 이른다. 반면 석유증산을 주장하던 에콰도르는 2020년 탈퇴하고 말았다.

빠르게 움직인 이유는 대영제국의 기둥인 해군 때문이었다.

19세기 말, 영국에는 장차 세계를 지배하는 비결은 바로 석유에 있다는 전략적 함의를 꿰뚫고 있던 피셔John Fisher라는 제독이 있었다. 그는 저탄 공간의 부피가 큰 석탄 추진형 군함에서 새로운 석유 연료형 군함으로 바꿔야 한다고 정부 관리들을 논리적으로 설득해 나갔다. 석유의 에너지 밀도가 석탄보다 50%나 높은 데다가, 액체여서 저장과 수송이 쉽고 송유관으로도 운송이 가능했기 때문이다. 석유로 동력을 얻는 전함은 연기가 적어 적에게 들킬 염려가 적은 데 반해 석탄을 쓰는 군함은 내뿜는 연기가 10킬로미터 밖에서도 선명해 눈에 잘 띄었다. 석탄 엔진은 4~9시간이 지나야 완전 가동되지만 석유 엔진은 30분이면 충분하다. 전함 한 척에 기름을 공급하려면 12명이 12시간 작업하면 끝이지만 석탄을 사용하는 군함은 500명이 5일 동안 작업해야 한다. 다른 장점도 수없이 많지만, 이 정도만 해도 더 비교할 필요가 없을 정도이다.[84]

그러나 '질 좋고 풍부한 웨일스 산 석탄'을 버리고 공급선을 해외에 의존할 수밖에 없는 석유로의 전환은 망국 행위'라는 석탄업계의 로비가 먹혀들어가 그의 의견은 받아들여지지 않았다. 고민하던 피셔에게 나타난 구세주는 해군장관에 막 취임한 윈스턴 처칠이었다. 처칠의 적극적인 지원을 받은 피셔는 '석유는 전함의 연료적재공간을 30%나 줄이고 평균 시속을 4노트 이상 끌어올릴 수 있다'며 의회를 설득했다.

마침 파산위기를 맞던 석유회사들도 필사적으로 매달렸고, 석유로의 전환이 결정되었다. 앵글로-페르시아은 물론 영국과 네덜란드가 합작한 로열 더치 셸도 상당한 물량을 배정받았다. 세계 최강 영국해군의 연료 전환은 다른 나라들을 자극시켜 석유전환이 빠른 속도로 이루어졌다.

---

84) 이런 장점은 자동차와 기관차에도 적용되었기에 현대 운송수단은 사용하는 에너지의 80% 이상을 석유에 의지하기에 이르렀다.

현대의 핵심 자원, 석유 — 161

아마 피셔 제독이 없었다면 매출 세계 1, 2위를 달리는 영국 석유와 로열 더치 셸이 존재하지 못했을지도 모른다.[85] 별 볼일 없는 소도시에 불과하던 아바단이 앵글로-페르시안 사의 송유관 종점으로 결정되면서 중요한 도시로 발돋움하기에 이른다.

미국의 자동차 대중화

등유와 선박 연료만으로도 석유는 엄청나게 중요한 자원이 되었지만, 19세기 말 내연기관 개발과 자동차의 탄생은 그전에는 버려졌던 휘발유를 석유 제품 중 왕자의 자리에 올라서게 만들었다. 내연기관은 증기의 힘과 말의 유연성을 겸비한 놀라운 발명품이었다. 1911년 휘발유의 비중은 등유를 제쳤고, 헨리 포드가 이끈 자동차의 대중화는 석유가 20세기 최고의 에너지가 되는 데 결정적인 역할을 했다.

대중화되기 시작한 자동차는 미국의 도시 구조, 특히 20세기에 들어 소도시에서 대도시로 급속하게 성장한 도시들에 엄청난 영향을 주었다. 미국에서 생산되는 값싼 원유가 그것을 가능하게 했던 것이다. 휴스턴, 댈러스, 피닉스 같은 도시들이 대표적인데 자동차가 대중화되면서 외곽에 단독주택단지를 대거 지으면서 성장한 도시들이다. 이런 도시들의 교외에 건설된 단독주택 단지에는 최소 2대, 최대 3대의 주차가 가능하다. 한 집이 하루에 열 차례 정도 차를 운전한다. 하지만 대부분 사소한 일이고, 자동차의 상당수는 연비가 나쁜 SUV 차량이다. 당연히 이런 교외의 주택단지는 가공할 만한 교통 혼잡을 야기하고, 엄청난 양의 휘발유를 소모하므로 미국이 가장 많은 온실가스를 배출하는 나라가 될 수밖

---

85) 로열 더치 셸은 1885년 발견된 수마트라 유전을 기반으로 1890년에 설립되었다.

에 없었다. 아마 위의 도시들은 뉴욕이나 샌프란시스코, 시카고 등과는 달리 자동차가 없었다면 지방 소도시에 머물 존재였다.

사실 미국 도시 교외에서의 차량운행과 연료 소모는 국가 전체의 부의 창출에 큰 영향을 주는 것도 아니어서 반드시 억제해야 하지만 별다른 효과는 없는 실정이다. 어느 학자는 이렇게 유럽 부국의 2배에 달하는 미국의 석유 과소비를 꼬집었다.

> 미국인은 프랑스인보다 2배 부자인가? 교육수준이 독일인의 2배인가? 스웨덴 사람보다 2배 오래 사는가? 덴마크인보다 2배 행복한가? 아니면 네덜란드 사람보다 2배 안전한가?[86]

도전자 독일과 1차세계대전

20세기에 들어서자마자 영국에 대한 신흥강국 독일의 도전이 거세졌다. 특히 독일이 기존의 베를린 - 콘스탄티노플(비잔티움) 철도를 바그다드까지 연장하는 3B 정책을 내세우자 영국은 경악했다. 만약 이 철도가 완공된다면 독일은 바다를 통하지 않고도 이라크의 석유를 본국으로 나를 수 있기 때문이었다! 사실 독일은 내연기관을 발명한 나라였지만 석유는 미국의 스탠더드 오일에 90% 이상 지배당하고 있어서 이런 방식으로라도 중동 진출을 시도했던 것이다. 사실 철도건설에 참여할 독일기업들은 철도 좌우 20킬로미터 안의 석유시출권까지 부여받았다. 영국은 수단 방법을 가리지 않고 이 철도의 건설을 방해할 수밖에 없었다. 영국의 한 고

---

86) 잘 알려진 사실이지만 미국의 비만, 살인, 자살, 수감비율은 위의 나라들보다 훨씬 높고, 문해력과 수리능력도 훨씬 떨어진다.

관은 이렇게 말했다.

> 만일 이 철도가 완성된다면 해군력으로 공격할 수 없는 온갖 종류의 경제적 부를 창출하는 거대한 지역블록이 독일의 권위하에 결속될 것이다.

물론 '온갖 종류의 경제적 부의 핵심'은 석유였다. 영국은 그 전부터 독일의 페르시아 만과 인도양 진출을 막기 위해 1901년에 쿠웨이트를 영국의 보호령으로 만들었다. 독일의 진출을 막기 위한 이 조치가 90년 후 걸프전의 화근이 될지는 상상조차 못했겠지만 말이다. 결국 바그다드 철도는 미완성으로 끝났고, 그 상태에서 1차대전이 터지고 말았다. 독일은 1차대전에서 엄청나게 잘 싸웠지만 석유 부족으로 큰 곤란을 겪었다. 1916년 루마니아의 유전을 차지했지만 영국이 보낸 특공대의 파괴활동으로 정유시설과 비축유가 파괴된 상태였고, 종전 직전에는 바쿠 유전을 점령했지만 독일의 산업은 이미 연료와 윤활유 부족으로 생산에 큰 차질을 빚고 있었고 잠수함과 항공기의 운용에도 큰 어려움을 겪었다. 바쿠 유전을 복구하고 그 석유를 본토로 나르기도 전에 전쟁은 끝나고 말았다. 최근 100년 동안 벌어진 전쟁을 살펴보면 석유가 진짜 이유인 경우가 많았는데, 1차대전은 그 시작이었던 셈이다.

1914년 여름, 파리가 위험해졌을 때 파리 시내의 택시들을 동원해 병력을 수송, 위기를 모면한 이야기는 유명하다. 당시 프랑스 육군은 트럭 110대와 항공기 132대만 보유하고 있었지만, 1918년 전쟁 말기에는 트럭은 7만 대, 항공기는 1만 2천 대에 달했다. 전쟁에서 내연기관이 얼마나 중요해졌는지를 확실하게 알 수 있는 수치인데, 이후 전쟁에서는 그 중요성이 더욱 커졌다. 1921년 프랑스의 석유부 장관 앙리 베랑제^{Henry Berneger}는 예언적인 내용의 보고서를 작성했다.

석유를 소유한 자가 세상을 가질 것이다. 중유로 바다를, 휘발유로 하늘을, 휘발유와 등유로 땅을 지배할 것이다. 나아가 금보다 더 가치 있는 석유로 얻은 부를 이용해 경제적으로 인간들을 지배할 것이다.

2차세계대전을 좌우한 석유

1차대전 패전 후 독일은 악명 높은 베르사유 조약으로 속박당하고 기존의 강대국 체제에서 배제되었다. 하지만 이 조약의 가장 큰 결함은 유럽에서 가장 큰 나라인 러시아와 독일을 배제했다는 점이다. 결국 체제가 완전히 다른 독일과 소련은 '냉정한 상거래'에 가까운 라팔로 조약을 맺었다. 이 조약은 군비를 제한당한 독일이 기술을 소련에게 제공하고 소련이 장비의 시험장소를 대가로 내놓은 것으로 알려졌지만, 석유도 중요한 원인이었다. 소련에서 석유를 직접 도입할 수 있게 된 것이다. 충격을 받은 프랑스와 벨기에는 배상금 지연을 이유로 루르를 점령했는데 결국 이 사태는 독일의 초인플레이션을 낳고 나치의 집권으로 이어졌다. 2차대전 개전 직전에 이루어진 독소불가침 조약도 라팔로 조약의 연장이었다.

영토 분할을 제외하고 경제적인 면에서 보면 독일은 기술을 소련에 제공하고 소련은 곡물과 석유를 독일에 제공한다는 내용이었기 때문이다. 이 덕분에 독일은 전차와 장갑차, 폭격기를 결합한 전격전이라는 새로운 전술을 실전에 사용할 수 있었으며, 일 년 만에 전 유럽을 제패하는 놀라운 성과를 거두었다. 하지만 독일은 이 조약을 파기하고 우크라이나의 흑토지대와 카프카스의 석유를 완전히 지배하기 위해 1941년 6월 22일 소련을 침공했다. 독일군이 소련을 침공하기 몇 시간 전에도 석유와 곡물을 가득 실은 소련의 열차가 독일 국경을 통과했다고 한다. 이렇게 인류 최대의 지상전인 독소전쟁이 시작되었다. 독일은 결국 카프카스와 카스피 해의 유전을 차지하지 못했고, 석탄을 이용한 합성석유의 대량 생산에도 불구하고 석유의 부족은 큰 패인이 되었다.

반년 후, 일본 역시 보르네오와 팔렘방의 유전을 차지하려고 태평양 전쟁을 일으켰다. 이때 일본은 처음으로 공수부대를 투입할 정도로 엄청난 노력을 기울였다. 네덜란드군이 유전을 많이 파괴했지만 일본은 몇달 후에 복구에 성공했다. 이렇게 일본은 보르네오와 팔렘방 유전을 차지했지만 전쟁 말기에 제해권과 제공권을 상실하면서 운송이 불가능해졌다.[87] 특히 유조선은 미국 잠수함의 가장 중요한 목표였기에 더욱 피해가 컸다. 독일과 일본이 1천 만이 넘는 노동자들을 피점령국에서 징발하여 사실상 노예로 부린 이유 가운데 하나도 석유 부족 때문이다.

산유국인 미국과 소련은 저력을 발휘하여 반격에 나섰는데, 그들이 만든 육해공 무기는 모두 내연기관으로 작동되었고, 바쿠와 텍사스의 유전이 그것들을 움직였다. 결국 석유를 연료로 하는 내연기관으로 인해 전 세계가 전쟁터가 된 것이다. 독일과 일본은 극심한 석유 부족으로 전쟁 수행에 큰 어려움을 겪었고 결국 항복하고 말았다. 처음부터 추축국은 미국, 소련, 영국이라는 3대 산유국을 상대로 이길 수 없었던 것이다.

물론 석유가 모든 것을 좌우한 것은 아니지만 이렇게 두 차례의 세계대전 승패에 엄청난 영향력을 끼친 것은 부인할 수 없는 사실이다. 영국과 프랑스가 1956년, 수에즈 운하를 두고 이집트와 전쟁을 벌였지만 결국 미국과 소련의 압력에 굴복해 철수한 이유도 미국의 석유 공급 중단

---

87) 당시 일본은 만주를 지배하고 있었고, 석유탐사를 진행했지만, 유전을 찾지 못했다. 하지만 1950년 중화인민공화국은 일일 생산량이 백만 배럴이 넘는 대경과 요하 유전을 개발하는 데 성공했다. 일본은 간발의 차이로 이 유전들을 발견하지 못했는데, 만약 1940년까지 이 유전들을 발견했다면 세계역사가 많이 바뀌었을지도 모른다. 대경 유전에서 나오는 원유는 북한에도 공급되고 있다. 이탈리아 역시 식민지인 리비아에서 석유를 발견하지 못했다. 독립한 리비아는 1961년에 대규모 유전이 발견되면서 부국으로 발돋움하였다.

협박 때문이었다. 이후 프랑스가 알제리를 포기하지 않고 오랜 동안 전쟁까지 치르면서 확보하고자 한 이유도 상당 부분 석유 때문이었다. 적어도 20세기의 역사는 석유로 썼다고 해도 과언이 아닐 것이다.

새로운 패권자 미국

텍사스와 캘리포니아에 거대한 유전이 있던 미국은 그 덕분에 전쟁에 승리할 수 있었지만, 앞으로 군대와 산업이 소모할 엄청난 기름을 자체적으로 감당하기에 어려울 것으로 보았다. 2차대전이 끝나기도 전부터 발빠르게 움직였다. 대상은 바로 1938년 3월, 미국 석유회사들이 대규모 유전을 발견한 사우디아라비아였다. 당시 사우디아라비아는 국토의 대부분이 불모의 사막이었다. 나라의 가치 있는 것들을 다 모아도 낙타 한 마리에 다 실을 수 있다는 말이 돌 정도로 빈국 중에 빈국으로 영국의 원조와 이슬람의 성지 메카와 메디나의 순례객이 뿌리는 돈으로 겨우 연명하고 있었다. 하지만 석유 덕분에 세계적인 부국으로 올라서게 되었다.

1945년 2월, 거의 죽어가는 몸을 끌고 얄타 회담을 마친 프랭클린 루스벨트 대통령은 귀국 길에 이븐 사우드 사우디아라비아 국왕을 양탄자가 깔린 미 해군 순양함에 초청하여 최대한의 예우를 다해 대접했다. 예정된 두 시간을 넘겨 다섯 시간 동안 계속된 회담에서 애연가 루스벨트는 담배마저도 삼갔다. 그는 사우디 왕가의 존속을 보장해주고, 대신 석유를 우선적으로 공급받기로 했는데 이 밀약은 지금까지도 이어지고 있다. 쿠웨이트, 카타르, 바레인, 이란, 아랍에미리트 등 이웃 왕정국가들도 같은 길을 걸었고, 이란을 제외한 나머지 나라들은 지금도 비슷한 위치에 놓여 있는데, 중동은 아니지만 브루나이 역시 유사한 위치에 있다.

이 소식을 들은 처칠은 나흘 뒤 비행기를 타고 사우드 국왕을 찾아가 영국의 기득권 유지를 요구했지만 이미 늦고 말았다. 더구나 그는 엄격한 와하비즘이 국시인 나라의 국왕 면전에서 술을 마시고 담배를 피우는 실수까지 저질렀다. 결국 사우디아라비아의 석유 이권은 대부분 미국 메이저 석유회사의 손에 넘어갔다. 1970년대에 들어서면 중동이 텍사스보다 생산량과 매장량을 모두 능가한다. 그럼에도 사우디아라비아의 석유를 확보한 미국은 석유를 펑펑 쓸 수 있었다. 사우디아라비아의 대표적인 유종인 사우디 경질유는 1955년에 1.93달러였는데, 1971년 1월에도 2.18달러에 불과했다. 1948년 중동의 석유 산유량은 1일 110만 배럴이었지만 1972년에는 1820만 배럴로 16배 증가했고, 같은 시기 미국의 산유량은 1일 550만 배럴에서 950만 배럴로 증가하는 데 그쳐 세계에서 차지하는 비중은 64%에서 22%로 크게 줄어들었다.

1955년 미국의 석유소비량은 2위 소비국에 비해 6배나 많았다. 따라서 1951년까지만 해도 석탄이 미국 연료의 절반 이상을 차지했지만, 오일쇼크가 일어난 1973년에는 19%로 떨어질 정도였다. 자체 유전이 많지 않았던 유럽의 경우 1950년 전체 에너지의 83%가 석탄이었고, 석유의 비중은 8.5%에 불과했지만 1970년이 되면 석탄은 29%, 석유는 60%로 완전히 뒤집힌다. 현재 전 세계 해상 화물의 거의 절반이 석유이며, 송유관이 철도보다 더 길다는 사실이 석유가 얼마나 중요한 자원인지를 웅변해주고 있다.

장외의 도전자들

지금까지도 미국과 영국이 석유 메이저 기업들을 독식하고 있지만, 이에

1945년 2월14일, 수에즈운하 내 크레이트 비터 호수. 미국 중순양함 퀸시호 갑판에 루스벨트 대통령과 이븐 사우드 사우디아라비아 국왕이 마주 앉았다. 얄타회담 후 귀환길의 루스벨트는 사우드에게 최대한의 예의를 갖추었다. 예정된 두 시간을 훌쩍 넘어 다섯 시간 동안 이어진 회담 내내 좋아하는 담배도 참았다. 미국은 사우디 왕가의 존속을 보장해주고 대신 석유를 우선적으로 공급받기로 했는데, 이 밀약은 지금까지도 이어지고 있다.

도전했던 이단아도 있었다. 바로 이탈리아의 엔리코 마테이Enrico Mattei였다. 무솔리니와 싸웠던 저항운동가 출신인 그는 2차대전 후 국영석유회사의 경영을 맡아 미국과 영국의 석유 메이저들과 경쟁해 승리했고, 미영의 7대 메이저 석유회사를 '일곱 자매Seven Sisters'라고 부르며 그들의 독과점을 비난해 인구에 회자되는 단어로 만들었다.[88] 일곱 자매는 지금도 이름을 달리하면서 세계 석유시장을 지배하고 있다. 다른 상품의 경우는 생산과잉이나 부족현상이 나타나면, 시장기능이 작용하여 문제가 해결된다. 즉 도산하는 회사가 생기거나 생산자가 생산을 감소하거나 소비자가 절약하는 식이다. 그러나 석유는 난방, 수송, 원자재 등에 워낙 광범위하게 사용되고 있어서 소비를 줄이는 데에 한계가 있다. 생산자 역시 마찬가지이다. 일단 채산이 맞는 유전을 찾을 확률이 2~3%밖에 안 되는데다가 채굴 시설과 생산시설에 엄청난 투자를 해야 해서 한 번 돌아가기 시작하면 생산을 줄이는 데에 제약이 있다. 따라서 석유 산업은 자기 조정이 아주 제한적일 수밖에 없는 산업으로서 특정업체의 지배가 계속되고 있다.

마테이는 이란의 민족주의자 모하마드 모사데크Mohammad Mosaddegh와 손을 잡고 심지어 소련산 원유 도입까지 시도하여 미국과 영국의 극심한 반발을 샀고, 결국 1962년 의문의 비행기 사고로 세상을 떠나고 말았다. 그 사고는 지금까지도 베일에 싸여 있지만, 석유 메이저에 그렇게 노골적으로 도전하는 인물은 다시 나타나지 않았다. 다만 소련이 붕괴되면서 새로 탄생한 러시아에서 국유 재산을 헐값에 인수받은 로만 아브라모비치Roman Abramovich 등 신흥 석유재벌들이 생겨나기는 했다.

두 차례나 석유패권에 도전했다 실패한 독일은 세계 최고의 제조업 강국이지만 패전으로 인해 석유메이저 기업을 만들지 못했고, 지금도 이 클럽에 들어가지 못했다. 그런 까닭에 독일은 두 차례의 세계대전 때와

---

[88] 당시 일곱 자매는 공산권을 제외한 세계 석유자원의 82%, 생산 시설의 80%를 장악하고 있었다.

는 달리 무력으로 패권을 장악하려고 하지 않지만, 에너지 자급자족을 목표로 할 정도로 최고의 신재생 에너지 강국이 되고자 한다. 이때의 뼈아픈 경험 때문이라면 지나친 비약일까? 같은 패전국인 일본 역시 세계적인 경제 강국이지만 석유메이저 기업이 없어 정부가 자원 확보에 많은 노력을 기울이고 있는 실정이다.

자동차와 석유화학 산업, 조선업 그리고 농업의 기계화

미국의 자동차는 1949년 4,500만 대였지만 1972년에는 1억 1,900만 대로 두 배 이상 늘어났고, 미국 밖의 세계에서는 같은 시기 1,890만 대에서 1억 6,100만 대로 더 폭증했다. 대부분 유럽과 일본에서 증가했는데, 이런 폭발적인 자동차의 증가는 당연히 엄청난 석유를 필요로 했다. 거기에다가 석유화학 산업의 엄청난 성장도 같은 시기에 이루어졌다. 물론 석유화학은 이미 1886년 스탠더드 오일에 소속된 화학자 헤르만 프라슈Herman Frash가 석유에서 황을 추출하면서 시작되었고, 1930년대에는 합성 고무가 개발되었다. 하지만 석유화학공업이 본격화 된 시기는 플라스틱이 본격적으로 등장하는 1960년대 이후라고 할 수 있다. 또한 석유의 찌꺼기인 아스팔트는 도로 건설에 가장 중요한 자재이다.

플라스틱은 변하지 않고, 오래가며, 가벼운데다가 색을 입히기도 좋은 놀라운 소재이다. 더구나 가격도 놀라울 만큼 저렴하다. 플라스틱으로 만든 전선 절연체와 케이스, 회로판 지지물 덕분에 컴퓨터가 가벼우면서도 강력해질 수 있었다. 즉 겉으로는 석유와 관련 없어 보이는 IT산업 역시 그 덕분에 이 정도로 성장할 수 있었다는 의미이다. 항공산업 역시 플라스틱 덕분에 무게를 줄여 더 발전할 수 있었다. 인간이 우주공간과

심해를 갈 수 있게 된 이유도 플라스틱 덕분이다. 의료의 획기적인 발전도 의료기기에 사용된 플라스틱, 그리고 제약산업에 큰 기여를 한 석유화학 제품 덕분에 가능했다. 하지만 플라스틱을 비롯한 석유화학 제품은 생물학적 분해가 거의 불가능해서 지구상에 영구히 남기 때문에 가장 해로운 물질이기도 하다. 미세 플라스틱으로 인한 폐해는 이미 널리 알려져 있다.[89]

플라스틱 외에도 석유로 만든 물질과 상품은 말 그대로 무궁무진하다. 대표적인 것만 뽑아도 파라핀, 세탁세제, 테이프, 향수, 마스카라, 핸드로션, 지우개, 잉크, 바세린. 합성고무, PVC파이프, 제초제, 껌, 나일론, 립스틱, 샴푸, 낚싯대, 진통제, 항생제, 살충제, 합성고무 등을 들 수 있다. 바세린의 발명자 로버트 오거스터스 체스브로Robert Augustus Chesebrough가 원래 고래기름 정제 기술자였다는 사실도 흥미롭다. 고래기름과 석유의 연결성은 이렇게도 확인할 수 있다. 탄소섬유까지 나올 정도로 진화한 화학섬유기술은 의류산업에 더 차원 높은 대량생산을 가능하게 해주었다.

석유화학 산업의 눈부신 발전은 당연히 석유물동량의 폭발적인 증가를 가져왔고, 유조선의 대형화를 수반했다. 이를 첫 번째로 실행한 인물은 선박왕 오나시스로서 4만 톤짜리 유조선을 건조했다. 2차 대전 전 유조선의 크기는 1만 5천 톤을 넘지 않았지만 이후 유조선의 대형화는 급속하게 진행되어 현재는 30만 톤이 넘는 경우도 많아졌고, 100만 톤이 넘는 경우도 있으며 유조선 전용 항구도 많을 정도다. 잘 알려져 있는 바대로 우리나라의 유조선 건조능력은 세계 최고 수준이다.

석유는 농업 역시 완전히 변화시켰다. 휘발유를 연료로 사용하는 트

---

89) 물론 플라스틱도 눈부신 기술적 진보를 보였다. 플라스틱제 용기나 병은 형태와 크기는 같지만, 무게가 절반 이하로 줄어들었다. 세제 역시 고농축으로 양이 크게 줄어들었다. 하지만 근원적인 해결책이 될 수는 없다. 플라스틱은 재활용도 가능하지만, 전부 가능하지 않은데다가 재활용이 가능하다는 선입견에 빠져 마구 쓰는 부작용도 무시할 수 없기 때문이다.

랙터가 1892년 등장했지만 대중화되지는 못했다. 하지만 헨리 포드가 값싸고 신뢰성 있는 포드슨이라는 트랙터를 개발하면서 급속하게 보급되었고, 2차대전 직전까지 160만 대에 이르렀다. 트럭과 콤바인도 엄청난 속도로 보급되면서 농업은 적어도 선진국에서는 완전히 기계화되었다. 1차대전 전후, 타작용 기계가 1헥타르의 농지를 수확할 경우 150시간이 걸렸지만, 1960년대 중반 대형 콤바인은 2시간 만에 해결해주었다. 더구나 콤바인은 야간에도 움직였기에 농부들은 인류 역사상 처음으로 야밤도 생산적으로 이용할 수 있었다. 이런 놀라운 기계화가 엄청난 식량 증산을 이루어냈다.

1973년 오일쇼크와 우리나라

1973년 10월, 이전과는 달리 아랍 세계의 선제공격으로 4차 중동전쟁이 일어났다. 아랍 산유국들은 이스라엘을 지원하는 서방에 타격을 입히기 위해 석유 무기화 정책을 실행하였다. 이때문에 1배럴 당 2.9달러였던 원유가는 한 달 만에 12달러로 폭등했으며, 당시 비OPEC 국가였던 소련도 이 틈을 타 원유 가격을 대대적으로 인상했다. 그 결과 전 세계가 경제 위기와 혼란을 겪었다. 이를 오일쇼크 또는 석유 파동이라고 한다. 우리나라도 이 시기에 불황 속 물가 상승이라는 스태그플레이션 현상이 나타나면서 성장률 둔화, 무역수지 악화, 외채 폭증 등 많은 어려움을 겪었다. 이때 탄생한 제도가 택시 부제이다. 박정희정부는 연료 절약을 위해 개인택시 기사들에게 3일 중 1일은 무조건 쉬게 하는 제도를 실시했다. 택시 부제는 2022년 폐지를 선언하면서 49년 만에 역사 속으로 사라졌다.

오일쇼크의 교훈으로 1976년~1978년 마포석유비축기지 탄생했다. 당시에는 변두리였던 상암동에 건설된 마포석유비축기지에는 5기의 거대한 석유 탱크가 있었다. 하지만 2002년 FIFA 월드컵이 유치되고, 상암동에 경기장을 건설하기로 하면서 안전 문제를 이유로 2000년에 폐쇄가 결정되었다. 이후 한동안 방치되다가 2013년 서울시 시민 공모전을 통해 리모델링하고 문화예술 공간으로 재탄생했다. 2017년 문화비축기지라는 이름으로 개장했다. 당인리에 있는 서울 화력발전소 역시 석유에서 가스로 연료가 바뀌고, 지하화되면서 지상은 문화창작기지로 변모했다. 이런 변화는 앞서 연탄공장 자리가 화려한 주상복합 단지로 변신한 것과 맥을 같이 한다.

석유로 인한 환경파괴

석유는 석탄보다는 대기오염이 적지만 역시 온실가스를 발생시키고, 자동차에서 나오는 배기가스는 태양이 강하게 비추는 도시에서는 광화학스모그의 원인이 된다. 멕시코시티나 로스앤젤레스, 테헤란, 산티아고 데 칠레, 아테네 등이 스모그로 악명 높은 도시이다. 이로 인한 질병으로 사망한 시민들의 수는 수십만에 달한다. 또한 시추 과정에서 삼림 파괴와 원유 누출 등 심각한 환경파괴와 오염이 일어난다. 1998년에는 나이지리아에서 송유관 원유 누출과 화재로 1천 명이 넘는 주민들이 희생되기도 했다. 이런 비난에 석유회사들도 개선을 위한 투자를 할 수밖에 없었다.

1970년대 후반부터 석유시추기술은 눈부시게 발전하였다. 필요한 땅의 면적이 60% 수준으로 줄어들었고, 시추 과정에서 파낸 흙도 예전처럼 지상의 구덩이에 버리는 것이 아니라 땅속으로 다시 집어넣는 방식으로 바뀌었다. 송유관도 지상에서 높이 올리는 방식으로 설치하여 야생 동물의 이동을 보장하는 방식으로 진보했다. 원유 탐사 방식 역시 탄성파를 이용하여 지각을 3차원 이미지로 재구성하는 방식을 도입하여 훨씬 정확할 뿐 아니라 시추 구역의 숫자와 제반 시설 규모가 훨씬 줄어들었다. 또한 이미 고갈되었다는 유전도 수압을 이용하거나 압축 공기나 가스를 주입하는 방식으로 재채굴을 하는 경우도 늘어났다. 또한 수직시추뿐 아니라 수평 시추 기술까지 개발되어 과거에는 채굴할 수 없었던 원유도 채굴이 가능해진 것이다.

 이런 기술의 진보로 생산성은 높아지고 환경오염과 파괴는 훨씬 줄어들었지만 환경보호론자들은 정도가 줄어들었을 뿐 여전히 석유 누출과 환경파괴는 본질적으로 변하지 않았다고 주장한다. 문제는 석유로 인한 환경오염이 육지에만 머물지 않는다는 것이다. 앞서 언급했지만, 유조선의 크기는 최대 100만 톤에 이르렀기 때문에 민첩하게 움직이지 못해 때로는 치명적인 사고로 이어지고는 한다. 1979년 7월 20일, 애틀랜틱 익스프레스호가 트리니다드 토바코 근해에서 32만 5천 킬로리터의 원유를, 1989년 3월 24일에는 20만 톤급 액슨발데즈$^{Exxon\ Valdez}$ 호가 알래스카 주의 프린스 윌리엄$^{Prince\ William}$ 만에서 무려 38만 킬로리터의 원유를 유출시켰다. 트리니다드 토바고와 알래스카는 모두 유전이 있는 지역이다. 이는 사상 최대의 생태학적 재해 중의 하나였다. 석유가 바다에 퍼지면 바다 밑 식물은 빛을 받을 수 없게 되고 동물은 숨을 쉴 수 없어 모두 고사하고 만다. 깃털이 석유에 젖은 물새들은 날지 못해서 익사하거나 동사한다. 유감스럽게도 유조선 사고의 피해 지역은 대부분 생물학적 자원이 가장 풍부한 해역이다.

 이후 유조선의 구조가 강화되면서 사고는 줄었지만 근절과는 거리가 멀었다. 멀리 갈 것도 없이 2007년 12월 7일 충청남도 태안 앞바다에서 삼성중공업 소속 대형 크레인이 정박 중이던 홍콩 선적 유조선 '허베이스피릿Hebei Spirit 호'와 충돌해 78,918배럴의 원유를 인근 해역으로 유출시키는 대참사가 벌어졌기 때문이다.

셰일 가스와 천연 가스

셰일 가스는 퇴적암인 셰일이 형성하는 지층에 포함되어 있는 천연가스나 석유를 말한다. 셰일 가스 채굴 기술을 개발한 기업은 엑손모빌 같은 초대형 석유회사가 아니라 미첼에너지라는 벤처기업이었다. 미첼에너지는 20년 이상 채굴기술을 연구하고 결국 수압파쇄공법을 실용화했는데, 그 긴 시간 동안 믿고 기다려준 미국 정부와 투자자들의 인내는 정말 놀랄 만하다. 미국의 저력은 이런 면모에 있다고 해야 한다.

    셰일 가스의 단점은 우선 중유가 나오지 않는다는 사실을 들 수 있다. 또한 초기투자비용 뿐만 아니라 생산비용도 굉장히 비싸서 저유가가 지속되면 적자를 볼 수밖에 없다는 점도 단점이다. 또한 채굴 후 폐수로 인한 심각한 지하수 오염과 지반 침하 우려가 크다는 것도 단점이다. 장점으로는 메탄이 대부분이라 태우면 수소와 물이 되는데, 석탄은 물론 석유에 비해서도 약 15% 정도 이산화탄소를 덜 배출한다. 매장량도 200년가량 쓸 수 있을 정도로 엄청나다. 2010년 이후 일어난 셰일가스 혁명으로 미국은 2015년에는 40년간 이어진 석유수출 금지가 해지되고, 2018년 세계 최대 산유국으로 올라섰다. 이때문에 중동에 대한 미국의 관심은 크게 줄어들었다.

    천연가스는 채굴과정에서 유황이 사라지고, 수송과 연소과정에서 유해물질이 많이 사라져 오염물질이 석탄의 절반 이하, 석유의 3분 2 이하이고, 통제도 쉬운 편이어서 적어도 대기오염 문제에서는 화석연료에서

재생에너지로 넘어가는 다리의 역할을 맡고 있다. 또한 발전용으로도 적합하며 난방시설과의 연계도 용이하기에 도시가스로 널리 보급되었다. 또한 버스 같은 대형 차량의 연료로도 적합하며, 암모니아나 메탄올 등 화학제품의 원료로도 사용된다.

물론 천연가스의 단점도 많다. 우선 사용 전 반드시 액체화를 해야 하므로 이를 위한 공장 건설에 많은 비용이 소모된다는 단점이 있다. 또 전용 부두와 운반선도 필요하다. 이때문에 관련 기술이 개발된 2차대전 후에야 본격적으로 활용되었다. 이런 이유로 저개발 국가에서는 가정용 연료로 사용할 수 없다. 석유와 마찬가지로 매장지역의 편중성도 큰 문제이다. 석유처럼 천연가스로 부를 이룬 나라들도 생겨났는데 대표적인 나라가 카타르와 투르크메니스탄이며, 이스라엘도 최근 지중해에서 대규모 천연가스전을 발견하여 에너지 자립을 눈앞에 두고 있다.[90]

여전히 석유는 세상을 움직인다

'검은 황금' 즉 석유는 많은 나라의 운명을 좌우했다. 미국은 1971년 금태환을 포기했는데, 이때문에 달러의 국제기축통화로서의 지위가 흔들릴 수 있었다. 대신 미국은 사우디아라비아로 하여금 원유 결제를 달러로만 하도록 요청했고, 사우디아라비아 왕실은 미국의 군사적 보호를 조건으로 이를 받아들였다. OPEC 회원국들도 이러한 조치에 따랐고, 결국 금태환의 포기에도 불구하고 미국은 달러의 기축통화 지위를 유지하는 데 성공했다.

---

90) 최근 이스라엘이 가자 지구를 집중적으로 공격하는 이유 중 하나가 가자 지구 앞바다의 가스전을 노렸기 때문이라는 설도 있다.

라이벌 소련은 비효율적인 산업 특히 집단화의 후유증으로 농업 생산성이 너무 떨어져 많은 식량을 수입해야 했고, 독일제 기계 역시 꼭 필요했는데 이를 구입하기 위한 외화를 석유수출로 충당했다. 하지만 1980년대 초반부터 레이건 정부와 사우디아라비아가 주도한 저유가 기조는 1980년대 내내 지속되었고, 엄청난 빚을 서구의 은행들에서 빌려야 했다. 이를 견디지 못한 소련은 결국 1991년에 붕괴하고 말았다. 반면에 같은 시기 한국은 저유가로 인한 호황을 누리며 경제력이 크게 향상되었다.

초강대국 소련을 붕괴시키는 데 큰 역할을 한 사우디아라비아는 500년 전의 스페인과 아주 유사한 모습 즉 노동의욕의 감퇴와 종교적 모험주의에 대한 지원이라는 퇴행적인 모습을 보여주고 있다. 사우디아라비아를 비롯한 중동 산유국들은 생산 활동 대부분을 외국인 노동자들에게 의존하고 있다. 당연히 사우디아라비아에서는 이 자리를 자국인들로 메우려 갖은 노력을 하고 있지만 편안한 일자리만 원하는 젊은이들은 차라리 빈둥거리는 쪽을 선택하고 있는 실정이다. 사우디아라비아와는 결이 약간 다르지만 이란의 팔레비 국왕, 이라크의 후세인, 리비아의 가다피, 베네수엘라의 차베스 등 독재자들이 오랜 기간 권력을 누릴 수 있었던 이유도 석유 덕분이었다. 하지만 석유에 대한 높은 의존도는 그들의 몰락도 가져왔다. 특히 팔레비는 1973년 오일쇼크로 인해 석유 수입이 50억 달러에서 단번에 190억 달러로 늘어났고, 이 돈을 군비와 공업화, 사회복지에 투입했지만. 지나친 서구화와 세속화, 인플레이션, 빈부격차 확대라는 심각한 부작용을 가져와 5년 만에 이슬람 혁명이 일어나서 몰락하고 말았다. 이들과 결은 조금 다르지만, 러시아의 푸틴이 30년 가까이 권력을 누릴 수 있는 이유도 석유와 가스 덕분이다.

냉전 종식 후 소련의 지원이 끊긴 쿠바는 미국의 경제제재까지 겹쳐 원유뿐 아니라 식량과 비료, 농약의 수입이 끊겨 산업화된 농업이 불가능해지자 국가비상사태를 선포하고 유기농법과 도시농업을 도입해 식량 자급을 달성하고, 그 기법을 외국에까지 수출하기에 이르렀다. 반대로 북한의 경우는 원유 수입이 불가능해지고, 석탄액화도 기대에 미치지 못하자 산림을 남벌하게 되었다. 결국 산악지대가 홍수에 취약해졌고 산사태로 농업이 무너지는 악순환이 이어지며 경제가 완전히 붕괴하기에 이른다. 세계적인 저유가가 닥치면 러시아나 베네수엘라 같은 거대 산유국들의 경제가 큰 타격을 입었고, 정반대로 고유가 시대가 오면 우리나라를 포함한 전 세계 국가들이 고통을 받기 마련이다.

아프리카의 경우는 어떠할까? 아프리카 최대의 산유국인 나이지리아는 1956년 나이저^{Niger} 삼각주에서 거대한 유전이 발견되었다. 하지만 여기에서 나온 거대한 부가 사회기반시설이나 산업 발전에 투자되지 않고 부패한 정치가나 군 장성, 토호세력들의 수중에 들어가 탕진되었다. 오히려 반군들이 채굴시설을 공격하면서 심각한 환경오염까지 발생하고 있다. 하지만 나이지리아에 진출한 석유 메이저 회사들은 주민들의 안전과 복지에는 거의 관심을 기울이지 않고 있다. 1996년 석유가 발견된 소국 적도기니는 국민소득이 200달러 정도에서 2012년에는 2만 달러가 넘게 늘어나는 엄청난 기회를 맞았지만 역시 독재자 음바소고$^{Teodoro\ Obiang\ Nguema\ Mbasogo}$ 일가에게 부가 집중되어 극심한 빈부격차를 보이는 나라가 되었다. 음바소고는 거의 반세기를 집권하고 있고, 아들에게 물려줄 준비를 하고 있다. 적도기니와 비슷한 나라가 남미의 소국 가이아나인데 대규모 유전의 발견과 개발로 2020년에는 43%라는 경이로운 경제성장률을 기록하기도 했다. 정도는 덜 하지만 21세기에야 독립을 이룬 신생국 동티모르 역시 GDP의 8할을 석유와 천연가스에 의존하고 있다.

하지만 규모가 어느 정도 되는 나라의 경우는 오히려 저주가 되는 경우도 많다. 정도의 차이는 있지만 유전이 발견된 앙골라와 모잠비크, 수단도 내전에 휩싸였고 결국 수단은 남부가 독립하는 결과를 낳았다. 나이지리아를 위시한 아프리카의 산유국들은 그렇지 않아도 복잡한 종교와 부족 관계를 석유가 더욱 악화시켰다. 아프리카 산유국 중에는 가봉[91]과 콩고공화국, 카메룬 정도가 비교적 안정된 나라이다. 최근에는 중국이 앙골라, 나이지리아, 수단 등에서 많은 원유를 수입할 뿐 아니라 유전 개발에도 적극적으로 나서 상당한 성과를 거두고 있다. 부시 대통령이 일으킨 이라크 전쟁도 진정한 목적은 이라크의 석유가 아니라 중국의 이라크 석유 접근을 저지하기 위해서라는 설이 나올 정도로 중국의 중동 진출에 대해 미국은 민감하게 반응한다. 이때문에라도 중국은 아프리카로의 진출을 강화하고 있는 것이다.

현재 세계를 움직이는 에너지인 석유는 매장량의 한계라는 유한성 외에도 매장된 지역이 중동과 아프리카, 남미 등 정치가 불안정한 지역에 편중되어 있다는 큰 문제를 안고 있다. 상당수의 학자들은 서구 세계의 번영과 민주주의가 거의 석유의 대량 공급과 그로 인한 대량 생산 덕분이라고 주장하기까지 한다. 어쨌든 장차 석유를 어느 정도 대체하는 에너지원이 나오기까지 세계는 석유 공급의 불안이라는 위험요소를 안고 경제활동을 할 수밖에 없는 실정이다.

참고서적

· 부의 역사 / 권홍우 저 / 인물과사상사

---

91) 가봉과 유사하게 인구가 적은 산유국인 브루나이, 쿠웨이트, 아랍에미레이트 등은 자원의 저주를 피해 갈 수 있었다. 나이지리아와 베네주엘라는 정반대라고 할 수 있다.

- 석유는 어떻게 세계를 지배하는가 / 최지웅 저 / 부키
- 석유를 지배하는 자들은 누구인가? / 앤써니 샘슨 저 / 김희정 역 / 책갈피
- 석유, 욕망의 샘 / 김재명 / 프로네시스
- 석유의 종말 / 안 르페브르 발레이디에 저 / 김용석 역 / 현실문화
- 석유종말시계 / 크리스토퍼 스타이너 저 / 박산호 역 / 시공사
- 석유 전쟁 / 하이케 부흐터 저 / 박병화 역 / 율리시즈
- 석유 지정학이 파헤친 20세기 세계사의 진실 / F. 윌리엄 엥달 저 / 서미석 역 / 길
- 오일카드 / 제임스 R. 노먼 저 / 전미영 역 / AK 커뮤니케이션즈
- 황금의 샘 / 대니얼 예긴 / 김태유 역 / 고려원

핵과 신재생 에너지
— 현재 그리고 미래의 자원

'환상적'으로 보였던 핵 에너지

인류역사상 가장 큰 전쟁인 2차대전 말기, 인류는 제3의 불이라 부르는 새로운 에너지원 핵(원자력)을 얻었다. 이 에너지로 핵폭탄이라는 '최고의 무기'이자 '최악의 무기'가 만들어졌지만, 이를 제외하면 이 에너지를 이용해 인류가 만든 것들 중 가장 중요한 것이 핵발전소이다. 핵발전소는 우라늄 연료봉을 모아서 원자의 연쇄반응 즉 핵분열을 일으키면 이 과정에서 엄청난 열이 발생하고 이 열이 물을 끓여 증기로 바꾼다. 이 증기가 발전기에 연결된 터빈을 돌려 전기를 생산하는 방식이다.

원자력 발전은 이 과정에서 이산화탄소를 배출하지 않으므로 지구의 온실효과에 영향을 미치지 않고, 우라늄 1킬로그램이 석탄 3천 톤의 열량과 맞먹을 정도로 지금까지 알려진 에너지원 중 가장 밀도가 높아 석유, 석탄, 천연가스보다 효율적이고 비용도 가장 적게 든다.

원자력발전소의 수명도 상당히 길다. 최초의 원전은 1954년 6월에 가

선진국 중에서는 스위스, 벨기에, 스웨덴 등이 발전량의 40% 이상을 원전에 의지한다. 1978년 고리 원전을 시작으로 많은 원전을 건설한 우리나라도 현재 전력의 약 35%를 원전이 생산하고 있다. 미국 US Borax 사가 운영하는 캘리포니아의 핵발전소(위)와 우리나라의 고리 원자력 발전소(아래).

동을 시작한 옛 소련의 오브닌스크Obninsk 원자력 발전소이고, 서구에서는 영국이 최초로 원전을 가동했다. 미국은 1946년 발효된 원자력법으로 연방정부의 독점사업으로 만들었다. 이후 전 세계 30개국이 400기가 넘는 원전을 건설해 엄청난 양의 전력을 생산했다. 자국 내에서 화석연료가 거의 생산되지 않는 프랑스의 경우는 거의 80%를 원전에 의존하고 있다. 선진국 중에서는 스위스, 벨기에, 스웨덴 등이 발전량의 40% 이상을 원전에 의지한다. 1978년 고리 원전을 시작으로 많은 원전을 건설한 우리나라도 현재 전력의 약 35%를 원전이 생산하고 있다. 원자력 발전이 시작된 1950년대에는 원전이 생산하는 전기로 정글과 사막을 옥토로 만들 수 있을 것이라는 환상을 인류에 심어주기도 했다.

핵(원자력) 에너지의 문제점

하지만 값이 싸고 깨끗하다는 원전 찬성론자들의 주장은 많은 반론에 부딪히고 있다. 우선 핵분열이라는 과정 자체가 자연에서는 전혀 일어나지 않는 인위적인 것이라는 원천적인 문제에 부딪힐 수밖에 없다. 이에 비하면 내연기관이 일으키는 화석연료의 연소는 애교인 셈이다. 값이 싸다는 주장 역시 유해 폐기물 처리에 들어가는 비용을 제외한 것이다. 원자력 발전소나 핵폐기물 저장소는 어느 나라나 거의 예외 없이 가난한 오지에 세워진다. 전력을 풍부하게 쓰고 풍요를 누리는 대도시에는 절대로 세우지 않는다. 이는 원자력의 위험성을 스스로 인정하는 것이나 다름없다. 한국에서도 원전이 있는 곳은 영광, 울진, 삼척 같은 변방이다.[92]

---

92) 강대국들의 핵실험장도 남태평양, 네바다 사막, 신강의 노프노르 등 변방이다. 이런 현상을 핵식민주의라고 부른다.

핵폐기물 저장에 대한 사회적 합의가 이루어진 국가는 스웨덴과 핀란드 등 극히 일부에 지나지 않는다. 이런 비용을 포함하면 화석연료 발전보다 원전은 더 비싸다. 또한 이산화탄소가 발생하지 않는다는 주장은 연쇄반응 자체에서 배기가스가 발생하지 않는다는 의미이지 우라늄광을 채굴하고 정련하는 과정에서 발생하는 지표면과 대기 오염은 계산하지 않는다. 더구나 우라늄 역시 석유와 마찬가지로 한정된 자원이며 캐나다, 남아공, 호주, 카자흐스탄, 러시아, 니제르, 나미비아 등 소수의 국가들에 매장량의 60% 이상이 집중되어 있어 불균형이 석유보다도 더 심하다.[93] 더구나 1톤의 우라늄을 얻기 위해서는 수천 배에 달하는 토사와 암석을 파괴하고 지하수를 오염시키기 때문에 환경파괴가 심각하다. 다만 석탄에 비해서는 적고, 우라늄 매장지는 대부분 인구밀도가 희박한 지역이어서 주민 이주는 거의 발생하지 않지만 니제르 같은 경우에는 주민들의 피해가 심각하다고 한다. 더구나 석탄과 마찬가지로 채굴에 용이한 광산은 거의 고갈되었기에 피해는 더 심각해질 것이다. 또한 해변 원자력 발전소의 원자로는 냉각수로 바닷물을 사용하는데 막대한 양의 온배수를 배출하여 해양생태계를 파괴하고 있다.

전쟁이 일어난다면 적군의 타격 목표가 될 확률이 높고 이런 우려가 현실화 될 경우에 나타날 재앙은 상상을 초월할 것이다. 더구나 원자력은 평화적인 이용과 핵무기 개발 사이의 경계가 모호해서 언제든지 어느 나라나 핵무기 개발에 나설 수 있는 위험한 존재이기도 하다. 또한 원자력은 잠수함이나 항공모함 등 일부 군함이나 쇄빙선 등 아주 특수한 경우를 제외하고는 교통수단의 동력으로 사용할 수 없다는 치명적인 단점을 지니고 있다.

---

93) 프랑스의 극히 높은 원전 의존도는 과거 식민지였고, 여전히 강력한 영향력을 행사하는 니제르의 우라늄이 있기 때문이다.

특히 1979년 미국의 스리마일 원전 사고와 1986년 4월에 일어난 체르노빌 원전 폭발 사고는 원전의 안전성에 큰 의문을 던져주었다. 특히 체르노빌의 사고로 수 톤에 달하는 방사성 물질이 대기 중에 배출되었고 직접 방사능에 노출되어 죽거나, 방사성이 유발한 암으로 무려 50만 명이 넘는 희생자가 나왔다. 이 일대는 사실상 야생 동물 보호구역이 되었는데, 이 곳에 사는 동물들 역시 종양에 의한 이른 노화, 유전적 돌연변이 등이 높게 나타났다. 5년 후 소련은 붕괴되었는데, 이 참사가 큰 영향을 미쳤던 것이다. 이후 원전의 건설은 주춤해졌고, 전 세계적으로 1980년대 30기, 1990년대 36기, 2000년대 35기가 폐쇄되었다. [94]

특히 2011년에는 동일본 대지진이 일어났고, 이때문에 후쿠시마의 원전이 파괴되면서 광범위한 오염이 발생했고 35만 명이 대피했지만 지금도 오염이 진행되고 있다. 이때문에 독일은 2023년 4월, 모든 원전을 완전히 폐쇄했다.[95] 대만도 최근인 2025년 5월에 탈원전 국가가 되었지만, 주력 수출상품인 반도체가 많은 전력을 필요로 하기에 계속될지는 장담할 수 없는 실정이다. 1978년 4월, 우리나라는 고리1호기를 시작으로 세계에서 21번째 원전 보유국이 되었고, 꾸준한 기술개발로 현재는 몇 안 되는 원전 수출국으로까지 발전했다. 하지만 최근 노후 원자로의 폐쇄가 지역 현안으로 떠올랐고, '한수원'의 비리로 신뢰가 추락했으며, 원전에 지역 경제를 의존하는 삼척에도 원전 반대를 공약으로 내세운 시장이 당선될 정도로 입지는 좁아졌다. 원자력 분야는 이해하기 어려운 전문용어를

---

94) 이때문에 가장 피해를 본 나라가 리투아니아이다. 이 나라에는 1987년 건설된 이그날리나 원자력 발전소가 있었지만, 하필이면 1년 전에 동형 기종인 체르노빌 원자력 발전소에서 참사가 일어나 유럽국가들이 닫으라고 하니 결국 폐쇄하고 말았다. 이 이그날리나 원전에서 리투아니아의 전력 80%를 생산했다. 이때문에 리투아니아는 전력의 상당량을 지금도 스웨덴에서 수입해야 하는 신세가 되었다.
95) 하지만 독일의 대표적인 전기, 전자 관련 대기업인 지멘스는 1990년대 후반과 2000년대에 자국에서 허용하지 않는 형식의 원전을 슬로바키아와 헝가리에 건설하였다. 반면 독일의 형제국가 오스트리아는 헌법에 원자력 금지를 명기했을 뿐 아니라 원자력으로 생산된 수입 전기조차 거부할 정도로 '극단적'인 반원전 국가이다.

사용할 수밖에 없어 일반인들이 접근하기 어렵고, 만에 하나 사고가 난다면 원자력 전문가들의 자체 역량으로만 해결하기에는 불가능하다.[96] 원자력 사고의 피해는 말 그대로 시공간을 뛰어넘기 때문이다. 특히 우리나라에는 원자력 발전을 감시하는 전문적이고 독립적인 기구조차 없다.

이런 여러 문제점에도 현실적으로 발전소가 부족한 중동과 베트남 등 일부 국가들은 전력 부족으로 원전 건설에 나서고 있어서 원자력은 당분간 에너지원의 하나로서 건재할 것으로 보인다. 우리나라의 경우도 원전 의존도가 높으므로 단기간 내의 폐쇄는 비현실적이다. 문재인 정부의 탈원전 정책은 사실상 실패로 돌아갔고, 반대로 윤석열 정부는 강력한 원전 확대 정책을 폈지만 3년 만에 탄핵으로 중도하차하고, 원천기술을 가진 미국회사와 맺은 불공정 계약으로 국가사회적으로 부담만 남겼다. 이재명 정부는 적어도 현재 시점에서는 원전에 대해 애매호모한 태도를 취하고 있다. 하지만 최근 고리 1호기가 해체를 시작했고, 향후 진행될 노후 원자로 폐쇄와 원전 관리에 대한 국민의 불신을 해소하지 않고서는 전면적인 확대는 쉽지 않을 것으로 보인다. 현재 우리나라의 원전 비중은 약 30%로, 전 세계 평균 원전 비중인 10%보다 세 배에 달한다.

풍력과 태양에너지

신재생 에너지의 쌍두마차 격인 풍력과 태양 에너지는 인류가 원시시대부터 이용했던 에너지였다. 두 에너지의 장점은 무엇보다 공짜이며, 화석연료와는 달리 무한한데다가 수송 과정이 필요 없다는 점이다. 특히 그

---

96) 다만 연료를 우라늄 대신 보다 안전하고 폐기물도 적은 토륨을 사용하고, 원자로를 탄화규소 같은 세라믹 재료를 사용하는 신기술이 개발되고 있다.

지역에서 일자리가 창출된다는 장점까지 겸비하고 있다.

풍력의 이용은 대항해 시대를 열었고, 풍차가 양수기와 제분소의 동력으로 큰 역할을 했다. 특히 네덜란드의 상징이기도 한 풍차는 땅을 개간하고 세계적인 농업 선진국을 만드는 데 큰 공헌을 했다. 화석연료가 도입되면서 풍력은 거의 잊힌 에너지가 되었지만, 최근 들어 깨끗하고 무한하며 원가가 들지 않는 에너지원으로서 다시 각광을 받고 있다.

대륙에서 발생한 열기가 시원한 해양수와 만나는 지역인 덴마크, 네덜란드, 아르헨티나, 스페인, 포르투갈, 인도, 중국, 스코틀랜드 같은 나라는 풍력이 매우 풍부하다. 미국도 연해 지역은 물론이고 로키 산맥과 미시시피 강 사이의 대평원 사이에 부는 강풍의 에너지만으로도 미국에서 필요한 전력의 전부를 제공할 수 있다고 한다.[97] 중국은 서부와 위구르 자치구에 대규모 풍력발전 설비를 하여, 초장거리 송전선을 통해 연해 공업지대로 보내고 있다. 한국은 전라남도와 강원도, 제주도 특히 신안군이 풍력발전의 메카이며, 그 수익을 주민들에게 지급할 정도다. 제주도는 2025년 4월 14일, 강풍 덕분에 4시간 동안이긴 하지만 도내 전력의 전부를 재생에너지로 공급하는 데 성공했다.

풍력터빈 기술은 독일과 덴마크, 스페인, 중국이 주도하고 있는데, 특히 덴마크의 베스타스Vestas 사는 세계 1위의 풍력터빈 제조사이고 10곳이 넘는 나라에 공장을 보유하고 있다.[98] 더구나 덴마크는 전력회사의 투자가 아니라 지역주민이 협동조합을 만들어 투자하는 방식으로 자본을 조달하는 민주적인 방식으로 이런 성과를 거두어 더욱 돋보인다.

---

97) 대평원에 있는 미네소타 주와 아이오와 주는 미국 풍력 발전의 중심지이다.
98) 베스타스 사의 풍력 터빈은 초기에는 효율이 낮아 외면받았지만, 덴마크 정부의 꾸준한 지원으로 현재의 위상을 가지게 된 것이다. 세 개의 날개와 원통형 지주대를 가진 상업용 풍력 발전 시스템의 전형이 이 회사에서 개발되었다. 덴마크는 1991년 세계 최초로 해상풍력 발전단지를 건설한 국가이기도하다. 덴마크는 풍력으로만 전체 정력 수요를 충당할 수 있지만 풍량의 변화 전력 공급이 안정적이지 않아 스웨덴과 독일에서 전력을 수입하기도 한다.

태양에너지는 지구상에 있는 모든 에너지의 근원이다. 태양의 열로 터빈 또는 열전 반응을 이용해 전기를 생성하는 발전방식을 태양열 발전, 태양의 빛으로 전기 또는 화학 작용을 이용해 전기를 생성하는 태양광 발전으로 구분한다. 우리나라의 집들이 남향으로 지어지고, 고대 그리스와 로마의 주택과 목욕탕도 남쪽에 커다란 창문을 낸 이유도 모두 태양열을 최대한 활용하기 위해서이다. 일본에서는 태양열을 이용하여 천일염을 제조하기도 했다.

바람은 불규칙하게 불 수밖에 없는데 기술의 발전으로 이런 조건에서도 작동할 수 있는 터빈들이 개발되고 있다. 심지어 새가 부딪혀 죽는 사고를 예방하고, 풍력 발전의 단점인 소음을 줄이는 튜브형 터빈도 등장하고 있다. 풍력발전이 차지하는 비중은 세계적으로 7%에 이르렀는데, 해상 풍력 발전의 잠재력도 아주 높다. 일본 같은 섬나라는 더욱 전망이 밝을 것이며, 아마 수백만 대의 풍력터빈이 전 세계에 보급되면 더 큰 비중을 차지하게 될 것이다. 또한 전기공급망에서 소외된 지역에서는 풍력터빈 덕분에 전기 혜택을 받고, 작으나마 자체적인 산업을 일으키고 있다는 점도 풍력발전의 큰 장점이다. 하지만 풍력 자원도 지하자원처럼 지역별로 불평등하게 분포하는 자원이다. 접근성도 좋으면서 적절한 수준의 바람이 연중 안정적으로 불어오는 장소는 생각만큼 많지 않다. 또한 설치 작업이 어려운 경우가 많고, 그 과정에서 환경파괴적 요소도 많다. 무엇보다 풍력의 가장 큰 결점은 지금은 극히 일부가 된 범선을 제외하면 교통수단의 동력으로 전혀 쓸 수 없는 에너지라는 점이다. 결국 풍력은 본질적인 대안이 될 수 없다는 근원적인 한계를 지니고 있다.

태양 에너지는 지구상에 있는 모든 에너지의 근원이다. 이미 고대 그리스와 중국에서는 유리로 햇볕을 모아 불을 피웠다. 사실 현대의 태양열 발전도 기본 원리는 같다. 물을 가열해서 끓이고 증기를 모아 그것으로 발전기를 돌리기 때문이다. 우리나라의 집들이 주로 남향으로 지어지고, 고대 그리스와 로마의 주택과 목욕탕이 남쪽에 커다란 창문을 만들었던 까닭도 모두 태양열을 최대한 활용하기 위해서였다. 일본에서는 태양열을 이용하여 천일염을 제조하기도 했다.

이런 직접적인 이용과는 달리 근대적인 기계를 이용해 에너지를 만들기 시작한 시기는 의외로 빠르다. 1839년 프랑스의 과학자 에드몽 베크렐Edmond Becquerel이 태양 직사광을 이용해 전하를 만드는 광전지 효과를 처음으로 증명했다. 1878년에 열린 파리 박람회에서 프랑스의 수학교사 오거스트 무쇼Augustin Mouchot가 태양열을 모아 기계를 움직이는 장치를 선보였다. 안전유리를 개발해 큰돈을 번 미국인 프랭크 슈만Frank Shuman은 1913년 나일강변에 태양열 발전소를 건설했다. 석탄보다 싸게 전기를 생산하여 사하라 사막을 녹화하려는 대단히 야심찬 계획이었지만 앞서 '석유'편에서 언급한 대로 이 시기 이후 대규모 유전이 개발되면서 물거품이 되고 말았다. 태양열 발전 역시 원자력과 비슷한 환상을 인류에게 심어 준 셈이다.

그럼에도 태양열을 이용하려는 시도는 계속되었다. 1955년 이스라엘의 과학자 즈비 타보르Zvi Tavor가 효율적인 태양열 집열기를 발명했고, 이어서 실리콘을 이용한 태양전지가 개발되어 인공위성에 장착되면서 전지 기술에 큰 진보가 일어났다. 1980년대에는 전자계산기나 시계 등의 기기에 태양전지가 부착되었고, 등대나 산간 지역의 무선 중계소, 산불 감시 카메라, 홍수경보기 등 고립된 지역의 자체 전력으로 활용하기 시작했다. 최근에는 태양전지로 작동하는 펌프가 개발되어 물 부족에 시달리는 아프리카 내륙 국가들에게 큰 도움이 되고 있다. 마찬가지로 태양열 레인지는 취사용 연료가 부족한 부르키나파소Burkina Faso 같은 저개발 국가들에게 구세주 같은 존재로 여겨지고 있다. 나미비아나 에스와티니 같은 아프리카 소국들도 태양광이 총 발전용량의 10% 안팎을 차지한다.

오일쇼크 이후 취임한 미국의 카터 대통령은 정부가 태양열 발전을 비롯한 재생에너지 개발에 나설 것이라고 공언했고, 많은 환경 단체 임원들을 행정부에 참여시켰다. 실제로 백악관 지붕에 태양열 온수기를 설치하고, 라스베이거스 남서쪽 260킬로미터 지점에 태양열 발전소를 건설하면서 서광이 비추는 듯 했다. 하지만 기업들이 강력하게 저항했고, 그의 퇴임 이후 유가가 급락하자 흐지부지되었다. 후임 레이건 대통령은 백악관 지붕의 태양열 온수기를 철거해 버리기에 이른다.

이후 독일을 중심으로 기술 발전이 일어나 태양열 발전이 차지하는 비중은 5% 정도에 이르렀다.[99] 태양열 발전의 종주국이라 할 수 있는 이스라엘은 1990년대 초반부터 주택에, 이후에는 8층 이하의 건물에 의무적으로 태양열 발전기를 설치하는 법을 만들었다. 중국은 내몽고 자치구에 서울의 한 구 면적에 해당하는 33.4제곱킬로미터나 되는 세계 최대 규모의 다라터(達拉特) 태양광 발전기지를 건설했다. 이곳에서는 대형 원전 2기에 해당하는 전기를 생산한다. 그러나 태양열은 기본적으로 밤이 하루의 절반이라는 어쩔 수 없는 현실과 우천시에는 효율이 크게 떨어진다는 단점이 있다. 이러한 단점을 극복하기 위해 생산하는 전기를 축전지에 저장해야 해서 운용이 번거롭고 비용이 많이 든다는 한계를 지니고 있다. 더구나 태양열 발전기에 많은 중금속이 들어가서 환경파괴적 요소도 상당히 지니고 있는 것이 사실이다. 무엇보다 태양광은 밀도가 매우 낮아 넓은 설치 면적이 필요하다는 것이 큰 단점[100]이지만 최근에는 수상에 패널을 설치하는 기술이 발전하고 있어 상당 부분 극복이 가능해졌다.

재생에너지는 발전에는 적합하지만, 화력과 수력, 원자력 발전을 중심으로 만들어진 기존의 송전망과 결합하기 어려운 데다가 교통수단의 동력은 물론 화학과 제철, 시멘트 산업에서 사용하는 석탄과 석유를 전면 대체하기는 어렵다. 이런 이유로 화학연료의 사용은 적어도 수십 년간은 계속될 수밖에 없을 것으로 보인다. 그러나 향후 기술의 발전으로 집열기, 변압기, 축전지의 생산과 유지비용이 크게 줄어들게 될 것으로 예상한다. 또한 IT 기술의 발전으로 재생에너지의 생산과 소비, 저장을 효율적으로 정할 수 있게 되었다는 사실도 고무적이다. 이런 이유로 산업시설

---

99) 태양열 발전 설비 시장은 중국 업체가 압도적인 점유율을 보여주고 있다. 중국 업체들은 저렴한 장비 공급으로 태양열 발전의 보편화에 큰 기여를 했지만 사실상 독점이라는 부정적인 모습도 간과할 수 없다.
100) 이런 이유 때문에 태양열 발전 시설은 온대지역에서는 폐광 지역 등에 설치되는 경우가 많다.

과 가정, 여러 기관이 개별적인 태양열 발전을 하고 필요할 때 광역 전력망에 연결할 수 있게 될 것이다.

또한 흐린 날이 많은 독일이 세계 최대의 태양열 발전국가라는 사실이 반증하듯 태양에너지 개발의 전망은 어둡지 않다. 그 증거가 중동의 산유국들이다. 뜨거운 태양이라는 최적의 조건을 갖춘 사우디아라비아, UAE, 오만, 카타르, 바레인 등은 앞다투어 태양열 발전에 많은 투자를 하고 있다. 특히 UAE 두바이에는 축구장 6천여 개 넓이와 맞먹는 태양광 발전소가 있는데, 도시 전기 소비량의 14%를 맡고 있다. 사막 지역에는 당연히 물이 부족해 터빈을 돌리기 어려웠지만 최근에는 공기의 운동에너지로 터빈을 작동시키는 신형 발전기가 등장했기 때문이다. 물론 언젠가 고갈될 석유를 대체할 에너지원을 선도적으로 개발하겠다는 의지 때문이다.

인도 역시 사막 지대인 라자스탄^{Rajasthan}에 1,000만 개의 태양광 패널을 가진 대규모 태양광 발전단지를 건설했다.[101] 인도의 적대국 파키스탄은 의외로 전체 발전량의 28%를 태양광 발전이 맡고 있다. 앞서 중국의 다라터도 그랬지만 태양광 발전은 인구가 희박한 사막지역을 효과적으로 사용할 수 있도록 해주고 있다. 중국 남부 지역은 일조량이 높아서 천일염 제조에 적합하여, 염전과 함께 태양광 발전 및 양식 그리고 전기 생산까지 겸하고 있다. 이케아나 월마트 같은 빅박스 점포들은 지붕에 태양광 집열판을 설치해 전력을 자체조달하고 있다.

현재 지구상에 비치는 태양열의 1만 분의 1만 사용해도 전 인류가 지금 사용하고 있는 에너지를 모두 충당할 수 있을 정도이니 잠재력은 무궁무진한 셈이다. 더구나 최근 들어 생산과 소비를 같이 하는 프로슈머가 중요한 트렌드로 자리 잡아 가고 있는 분위기인데, 송전과 배전 거리

---

101)   이 단지는 로봇이 태양광 패널에 끼는 모래와 먼지를 제거하고 있다.

가 짧은 경우가 대부분인 태양열 발전은 여기에 가장 걸맞은 에너지이다.

다른 신재생 에너지

지열 발전은 아이슬란드 전력의 대부분을 책임지고 있으며, 에너지 자립국을 넘어서 막대한 전기가 남아돌아 알루미늄 제련, 데이터 센터 등 전기를 많이 사용하는 산업들을 활발히 유치하는데 성공했다. 지열발전은 뉴질랜드와 필리핀, 인도네시아, 이탈리아, 케냐, 파푸아뉴기니, 니카라과, 코스타리카, 엘살바도르 등 화산지대에 위치한 국가에서는 상당한 비중을 차지하고 있다. 미국은 캘리포니아에서 지열 발전이 활발하다. 역시 화산지대에 위치한 일본도 이와테岩手, 오이타大分, 아키타秋田 등 여러 지역에 지열발전소를 가동하고 있지만 비중은 얼마 되지 않는다. 반면 신재생 에너지 강국인 중국은 지열발전만은 미미한 수준에 머물러 있는 실정이다. 지열발전은 건설비용이 많이 든다는 단점에도 불구하고 운영비가 아주 저렴하고 매우 친환경적인 발전이다. 그러나 지리적 한계가 너무 명확해서 보편적인 발전방식이 되기는 어려울 것이다.[102]

바다의 힘을 이용하는 조력 발전은 프랑스를 시작으로 우리나라와 러시아와 중국, 캐나다 등에서 실용화되었다. 우리나라는 시화호에서 조력발전소를 가동하고 있지만 남해안에서 시도하려던 조력발전은 어민들의 반대로 실패로 돌아갔다. 이렇게 조력발전은 갯벌의 해양생태계를 파괴한다는 문제점이 있다. 해수의 온도차를 이용하는 해양열 발전은 스웨덴과 노르웨이, 프랑스, 일본 등에서 시작하였다. 또한 해류 발전, 파력 발

---

102) 2017년 11월 포항 지진은 주변 지열발전소에서 주입한 고압의 물 때문에 일어났다. 이때문에 한국의 지열발전은 크게 위축되었다.

전 등도 연구 끝에 실용화 직전 단계에 와있다. 이런 발전 방식은 화석연료보다는 친환경적이고 잠재력도 아주 높지만, 대규모 시설 투자가 필요하고, 전기가 필요한 곳과 거리가 먼 경우가 많아 본격적인 개발에는 더 시간이 필요할 것으로 보인다.

수소 연료도 유력한 신재생에너지 중 하나이다. 수소는 가장 풍부한 원소이다. 수소 연료전지는 수소가 공기 중의 산소와 결합해 물이 되면서 나오는 전기를 이용하는 방식인데 수증기밖에 나오지 않아 아주 친환경적이다. 더구나 자동차에도 이용할 수 있고 일부는 실용화되었다. 하지만 전기처럼 만들어야 하기 때문에 비용이 비싸다는 단점이 있다.

신재생 에너지의 강점

재생에너지는 아직 갈 길이 멀고 특히 개발도상국들은 아무래도 환경보존보다는 성장을 내세울 수밖에 없어서 화석연료 소비가 단기간에 많이 줄지는 않을 것으로 보인다. 개념과 원리가 생소하다는 점과 잠재력이 과소평가되고 있다는 것, 막강한 권력과 거대한 부를 가진 기존 화석연료 기업과 관계자들의 저항도 신재생에너지 발전의 걸림돌이라 할 수 있다.

하지만 재생에너지는 환경보존과 기후 위기 극복이라는 절대적 당위성을 제외하고도 경제적으로도 장점이 많다. 무엇보다 원가가 들지 않으며 대형 사고의 위험성이 거의 없기 때문에 보험이 필요 없다는 절대적인 이점이 있다. 그리고 화석연료를 이용하기 위해서는 엄청난 물류비용이 필요한데, 그것도 필요가 없다. 더구나 기존의 화석연료를 사용하는 산업시스템은 저개발국가들에게는 그림의 떡이나 다름없어 에너지 접근에서 극심한 불평등의 원인이 되고 있다. 사실상 인류의 3분의 1이 에너지 사각지대에 놓여 극심한 불평등이 발생하고 있는 것이다. 하지만 신재생에너지는 그럴 염려가 없다. 무엇보다 신재생에너지는 '자원의 저주' 즉 석유나 귀금속, 보석과는 달리 자원 쟁탈을 목적으로 한 분쟁 자체가 있을 수 없기에 전쟁의 이유가 되거나 테러리스트의 목표가 될 수 없다는 엄청난 장점까지 지니고 있다. 전쟁과 비슷한 상황인 대규모 자연재해를 당할 때에도 신재생에너지는 적응력이 훨씬 뛰어나다. 실제로 동일본대지진 당시 배전망이 파괴되자 계획정전이 상당기간 이어졌는데, 태양광을 이용하는 가정은 큰 불편을 겪지 않았다.

산업대국 독일은 에너지의 50% 이상을 재생가능한 에너지로 충당하고 있고, 인구 30만이 넘는 스웨덴의 도시 말뫼는 풍력과 지열, 태양열로 필요한 에너지를 전부 공급하고 있다. 선진국들과 산업 강국들이 대체에너지의 대중화에 빨리 성공해야 그 격차를 메울 수 있을 것으로 보인다. 하지만 가장 많은 온실가스를 만들고 있는 미국이 트럼프 재집권 이후 신재생에너지 보급에 소극적인 정도가 아니라 화석연료 전도사로 나설 정도여서 전망은 그리 밝지 않다.[103] 신재생 에너지 분야에서 앞서가는 국가들 가운데 의외의 존재는 모로코이다. 모로코는 정부 주도 아래 풍력, 태양광, 지열, 바이오에너지 등 여러 분야에서 많은 프로젝트가 완성되었거나 진행되고 있고, 2030년까지 전체 전력 생산량의 40퍼센트를 신재생에너지로 충당할 계획이라고 한다.

반면 우리나라의 경우 2012년 제주도가, 2016년 서울시가 에너지공사를 설립하는 등 상당한 노력을 했지만 현재 신재생에너지가 차지하는 비중은 10%를 겨우 넘겼다. 반면 중국은 수력을 포함하면 50%가 넘는다. 대학교에서도 원자력공학과에 비해 재생에너지 관련 학과는 훨씬 적은 실정이어서 분발이 절실하다. 특히 신재생에너지로 발전을 하는 지역

---

103) 주 정부 차원에서 태양열 발전 설비를 확장하고 있는 주는 적지 않다.

과 기존 산업지대 사이에 상당한 거리가 있다는 한계가 있다. 현 이재명 정부는 이런 문제를 극복하기 위해 RE100 캠페인에 적극 동참하고 있는 애플, 구글, 아마존웹서비스(AWS) 등 글로벌기업에 부품 서비스 등을 공급하는 국내 주요 기업들을 전남과 울산 등에 유치해 RE100 산업단지를 에너지 신도시로 확장한다는 구상을 가지고 있다.

여러 가지 단점에도 불구하고 신재생에너지는 기후 위기에 맞서 현대 문명을 지킬 수 있는 거의 유일한 대안이기에, 공공과 민간에서 계속 투자할 수밖에 없는 분야임은 확실하다.

참고서적

- 내셔널 지오그래픽 한국어판 2009년 9월호
- 더 오래, 더 깨끗하게, 더 편리하게 신재생에너지 / 손재익, 강용혁 저 / 김영사
- 세계 에너지 전쟁지도 / 히라타 다케오 저 / 양하은 역 / 지식노마드
- 에너지 혁명 2030 / 토니 세바 저 / 박영숙 역 / 교보문고
- 원자력 트릴레마 / 김명자 저 / 까치
- 왜 에너지가 문제일까? / 신동한 저 / 생각비행
- 인류의 발자국 / 앤터니 페나 저 / 황보영조 역 / 삼천리

2부

물류

이제까지 인류 문명을 움직여왔던 자원에 대해 이야기했다. 그러나 그 자원을 필요한 곳으로 움직여야 문명이 탄생하고 유지될 수 있다. 이제 그 움직임 즉 물류에 대해 이야기를 시작할 것이다.

"국토는 단순한 흙이 아니라 생산의 바탕이고 삶의 그릇이다. 그 위에 그리고 밑에 인프라가 깔린다. 국토 위에 세워진 교통, 통신, 에너지, 의료, 물 관리, 교육시설 등의 물리적 가치가 생산을 지원하고 국민 삶의 질을 높일 수 있게 될 때 비로소 땅은 경쟁력을 갖게 된다." 이건영 전 국토연구원장

인프라에 대한 정말 멋진 설명이다. 인프라는 이렇게 여러 분야에 걸쳐 있지만, 아무래도 가장 먼저 떠오르는 것은 교통과 통신일 수밖에 없다. 에너지와 의료, 교육시설 등도 교통과 통신이 없다면 무의미하기 때문이다. 물론 그 시작은 도로이다. 도로는 야생 동물이 지나가는 오솔길부터 시작했지만 인간은 이를 넓히고 다지고 네트워크화했다. 산업혁명 이후에는 쇠로 만든 길 곧 철도라는 거대한 혁신이 일어났고, 바람과 인력에 의존하던 배는 증기기관을 만나 동력화되었다. 2차 산업 혁명 이후에는 자동차와 항공기가 등장하면서 물류는 완전히 입체화되었고, 이런 물류망을 갖추지 못한 나라들은 후진국으로 전락하고 말았다.

도로

— 인류의 첫번째 교통시설

로마의 가도

어느 작가가 인간은 '길을 만드는 동물'이라고 표현했듯이, 인류가 만든 첫 번째 교통 인프라는 도로였다. 어느 사회 어느 지역이나 도로는 있고 제대로 된 도로가 없더라도 수레는 움직인다. 그러나 잘 정비되거나 포장된 도로에서 수레는 훨씬 빨리 움직인다. 이런 도로를 건설하고 유지하기 위해서는 강력하고 부유한 문명이 필요하다. 강력한 제국들은 거의 예외 없이 훌륭한 도로망을 가지고 있었다.

진정한 도로망은 로마로부터 시작되었다고 한다. '모든 길은 로마로 통한다.'라는 말을 누구나 알 정도로 로마제국의 도로망은 유명하다. 현대 이탈리아의 국도망은 옛 로마의 도로에 아스팔트만 포장하고 확장한 것에 불과하다고 할 정도이니, 아스팔트만 제외한다면 현대의 도로에 비교해도 손색이 없을 정도로 잘 만들어졌다.

우선 최대한 일직선으로 만들어져 있다는 점, 즉 도로의 가장 기본적인 기능에 충실하다는 점과 말 그대로 물 한 방울 새지 않도록 돌로 잘 포장되었다는 점이 돋보인다. 로마 도로의 여왕이라고 부르는 아피아 가도$^{Via\ Appia}$의 경우 무려 43킬로미터에 걸쳐 일직선으로 이어진다. 평야를 고르게 다듬은 것은 물론이고, 습지에는 수많은 말뚝을 박아 둑을 쌓고 그 위에 도로를 놓았다. 강이나 골짜기에는 다리를 놓고 산에는 터널을 뚫었다. 기원전 40년경에 개통된 포실리포^{Posilipo} 터널은 현재도 사용하고 있을 정도이다. 또한 차도와 보도를 구분했고, 1로마 마일(1,485미터) 마다 이정표를 세워두었으며, 배수로를 확보해두었다. 길가에는 가로수를 세우고, 길 양쪽 10미터에 안에 있는 나무를 잘라 도적들의 은신처를 제거하는 배려까지 해두었다.

로마의 도로에는 12~20킬로미터마다 역참이 설치되었다. 전령은 이 곳에서 말을 갈아탈 수 있었는데, 이 덕분에 하루에 70킬로미터, 아주 급한 경우에는 200킬로미터까지 우편물이 전달되었다. 역참은 스타치오네스^{Stationes}라고 하였는데 스테이션의 어원이 되었다. 말의 수, 화물의 무게, 보행자 우선 등 운영 규칙도 세심하기 이를 데 없었다. 다만 기본적으로는 군용도로여서 시야확보를 위해 가로수는 심지 않았다.

로마 가도는 우수한 하드웨어 뿐 아니라 누구에게나 개방되어 있었다는 점에서도 돋보인다. 사용료도 없었고 누구나 별다른 허가 없이도 개인도로를 뚫어 연결할 수 있었다. 또한 권력자의 사익을 위해 노선이 변경되는 경우도 없었다. 오히려 권력자의 사익을 위해 도로가 구부러지는 경우는 현대에 더 많다. 물론 우리나라도 예외가 아니었다. 로마인들은 이렇게 돌로 포장된 간선도로만도 8만 킬로미터 이상, 비용절감을 위해 자갈로 포장된 지선도로까지 합치면 32만 킬로미터가 넘는 엄청난 도로망을 건설했다. 이조차도 각국의 연구자들이 파악한 것을 모은 수치에 불과하며, 실제 어느 정도 길이였는지는 알 수가 없다.

770m 길이의 그로타 디 세이아노(Grotta di Seiano) 터널은 포실리포 언덕 아래를 지나며 황실 별장과 근처의 다른 귀족 별장을 쿠마에 마을과 항구에 연결한다. 이 터널의 이름은 티베리우스 황제의 총독인 루시우스 아일리우스 세이아누스(Sejanus)에서 유래했다. 서기 1세기에 아그리파의 명령으로 건축가 코케이우스 아우크투스(Lucius Cocceius Auctus)가 처음 건설했다. 동쪽 입구는 현 고고학 공원 내의 암벽을 깎아 만들었고, 서쪽 입구는 절벽 측면을 따라 벽돌 벽(opus reticulatum)이 늘어선 기념비적인 아치로 양쪽 끝은 약 14미터 높이이다.

로마가 이런 엄청난 도로망을 만든 첫 번째 이유는 군사적인 목적, 즉 최대한 빨리 병력과 장비를 전선에 보내기 위해서였다. 물론 적군도 이런 도로망을 이용할 수 있었는데, 최고의 강적이었던 한니발은 로마 가도를 이용하여 이탈리아를 유린한 바 있었다. 그럼에도 로마는 도로 건설을 중단하지 않았고, 결국 유례없이 우수한 도로망을 가진 대제국을 건설하기에 이르렀다.

정복을 멈춘 후에도 로마 제국은 도로망으로 장기간 통일을 유지할 수 있었다. 이러한 로마의 도로망 혜택을 가장 많이 입은 인물이 사도 바울이다. 로마 가도가 없었다면 그의 대선교 여행은 애시당초 불가능했기 때문이다. 결국 그리스도교를 로마 국교로 만든 일등 공신은 로마 가도였다고 할 수 있다.

진나라의 직도

시오노 나나미는 《로마인 이야기》에서 중국과 로마 동서의 두 대제국을 비교하면서 둘 다 기술력은 대등했지만 최초의 제국 진나라는 제국의 방어를 위해 퇴영적인 만리장성을 쌓았고, 로마는 도로 건설을 택했다고 썼다. 하지만 중국인 역시 도로의 중요성을 모르지 않았다. 전설적인 중국인의 시조 헌원軒轅 황제는 수레의 발명자라고 하는데, 실제로 헌원 두 글자에 모두 수레 거車가 변으로 들어가 있다. 《사기》의 〈오제본기〉에서는 황제가 "산을 허물고 길을 닦느라 편안하게 거처한 적이 없었다."라고 기록되었다. 하나라의 시조인 우 임금도 "아홉 개의 주를 개척하고 아홉 개의 길을 통하게 했다."라고 했으며, 유명한 '우공이산'의 고사 등에 비추어 보아도 중국인들 역시 도로의 중요성을 인식해 많은 자원과 노력을 기울여 도로를 냈다. 물론 천하통일을 이룬 진시황도 예외가 아니었다. 진시황의 토목공사하면 사람들은 누구나 만리장성, 여산릉, 아방궁을 연상하지만 진짜 중요한 토목공사는 도로였다는 사실을 아는 이는 그리 많지 않다.

사마천의 《사기》〈진시황본기〉를 보면 기원전 212년부터 진시황이 대장군 몽염에게 명령하여 현재의 내몽고 자치구 포두包頭시부터 수도 함양咸陽까지의 직선도로인 직도直道를 건설하게 하였다. 30여 만의 대군을 동원해 2년 6개월 만에 건설한 이 도로의 길이는 700킬로미터가 넘는다. 만리장성이나 아방궁에 가려져 많이 알려져 있지 않지만, 직도는 아방궁을 능가하는 거대한 토목 사업이었음이 분명하다. 직도의 건설로 인해 유사시 국경까지 군대를 빨리 보낼 수 있었으며, 물자 수송을 원활하게 하였다. 이 도로는 이후 한나라 시대까지 주요 도로로 사용했을 것으로 추정되는데 이를 가장 잘 이용한 인물이 사마천이다.

진시황의 교통에 대한 관심은 교통법규에서도 보인다. 그는 수레바퀴의 폭을 통일하는 교통법을 만들었다. 당시의 수레바퀴 폭은 전국시대 7개국이 모두 달랐다. 도로에 수레가 다니면 홈이 파이고, 그 홈을 따라 수레들이 다니다 보니 폭이 다르면 통행이 어려울 수밖에 없었다. 전쟁이 빈번했던 춘추전국시대에는 전쟁에서 가장 중요한 무기가 전차였기 때문에 각국은 타국의 전차가 통행할 수 없도록 의도적으로 수레바퀴의 폭을 달리했다. 하지만, 진시황이 수레바퀴 폭을 통일함으로써 수레는 그 기능을 다할 수 있었다.

또한 진시황은 직도와는 별개로 수도 함양을 중심으로 하는 새로운 도로를 건설하고 교통망을 구축했다. 그래서 황제가 된 그 해에 '수레의 양쪽 바퀴 사이의 거리를 통일'할 것을 명령하고 이듬해에는 천자의 전용 도로인 '치도馳道'를 건설하였다. 진시황 27년(기원전 220년)에 건설된 치도에는 두 갈래 길이 있었다. 하나는 과거 연나라와 제나라가 있던 동쪽을 향해 나아가는 직통로이고, 다른 하나는 과거 오나라와 초나라 지역이던 남쪽으로 가는 직통로였다. 한나라 시대에 나온 책 《지언^{至言}》에는 치도를 다음과 같이 묘사하고 있다.

> 진은 천하에 치도를 만들었다. 동쪽으로는 제나라와 연나라로 나아가고, 남쪽으로는 오나라와 초나라까지 미쳤다. 강과 호수를 넘어 바다가 보이는 곳까지 이르렀다. 도로의 너비는 50보나 되었고, 도로 가에는 3장이나 되는 나무를 심었으며, 그 바깥에는 두터운 담을 쌓았다.

진시황은 이 직도를 만들 때 비가 퍼부어도 노면이 평평함을 유지하도록 명령을 내렸다. 하지만 그때는 시멘트나 아스팔트가 없던 시기여서 도로를 만들면 얼마 지나지 않아 잡초가 무성해질 수밖에 없었다. 진나라의 장인들은 먼저 흙을 장기간 가열하여 흙 속에 남아 있는 잡초의 씨를 익혀 자라지 못하게 하고 흙 속에 있었던 영양분을 증발시켰다. 또한 훗날 잡초의 씨가 뿌려져 다시 자라는 걸 막기 위해, 흙 속에 대량의 염분을 첨가하는 작업을 추가했다.

이런 방식으로 건설된 진나라의 직도는 지금도 상당 부분이 남아 있다. 이렇게 보면 치도의 건설 방식과 수준이 매우 높았음을 알 수 있다. 2천여 년 전에 이처럼 넓은 도로를 건설할 수 있었다는 것은 놀라운 일이 아닐 수 없다. 이런 도로 건설과 수레바퀴 폭의 통일은 진시황이 교통시설과 교통법규의 확립이 국가 번영의 기초 인프라라고 생각했음을 보여준다. 진시황이 좀 더 오래 살았다면 더 많은 도로를 건설했겠지만 이루어지지 않았다.

페르시아와 잉카 제국의 도로

직도, 치도와 비슷한 고대의 도로로는 페르시아 제국의 수도 페르세폴리스와 지중해에 가까운 사르디스Sardis를 연결하는 '왕의 도로'가 있다. 이 도로의 길이는 직도보다 훨씬 긴 2,700킬로미터에 달했고 111개의 역참이 있었던 '왕의 도로'는 서양 역사의 아버지 헤로도토스를 경탄시킬 정도였다. 그러나 비야티카Viyataka라는 통행증이 없으면 발을 내디딜 수조차 없었고, 이 통행증은 수도나 총독 격인 샤트라프의 관저에서만 발행되는 것이어서 소지 자체가 엄청난 특권이었다. 크세노폰Xenophon의 그리스 용병대가 제국 중기가 넘어가는 시기에 이 길을 지났다. 그들이 이 길의 진흙탕에서 고생했다는 기록을 보면 관리가 되지 않았던 것으로 보인다.

지금의 콜롬비아 남부에서 칠레 중부, 아르헨티나 북부에 이르는 광대한 지역을 지배했던 잉카제국 역시 '왕의 도로'라고 부른 2만 킬로미터가 넘는 잘 정비된 도로망을 건설했다. 산지의 도로는 1미터에서 6미터로 폭이 일정하지는 않았지만 산허리를 돌고 훌륭한 다리로 연결되었으며, 해안에는 7.3미터 안팎의 일정한 넓이를 가진 4,000킬로미터의 도로가 있었다. 바퀴와 수레가 없었던 잉카제국이 이런 도로망을 건설한 이유는 군사적 목적과 중앙집권을 위한 통신 때문이었다. 이 도로에는 20~30킬로미터 구간마다 역이 있었고, 발 빠른 주자들이 하루에 최고 240킬로미터를 이동할 수 있었다고 한다. 하지만 잉카의 도로망은 스페인 정복자들에게 최고의 침략로를 제공해주어 제국의 몰락을 앞당기는 결과를 낳고 말았다.

직도나 치도, '왕의 도로'는 당시로서는 획기적인 도로들이지만 총길이 8만 킬로미터가 넘고 제국의 구석구석을 연결하는 혈관인 로마의 도로망과는 비교할 수가 없다. 로마가 오래 지속되고, 또 후세에 그토록 큰 영향력을 미친 가장 큰 이유를 하드웨어에서 찾자면 단연 로마의 가도를 꼽아야 한다.

도로의 근대화

과학혁명 이후 유럽은 눈부신 기술 발전을 이루었는데, 도로도 예외가 아니었고 선두주자인 영국이 앞서나갔다. 영국은 1663년 사상 최초로 유료도로법을 제정하여 치안판사에게 통행료를 부과할 수 있는 권한을 주었다. 이 통행료 수입으로 도로 정비와 건설 재원을 마련할 수 있었고, 18세기부터 민간 트러스트의 주도로 본격적으로 도로를 건설하였다. 이 결과 1750년에는 유료도로가 5,500킬로미터에 이르렀고, 런던과 리버풀 사이에 우편마차제도가 도입되기에 이른다.

대륙에서는 프랑스가 중앙집권국가의 대표답게 비교적 좋은 도로망을 가지고 있었다. 1760년에는 피에르 트레사게^{Pierre Tresaguet}가 로마 가도를 개량한 석조 도로건설법을 선보였다. 비슷한 시기에 영국의 존 메트칼프^{John Metclaf}도 큰 돌로 기초를 다지고, 작은 돌조각으로 빈틈을 메운 다음, 배수를 위해 도로 표면을 볼록하게 만들고 좌우로 도랑을 파는 공법을 개발하였다. 이 공법은 1765년부터 32년 간 진행된 요크셔와 랭커셔 사이의 도로에 적용되었다. 19세기 들어서는 토목기술자인 토마스 텔퍼드^{Thomas Telford}가 돌과 진흙으로 기초를 다지고, 그 위에 자갈을 까는 공법을 고안했다.

1810년대 후반, 존 매커덤^{John McAdam}은 메트칼프와 텔퍼드의 공법을 융합하고, 도로와 재료의 규격에 신경을 쓴 새로운 공법을 개발하여 큰 호응을 얻었다. 이런 건설공법의 진보로 인하여 1830년 현재 영국의 도로는 3만 5천 킬로미터에 이르렀다. 그 전까지 3일이 걸리던 런던-맨체스터 구간은 18시간으로 줄어들었다. 이로써 근대 도로의 기초가 마련된 셈이다. 도로를 포장한다는 의미를 가진 영어동사 macadamize와 매커덤 포장기계는 그의 이름에서 비롯되었다. 이후 이 공법은 미국을 비롯한 전 세계에 수출되었고, 고무 타이어를 단 자동차가 등장하자 표면을 아스팔트로 바꾸었을 뿐 기본적인 골격은 그대로 유지되고 있다.

독일의 아우토반과 미국의 연방 고속도로

독일을 패전의 참화로 몰아간 히틀러의 몇 안 되는 업적 중 하나는 아우토반Bundesautobahn의 건설이다. 아우토반은 세계 최초의 고속도로라고 알려져 있지만, 사실 세계 최초의 고속도로는 아우토스트라다라는 이름으로 1923년 이탈리아에서 건설되었고, 독일은 이를 참고했을 뿐이다. 하지만 독일의 아우토반이 훨씬 대규모이고 체계적이어서 그렇게 알려졌다.

아우토반의 최초 계획은 1920년대 바이마르 공화국 때부터 존재했지만, 바이마르 공화국이 경제 공황에 시달려서 실제 시공에 들어간 구간은 몇 군데에 불과했다. 그 뒤로 전국을 연결하는 자동차전용도로 네트워크 구상을 실천에 옮긴 인물이 바로 아돌프 히틀러였다. 공공사업을 통해 실업률을 잡겠다는 생각으로 시작했으니 미국의 뉴딜과 비슷한 논리로 공사에 들어간 것이다. 그러나 실상 아우토반 건설은 나치 독일의 경제부흥에 큰 역할을 하지는 못했다. 정책적으로 아우토반 건설보다 군비 확장이 우선시되어 인력과 자원이 집중되지 못했기 때문이다. 그래서 나치 정권 기간 아우토반 건설은 계획대로 완료되지 못했지만, 그래도 1942년까지 3,819킬로미터나 건설했다. 당시 독일의 민간 자동차 소유가

아우토반(Autobahn)은 독일어로 고속도로라는 뜻이다. 원조인 독일에서는 공식 명칭이 연방아우토반(Bundesautobahn), 자동차전용도로(제한속도 무제한)는 크라프트파르슈트라세(Kraftfahrstraße), 일반 시외도로는 분데스슈트라세(Bundesstraße)라고 부른다. 아우토반은 과거 로마 제국의 도로망이 근원이라 톨게이트와 통행료가 없다. 직선화와 고속 주행이 가능하도록 한 것도 로마 제국의 도로를 본받았기 때문이다.

크게 활성화되지 못했고 운송수단으로서 철도체계가 잘 갖추어져 있었기 때문에 아우토반은 거의 빈 도로였다. 오히려 활주로로도 사용하도록 되어 있어서 포장이 두꺼웠고, 실제로 제2차 세계대전 때 활주로로 많이 활용되었다.

전후 아우토반은 독일의 경제부흥과 더불어 계속 확장되었고 지금은 1만 5,000킬로미터가 넘는 총연장을 자랑하고 있다. 독일 아우토반의 특징은 대형 트럭을 제외하면 통행료가 없다는 사실이다. 일반적으로 알려진 바와 달리 제한 속도가 있는 구간이 대부분이지만 벤츠나 BMW, 폴크스바겐 등 세계적인 자동차 메이커들이 등장한 이유가 아우토반 덕분이라는 사실은 널리 알려져 있다. 슈마허나 베델 같은 세계적인 카레이서들이 배출된 이유 역시 같다.

미국은 20세기 초반, 세계 최고의 자동차 보급률을 자랑했지만 1940년에 개통된 펜실베이니아의 턴파이크Turnpike 유료 고속도로를 제외하면 이렇다 할 고속도로가 없었고, 특히 주 사이를 연결하는 고속도로가 거의 없었다. 1919년 1차대전 종전 후 미 육군은 병력을 대서양에서 태평양으로 이동하는 전시 수송 작전을 실시했지만, 5,200킬로미터 주파에 62일이 걸릴 정도로 도로망은 낙후되어 있었다. 이때 작전에 참여했던 인물이 공병장교인 아이젠하워였다. 2차대전 때 연합군 총사령관으로서 독일을 점령하면서 아우토반에 감탄한 아이젠하워는 대통령에 당선된 후 연방고속도로 건설에 착수했다.

1956년, 그는 가솔린에 부과한 세금을 재원으로 주간 고속도로 건설 법안에 서명하고 1975년까지 8만 8,601킬로미터의 고속도로를 건설했다. 연방정부는 건설 예산의 90%를 부담했다. 당시는 미국 교통 예산의 75%가 고속도로에 투입되고 1%만이 대도시의 대중교통을 위해 투입될 정도로 고속도로 '올인'의 시대였다. 이는 지금까지도 계속 연장되고 있다. 주간 고속도로는 국토의 균형발전, 인적 물적 교류 활성화, 고용기회의 확대, 관광 및 레저 산업의 활성화 등 엄청난 부대 효과를 낳았다.

맥도널드나 버거킹 같은 패스트푸드 체인, 월마트나 세븐일레븐 같은 유통업체, 홀리데이 인 같은 체인 호텔의 발전은 고속도로 없이는 상상할 수도 없다. 미국에는 드라이브 인 교회나 자동차 극장이 있을 정도로 자동차 문화가 완전히 자리 잡았다. 허리케인 카타리나가 뉴올리언스를 덮쳤을 때 200만이 넘는 주민들이 몇 시간 만에 대피할 수 있었던 것도 고속도로 덕분이었다. 하지만 과도한 에너지 소모로 인한 이산화탄소 배출은 전 세계의 눈총을 받기도 한다. 또한 독일과 미국의 고속도로는 당연히 자동차의 고속화를 촉진했고, 이 결과 20세기 초까지만 해도 어느 정도 보급되던 전기차를 사실상 멸종케 했다. 최근에 와서야 환경문제 그리고 기술발전으로 전기차의 시대가 다시 오는 듯한데, 만시지탄이라고 보는 전문가들도 적지 않다.

우리나라의 도로

우리나라 고대의 도로가 어떻게 만들어졌으며 어떤 형태였으며, 어떻게 관리되었는지는 현존하는 기록에는 별로 나와 있지 않다. 하지만 고구려, 백제, 신라 삼국이 강력한 고대 국가를 건설하고 수도를 중심으로 발전했다. 가장 먼저 고대국가를 이룬 고구려는 여러 고분 벽화에 다양한 수레가 등장할 정도로 수레 문화가 발달한 국가였다. 따라서 도로망이 상당히 뛰어난 국가로 추정할 수 있다.

백제와 신라 역시 중앙집권을 강화하면서 수도와 지역 중심지를 연결하는 행정로와 군사목적의 도로를 건설했다. 특히 고구려와 신라 사이의 연결로 중 소백산맥의 계립령鷄立嶺과 죽령은 우리나라 도로 연대표에서 가장 먼저 개척된 도로로 유명하다. 역참제도도 발전해 나갔는데,《삼국사기》를 보면 신라 소지왕 9년인 서기 487년, "처음으로 역을 설치하고 왕은 관청에 명하여 관도를 수리하게 했다."란 기록이 나온다. 아마 관도는 주요 간선도로를 의미하는 것으로 보인다. 통일신라시대에 이르러서는 역참을 관리하는 경도역京都驛이라는 기구를 설치했고, 육상교통의 관리 부서인 승부乘部를 두어 도로망을 관리했다. 고려 성종 대에 이르러 중앙집권이 강화되면서 역참망이 발달했고, 도로를 대중소 세 등급으로 나누었다. 하지만 도로 상태는 열악했고, 수레 역시 두 개의 바퀴를 달고 소가 끄는 정도가 일반적이었다고 한다.

조선시대에는 서대문인 돈의문에서 의주를 연결하는 제1로(약 400킬로미터)와 숭례문과 부산을 연결하는 제4로(약 380킬로미터) 등 9개의 도로가 한양을 중심으로 방사형으로 뻗어갔다. 하지만 도로의 폭은 대부분 겨우 말 한 마리, 가마 한 대 지나갈 정도에 불과했다. 이런 상황에서도 조선에서 가장 좋은 길은 중국으로 가는 조공사절이 지나는 제1로 즉 경의가도였다. 은평구를 통과하는 이 도로는 대중국무역의 혈맥이었고, 거상 임상옥도 이 길을 통해 부를 쌓아 올렸다. 중요한 통신수단이었던 파발도 이 길을 이용했다. 은평구에는 여기에서 유래한 구파발과 역촌동이라는 지명이 있고, 구의 로고도 말을 형상화한 파발이다. 조선의 도로를 혹평했던 외국인들도 경의가도만은 2열의 군대가 통과할 정도여서 나쁘지 않다고 평했다. 은평구 녹번동에는 의주까지 천리, 부산 동래까지 천리라는 사실을 알려주는 양천리兩千里 표지석이 서 있다.

조선시대에 역참망은 조밀했지만, 상업을 천시했기에 국가 차원에서 도로 건설이 이루어지지는 않았고 도로 상태 역시 열악했다. 역참에서 일하는 역원은 공무 여행자에게 침식을 제공하고 역마를 관리했는데 업

녹번동에 있는 양천리 유래비와 저자(성흠제)

무가 고되어 이탈자가 많았다. 이를 막기 위해 나라에서는 이들을 특수 신분으로 묶어놓고 직을 세습시켰다.

조선시대에는 도로보다 고려시대부터 운영해왔던 조운이 더 큰 역할을 했다. 조선 전기에는 선박의 수명과 관리 방법까지 세세하게 정할 정도로 많은 신경을 썼고, 민간에서 운영하는 사선 조운도 등장했다. 그러나 후기에 접어들면서 선박과 사공인 조군(漕軍)을 구하기 어려워지면서 거의 파탄지경에 이르렀다. 수리 작업에 강제로 동원된 기술자들이 고되고 대접도 받지 못하는 관청기술자 되는 것을 기피했고 재료의 수급도 원활하지 않았기 때문이다. 기술자를 제대로 육성하고 대접하지 않으면 어떤 결과가 나오는지를 잘 보여주는 사례이다.

조선 중기의 대학자 이황도 동서간 도로 다섯과 남북간 도로 셋을 건설하자고 조정에 건의한 바 있다. 조선 후기에는 이익이나 박제가, 유형원, 정약용 등 실학자들이 형편없는 도로 사정을 비판하고 도로망의 확충으로 산업을 일으키자는 주장을 하였다. 특히 신경준은《도로고》라는

4권짜리 책을 펴내 조선의 도로에 대한 상세한 고찰을 보여주었다. 하지만 그들의 탁견은 거의 조정에 받아들여지지 않았고 나라는 결국 쇠망의 길을 걷고 만다.

1876년 개항 이후, 서구문물이 들어오면서부터 도로에 대한 인식이 조금씩 바뀌었고, 개화파 김옥균도 도로 건설과 인력거 도입에 많은 관심을 가졌다. 고종은 태조 이성계의 건원릉健元陵으로 가는 길을 신작로로 닦으라는 지시를 내렸으며, 대한제국 선포 후 한양의 도로는 많이 정비되었다. 하지만 불행하게도 우리나라의 진짜 근대적인 도로는 일제의 손에 의해 수탈과 침략의 도구로서 건설되었다.

1906년 4월, 통감부는 치도국을 신설하여 본격적인 도로 건설 작업에 들어갔다. 1908년 10월, 일제가 호남 곡창의 쌀을 더 편리하게 퍼내가기 위해 대한제국 정부를 밀어붙여 전주와 군산 사이에 우리나라 최초로 아스팔트 포장이 된 46킬로미터 길이의 신작로를 개통했다. 또한 일제는 1917년까지 평양-남포, 목포-광주, 대구-경주 구간을 개통하였고, 1922년까지는 2기 치도사업을 완수하였다. 1931년부터 시작된 대륙 침략으로 더 많은 도로가 건설되었고, 1938년 4월에 제정된 '조선도로령'으로 침략과 수탈을 위한 도로 건설이 더 용이하게 되었는데, 전반적으로 일제강점기의 도로는 철도를 보완하는 역할을 수행한 셈이었다.

해방 후에는 미군의 도움으로 도로 포장이 시작되었지만, 6.25 전쟁으로 큰 피해를 입었고, 1947년 7월에 시작된 서울-부산 국도 포장은 경부 고속도로 건설보다도 늦은 1971년 12월에야 완성되었다.

우리나라의 본격적인 도로와 자동차 시대를 연 존재는 역시 경부고속도로였다. 1968년 2월 1일, 정식으로 착공된 경부고속도로는 불과 2년 반 후인 1970년 7월 7일에 전 구간이 개통되었다. 육군 공병대가 투입되었고, 농한기의 농민들이 대거 동원되기는 했지만 이런 '추진력'이 1964년, 독일을 방문해 아우토반을 타본 박정희의 감동에서 나온 것임은 잘 알려져 있다. 서울 강서, 양천, 구로, 금천, 광명, 관악, 서초, 강남, 무려 6개 구와 1개 시를 연결하는 서울 남부의 핵심도로인 남부순환로는 김포공항과 구로공단을 경부고속도로와 연결하기 위해 만들어졌다.

전 국민 자동차 시대와 맞물려 부지런히 고속도로를 건설하여 40여 년 만에 우리나라는 총 연장 4천 킬로미터에 달하는 고속도로망을 보유하기에 이르렀다. 현재 도로는 화물과 여객 수송의 75% 이상을 맡을 정도가 되었다. 뒤에 등장할 철도와 마찬가지로 도로 역시 아시안 하이웨이와 연결되어야 할 것이다. 이미 개성공단을 잇는 1번 국도와 금강산을 잇는 7번 국도가 완공되어 있지만 안타깝게도 다시 막혀버렸다.

참고서적

- 남인희의 길 이야기 / 남인희 저 / 삶과 꿈
- 로마인 이야기 11권 / 시오노 나나미 저 / 김석희 역 / 한길사
- 매혹의 질주 근대의 횡단 / 박천홍 저 / 산처럼
- 모든 책임은 내가 진다 / 토머스 J. 크라우프웰, 에드윈 키에스터 저 / 엄자현 역 / 이오북스
- 발명과 혁신으로 읽는 하루 10분 세계사 / 송성수 역 / 생각의힘
- 세상을 바꾼 수레 / 김용만 저 / 다른
- 인프라의 걸작들 / 박원호 저 / 한솜미디어

강대국과 해군력
― 바다를 지배하는 자가 세계를 지배한다

고대와 중세의 제해권 쟁탈전

인류 문명사가 시작되면서 수많은 제국이 명멸했는데, 크게 대륙 제국과 해양 제국으로 나눌 수 있다. 바다와 무관하게 시작한 대륙 제국도 어느 정도 성장하면 해양 수송의 우월함에서 나오는 부를 인식할 수밖에 없게 되고, 자연스럽게 해군을 창설하며 바다로 나아가 기존의 해양 제국과 충돌을 일으키기 마련이다. 따라서 두 세력의 충돌은 세계 역사에서 큰 비중을 차지할 수밖에 없다. 이런 현상은 인류 역사에서 반복적으로 나타나는데, 물론 그 이유는 해양 제국의 물류망을 빼앗아 자기 것으로 만들거나, 최소한 물류망을 교란하여 힘을 약화시키기 위해서였다.

이미 고대 오리엔트 시대부터 두 세력의 대결은 시작되었다. 최초의 해양 세력은 티레와 시돈을 위시한 페니키아의 도시국가들이었는데, 이들은 《구약성서》의 〈에제키엘서〉(신교에서는 〈에스겔서〉라고 부른다)에서도 길게 언급할 정도로 엄청난 부를 쌓았다. 하지만 이 도시국가들은 이런

부 때문에 아시리아와 신바빌로니아, 페르시아라는 대제국의 공격 목표가 되어 강력하게 저항했지만 결국 굴복할 수밖에 없었다. 그러나 대제국들도 황금 알을 낳는 거위인 페니키아 도시국가들을 멸망시키지 않고 속국으로 삼아 돈주머니와 제국의 해군으로 활용했다. 특히 페르시아 치하의 페니키아 해양도시들은 제2의 전성기라고 할 정도로 번영을 누렸다.

하지만 고대 오리엔트 세계의 마지막 제국인 페르시아는 아테네를 중심으로 하는 그리스 도시국가들을 굴복시키지는 못했다. 오히려 살라미스 해전에서 페니키아를 주력으로 하는 페르시아의 대함대는 아테네를 주력으로 한 그리스 연합함대에게 참패하고 말았다. 이후 아테네를 중심으로 한 델로스 동맹이 결성되었고, 에우리메돈^{Eurimedon} 해전에서 다시 페니키아를 주력으로 한 페르시아 함대를 격파하며 동지중해의 제해권을 장악했다. 페르시아를 물리친 아테네는 델로스 동맹의 맹주로써 막강한 세력을 과시했고, 나아가 그리스 세계의 패권을 장악하기 위해 육군 강국 스파르타를 도발하면서 펠로폰네소스 전쟁을 일으켰다. 펠로폰네소스 전쟁에서 스파르타는 해군을 만들어 아테네의 해상권에 도전하였고, 아르기누세^{Arginusae} 해전에서 완승을 거두며 아테네를 굴복시켰다.

고대의 세계대전이었던 포에니 전쟁 때에는 로마가 스파르타, 카르타고가 아테네 역할을 맡아 거의 100년 동안 세 차례나 치열하게 싸웠다. 1차 포에니 전쟁에서 육군 국가 로마가 해군을 창설하여 카르타고의 제해권에 도전해 최종적인 승리를 거두고, 서지중해의 제해권을 장악했다. 2차 포에니 전쟁 때 카르타고는 세기의 명장 한니발이 맹활약했음에도 제해권이 없어 지원이 제한적이었고, 대 로마 포위망도 완성하지 못해 결국은 패하고 말았다.[104] 3차전쟁에서 로마는 완벽한 제해권으로 카르타고를 질식시키고 최종적으로 멸망시키는 데 성공했다. 그리고 더 나아가 지

---

104) 한니발이 그 유명한 알프스 횡단을 감행한 이유도 제해권이 없었기 때문이다.

카르타고 답사 중인 저자(한종수)

중해 세계를 통일하고, 500년간 이어지는 팍스 로마나를 이루었다.

이후 대륙에 기반을 둔 제국들은 어느 정도 성장하면 해군을 육성하게 되었다. 심지어 패권을 장악한 제국들 중 가장 대륙지향적이던 몽골조차 원나라로 변신한 이후에는 남송의 해군을 흡수하여 대규모 해군을 만들었다. 비록 실패하기는 했지만, 두 차례의 일본 원정과 자바 원정을 할 정도로 강력한 해군력을 육성했다. 육상전력으로는 이슬람에 비할 바 아니었던 십자군 국가들이 200년 가까이 성지에서 버틸 수 있었던 이유도 이탈리아 도시국가들의 해양력 덕분이었다.

몽골과 마찬가지로 유목민족인 오스만 투르크 역시 바다와 거리가 멀었지만, 15세기 후반부터 동지중해 연안을 지배하게 되자 이슬람 해적들을 대거 정규 해군에 편입시켰다. 여기에 자체적으로 만든 군함을 합친 강력한 함대를 만들어 1571년 레판토 해전 직전까지 대해운국인 베네치아와 신대륙을 정복한 스페인보다 우세한 해군을 보유하기에 이른다. 또한 인도양에서도 강력한 해군을 유지하여, 포르투갈과 제해권 다툼을 벌였다. 하지만 인도양에서 포르투갈에 패하고, 다시 지중해에서 스페인과 베네치아가 중심이 된 신성동맹에게 레판토에서 크게 패하면서 제한적인 제해권에 만족할 수밖에 없었고, 이후 과학혁명에 뒤쳐지면서 완전히 해양후진국으로 전락하고 말았다.

표트르 대제 역시 전형적인 대륙국가 러시아의 군주였음에도 해군을 창설했다. 그가 신분을 숨기고 네덜란드의 조선소에서 손수 조선공으로 일했던 사실은 유명하다. 러시아 해군의 아버지이기도 한 그는 이런 말을 남겼다.

"지상군을 보유한 군주는 하나의 손을 가진 것이며, 여기에 함대를 더 가지고 있는 군주는 양손을 가진 것과 같다."

러시아 제국은 이후, 흑해에서 오스만 제국 함대를 물리치며 상당한 성과를 거두었지만, 크림 전쟁과 러일전쟁에서 바다와 육지에서 연속으로 패하면서 크게 위축되었다.

영국의 해양 패권

근현대 해군의 모델인 영국 해군은 알프레드 대왕 때 창설되었다. 영국 해군은 백년전쟁 때 슬루이스^{Sluys} 해전에서 승리를 거두면서 본격적으로 모습을 드러냈고 헨리8세의 본격적인 투자로 크게 성장했다. 이후 엘리자베스 여왕 때 스페인 무적함대를 격파하면서 두각을 나타냈다. 거의

17세기 내내 벌인 네덜란드와의 전쟁에서 고전하기는 했지만 끝내 승리하면서 영국 해군이 드디어 전 세계 바다의 왕자가 되었다. 그러자 대륙 국가 프랑스가 도전자로 나섰다.

프랑스는 리슐리외 추기경이 총리를 맡은 이후[105] 당시 기준으로는 최고 수준의 전문 해군을 보유한 구호기사단에 귀족 소년들을 보내 훈련을 맡기면서 본격적으로 해군을 만들기 시작했다. 프랑스는 이후 계속 강력한 해군을 유지하며 1세기 이상 영국의 제해권에 도전했고, 부분적으로 승리도 거두었지만 7년 전쟁에서 결정적으로 패배하고 말았다. 다행히 미국 독립전쟁에서 미국을 지원하면서 어느 정도 복수에 성공했다. 그리고 프랑스 대혁명이 일어나고 나폴레옹이 등장하면서 유럽은 프랑스의 천하가 되고 말았다. 하지만 해군의 경우는 달랐다. 애국심과 이데올로기적인 열정이 육군에는 큰 동력이 될 수 있지만, 전문성이 최우선인 해군은 대혁명으로 귀족 중심인 전문인력이 해외로 빠져나가면서 오히려 약화되고 말았다.

'바다의 여왕' 영국은 트라팔가르에서 프랑스와 스페인 연합함대를 전멸시켜, 나폴레옹의 영국 상륙 시도를 완전히 좌절시켰다. 오히려 프랑스와 유럽 대륙의 항구들을 봉쇄하기까지 하였다.[106] 더 나아가 자국 식민지를 보호하고, 몰타와 서인도와 동인도 제도, 실론, 말라카, 케이프타운 등 요충지를 식민지로 만들었다. 육군을 이베리아 반도에 상륙시켜, 프랑스의 배후를 찔러, 프랑스 대육군을 스페인의 수렁에 빠뜨려버렸다. 무역과 산업으로 얻은 부로써 대륙봉쇄령을 무력화시켰고, 오스트리아

---

105) 리슐리외는 1626년, 항해통상 총사령관을 겸임했다. 1939년, 프랑스 해군은 그의 이름을 3만 8천 톤급 전함을 건조하여 실전에 배치하였다.
106) 항구에 가만히 있는 프랑스의 군함과 상선은 안전했지만, 봉쇄를 해야 하는 영국 해군은 비전투 손실 비율이 높을 수밖에 없었다. 1793년부터 1815년까지 영국 해군은 10만 명의 사망자가 나왔는데, 질병으로 인한 사망자가 50%, 개인적인 과실로 죽은 이가 30%, 해난사고 사망자는 13%였지만, 전사자는 7%에 불과했다. 이런 상황에서도 영국 해군은 역봉쇄에 성공했던 것이다.

드레드노트(dreadnought)는 20세기에 널리 제작된 전함의 형태로, 노급전함(弩級戰艦)이라고도 한다. 1906년에 건조된 혁명적인 HMS 드레드노트를 따라 설계된 '드레드노트' 전함들은 거포만을 탑재한 이전의 전함과는 구별되었다. HMS 드레드노트가 진수되자 각국 해군은 그 설계에 영향을 받은 배를 제작하였다. 영국의 기술 우위와 피셔 제독의 의지로 탄생한 '드레드노트' 전함들은 우연한 것이 아니었다. 그 전의 전함들은 함포의 위력에 비해 속도가 느렸다. 그러나 드레드노트의 등장은 새로운 군비 경쟁을 촉발시켰고, 특히, 영국과 독일의 경쟁이 치열했다. 이 혁신적인 전함은 유럽은 물론 미국과 일본, 남미에서도 도입하여, 국력의 결정적인 상징이 되었다.

와 러시아, 프로이센을 금전적으로 지원하여 라이프치히 전투를 승리로 이끌어 나폴레옹을 퇴위시켰다. 영국은 이렇게 완벽한 제해권 장악이 어떤 결과를 나타내는지를 거의 완전한 형태로 보여주었다. 워털루 전투에서 영국과 힘을 합쳐 나폴레옹을 격파한 프로이센의 장군 그나이제나우는 이런 명언을 남겼다.

> 대영제국은 지구상의 생명체 가운데 이 악당(나폴레옹)에게 가장 감사해야 할 것이다. 왜냐하면 그 악당이 일으킨 사건들을 통해 영국의 위대함, 번영, 부가 훨씬 크게 성장했기 때문이다. 영국은 이제 해양의 지배자 되었으며, 해양 지배나 교역에서 두려워 할 어떤 경쟁국도 없게 되었다.

산업혁명에 성공한 영국은 기존의 범선 함대를 증기기관과 강철로 만든 함대로 변신시키는 혁신을 이루면서 전 세계의 바다를 지배했고, 해적을 소탕하여 상선이 무장할 필요가 없는 시대, 즉 팍스 브리타니카를 열었다. 영국 해군은 1차 아편전쟁에서 후진적인 청나라 해군을 완전히 압도했고, 2차 아편전쟁에서는 바다를 통해 수도 북경까지 함락시켰다. 크림 전쟁에서도 영국 해군은 러시아의 앞마당인 발트해에서 압도적인 우위를 보이면서 러시아의 수도 상트페테르부르크를 봉쇄했고, 극동에서도 캄차카 반도의 수도 페트로파블롭스크를 점령하는 놀라운 힘을 보여주었다. 이렇게 영국은 두 차례의 아편전쟁과 크림 전쟁을 모두 해군의 힘으로 승리를 거두었다.[107] 심지어 러시아의 남하를 저지하기 위해 1885년 조선의 거문도를 점령하기까지 했다. 기술면에서도 1866년에는 치명적인 신무기 어뢰를 개발하는 등 또 다른 혁신도 이루었다.

---

107) 이렇게 압도적 우위를 점한 상태에서 승리를 거듭했던 영국은 후진적인 적국에 대한 고정관념에서 벗어나지 못했다. 결국 오스만 제국을 얕보다가 1차대전 때 갈리폴리에서 큰 패배를 당하고 만다.

영국은 1889년 세계 2위와 3위의 해군 함정을 합친 것보다 더 많은 군함을 보유하겠다는 2국 표준주의를 공식적으로 표방할 정도로 막강한 해군력을 과시했고, 1906년에는 증기터빈을 장착한 고속전함 드레드노트를 내놓으면서 다시 한 번 혁신을 이루었다.

신흥제국 독일의 도전

하지만 대륙 국가들의 해양국가들에 대한 도전은 독일, 소련, 중국 등으로 주자를 바꾸어 가면서 계속 이어졌다. 하지만 고대와는 달리 근현대의 대륙 국가들은 프랑스처럼 바다에서 해양국가에 승리를 거두지는 못했다.[108]

한자동맹 외에는 바다와는 별다른 인연이 없었던 독일 역시 통일을 이룬 후, 강력한 중공업을 바탕으로 알프레드 폰 티르피츠 Alfred von Tirpitz 제독의 지도하에 해군을 건설하기 시작해 1차대전 직전에는 세계2위의 해군력을 보유하기에 이르렀다. 당시 영국 해군장관이었던 처칠은 독일의 해군 건설에 대해 "독일에게 해군은 값비싼 장난감이지만, 영국에게 해군은 생명선이다."라고 말했다.

독일 해군은 역사상 최대 규모로 벌어진 유틀란트 해전에서 포술이나 방어력 등 기술면에서는 영국 해군을 능가했다. 1917년 10월에는 인류 역사상 처음으로 육해공 합동으로 알비온 Albion 작전을 감행해 발트해의 요충지인 사아메라 Saarema, 히우마 Hiiuma, 무후 Muhu 세 섬을 손쉽게 점령하는 위업을 이루기도 했다. 하지만 지형적 어려움 그리고 물량과 정보

---

108) 물론 제해권 다툼이 해양국가와 대륙 국가 사이에서만 벌어진 것은 아니었다. 영국과 네덜란드가 네 차례 벌인 영란전쟁은 거의 해전으로 치러졌다.

취득 등에서 영국 해군을 넘어서지 못했고, 특히 유틀란트 해전 이후에는 해상결전을 시도조차 못했다.[109] 대신 통상파괴를 목적으로 잠수함 전을 전개하여 큰 전과를 거두었지만 미국의 참전을 유도해 패전의 원인을 제공하고 말았다.

2차대전이 시작되자, 독일은 노르웨이에 육해공 입체작전을 펼쳐 성공하는 저력을 보였지만 수상함대의 규모는 1차대전 때보다도 훨씬 작아서 결국 최신예 전함 비스마르크를 첫 출격에서 잃는 큰 손실을 입었다. 이런 이유로 독일 해군은 다시 잠수함에 모든 것을 걸 수밖에 없었다. 독일 잠수함 부대는 집단으로 공격하는 늑대 떼 전술을 도입하고, 급유잠수함과 스노클(물 위로 올라가는 흡기관), 발터형 고속잠수함이라는 혁신을 이루며 엄청난 전과를 올렸지만 끝내 한계를 극복하지 못하고 결국 패하고 말았다. 영국이 대륙의 강대국인 독일을 굴복시켰지만, 러시아와 소련의 힘이 없었다면 승리를 거두기는 힘들었다. 순수하게 해군력만으로 강력한 대륙 국가를 굴복시키는 것은 그만큼 어렵다는 이야기이다.

일본 해군의 굴기와 남미의 태평양 전쟁

일본은 도쿠가와 막부 말기부터 근대적인 해군을 만들기 시작했다. 본격화된 시기는 1868년 메이지 유신 이후였다. 1870년 해군이 독립하고 해군성이 설치되었다. 1876년에 일본해군병학교가 세워진다. 이후 해군 건설에 많은 자원을 투자했고, 영국 해군을 모델로 발전해 나갔다. 실제로 영국 해군은 일본 해군에게 많은 지원을 해주었다. 이후 일본 해군은 대륙국가인 청나라와는 청일전쟁을 러시아와는 러일전쟁을 벌였고, 연승을

---

109) 그럼에도 만만치 않은 독일 해군의 존재 때문에 영국 해군은 독일 본토 상륙 작전을 시도할 수 없었다.

거두며 동아시아의 제해권을 장악했다. 1차 대전 후 열린 워싱턴 조약에서 일본은 영국, 미국에 이은 3위 해군으로서 인정을 받기에 이른다.

하지만 일본 해군은 자만에 빠졌고, 미국을 상대로 진주만 기습을 하면서 태평양 전쟁을 일으키고 말았다. 일본 해군은 반 년 남짓한 시간 동안 동남아시아의 전체, 남태평양의 상당부분을 점령하고, 인도양까지 진출하여 영국의 아시아 지배를 붕괴시키는 놀라운 전과를 거두었다.[110] 하지만 미국이 전열을 가다듬고 엄청난 공업역량을 군함 건조에 투입하자, 압도되어 완패하고 말았다. 일본 해군의 패배는 건함 능력의 차이 같은 물량의 격차도 컸지만, 구시대적 대함거포주의와 함대결전주의, 결함이 많은 군함의 설계, 통상파괴에 써야 할 잠수함을 군함 공격에 사용했으며, 수송선 호위는 무사다운 임무가 아니라는 전 근대적 사고를 지니고 있는 것에서 보여주듯 전략과 전술에서도 많은 과오를 저질렀기 때문이다. 세계 최대의 전함이었지만 별다른 전과를 올리지 못하고 미국 항공기의 폭격으로 격침당한 야마토급 전함이 대표적인 사례이다.

전후 일본 해군은 해체되었지만, 완전히 사라진 것은 아니었다. 미국의 필요에 따라 비공식적으로 한국전쟁에 투입되어, 기뢰를 제거하는 소해작전에 종사했으며 상당수의 사상자도 냈기 때문이다.[111] 혼자 힘으로 소련과 중국을 상대하기에는 벅차다는 사실을 깨달은 미국은 일본을 사실상 재무장시키기로 결심하고, 한국전쟁 직후인 1954년에 해상자위대를 창설시켜 현재에 이르고 있다. 냉전시기에 해상자위대는 미 해군 함대를 보조해 소련 해군의 태평양 진출을 차단하는 역할을 맡아 주로 대잠과 소해 임무 중심으로 발전해 현재는 세계5위권의 전력을 갖추기에 이른다. 하지만 2010년대 이후 중국 해군의 급속한 성장으로 인해 경항공

---

110) 이 결과로 영국의 아시아 지배는 붕괴되었으니, 영국 해군은 호랑이 새끼를 키운 셈이 되었다.
111) 군수물자를 싣고 한반도로 향한 수송선을 모는 선원의 대부분도 일본인이었고, 일본 정부는 한국 해역의 정보를 전부 미국에 넘겨주었다.

모함과 강습상륙함을 보유하게 될 정도로 성격이 많이 바뀌었다.

우리에게는 잘 알려지지 않았지만, 1879년에서 1883년까지 칠레는 페루와 볼리비아를 상대로 전쟁을 했고, 이를 남미의 태평양 전쟁이라고 부른다. 이 전쟁에서 칠레 해군은 안가모스^{Angamos} 해전에서 큰 승리를 거두고 제해권을 장악한 후, 승승장구하며 페루의 수도 리마까지 함락하고 승전했다. 세계사적 관점에서 보면 작은 전쟁이지만 제해권이 얼마나 중요한지를 잘 보여준 전쟁이라 할 것이다.

미국의 해양패권

신대륙에 위치한 미국은 19세기 말까지는 강력한 해군이 없었다. 그저 남북전쟁 당시 북군의 우월한 해군력이 남부 봉쇄에 성공함으로써 승리의 주요한 원인을 만든 경험이 있던 정도였다. 하지만 1890년, 미국 정부는 '개척지가 완전히 사라졌다'고 공표했다. 한 세기 동안 서쪽으로 서쪽으로 나아갔던 미국인들은 불안감을 느끼기 시작했다. 이때 등장한 인물이 훗날 대통령에 오른 시오도어 루스벨트와 알프레드 매헌$^{A.T.Mahan}$이다.

상류층에서 태어난 루스벨트는 어린 시절 세계 일주를 했고 이 경험 때문에 바다에 강한 흥미를 느꼈다. 영미전쟁을 다룬 《1812년 해전》을 쓴 그는 20대에 정치에 뛰어들어 강력한 함대를 건설해야 한다는 요지의 주장을 했다. 때마침, 1890년 알프레드 매헌이 훗날 해군의 성경으로까지 칭송받게 되는 《해양력이 역사에 미치는 영향》을 세상에 내놓았다. 이 책의 내용은 다음과 같이 요약할 수 있다.

무역은 국부의 원천으로써 무역은 항만과 해상교통로가 보호되어야 안정

될 수 있으며 이는 강력한 해군이 없으면 불가능하다. 바다는 모든 방향으로 통행 할 수 있는 거대한 고속도로이며 강력한 해군은 평시에는 국부를 증진시키며 전시에는 전쟁의 승리를 보장한다.

이 책은 전 세계에서 읽혔으며, 특히 미국과 독일, 일본에 큰 영향을 끼쳤다. 미국은 그 당시만 해도 청나라보다 못한 세계 12위의 해군을 보유하고 있었지만, 이때부터 정계의 전폭적인 지원으로 무섭게 해군력을 확장하기 시작했다. 미국이 서부 개척을 마치고 대양으로 나아간 것이다. 1893년에는 태평양 중간에 있는 하와이를 합병했고, 2년 후에는 순식간에 세계 5위의 해군을 보유하기에 이른다.

1897년, 루즈벨트는 38세의 나이에 해군성 차관이 되어 해군의 현대화에 더욱 노력하였다. 1898년 스페인과의 전쟁에서 해군이 큰 역할을 하여 승리를 거두고 카리브 해와 필리핀, 괌을 장악했다. 전쟁에서 승리한 매켄지 대통령이 암살당하자 부통령 루스벨트가 승계하였는데, 그는 해군을 더욱 강화했다. 이 해군력으로 파나마를 콜롬비아에서 독립시켜 운하를 건설했고, 베네수엘라에 대한 야심을 보였던 독일제국을 저지했다. 1907년 12월, 루스벨트의 백색함대[112]는 세계일주를 위해 출항했고 1909년 2월 21일, 한 건의 대형사고도 없이 복귀하여 미 해군의 힘과 기술을 전 세계에 과시했다. 미국은 1차대전이 끝난 후에 지상군은 최소한의 규모만 유지했지만, 해군은 워싱턴 해군 군축 조약에서 영국과 같은 규모를 배정받을 정도로 강력한 해군을 보유했다.

미 해군은 항공모함 즉 항공력을 통한 해양지배 그리고 해병대의 적전상륙이라는 혁신에 성공하며 세계 3위였던 일본 해군을 태평양전쟁에서 전멸시켰다. 그리고 일본의 내해와 해안의 공업도시까지 함포사격을

112) 세계일주에 나선 미국함대는 열대지방을 통과해야 했기에, 하얀색으로 도장하여 이런 별명이 붙었다.

가할 정도로 완벽하게 제해권을 장악하고 혁혁한 전공을 세웠다. 화려한 항공모함 기동부대와 상륙작전[113]에 가렸지만, 525만 톤에 달하는 일본의 상선단을 침몰시켜 거의 전멸시키다시피 한 미 잠수함대의 활약도 놀라웠다. 이때 미 해군 잠수함 부대는 독일의 늑대 떼 전술을 도입한 데다가, 제해권과 제공권까지 장악하고 있어 더 효율적인 작전을 펼 수 있었다. 대서양에서도 수백만의 대군과 엄청난 장비를 영국에 보내고, 막대한 군수물자를 소련에 제공했으며, 독일의 잠수함도 막아냈다. 더 나아가 북아프리카를 시작으로, 1943년에는 이탈리아 상륙, 1944년에는 노르망디 상륙까지 성공하면서 유럽 전선 승리에 큰 공헌을 했다.

이후 미 해군은 영국 해군을 제치고 세계의 바다를 지배했다. 영국이 증기와 강철이라는 혁신을 이루었듯 미 해군은 원자력이라는 혁신을 이루어 항공모함과 잠수함의 동력으로 삼았다. 미 해군의 강력한 항공모함과 강습상륙함 전단은 그 누구도 따라갈 수 없는 강력한 무력이었다.

미 해군은 한국전쟁, 베트남 전쟁, 걸프 전쟁 등 여러 전쟁을 치렀지만, 단 한 척의 군함도 잃지 않는 놀라운 힘을 보여주었다. 실제로 한국전쟁에서는 인천상륙작전을 멋지게 성공시켰다. 중국군이 참전하여 전세가 역전된 상황에서 벌어진 장진호 전투 그리고 이어진 흥남 철수에서도 미국은 20만이 넘는 병력과 피난민, 수십만 톤의 물자를 나르는 놀라운 능력을 보여주었다. 하지만 한편으로는 이런 위업 역시 강력한 대륙국가를 해양력만으로 격파하는 것은 불가능함을 보여준 예이기도 하다.

미국은 베트남 전에서도 완벽한 제해권을 보여주었지만, 중국과 소련이라는 강력한 대륙 세력이 개입했기에 전세를 뒤집지 못하고 패전의 굴욕을 감수해야 했다. 하지만 대륙 세력이 개입하지 않은 걸프전쟁에서는

---

113) 이전의 상륙작전은 보트로 병력과 장비를 배에서 해안으로 이동하는 것에 불과했다. 하지만 미 해군과 해병대는 군함과 항공기로 강력한 화력을 퍼부어 해안의 적군을 무력화한 다음, 상륙정과 수륙양용 장갑차에 병력을 태워 적진으로 돌입시킨다는 적전 상륙 교리를 완성했고, 실제로 성공했다.

상륙작전을 실행하지 않고도 완벽하게 제해권과 제공권을 장악하고, 강력한 전투부대를 해상에 대기시킴으로써 군단 병력 이상의 이라크군을 묶어놓고, 지상작전이 원활하게 진행될 수 있도록 큰 도움을 주었다.

소련 해군의 급성장과 붕괴

냉전이 시작되자 두 초강대국 미국과 소련의 대립이 시작되었다. 하지만 소련은 해군만큼은 미국의 상대가 될 수 없었다. 소련이 접한 4개의 바다인 북극해, 흑해, 발트해와 태평양은 모두 좁은 해협을 통해서만 나갈 수 있는 극복하기 어려운 심각한 지리적 문제점을 안고 있었다. 따라서 소련의 해양전략은 미 함대의 소련 연안 접근 저지에 맞춰져 있었고, 2차대전 때의 독일과 비슷하게 잠수함 전력에만 자원을 투입했다. 현실적으로 보였던 이런 전략은 쿠바 미사일 위기 때 막강한 미국 해군에게 압도당하면서 바로 한계를 드러내었다. 결국 흐루쇼프의 뒤를 이은 브레즈네프는 해군을 대대적으로 확충했다. 이때 큰 역할을 한 인물이 《국가의 해양력》이라는 명저를 남긴 세르게이 고르시코프 Sergey Gorshkov 제독이다.

브레즈네프 시대에 소련 해군은 크게 확장돼 항공모함 전단을 제외하고는 미국과 대등한 전력을 갖추었다. 베트남과 지중해 등에 해군기지를 두고 5대양을 누비며 친소련 제3세계 국가에 대한 지원을 하고, 미 해군 작전지역까지 진출해 정보수집을 할 정도로 활발히 활동했다. 또한 잠수함 발사 탄도미사일, VLS[114]나 스틱스 대함미사일, 공기부양정, 순항미사일 발사 잠수함 같은 혁신적인 장비를 개발하여, 현대 해군에 큰 영향을

---

[114] Vertical Launching System의 약자로, 수직 발사 장치로 번역된다. 군함에 셀 형태의 발사관을 내장하고, 발사관 내부에 미사일이 다양한 방식으로 보관되어 있다가 수직으로 발사된 후, 표적 방향으로 제어가 이루어진다.

미쳤다. 하지만 소련의 붕괴는 해군력에도 심각한 악영향을 미쳤고, 엄청난 수의 군함이 관리가 되지 않고 방치되었다. 경제가 회복되고 푸틴 집권 후 정치가 안정된 이후에야 러시아는 해군의 재건에 착수했지만, 과거의 영광과는 한참 거리가 있다. 냉전에서 승리한 미 해군은 말 그대로 전 세계의 바다를 지배하고 있고, 그 지위는 지금까지도 이어지고 있다.

21세기에 반복되는 제해권 쟁탈전

중국은 송나라의 무역진흥과 명나라 영락제 시절 정화의 대항해 이후로 별다른 해양 진출이 없었다. 오히려 청나라 말기에는 바다에서 침략하는 서구 세력에게 큰 수모를 당했다. 이홍장을 중심으로 아시아 최강이라는 북양함대를 만들었지만, 청일전쟁 때 일본 해군에게 궤멸당하는 수모를 겪기까지 했다. 중화인민공화국 성립 이후 모택동 시절에는 재정과 경험 부족으로 연안 해군을 벗어날 수 없었지만, 등소평 집권기에 서서히 대양 해군으로 거듭 날 준비를 시작했다. 실무를 담당했던 인물은 중국의 티르피츠나 고르시코프라 할 수 있는 유화청劉華淸 제독이다. 해방전쟁 시절 등소평과 같은 야전군에서 싸웠던 유화청은 1950년대 소련 해군학교에 유학하여 바다를 배웠고, 등소평과 강택민 집권기에 해군을 이끌면서 면모를 일신하였다. 그리고 현재는 강력한 조선산업을 바탕으로 엄청난 숫자의 군함을 건조하며 세계 2위의 해군력을 과시한다. 중국 해군은 구 소련제로 중고이기는 하지만 항공모함 전력화를 시작하였고, 이후 자국산 항공모함을 두 척 더 취역시켰으며, 핵추진 항모 건조도 시작했고, 4만 톤급 강습양륙함을 실전배치할 정도로 눈부시게 성장했다.

근대 이후 대륙국가의 해군력 육성은 프랑스와 독일, 소련의 예에서 보듯이 결국 해양국가의 벽을 넘지 못했다. 그럼에도 중국은 왜 이렇게 해군력 증강을 멈추지 않는 것일까? 그 이유는 정치적 수단으로서 지상군의 한계가 너무나 명확하기 때문이다. 아무리 지상군이 강하더라도 유사시가 되면 지상군 파병은 정치적으로 선택하기 매우 어려운 카드가 될 수밖에 없다. 파병 또는 침공을 하더라도 많은 인명 피해를 감수해야 한다. 이에 비해 해군은 이해관계가 걸린 지역이나 동맹국의 분쟁지역에 보내더라도 정치적 부담이 적고, 최악의 경우에도 인명피해가 그렇게 많지 않다. 2차대전 이후, 함포 몇 발 쏘고 소수의 지상군만 동원해서 아시아와 아프리카를 식민지로 만드는 방식의 '제국주의적 포함 외교'는 사라졌다. 하지만 앞서 말한 강점 때문에 강도는 많이 약해졌어도 포함 외교는 여전히 유효하며, 강대국이라면 반드시 일정 수준 이상의 해군을 보유해야 한다.

중국 역시 예외일 수는 없다. 중국은 대만과 남사군도, 센카쿠 제도 문제에 과민할 정도로 반응하고 있다. 사실 중국은 해군력이 보잘 것 없던 시절인 1992년에 영해법을 제정해 남중국해 거의 전부를 사실상의 영해로 규정하면서 오래전부터 해양패권을 추구해왔다. 남중국해가 중국의 생명선임은 확실하지만, 대응이 지나치다는 비판은 피하기 힘들다. 영해법 제정 당시에는 종이 위의 패권에 불과했지만, 최근의 중국은 막강한 조선능력을 바탕으로 엄청난 속도로 군함을 건조하고 있다. 따라서 적어도 태평양에서는 조만간 미국을 능가하는 규모로 성장할 것이 확실하다. 다만 운용능력과 실전경험이 부족하지만, 최근 전자식 사출기로 5세대 스텔스 전투기를 이함시키는 놀라운 기술력을 선보여 미국을 능가할 가능성을 보여주었다.

반면 미국은 최근 국내 조선업의 극심한 쇠퇴로 인해 야심작인 줌왈트급 구축함과 프리덤급 연안전투함의 전력화에 사실상 실패했다. 콘스털레이션급 호위함, 컬럼비아급 전략미사일 잠수함, 제럴드 포드급 핵추진 항공모함, 아메리카급 강습양륙함의 취역도 정도의 차이는 있지만 상당기간 지연돼 새로운 전력을 확보하는 데 심각한 차질을 빚고 있다. 설상가상으로 정비 능력도 형편없이 떨어져 기존 전력조차 제대로 유지하기 어려운 실정이다. 이렇게 군함 설계능력만 뛰어날 뿐, 조선능력을 거의 상실한 미국은 한국과 일본에 도움을 요청할 정도로 다급한 상황이다. 실제로 최근 우리 조선소에서 미 해군 보급함의 정비를 마치기도 했다.

21세기에 또 다른 형태로 일어난 해양과 대륙 국가 간의 경쟁에서 어느 나라가 승리할지는 좀 더 지켜보아야 할 것이다.

참고서적

- 강대국의 흥망 / 폴 케네디 저 / 한국경제신문
- 대륙국가의 해군력 증강 / 김정현 저 / 한국학술정보
- 미 해병대 이야기 / 한종수, 김상순 저 / 미지북스
- 바다의 패권 400년사 / 다케다 이사미 저 / AK
- 변화하는 세계체계 탈아메리카와 문화이동 / 임마누엘 월러스타인 / 김실완 역 / 백의
- 시오도어 루스벨트의 해군 외교 / Henry J. Hendrix 저 / 조학제 역 / 한국해양전략연구소
- 시파워의 세계사 / 青木栄一 저 / 최재수 역 / 한국해사문제연구소
- 영국 해군지배력의 역사 / 폴 케네디 저 / 김주식 역 / 한국해양전략연구소
- 페니키아 카르타고 이야기 / 한종수 저 / 미지북스
- 해양력이 역사에 미치는 영향 / 알프레드 세이어 마한 저 / 김주식 역 / 책세상

세계 제국의 물류와 통신망

몽골과 위구르 그리고 바다와 육지의 실크로드

인류 역사상 수많은 제국이 명멸했지만 가장 큰 제국은 칭기즈칸이 창건한 몽골제국과 대영제국이다. 몽골제국은 신대륙 발견 이전에 가장 큰 제국이었고, 대영제국은 신대륙까지 포함하는 진정한 글로벌 제국이었다. 이 두 제국은 그 규모에 걸맞은 방대한 물류와 정보통신망을 갖추고 있었고, 당시 기준으로 최고 수준의 기술력이 이를 뒷받침해주고 있었다. 그 이야기를 시작해보자.

실크로드는 한나라 시대 장건이 개척했다고 널리 알려져 있다. 실크로드의 가치는 7세기 이후, 이슬람 세력의 동진으로 더 높아졌다. 중국의 비단이 실크로드를 통해 서쪽으로 가고 유리제품, 카펫, 청동제품이 중국으로 유입되었다. 포도와 호두 등 많은 작물도 중국으로 전래되었다. 또한 실크로드를 통해 불교, 이슬람교, 네스토리우스교, 마니교 등 수많은 종교가 전파되었으며, 법현 대사에 이어 현장 법사가 이 길을 통해 인도에서 불경을 가지고 와 번역함으로써 동아시아에 불교가 뿌리를 내리는 계기가 되었다. 특히 중국의 종이 제작 기술이 서쪽으로 전래되어 인류의 역사를 크게 변화시켰다.

실크로드를 통한 동서 간 교역이 활발하게 전개되는 과정에서 위구르인들이 작은 오아시스 국가들을 중심으로 새로운 경제-문화 생활권을 형성했다. 하지만 그들에게는 정치 군사적으로 통일된 세력이 없어서 실크로드에 위치한 많은 오아시스 국가들에게 일일이 세금을 바쳐야 했다. 특히 실크로드의 서쪽을 장악하고 있던 티베트 계열의 탕구트唐兀 족이 세운 서하西夏는 10%라는 무거운 통과세를 매겨 국가 재정을 유지하고 있었다. 위구르인들은 새로 등장해 실크로드의 동쪽을 장악한 콰레즘Khwarazm 제국에 기대를 걸었지만 시조답지 않은 황제 무함마드의 무능과 탐욕에 실망하고 말았다. 이때 등장한 인물이 칭기즈칸이다. 칭기즈칸은 그들이 원한 세 가지 곧 종교적 관용과 강력한 군사력, 그리고 실크로드 무역의 중요성에 대한 이해를 모두 갖춘 인물이었다. 1206년, 몽골을 통일한 칭기즈칸에게 처음으로 그것도 자진해서 복속한 세력이 바로 위구르인들이었다. 칭기즈칸과 몽골 입장에서도 이들의 협력으로 젖과 고기, 가죽을 얻는 단순한 유목경제 활동에서 벗어나 국제무역을 통한 부를 손에 넣을 수 있었다.

그 무렵은 아직 북중국의 강대국 금나라와 서하, 콰레즘이 모두 건재한 시기였으니 위구르인의 선택은 큰 모험이었다. 하지만 그들의 선택은 탁월했다. 그들은 칭기즈칸에게 자금, 정보, 무기와 제작기술, 식량, 통역, 정세에 대한 노하우를 제공하고 칭기즈칸의 정복활동에 크게 기여했다. 그리고 그들은 충분한 대가를 받았다. 실크로드의 요지를 차지하고 있던 서하는 위구르가 칭기즈칸 휘하에 들어간 첫 해에 몽골의 첫 공격 목표가 되어 거의 속국 신세가 되었다가 16년 후 완전히 멸망당하고 말았다.

제국에서 위구르인들은 색목인^{色目人}이라고 부르며 몽골인 다음 자리를 차지하고 사실상 제국의 재정과 경제를 지배했다. 심지어 표면은 몽골제국이지만 알맹이는 위구르 제국이라고 부르는 이도 있을 정도였다.

완벽한 역참망

몽골-위구르 제국 이전의 실크로드에는 큰 한계가 존재했다. 실크로드는 중국 장안에서 콘스탄티노플이나 시리아로 연결되지만 한 팀이 완주하는 형태는 아니었다. 즉 릴레이 식이었던 것이다. 더구나 '통행세'를 받으려는 여러 세력의 활동은 실크로드를 통한 연결을 불완전하게 할 수밖에 없었다.

실크로드는 몽골제국의 통치하에 완벽한 치안이 보장되었고, 특히 준마와 발 빠른 주자를 이용한 역참제도가 완비되었다. 주요 도로를 따라 30-40킬로미터마다 잠^{jam}이라고 부르는 역참을 설치하여 말과 숙박시설을 갖추어 놓았다. 이용하는 전령과 여행자, 상인들에게는 역참(잠)을 이용할 수 있는 특별한 패가 주어졌다. 전령들은 릴레이식으로 운영되었는데, 최고속도를 낼 경우 하루 500킬로미터를 이동하여 수도 카라코룸에서 유럽까지 보름 안에 소식이 전달되었다고 한다. 수로를 이용할 수 있는 일부 지역에서는 배를 이용하기도 했으며, 이를 수참이나 해참이라고 불렀다. 일부 지역에서는 개가 쓰는 썰매를 이용하는 구참이 설치되기도 했다.

유라시아 대륙의 대부분을 덮었던 몽골제국의 역참제도는 실크로드뿐 아니라 제국 전체로 퍼져나갔다. 대칸 쿠빌라이의 직할령에만 6만 킬로미터, 역참의 수는 1,400개 소에 달했다고 한다. 각 잠에는 약 400두의 말이 있었고, 절반은 방목하고, 절반은 이용 가능한 상태로 준비했다. 역참 망에는 모두 약 5만 필의 말과 6,700필의 노새, 4천 대의 수레와 6천 척의 배가 있었고, 정확한 수는 알 수 없지만 수십만 명의 참호[115]들이 이 거대한 네트워크를 관리하고 있었다. 전령뿐 아니라 상인들도 이용할 수 있었고 비단 침구와 식사, 여분의 말 때로는 안내인까지 제공되었다. 베네치아 출신으로 《동방견문록》으로 유명한 마르코 폴로는 이렇게 말했을 정도였다.

> 그 모든 조직이 너무나 거대하고 값비싼 것이어서 말이나 글로는 표현하기 어려울 정도이다.

몽골제국은 자신들의 영향권 아래 있는 속국들에게도 역참 설치를 강제했다. 고려처럼 역참이 있던 지역은 확대되었고, 러시아 같이 없던 지역은 새롭게 설치되었다. 이렇게 러시아 같은 변방도 세계적 정보네트워크 속에 포함된 것이다. 몽골인 스스로가 떠돌아다니는 유목민이기에 여행자에 대한 편견이 없어 여행의 자유와 안전은 당시로써는 최고 수준에 달했다. 과장이겠지만, 몽골제국 시대의 실크로드는 젊은 처자가 황금이 그득한 항아리를 머리에 이고 다녀도 중간에 치근거리는 사람이 없을 정도로 안전했다고 한다. 오히려 현재의 중앙아시아는 치안이 불안하여 자동차를 가지고도 몽골 제국 당시보다 안전하고 빠르게 횡단할 수 있다고 장담하기 어려운 실정이다. 이렇게 몽골-위구르 연합이 지배하는 실크로드와 역참망은 소프트웨어와 하드웨어 양 면에서 완벽에 가까웠다.

하지만 이런 장점은 바로 폐해를 낳고 말았다. 몽골제국은 이런 역참 제도에 지나치게 의존하고 문서 전달이 잦아지면서 참호들의 부담이 커

[115) 站戶 즉 역참을 관리 운영하는 백성들이다.

졌다. 또한 사적인 이익을 추구하는 상인들이 고관과 결탁하여 역참망을 사사롭게 이용하는 사례도 늘어났다. 결국 부담을 견딜 수 없던 참호들이 역참을 버리고 도주하면서 몽골제국 말기의 역참제는 초기의 활력을 상실하고 기능이 중단되고 말았다.

무역의 제국 송나라

송은 중국 역대 왕조 중 군사력이 가장 약했지만, 가장 강력한 경제력을 가졌다는 아주 대조적인 면모를 보여준 왕조였다. 북송 시절에는 앞서 언급했던 서하가 실크로드를 장악해서 육상 무역은 제한적일 수밖에 없었다. 또한 요나라 때문에 고려와의 육상 교역도 거의 불가능했다. 이미 5대 10국 시절 강남 해변에 자리 잡았던 오吳, 남당南唐, 남한南漢, 오월吳越, 민閩 등의 지방 정권들은 해상교역으로 자원과 세수를 확보하려 했다. 특히 민나라는 중국 역사상 유일하게 복건 지방만을 지배하는 지방정권이었는데 영토 대부분이 산악지대여서 바다를 통해 나갈 수밖에 없는 지리적 요건을 가지고 있었다. 특히 선박용으로 적합한 목재가 풍부해서 복주선福州船이라고 부르는 우수한 범선을 건조할 수 있었다. 중화권에서 숭배하는 바다의 수호신인 마조媽祖 신앙도 이곳 복건에서 시작되었다.

    송나라는 통일하면서 이런 전통과 기반시설을 흡수할 수 있었다. 송나라 조정은 시박사市舶使라는 무역전문 부서를 설치하였는데 이 부서는 세금 징수, 화물 검열, 귀중품 전매, 선박 출입 허가 등 다양한 업무를 수행하며 많은 재정 수입을 거두었다. 시박사는 복건의 천주泉州와 광주廣州, 절강의 명주明州(현재의 寧波), 산동의 밀주密州(지금의 靑島 일대)에 설치되었다. 특히 정강의 변을 당하고 남송으로 축소된 이후에는 더 적극적으로 해외무역에 나섰다. 중국 역사상 강남의 왕조들은 거의 남경에 수도를 두었지만, 남송은 예외로서 대운하의 종점이자 해항인 항주에 수도를 두었다. 항주도 그렇지만, 천주와 광주는 세계적인 무역항으로 발돋움했다.

남송의 항구에는 고려를 비롯하여 인도, 유대, 아라비아, 페르시아, 말레이, 크메르, 일본 상인들이 꾸준하게 드나들었고, 천주와 광주에는 외국 상인들의 거주구도 있었다. 고려는 인삼과 청자를, 일본은 유황[116]과 은, 구리, 목재를, 동남아는 향신료와 상아를 수출하면서, 중국의 비단과 도자기, 약품, 서적, 종이, 문구를 수입했다. 아라비아 상인들의 최고상품은 진주와 산호였다. 당시 남송의 항해술은 세계 최고 수준이었다. 11세기 초, 나침반과 격벽구조를 발명하는 대혁신을 이루었고, 채소가 괴혈병을 예방한다는 사실을 알고 배 안에 화분을 두어 채소를 길렀다. 선박의 규모도 1,100톤에서 1,700톤에 달했고, 돛대도 3, 4개여서 다양한 바람을 탈 수 있었다. 배 밑바닥도 V자 형태로 만들어 안정성과 속도 모두 개선했고, 방향타인 키도 깊이를 조절할 수 있도록 개량해 수심과 상관없이 항해할 수 있었다. 남송의 배들은 동아프리카까지 항해했다.[117] 이런 남송의 해양력과 무역망은 쿠빌라이의 원 제국이 그대로 이어받았다.

쿠빌라이 시대에 입체화된 교통망

몽골제국의 물류 시스템은 쿠빌라이 시대에 이르러 또 다른 차원으로 발전한다. 쿠빌라이는 국호를 원元으로 변경하고 수도를 카라코룸에서 지금의 북경인 대도大都로 옮겼다. 북경이 통일 왕조의 수도가 된 것은 이때가

---

116) 송나라는 유황이 나오는 북방을 상실한 후에는 화약 제조에 반드시 필요한 유황을 일본에 의지했다.
117) 당나라 시대의 선박은 300톤 정도에 불과했다.

처음이다. 하지만 당시의 북경-대도는 지금과는 달리 항구도시이기도 했다. 지금 북해北海라고 부르는 적수담積水潭이라는 거대한 인공호수를 조성했고 이 호수는 통혜하通惠河라는 이름이 붙은 갑문식 운하와 백하白河라는 천연하천을 통해 직고直沽(현재의 천진) 항까지 연결되었기 때문이다. 총인원 250만 명이 투입되어 완공된 통혜하는 폭이 40미터에 달했고, 50미터의 고도차를 11개의 갑문으로 해결한 놀라운 운하였다. 통혜하는 재정비된 대운하와도 연결되었는데, 연간 300만 석이 넘는 식량이 운반되었다. 적수담 주위에는 경제관청과 시장, 창고가 자리 잡았고, 내륙의 역참망과도 긴밀하게 연결되었다. 고려의 학자 이제현이 이를 가장 잘 이용한 인물 중 하나였다. 이제현은 개경과 대도를 8번이나 왕복했을 뿐 아니라 귀양 간 충선왕을 만나기 위해 아미산, 보타산 등 중국 전역을 여행한 바 있었다. 그가 여행한 거리는 4만 킬로미터가 넘을 정도인데, 원나라의 이런 역참망을 비롯한 교통시스템을 이용했음은 당연하다. 이곳을 떠난 배들은 발해를 지나 중국 각지는 물론 동남아시아와 인도양까지 항해했다. 별 볼일 없는 어촌에 불과했던 상해가 1292년 화정현에서 독립하면서 상해현이라는 이름으로 중국 역사에 등장했다. '세상에서 가장 힘이 센 남자'로 일컬어졌던 쿠빌라이는 역사적으로 보면 북경, 천진, 상해라는 세 거대 도시의 '아버지'이기도 하다. 남송을 멸망시킨 후에는 대도-북경과 항주를 잇는 대운하를 완전히 새로 만들어 그 기능을 극대화했다.

쿠빌라이는 유목민족 출신이지만 해상수송이 육상수송과는 비교할 수 없을 정도로 많은 화물을 저렴하게 운반한다는 사실을 잘 알고 있었다. 앞서 이야기했듯 남송 시대부터 무역이 활발했던 중국 동남해안 일대는 아흐마드Ahmad Fannakati를 필두로 한 쿠빌라이의 강력한 지원을 받는 이슬람 경제 관료들의 추진력으로 더욱 번성했다. 학자들은 쿠빌라이가 즉위해 있는 동안 무려 1만 7천 척 이상의 배를 건조했다고 추정하고 있다.

지금도 만리장성의 핵심 거점인 거용관에는 1342년에 세워진 비석이 있는데 몽골의 통치자를 달라이 칸^Dalai Khan이라고 칭했다. 이는 바다의 황제라는 의미인데, 몽골이 유목제국이라는 상식을 깨는 표현이다. 사실 유목민은 태생적으로 이동하며 살기에 개방적이고 교역에 익숙할 수밖에 없다. 따라서 바다를 통한 무역에도 적극적으로 나설 수 있었던 것이다.

대원제국은 인류 역사상 처음으로 유라시아 대륙의 동서를 바다와 육지로 연결한 대업을 이룬 제국이다. 쿠빌라이의 대원제국은 잉여농산물에 의지하는 전통적인 중화제국과는 달리 소금 등의 전매와 통상에서 얻어지는 이윤으로 국가재정을 지탱하는 근대적인 면모를 보여주었다. 이 대업의 열매를 누구보다 잘 누린 이가 바로 해양 실크로드를 통해 귀국한 마르코 폴로와 이븐 바투타, 그리고 우리에게는 잘 알지지 않았지만, '동양의 마르코 폴로'라고까지 부르는 왕대연王大淵이다. 왕대연은 두 차례에 걸쳐 모로코와 동아프리카, 호주까지 여행하고, 가본 지역들을 소개하는 《도이지島夷誌》라는 책을 남겼다. 기록에 따르면 남송 시대의 상품은 160개 정도였는데, 원나라 시대에는 220개로 늘어났다고 한다. 당시의 해상 실크로드가 얼마나 활발했는지 잘 알 수 있는 대목이다.

후세에 미친 영향과 소멸

하지만 대원제국의 패권은 한 세기도 지속하지 못하고 무너졌는데, 바다의 실크로드 역시 예외일 수는 없어 원나라 해군이 붕괴되자 해상 치안이 엉망이 되고 말았다. 원나라 말기의 군웅들 중에는 소주[118]를 기반으로 한 장사성張士誠이나 영파를 기반으로 한 반 해적인 방국진方國珍 등 강

---

118) 소주는 장강에 있는 항구이기는 하지만, 해외무역항이기도 했다.

력한 해상세력이 있었다. 이들 때문에 아랍과 페르시아 상인들은 중국에 올 수 없었고, 작은 왕국들이 항로를 장악하였다. 가장 중요한 천주조차 일칸국에서 데려온 시아파 경비대가 장악해, 1357년부터 거의 10년간 사실상의 독립된 도시국가처럼 지낼 정도였다. 설상가상으로 왜구들까지 날뛰었다. 이 해상세력들은 명 태조 주원장의 천하통일에 발목을 잡았다. 이런 이유로 주원장은 돛이 두 개 이상인 원양 선박 건조와 조공무역 이외의 모든 해상교역을 금지할 정도로 강력한 해금정책을 펼쳤다.

 이런 해금 정책은 영락제 때 변화가 일었다. 적지 않은 소수민족과 한족들이 이슬람으로 개종해 무역활동에 나섰다. 제2의 쿠빌라이를 꿈꾸던 영락제는 황제 즉위 전 북평(이전의 대도)에서 연왕으로 있었는데, 그곳에는 여전히 많은 외국인들이 있었고, 그들을 통해 외국 이야기를 많이 들었다. 황제에 즉위한 영락제가 이슬람교도였던 정화鄭和를 대항해에 나서게 한 데에는 이런 시대 배경이 있었다. 또한 조카를 죽이고 황제가 되었다는 약점을 지닌 영락제로서는 최대한 많은 조공국을 확보하고 진기한 물건과 동물을 들여옴으로써 자신의 정통성 시비를 가릴 필요가 있어서 이런 대항해를 6차례나 추진했다. 비록 정화의 남해원정이 중국의 '대항해 시대'를 열지는 못했지만, 화교들의 동남아 진출에는 큰 도움이 되었다. 그러나 이런 대항해도 기본적으로 조공무역의 확대에 지나지 않았고, 바다로의 진출은 영락제 사후 사실상 사라지고 말았다.

 몽골제국의 붕괴는 육상 실크로드의 통일성을 무너뜨리고 치안을 어지럽혔다. 상인들은 한 번의 통행료 대신 여러 번의 통행료를 내야 했다. 또한 실크로드의 대부분을 장악한 명나라와 티무르 제국은 서로 완전히 다른 체제의 나라였고, 티무르는 중국 원정까지 준비할 정도로 사이가 안 좋아서 실크로드를 이용하기가 더욱 어려워졌다. 이 같은 실크로드의 상황은 육로를 통한 무역이익을 크게 감소시켰고, 새로운 무역로를 찾는 욕구를 증가시켰다.

이런 시대 상황이 대항해 시대가 열리게 된 근본 원인이었으며, 동서 무역의 중심은 바닷길이 되었다. 18세기에 들어서서는 러시아와 청이라는 두 거대 제국이 실크로드를 양분하였다. 자연스럽게 실크로드는 두 제국을 연결하면서 차와 말 등의 가축, 모피, 은, 비단, 면직물, 약재 등의 교역이 활발하게 진행되었지만, 예전 같은 영화와는 거리가 멀었고 바닷길이 더욱 발달하면서 실크로드는 빛을 잃었다.

현대 중국의 일대일로

19세기 중반 이후, 중국은 역사상 처음으로 북방 유목민족이 아닌 해양세력의 침략으로 무너졌다. 산업화한 서구 열강과 일본의 힘은 거대한 영토를 지닌 청제국을 압도했고, 대련, 청도, 상해, 광주, 천진, 위해 등 주요 항구는 열강의 직간접 지배를 받는 식민지나 반식민지로 전락해 버렸다.

청제국이 멸망하고 중화민국이 들어섰지만 근대적 산업화에 실패했고, 1차대전으로 자멸한 유럽 열강 대신 대륙을 차지하고자 하는 야욕을 지닌 일본의 침략을 받고 기력을 잃고 말았다. 결국 공산당이 이끄는 중화인민공화국이 대륙의 주인이 되었지만, 대약진 운동이나 문화혁명 같은 많은 시행착오를 저질렀다. 그러나 1970년대 후반 강력한 개혁개방 정책으로 경제력을 급격히 향상시켜 21세기에는 미국에 버금가는 경제력과 세계 최고의 제조업 능력을 가진 경제대국으로 우뚝 서기에 이른다.

이런 경제력은 당연히 해양력의 뒷받침이 없으면 불가능하다. 중국의 조선능력은 세계 1위이며, 상해, 청도, 대련, 천진, 하문, 영파 등 주요 항만의 하역능력도 세계 최상위권이다. 이런 해양력과 경제력을 바탕으로

2013년부터 중국은 현대판 실크로드라고 할 수 있는 일대일로(一帶一路) 대사업을 시작했다. 일대일로는 동남아시아·중앙아시아·서아시아·아프리카·유럽을 육해공으로 잇는 인프라·무역·금융·문화 교류의 경제벨트로서 여기에 포함되는 나라가 155개국이며, 세계 인구의 75%, 세계 GDP의 절반 이상을 포괄하며, 추진 기간만 150년에 달하는 중국의 초장기적 대외국책사업이다. 워낙 거대한 규모이고 긴 시간이 필요하며, 미국과 인도의 견제도 심할 뿐 아니라 수많은 나라들이 얽혀 있기 때문에 이런저런 문제점이 발생하고 있다. 여러모로 보아도 순조롭게 진행되고 있지는 않지만, 중국의 끈질긴 노력으로 상당부분 현실화한 분야도 많아서 결과는 좀 더 지켜보아야 한다.

세계 최초의 글로벌 교통, 통신망 : 대영제국의 세 가지 강철 네트워크

몽골의 물류와 통신망은 당시 알려진 전 세계의 절반 이상을 망라했지만 당연히 여기에 신대륙은 빠져 있었다. 하지만 대항해 시대 최후의 승자이자 산업혁명의 발상지 영국은 말 그대로 전 세계에 걸친 글로벌 물류망과 통신망을 갖추고 초강대국으로서 전 세계에 군림했다.

강철 증기선과 수에즈 운하

증기선의 발명자는 미국인 풀턴이고, 최초의 철갑 전투함은 프랑스가 만들었지만, 이런 성과를 가장 적극적으로 도입한 나라는 영국이다. 풀턴의 증기선은 1807년 허드슨강 운항에 이어 미시시피 강과 오대호 등 미국의 내수면을 운항하면서 큰 성공을 거두었다. 이어서 범선에 증기기관을 단 사바나호가 1819년 조지아 주에서 대서양 건너 리버풀까지 항해에 성공했다. 하지만 한 달 간의 항해 동안 겨우 80시간 정도만 증기로 운항했기 때문에 사실상 범선이나 마찬가지였다. 그러나 1837년, 증기기관의 종주국인 영국은 1,340톤짜리 대형 증기선 그레이트 웨스턴호를 건조하여 보름 만에 대서양 횡단에 성공했다. 또한 영국은 엔터프라이즈호라는 479톤짜리 소형 기선으로 희망봉을 돌아 잉글랜드에서 인도까지 113일 만에 도착하는 데 성공했다. 이어서 배는 기본적으로 나무로 만들어야 한다는 상식을 깨고 1853년에는 금속으로 만든 3,500톤짜리 히말라야호가 완성되었는데, 이 배는 크림 전쟁에서 병력 수송에 큰 역할을 담당했다.

특히 1858년 건조된 완전 강철제 그레이트 이스턴 호는 만재배수량 2만 8천 톤에 달하는 괴물이었고, 반세기가 지나서야 이를 능가하는 배가 나올 정도였다. 이 배를 탄 인물 가운데 유명한 이가 현대공상과학 소설의 아버지 쥘 베른이다. 그레이트 이스턴 호를 탄 경험이 그의 작품에 상당한 영향을 미쳤을 것으로 보인다. 또한, 1861년 건조된 워리어호는 당시 세계 최대의 전함이었다. 1865년 홀트라인의 정기선은 리버풀에서 모리셔스까지 1만 5천 킬로미터 이상을 논스톱으로 달려 세상을 놀라게 했다. 과거 범선으로 대서양을 횡단하는 데는 4주에서 6주가 걸렸지만, 1880년대에는 기선으로 열흘이면 충분하게 되었다. 1869년 중국에서 영국으로 가는 수입품의 14퍼센트가 증기선으로 옮겨졌지만, 4년 후에는 70퍼센트에 달할 정도로 선박의 동력화는 급속하게 진행되었다. 영국에서 남아프리카의 케이프타운으로 가는데 범선으로 42일이 걸렸지만 증기선으로는 19일이면 도착할 수 있었다. 흔히들 산업혁명 이후 19세기 중후반까지 영국을 세계의 공장이라고 하지만 실제로는 세계의 운반자라고 보는 쪽이 더 옳을 듯하다.

정기적이고 안전하고 빠른 수송을 가능하게 한 증기선의 등장은 세계적인 인구 이동을 낳기도 했다. 1840년대부터 70년 동안 6천만 명의 유럽인들이 아메리카 대륙과 호주, 뉴질랜드로 이주했다. 그 중 60%가 미국을 선택했다. 미국 이민의 절정은 묘하게도 유럽대륙이 자살적인 전쟁을 시작하기 바로 전해인 1913년으로 무려 210만 명에 달했다.

7년 전쟁과 나폴레옹 전쟁에서 영국에 패배한 프랑스는 수에즈 운하 건설이라는 카드로 영국의 세계 패권에 다시 도전했다. 이 거대한 사업을 주도했던 페르낭 레셉스Ferdinand de Lesseps의 부친 마티외는 나폴레옹의 이집트 원정 때 수행원으로 활동한 인물이었다. 이집트 총독 무함마드 알리와 우호관계를 맺고 있던 프랑스는 운하 개통을 위한 주식 공매를 시작했고, 이집트와 주식을 반분해 운하 건설자금을 조달했다. 그리고 이들은 이집트 법인으로 설립된 '만국 수에즈 해양운하회사'에 운하의 운영권을 양도하고 99년간의 운영 후 운영권을 이집트에 양도하기로 합의하였다. 하지만 운하 공사 중 영국의 의도적 방해로 소란이 끊이질 않았고 결국 협상 끝에 수에즈 법인이 이집트 회사이며 이집트 소유라는 최종 합의가 이뤄진 끝에 공사를 시작해 10년 만인 1869년 11월 17일, 수에즈 운하가 개통되었다. 이 과정에서 9천 명이 넘는 노동자가 목숨을 잃었다.

수에즈 운하 개통으로 유럽과 인도간의 거리는 6천 킬로미터 이상 단축되었다. 개통 후 1년 동안, 운하를 통과한 배는 43만 7천 톤에 달했고, 그 중 3분의 2가 영국 선적이었다. 통행료를 내고 프랑스가 만든 운하를 통과해야 했던 영국은 전신망을 이용해 쉽게 운하의 절반을 손에 넣게 되었다.

기선이 널리 보급되면서 엄청난 규모의 석탄이 소모되었는데, 영국을 제외한 다른 나라들은 석탄보급기지를 충분히 마련할 수 없어서 해군과 해운력은 영국에 더욱 집중되었다. 러일전쟁 당시 러시아의 발틱 함대는 일본과 동맹을 맺은 영국 때문에 중간에 있는 영국 항구와 수에즈 운하를 이용할 수 없어서 갑판까지 석탄을 쌓아 올린 상태로 긴 항해에 나설 수밖에 없었다. 이는 영국의 해상패권이 세계에 어떤 영향을 미쳤는지 잘 보여주는 사례이다. 발틱함대는 동맹국인 프랑스 항구만 이용할 수 있었고 긴 항해에 지친 그들은 일본 해군에게 쓰시마와 동해에서 전멸당하고 말았다.

19세기 중후반, 영국의 해상패권은 절정에 달해서 영국 상선은 세계의 절반을 차지했고, 40만의 선원과 승객이 늘 항로 위에 있을 정도였다. 이때문에 런던 교외의 그리니치 천문대가 경도 측정과 세계 시간의 표준이 되었다.

글로벌 철도망

세계 최초로 증기기관을 만들고, 철도를 건설한 영국은 1853년 뭄바이에 아시아 최초의 철도를 부설했고, 채 50년이 지나지 않아 전 세계에 3만 8천 킬로미터가 넘는 철도망을 건설했다. 이 철도망은 영국 철도업자와 기관차 제조업자들에게 거대한 시장을 창출시켰고, 제국의 지배에 큰 공헌을 했다. 아프리카나 인도에서 철도는 인력이나 우마차 수송 때보다 운송비용을 90~97%나 절감할 수 있게 했다. 따라서 광물이나 식량, 환금작물 등 부피가 큰 화물의 대규모 이동을 가능하게 만들었다.

영국의 식민지 중에서 가장 중요한 곳은 인도였다. 철도 건설은 인도인들의 삶에도 큰 변화를 주었고, 결과적으로 인도인의 민족의식을 깨치게 하는 '역효과'도 낳았으며, 힌두교와 이슬람교도들 간의 분리를 촉진하는 계기가 되기도 했다. 1900년 당시 인도의 철도망은 중국의 35배에 달할 정도였다. 하지만 기술자와 장비는 철저하게 영국이 전담했다. 이때문에 인도의 산업화는 훨씬 늦을 수밖에 없었다.

영국 식민지 중 면적으로는 가장 넓은 캐나다에서도 1885년에 대륙

1863년 1월 10일, 런던에서 선보인 세계 최초의 지하철. 뉴욕에서는 지하철을 Subway라 하고 파리를 비롯한 여러 도시에서는 Metro라고 부르지만 런던에서는 튜브(Tube)라고 한다. 사진은 1862년 5월, 개통 전의 런던 지하철 노선을 시찰하는 글래드스턴 총리 일행의 모습이다.

을 횡단하는 3,219킬로미터의 캐나다 태평양 철도가 완공되어 캐나다라는 나라를 만드는 데 큰 역할을 했다. 그러나 영국이 야심차게 추진했던 아프리카 종단 철도는 끝내 완성하지 못했다. 하지만 영국은 나일 강의 수원인 빅토리아 호수를 지키기 위해 케냐 항구도시 몸바사^{mombasa}에서 빅토리아 호수변의 포트 플로렌스까지 이어지는 약 1000킬로미터 길이의 철도를 1896년에 착공해 1901년에 완성했다. 식인 사자와의 싸움으로도 악명 높았던 이 철도를 건설하는 동안 약 2,500명의 노동자가 죽었다. 이중 상당수는 인도에서 온 사람들이었다. 호주의 사막을 종단하는 대륙 종단 철도는 호주인의 손으로 2004년에야 완공되었다. 이런 대규모 철도와는 별도로 영국은 도시철도 즉 지하철에서도 가장 앞선 나라였다. 1863년 세계 최초의 증기구동 지하철을, 1870년에는 전기 지하철을 런던에 도입하였다.

하지만 철도와 기차의 원조인 영국은 적이 이를 최대한 활용하여 큰 어려움을 겪기도 했다. 막강한 제해권으로 나폴레옹을 굴복시켰던 영국은 1차대전 때도 해상 봉쇄가 위력을 발휘하리라 생각했지만, 효과는 100년 전보다 훨씬 제한적이었는데, 바로 철도로 대규모 육상 수송이 가능했기 때문이다. 물론 당시 세계에서 가장 앞서 있던 독일의 화학이 많은 대체 합성물질을 만들어 낸 것도 중요한 요인이었다.

글로벌 전신망

19세기 초만까지 인간의 통신은 말이 달리는 속도 이상을 넘어 설 수 없었다. 봉화는 신속한 전달을 가능하게 했지만, 이는 사전에 정해진 메시지 외에는 전달이 불가능하고 봉화꾼들이 게으름을 피우면 연락이 될 수 없다는 큰 약점이 있었다. 국민들의 통합이 절실했던 혁명기의 프랑스는 망원경과 중개자 그리고 4미터 길이의 나무 장치를 결합하여 간단한 메시지를 몇 시간 안에 기계적 수기 신호체계인 완목 통신Semaphore Signal을 만들었지만 역시 기후의 영향을 크게 받았다.[119] 어쨌든 프랑스에서는 말을 사용한 역참제도이든 봉화나 완목 통신이든 민간이 아닌 국가가 운영하는 체제라는 공통점이 있다.

워털루 전투가 끝난 다음 해인 1816년, 프랜시스 로널즈Francis Ronals는 12킬로미터가 넘는 거리에서 최초로 전기를 이용한 통신에 성공했으나 그의 발명품은 해군에게 퇴짜를 맞았다. 하지만 미국인 새뮤얼 모스Samuel Finley Breese Morse는 1844년에 짧은 발신 전류와 긴 발신 전류만을 가지고 전신부호를 구성하였다. 그리고 그 부호로 문장을 만들어 전신기를 통해 전송할 수 있게 했다. 볼티모어와 워싱턴 사이에 최초의 전신선이 가설되었다. 하지만 이 전신망을 가장 잘 활용한 나라는 영국이었다.

1840년대 말에 이르자 전보가 육상 통신에 혁명을 일으키기 시작했고, 1850년대에 일어난 세포이 반란 진압에서는 전신이 결정적인 역할을 했다. 영국 해협을 가로지르는 전신선은 1850년에 놓였지만, 나무 수지와 역청, 아마로 덮어서 내구성의 한계가 명확했다. 하지만 말레이 반도의 풍부한 고무나무에서 채취한 고무가 본격적인 해저 케이블 부설을 가능하게 만들었다. 이 결과 1866년 7월, 거대한 강철 증기선 그레이트 이스턴 호가 대서양을 가로지르는 해저 케이블 부설에 성공했다. 이후 영국은 1870년 인도를 시작으로 전 세계에 걸친 영토에 해저 케이블을 놓기 시작했다. 남태평양의 외로운 섬 피지도 그 중 하나였다. 이로써 과거에는 8개월이 걸렸던 메시지 전달을 5시간 만에 가능하게 만들었다. 또한 전신은 철도 신호망과 연결되면서 철도의 발전에도 큰 도움을 주었다.

그레이트 이스턴 호는 1870년 인도, 그리고 그 다음해에는 호주와 영

---

119) 프랑스의 원목통신망은 훗날 4,800킬로미터에 이르렀다. 한편 거울을 이용한 헬리오스코프도 등장했는데, 거울 뒤에 스위치가 달려 있어 반사광을 조절하여 정보를 전달하는데, 지금도 해상에서는 사용된다.

국 본토를 연결하는 케이블 선을 부설하는 데 성공했다. 대영제국의 해저 케이블망은 1902년까지 15만 7,021킬로미터에 이르러 영국, 캐나다, 호주, 인도, 아프리카, 뉴질랜드, 서인도 제도, 아프리카, 싱가포르, 홍콩, 상하이, 피지 등 제국의 전 지역을 연결하기에 이른다. 그 중 최장거리는 밴쿠버에서 피지에 이르는 태평양 횡단 노선이었다. 물론 이 전선망은 대영제국 영토뿐 아니라 미국과 유럽, 남미, 일본 등 전 세계로 이어졌다.[120] 전신의 전달 속도도 엄청나게 빨라져, 1897년 6월 22일 빅토리아 여왕 즉위 60주년 기념일에 버킹검 궁의 전신실에서 발송된 '사랑하는 국민 여러분 감사합니다. 하느님의 은총이 함께 하기를'이라는 메시지는 1분도 안 되어 제국 전역으로 전송되었다.

이처럼 전신기의 성능도 눈부시게 발전하여 1860년대의 전기식 전신기는 하루 150자 정도의 전송능력을 가지고 있었지만, 1900년에는 사람이 말하는 속도와 거의 비슷한 1분 150자로 능력이 성장했다. 가격 역시 1860년대에는 한 단어에 10달러에 달했지만, 1888년에는 4분의 1로 내려가 중소기업가나 일반인들도 이용할 수 있게 되었다. 속도 역시 1900년에는 런던에서 주식 매수나 매도 요청을 하면 월스트리트까지 3분 만에 전달할 정도로 빨라졌다. '빅토리아 시대의 인터넷'이라고 부르는 전신은 '전기 신경의 세계 체계'가 되었고, 빅토리아 시대에 일어난 통신 혁명은 '거리의 소멸'을 가져오게 되었다. 전송속도가 지구의 공전 속도보다 빨라졌고, 인류 최초로 행정적 정치적 이익과 상업적 이익을 동시에 실현하는 통신망이었다. 영국의 글로벌 전신망은 런던을 세계의 금융 중심지로 만들었고, 영국은 막대한 이자와 수수료 수입으로 번영을 누렸다.

이런 영국의 교통과 통신망의 위력을 잘 보여주는 사건이 1867년에

---

120) 1863년 4월 15일에 일어난 링컨 대통령의 암살은 13일이 지나서야 런던에 전해졌지만, 1881년 3월 13일, 러시아 왕제 알렉산드르 2세의 암살 소식은 12시간 만에 전달되었다.

일어난다. 아프리카의 오지에 위치한 에티오피아의 테우드로스^{Tewodros} 2세 황제가 일단의 영국인들을 산악지대에 있는 막달라 요새에 감금하는 사태가 벌어졌다. 영국은 전신과 증기기관을 이용한 세계적 네트워크를 동원하여, 이를 응징하기로 결심했다.

본국과 인도는 1만 6천 킬로미터 이상 떨어져 있었지만, 전신을 통해 명령과 보고가 오갔으며, 4만 명의 인도 주둔군은 증기선을 타고 인도양을 횡단하여 아프리카에 도착했다. 640킬로미터의 황무지를 횡단한 영국군은 요새를 함락시키고 인질들을 구출했다. 신속대응군의 원조 격인 이 작전은 교통과 통신의 우위가 어떤 결과를 가져오는지를 잘 보여주었다. 이런 글로벌 전신망은 사실상 영국의 독점이어서 영국은 세계 각지에서 어떤 일이 일어났는지 훤히 알 수 있었으며 심지어 최대의 라이벌인 프랑스 내부의 일도 쉽게 파악할 수 있었다.

영국은 1875년, 이 정보 독점 덕분에 염원하던 수에즈 운하를 쉽게 손에 넣었다. 그해 11월 14일, 디즈레일리 수상은 같은 유대계인 금융재벌 라이오넬 로스차일드와 저녁 식사를 하고 있었는데, 파리에 있는 로스차일드 가문의 정보원이 보낸 전보가 해저 케이블을 타고 날아들었다. 프랑스와 수에즈 운하를 공동 소유하고 있는 이집트의 이스마일 파샤가 재정난으로 자신의 운하 지분을 시장에 내놓았다는 정보였다. 물론 최우선 대상은 운하를 건설했던 동업자 프랑스였다. 자금을 마련하기 위해 국회를 개최하여 예산을 받아내려면 너무 늦는다고 판단한 디즈레일리는 라이오넬 로스차일드에게 400만 파운드를 급히 빌려 열흘 후 수에즈 운하를 빅토리아 여왕에게 헌정하는 서한을 보낼 수 있었다. 이렇게 긴 공사 끝에 운하의 절반을 손에 넣은 프랑스와 달리 영국은 전신망 덕에 너무나 쉽게 운하의 절반을 차지하고 세계의 패권을 더 굳힐 수 있게 되었다. 1차 세계대전 때도 마찬가지였다. 전쟁을 막으려는 사회주의 인터내셔널의 지도자들은 영국의 전신망을 이용할 수밖에 없었기 때문에 자신들의 의도를 전혀 전달할 수 없었다. 적국인 독일제국이 막강한 군사력과 산업능력에도 불구하고 패배한 이유 가운데 하나가 영국이 보유한 글로벌 전신망이었다.

이렇게 금융의 국제화 역시 전신망의 확대와 더불어 가속도가 붙었다. 영국의 전성기인 1825년에서 1875년까지의 반세기 동안 생활방식은 놀라운 속도로 바뀌었다. 이 시대를 잘 보여주는 소설이 바로 1873년에 나온 쥘 베른의 《80일간의 세계일주》이다. 프랑스인 쥘 베른은 이 소설의 주인공을 영국신사 필리어스 포그로 설정했다. 그 이유는 현실적으로 프랑스인을 주인공으로 내세우기에 적합하지 않기도 했지만, 영국의 세 강철 네트워크를 대중들에게 구체적으로 전달하여 프랑스도 '분발'하게 하자는 의도가 있었던 것이다. 하지만 이런 대영제국의 글로벌 네트워크는 성지순례를 편리하게 만들어 기존 종교의 힘을 더 강하게 만드는 의외의 효과도 가져왔다. 영국이 인도에 부설한 철도는 힌두교 신자를 비나레스로, 불교신자들을 부다가야로, 영국의 증기선들은 인도와 동남아시아의 이슬람교도들을 메카와 메디나로 데려다주었기 때문이다.

미국과 세기의 상징 : 파나마 운하

수에즈 운하에 이어 두 번째로 만들어진 해양 간 운하인 파나마 운하는 1880년, 수에즈 운하와 마찬가지로 프랑스인들이 처음 시도했지만 실패했다. 영국은 미국과 공동으로 운하 건설을 추진했으나 떠오르는 신흥강국 독일을 견제하기에도 힘이 부쳤다. 결국 정력적인 시오도어 루즈벨트 대통령이 이끄는 미국은 영국이 운하 건설에서 손을 뗀다는 내용의 '헤이-폰스폿Hay-Pauncefote 조약'을 1901년에 맺고 독점권을 얻어내었다.

미국은 운하 건설에 나서 1914년 8월 15일에 완성했다. 77킬로미터나 되는 거리, 그것도 갑문이 여러 개 달린 운하를 건설하면서 온갖 문제에 부딪혔는데, 말라리아나 황열병 같은 질병이 덮쳤고, 흙이 무너지기도 했다. 운하를 완성하기까지 노동자 27,500명이 사망한 것으로 집계되었다. 어쨌든 미국의 파나마 운하 완성은 영국을 제치고 20세기를 미국의 세기로 만드는 상징이 되었다.

어쩌면 대항해 시대의 마지막을 장식하는 존재이기도 한 파나마 운하는 대성공을 거두었고 국제 해운 무역의 중요한 통로가 되었다. 미국은 이 파나마 운하의 가장 큰 수혜자가 되었다. 서부에서 생산되는 석유와 목재를 이 운하를 통해 동부로 이동시키면서 경제발전을 자연스럽게 이룬 것이다. 여기에 해군력을 대서양과 태평양으로 손쉽게 이동할 수 있게 되면서 글로벌 파워로 자리 잡는 데 결정적 역할을 했다. 1999년 12월 31일에 이르러서야 파나마 운하는 마침내 파나마에 반환되었다.

파나마 운하는 작은 개인 요트에서 거대한 상선까지 수용할 수 있다. 다만 운하가 감당할 수 있는 폭 33미터 미만의 선박을 파나맥스 선박이라고 하는데 그 이상의 배는 통과할 수 없었다. 그러나 2016년 6월, 운하 확장 공사가 마무리되어 폭 50미터의 초대형 선박도 통과할 수 있게 되었다. 이런 배를 '포스트-파나맥스' 혹은 '수퍼-파나맥스'라고 부른다. 일반적으로 상선이 운하를 지나는데 약 8~10시간 정도 걸리며 매년 1만 4천 척 이상의 선박이 이곳을 통과한다.

수에즈와 파나마 운하보다는 지명도가 훨씬 떨어지지만 킬 운하도 주목해야 한다. 독일은 1895년 발트해와 북해를 직접 연결하는 이 운하를 개통하였고, 같은 시기에 해군력을 크게 확장하며 영국의 제해권에 도전했다. 잘 알려지지는 않았지만 독일은 영국의 동남아 지배권을 무너

파나마 운하 완성은 미국이 영국을 제치고 20세기의 주도자로 떠오르며 미국의 세기로 만든 상징적인 사건이다. 대항해 시대의 마지막을 장식하는 존재이기도 한 파나마 운하는 국제 해운 무역의 중요한 통로가 되었고 당연하게도 미국이 가장 많은 혜택을 봤다. 서부에서 생산되는 석유와 목재를 피나마 운하를 통해 동부로 이동하면서 경제발전을 자연스럽게 이루었고, 해군력을 대서양과 태평양으로 손쉽게 이동할 수 있게 되면서 글로벌 파워로 자리 잡는 데에도 결정적 역할을 했다. 1999년 12월 31일에 이르러서야 파나마 운하는 마침내 파나마에 반환되었다.

뜨리기 위해 타이 정부에게 타이 남부의 크라마 지협을 가로질러 타이만과 안다만 해를 연결하는 크라^{Kra} 운하를 건설해 주겠다고 제안한 적도 있다. 하지만 제안과 계획으로만 끝나고 말았는데, 실현되었다면 지금의 싱가포르는 존재하지 않았을 것이다.

　미국에 도전할 만한 유일한 나라인 중국 역시 예외가 아니다. 몇 년 전 중국 회사들이 참여한 홍콩니카라과운하개발(HKND)은 카리브해의 푼타고르다에서 태평양의 브리토까지 278킬로미터의 운하를 뚫는 계약을 맺고, 니카라과 의회의 승인도 받았다. 하지만 첫 삽도 뜨지 못하고 끝났는데, 언젠가는 다시 살아날 수도 있다. 미국의 앞마당인 중미에서 이런 시도를 한다는 것 자체가 한 세기 전 영국의 패권에 도전한 독일과 비슷하다는 생각을 할 수밖에 없게 만든다.

　2025년 트럼프 미국 대통령은 파나마 운하가 실질적으로 중국에 의해 운영되고 있다고 주장하며, 미국이 되찾아 올 것이라고 선언하였다. 물론 중국의 지배는 사실이 아니지만 중국과 홍콩의 대기업들이 상당한 지분을 가지고 있는 것은 사실이기에, 파나마 운하는 다시 세계의 주목을 받고 있다.

참고서적

- 군림할 것인가 매혹할 것인가 - 강자의 조건 / 이주희 저 / Mid(엠아이디)
- 대영제국 쇠망사 / 나카니시 테루마사 저 / 서재봉 역 / 까치
- 몽골제국과 세계사의 탄생 / 김호동 저 / 돌베게

- 바다를 꿈꾸다 / 이창식 외 / 국립해양박물관
- 바다의 황제 / 잭 웨더포드 저 / 이재황 역 / 책과 함께
- 세계화, 전 지구적 통합의 역사 / 나얀 찬다 저 / 유인선 역 / 모티브북
- 영락제 화이질서의 완성 / 단조 히로시 저 / 한종수 역 / 아이필드
- 제국 / 니얼 퍼거슨 저 / 김종원 역 / 민음사
- 칭기즈칸 천년의 제국 - 대몽골 시간여행 / 배석규 저 / 굿모닝미디어
- 휴먼 웹, 세계화의 세계사 / 윌리엄 맥닐, 존 맥닐 저 / 유정희, 김우영 역 / 이산

이탈리아와 한자 동맹의 해양 도시국가들

유럽의 역사가 아시아와 상당히 다르게 진행된 이유 가운데 하나는 제국이나 왕국으로부터 독립적인 도시들이 상당수 존재했다는 점이다. 특히 이런 도시들은 이탈리아와 독일에 많았다. 두 나라의 통일이 늦어진 이유가 이 독립적인 도시들 때문이라는 견해도 있지만, 두 나라의 도시들은 유럽 역사 특히 중세 역사를 다양성과 역동성, 창조성이 발휘되는 공간으로 만들어 유럽이 근대의 문을 여는 데 결정적인 역할을 했다. 물론 이러한 도시들의 핵심 기능은 물류였다. 이 도시들은 강력한 해군을 조직하고, 해외에 무역기지는 물론 식민지까지 건설했는데, 모두 자신들이 장악한 물류망을 유지하기 위해서였다. 그들이 남긴 역사는 어떠했을까?

로마 멸망 후 항해술의 발전은 아라비아 상인들과 바이킹들의 몫이 되었다. 아랍인들은 역풍에도 나아갈 수 있는 삼각돛을 만들었고, 바이킹들은 온 유럽을 휩쓸면서 그린란드와 북미에까지 그들의 흔적을 남겼다. 하지만 그들의 항해는 국가적인 조직력으로 뒷받침되지는 않았다. 이와 대조적으로 비록 도시국가이기는 하지만 아말피Amalfi, 피사Pisa, 베네치

아Venezia, 제노바Genova는 국가적 차원에서 항해를 조직했고 바다에서 살 길을 찾았다.[121]

아말피와 피사 공화국

대항해 시대의 기초는 이탈리아 해양도시 국가들이 쌓았다. 첫 주자는 지금은 인구 5천 명의 작은 포구에 불과한 아말피였다. 나폴리 남쪽 45킬로미터 지점에 위치한 아말피는 로마 시대에는 존재하지도 않았던 도시였다. 5세기 게르만족의 대이동이 시작되면서, 게르만족의 하나인 동고트족을 피해 캄파냐 지방의 로마인들이 바다를 끼고 있는 작은 계곡에 자리를 잡으면서 아말피의 역사가 시작되었다. 하지만 방어에 유리한 아말피는 배후지가 거의 없어서 바다에 운명을 걸어야 했다. 아말피는 정치적으로 나폴리 공국의 지배를 받았는데, 이 공국도 동로마 제국에 속해 있었다. 동로마 제국의 수도 콘스탄티노플은 당시 지중해 문명의 중심이어서 아말피는 교역에 유리한 위치를 차지할 수 있었다. 아말피 인들은 우수한 항해술과 상업 감각으로 자신들의 도시를 남이탈리아와 레반트를 연결하는 교역의 중심지로 만들었다. 9세기에 랑고바르드 족이 남하하여 나폴리 공국을 위협하자, 그 틈을 이용하여 839년 9월, 공화국으로서 독립을 선언하기에 이른다. 하지만 비잔티움의 종주권은 인정하여 동방 무역의 우선권을 확보하는 현명함도 보였다.

아말피는 나무가 부족한 북아프리카에 목재를 팔고, 주조된 금화를 대금으로 받았으며, 콘스탄티노플에서는 비단과 귀금속을 레반트 지방에서는 향신료를 수입해서 유럽에 팔았다. 상아도 중요한 상품이었다. 10세

---

121) 이탈리아 도시국가들의 원형은 시돈이나 티레 같은 페니키아의 도시국가들에서 찾을 수 있다.

아말피는 이탈리아 캄파니아주 살레르노도에 위치한 역사적인 해안 마을로, 아말피 공국의 수도로 번영했던 곳이다. 9세기부터 12세기까지 지중해 무역을 주도하며 아말피 법전을 제정하는 등 중세 해상법의 표준을 세웠으나, 1131년 노르만족의 침략과 1343년 해일로 쇠퇴했다.

기에 이르면 아말피 상인들의 활동범위는 흑해까지 넓어졌다. 자연스럽게 아말피는 아랍을 거쳐 들어온 중국의 발명품을 유럽에 소개하는 첫 주자가 되었다. 나침반을 처음으로 유럽에 전한 플라비오 조이아$^{Flavio\ Gioia}$가 아말피인이었고, 제지술을 유럽에 보급한 이들도 아말피 인이었다. 아말피인들은 해사법의 원형을 만들었고, 예루살렘에 순례자들을 위한 병원을 세웠다. 구호기사단이 이 병원에서 시작되었고, 지금까지 이어지고 있다.[122] 아말피는 콘스탄티노플에 영구적인 거주지를 허락받은 첫 외부세력이기도 했다. 칼 마르크스가 유럽 상업 자본주의의 초기 단계에서 아말피의 역할을 인정했을 정도로 그들의 활약은 눈부셨다. 하지만 그들은 해외에 거주지는 만들었지만 식민지를 만들지는 못했다.

아말피는 1131년에 시칠리아 노르만 왕궁의 로제 2세에게 함락되면서 급속하게 쇠퇴했다. 라이벌 도시국가인 피사에게 1135년과 1137년에 점령당했고 타격을 입어 다시 무역중심지로 회복하지 못했다. 현재 아말피는 도시 전체가 세계문화유산에 등록되어 있어 많은 관광객들이 모여들고 있다. 가장 중요한 유물은 1240년에 만들어져, 현존하는 세계 최고最古의 조선소로 공인받은 아말피 아스널$^{Arsenale\ Amalfi}$[123]이다.

피사는 4대 해양도시 중 유일하게 하천항구이자, 로마 시대에 만들어진 도시이다. 1070년경 자치권을 얻은 피사는 십자군 원정을 돕고, 동방무역을 장악하면서 성장했다. 앞서 이야기했듯이 피사는 아말피를 제압하고, 코르시카 섬과 사르데냐 동부, 발레아레스 제도를 지배하면서 해상패권을 장악하기에 이른다. 식민지 보유는 아말피와 다른 피사의 특징이고, 이러한 전략은 베네치아와 제노바가 이어받는다. 하지만 티레니아 해

---

122) 구호기사단에 대한 역사를 알고 싶은 독자들은 공저자인 한종수의 졸저 〈구호기사단 천년의 서사시〉를 읽어주시기 바란다.

123) 아스널은 영어이고, 이탈리아어로는 아르세날레Arsenale로 원래 의미는 조선소이지만, 자연스럽게 무기공장도 겸하게 되었다. 베네치아의 아스널이 가장 규모가 크고 유명했으며, 잉글랜드 축구 클럽 아스널은 부근에 무기 공장이 있어서 붙여진 이름이다. 구단 로고에도 대포가 그려져 있다.

의 신흥 국가 제노바의 성장으로 밀려나기 시작했고, 특히 1284년 멜로리아^{Meloria} 해전에서 참패하면서 제해권을 잃고 한 세기 동안 계속 쇠퇴하였다. 결국 식민지도 모두 상실하고 1406년 메디치 가문의 피렌체에게 병합되면서, 피렌체의 외항으로 전락하고 말았다. 피사의 번영을 보여주는 흔적이 바로 그 유명한 피사의 사탑이다. 피사의 전성기는 짧지 않았음에도 그 유명한 기울어진 탑을 제외하면 아말피, 베네치아, 제노바와는 달리 후세에 남긴 것들은 그렇게 많지 않다. 하지만 아라비아 숫자 특히 '0'의 개념을 처음으로 유럽에게 전한 레오나르도 피보나치$^{Leonardo\ Fibonac}$는 주목할 만한 인물이다.

베네치아 공화국

아말피와 피사의 뒤를 이은 베네치아와 제노바는 함대를 만들고 지중해 서쪽에 강력한 교두보를 확보했다. 그리고 북아프리카와 지중해에 진출한 이슬람세력과 상호 협력과 경쟁을 통해 무역로를 확충하여, 후세에 대단히 큰 영향을 남겼다.

    베네치아는 아말피처럼 외적의 침략을 피해 만들어진 도시였다. 다만 그 '적'은 달랐는데 바로 게르만족의 대이동을 유발한 훈족의 제왕 아틸라였다. 이렇게 베네치아는 훈족의 공격으로부터 살아남기 위해 도망친 사람들이 석호 위에 건설한 도시로 소금과 생선 외에는 자체 생산이 전혀 없는 도시국가였다. 하지만 그들은 통상을 통해 엄청난 부를 쌓아 올렸다. 한때는 인구가 열 배가 넘는 프랑스나 영국과 거의 같은 세입을 올릴 정도였다. 베네치아는 100개 정도 되는 상업 귀족 가문들이 주도권을 가진 과두정 공화국으로 평의회와 선출직이지만 종신직 대통령인 도제가 국정을 이끌었다. 베네치아는 효율적이고 안정적인 정부를 수백 년간 유지했다. 그 중에서도 자신들의 생명선이라 할 수 있는 항로 관리는 베네치아 정치의 백미였다.

10세기부터 아드리아 해를 베네치아 만으로 만들었던 베네치아 공화국은 아드리아 해의 동쪽 해안도시 자라^{Zara}, 스팔라토^{Spalato}, 라구사^{Ragusa}, 카탈로^{Cattaro}, 스쿠타리^{Scutari}, 두라초^{Durazzo}와 코르푸^{Korfu} 섬을 경제력과 외교력, 무력을 적절히 동원하여 자신들의 지배하에 두었다. 그 중에 라구사는 지금은 두브로브니크로 이름이 바뀌었지만, 인공과 자연이 조화된 아름다운 항구도시로 세계의 관광객들을 불러 모으고 있다. 베네치아 인들은 이 거점에 완벽한 항구와 요새를 구축하여 조선소와 창고, 선원들의 숙소들을 건설했다. 베네치아는 대부분의 거점들을 최소 500년 이상, 일부는 800년에 가까운 세월 동안 유지했다. 이 거점들은 휴식과 수리 기능 뿐 아니라 영사관이 있어 여러 행선지의 정보를 전달할 수도 있었다. 좋게 말하면 '바다 위의 휴게소', 나쁘게 말하면 식민지인 이 거점들은 그리스 본토와 크레타 섬, 키프로스[124]로 확대되었고, 흑해와 북해까지 항로가 개척되기에 이른다.

물론 이러한 네트워크의 유지는 강력한 해군이 있어서 가능했는데, 베네치아 해군은 전 세계에서 거의 유일하게 시민에게 병역을 부과하여 만든 전문해군이었다. 바로 다음에 등장할 라이벌 제노바조차 해군은 반민반관 형태였고, 다른 나라의 해군은 사실상 해적과 구별하기 힘들었던 시절이다. 로도스와 몰타에 근거지를 두고 활동한 독립국가인 구호기사단도 소규모이기는 하지만 전문적인 해군을 가졌다고 할 수 있다. 그러나 이들은 이슬람을 상대로 한 해적이기도 했고, 지원자들로 구성되었기에

---

[124] 하지만 크레타와 키프로스는 상당히 큰 섬으로, 단순한 무역기지가 아니라 대규모 농장과 광산이 있었고, 베네치아 인들은 원주민들을 혹사시켜 이를 유지했다.

베네치아 해군과는 성격이 다르다. 어쨌든 '전문적인 해군'을 가진 두 나라는 700년 가까이 적이 되거나 동지가 되는 등 복잡한 관계를 유지하게 된다.

이 모든 것은 베네치아 정부가 관리했을 뿐 아니라 1255년부터는 5척에서 10척으로 편성된 '무다^{Muda}'라고 부른 국유선단까지 창설했다. 선단으로 항해하면 해적들의 위협으로부터 효과적인 방어가 가능했고, 대량의 상품을 수송할 수도 있었기 때문이다. 베네치아의 거점에서 풍랑, 전쟁 등 위험한 정보를 최대한 빨리 입수하여 그때마다 항로를 변경하였음은 당연한 일이다. 국유선을 운영하면서 얻는 이점은 많았다. 무역상들은 배의 건조와 유지에 대한 부담에서 해방되었고, 정부는 대상인의 독주를 막을 수 있었다. 현대의 정부보다 베네치아 정부는 중소상공인들의 보호와 육성에 더 힘을 기울였다. 결국 국영화든 민영화든 운영하기 나름이며, 무엇이 좋고 나쁘다고 잘라 말할 수 없다는 것을 베네치아의 선단 운영이 잘 보여준다. 이 항로와 선단의 주목적은 당연히 무역이었지만 나중에는 사람도 나르게 된다. 전성기에 베네치아 공화국은 이집트, 레반트, 콘스탄티노플, 스페인, 영국과 플랑드르, 북아프리카 등 6개의 정기항로를 유지했다.

하지만 이탈리아 도시국가들이 만든 항로는 그 가공할 전염병인 페스트의 유입 경로이기도 했다. 1331년 중국에서 발생한 페스트는 1345년 크림 반도에 이르렀고, 2년 후에는 콘스탄티노플, 곧이어 이탈리아로 전파되었다. 당시 8천만이던 유럽 인구 중 절반 이상이 이 병으로 쓰러졌다. 이들이 만든 강력한 유통망은 '죽음의 고속도로'가 되어 '죽음의 세계화'를 낳기도 했다는 사실도 알아야 한다. 이처럼 문명이란 빛과 어둠이 공존하는 동전의 양면과도 같다.

2014년 4월 16일, 우리나라는 과적과 미숙한 운항, 선장의 무책임으로 유발된 어처구니 없는 사고로 300명이 넘는 생명을 잃는 대참사를 당하고 말았다. 하지만 베네치아는 600년 전에 이미 우리를 부끄럽게 할 정도로 치밀하게 고객들을 관리했다. 종교 즉 가톨릭이 압도적인 영향력을 행사하던 당시 유럽인들의 꿈 중 하나는 성지순례를 다녀오는 것이었다. 베네치아는 '성지순례법'이라는 법률까지 제정하여 성지순례를 국가적 사업으로 만들었다. 이 법에는 배에 태우는 순례자의 수를 제한하여 과적으로 인한 재난을 예방하게 하였고, 식사의 질까지 관심을 기울였으며 무장병력과 의사의 승선을 의무화하여 여행의 안전과 쾌적성을 최대한 보장하였다. 그 뿐만 아니라 순례자가 사망하는 경우에는 정중하게 시신을 처리하고, 유품을 유족에게 반환하고 사망일을 기준으로 나머지 일수의 여비는 반환하게 하였다고 한다.

　이렇게 성지순례를 국가사업으로 할 정도면, 그만큼 안전한 항로를 확보하지 않고는 불가능하다. 프랑스의 항구도시 마르세유도 성지 순례객들을 유치했지만, 손님이 죽으면 물건이 당연히 선장 차지가 될 정도로 체계적으로 관리되지 않았기에 결국 프랑스 순례객조차 자기나라 배를 외면하고 베네치아로 가면서 완전히 몰락하고 말았다. 베네치아는 동지중해에 많은 식민지와 무역거점을 가지고 있었고, 선단과 마찬가지로 정부의 강력한 통제를 받았다.

　베네치아는 라이벌이자 다음 글의 주인공인 제노바를 물리쳤지만 대제국 오스만 투르크가 등장하면서 식민지를 야금야금 빼앗겼다. 결국 동지중해의 제해권을 빼앗겼고, 서쪽에서는 대항해 시대가 열리면서 서서히 쇠퇴할 수밖에 없었다. 그래도 체제가 워낙 안정적이어서 전성기와 쇠퇴기를 모두 지난 1797년에 이르러서야 나폴레옹에게 멸망할 정도로 오랜 수명을 자랑한 나라였다.

제노바 공화국

지중해와 리구리아 산맥 사이의 좁은 해안 평야에 위치한 제노바는 경제적 의미에서는 베네치아처럼 섬과 마찬가지였고, 그런 이유 때문에 베네치아처럼 로마시대에는 존재하지 않았던 항구도시였다. 제노바는 사치품을 제외하고는 육상수송이 없었고 전적으로 해운에 의존하는 나라가 될 수밖에 없었다. 다만 배후의 산악지대 덕분에 베네치아보다는 목재를 훨씬 쉽게 입수할 수 있었다.

10세기 말부터 두각을 나타내기 시작한 이 항구도시는 역시 베네치아처럼 철저하게 외부 즉 바다에서 활로를 찾았다. 제노바는 항구의 수심이 깊어 대형 선박도 쉽게 접안할 수 있어서 베네치아와는 달리 대형 범선 위주의 해운과 무역이 발달했다. 이 도시가 두각을 나타내게 된 계기는 십자군에게 해운 서비스를 제공하면서부터였다. 베네치아와는 라이벌이 될 수밖에 없는 운명이어서 동지중해의 제해권과 섬들을 두고 다투어야 했으며, 결국 네 차례의 전쟁을 치렀는데 한때는 베네치아를 궁지에 몰아넣은 적도 있었다. 하지만 결국 베네치아를 이길 수 없었던 제노바는 1277년에 세상의 끝이라는 지브롤터를 가장 먼저 지나고 지중해를 벗어나 대서양과 북유럽으로 진출했다. 특히 1291년에는 더 과감하게 아프리카 연안을 우회하여 동방 진출을 시도하기까지 했다. 정확한 기록은 남아 있지 않지만, 이들은 희망봉 통과에는 성공했으나 홍해 입구에서 난파당한 것으로 추정된다. 이렇게 되자 이미 2천 년 전, 카르타고인들이 알고 있었던 것처럼 제노바 인들도 갤리선은 대양 항해에 적합하지 않다는 사실을 깨닫게 되었다. 제노바 인들은 200년 후 바스코 다 가마에게 동방항로 개척의 영광을 내줄 수밖에 없었지만, 새로운 범선을 개발하고 앞으로 대항해시대의 전초기지가 될 카나리아 제도 같은 섬들을 발견하는 데는 성공했다.

이런 성과에도 제노바는 시민들의 개인주의적 성향 그리고 그로 인한 귀족들의 분쟁으로 강력한 정부를 만들지 못해 쇠퇴했고 주권마저 잃고 말았다.[125] 제노바 역시 코르시카를 위시하여 흑해 주변에 여러 식민지를 만들었고 런던, 브뤼헤, 카디즈 등지에 제노바인 공동체를 형성했지만, 본국과 마찬가지로 통제력은 느슨했다. 하지만 설사 제노바 인들이 강력한 정부를 만들었다고 해도 유지하기는 힘들었을 것으로 보인다. 또한 오스만 투르크의 대두가 베네치아 이상으로 제노바에게 큰 타격을 주었다. 1453년 콘스탄티노플의 함락으로 갈라타 거주구를 비롯한 동지중해의 거점을 거의 상실하고 말아서 서지중해와 대서양 진출에 더 매달리게 된 점도 간과할 수는 없다.

제노바인들은 대단히 유능한 항해사들이자 무역상이었다. 흑해에서 북해에 이르는 바다를 종횡무진으로 누볐고 지중해를 넘어선 그들의 활약은 대항해시대의 전조이자 후세인들에게 많은 영감을 주었다. 신대륙을 발견한 콜럼버스가 제노바 출신이라는 사실은 결코 우연이 아니다. 사실 콜럼버스 외에도 자신의 이름이 대륙의 이름이 된 아메리고 베스푸치Amerigo Vespucci, 뉴욕을 처음 발견한 유럽인인 지오반니 베라차노Giovanni da Verrazzano, 지오반니 카보트Giovanni Caboto 등 유능한 이탈리아 출신 항해가들이 많았지만 모두 스페인이나 프랑스, 영국을 위해 일했다.

제노바 인들은 유능한 금융업자들이기도 해서 포르투갈과 스페인 제국의 재정을 담당했다. 자본주의 발전 경로를 밟는 국가들은 처음에는 무역이나 생산 활동에 집중하다가 자본이 축적되면 금융업으로 전환하는 경우가 많은데, 제노바가 그 원조인 셈이다. 이때문에 제노바는 현

---

125) 베네치아는 석호 위에 건설된 도시여서, 시민들이 협력하지 않으면 생존할 수 없었다. 이런 차이가 두 도시 시민들의 문화 차이를 만들어낸 것이다.

대에 와서 자본주의의 실험장이라는 평가도 받았지만 국내 투자가 계속 줄어들어, 국력이 약해졌고 결국 나라는 사라지고 부자만 남게 되었다.[126]

지중해는 도시국가들에게는 어울리는 무대였지만 대양인 대서양을 항해하기 위해서는 더 큰 국가적 뒷받침이 필요했기에 이탈리아의 도시국가들로서는 역부족이었다. 이탈리아의 상인들은 새롭고 먼 거리의 시장을 발견하지 못하고, 기존의 시장을 유지하기에도 힘이 부쳤다. 그들이 개척한 것은 시장이 아니라 대항해에 필요한 수학, 천문학, 지리학이었고 이것들을 배운 항해가들이 다른 나라에서 활약하게 된 것이다. 따라서 도시국가라기에는 크지만, 영토형 국가라기에는 작은 포르투갈이 대항해 시대를 연 것은 어찌 보면 당연한 결과일지도 모른다.

북유럽의 패자 한자동맹

11세기 후반부터 이탈리아뿐만 아니라 유럽 전역에서 상업이 부활했고, 독일인들은 이교도가 지배하는 동유럽과 북유럽, 발트해안으로 진출해 식민활동과 전도 활동, 무역활동을 한꺼번에 시작했다. 당연하지만 이 활동은 독일기사단, 도검기사단과 함께 하는 등 무력도 동반했다. 이러한 활동을 북방십자군운동이라고 부른다. 독일인들의 동진과 북진은 큰 전쟁도 없었고, 비교적 평화적으로 진행되었다.[127] 현재 라트비아의 수도인 리가는 1200년 독일의 사제들과 기사들이 같이 건설한 도시였다. 슬라브인 지배층 입장에서는 선진문명의 유입이었고, 이민한 독일인 입장에서

---

126) 19세기 들어 이탈리아 인 특히 제노바 인들이 아르헨티나로 많이 이주했다. 《엄마찾아 삼만리》의 주인공 마르코도 제노바 출신으로 설정되어 있을 정도다.
127) 물론 예외가 없던 것은 아니다. 발트해변에 살던 이교도 프루스Pruss 족은 독일기사단에게 전멸되었고, 프로이센의 어원으로만 남았다. 에스토니아에서도 상당한 피가 흘렀고, 수도 탈린이 건설되었다.

는 새로운 기회의 땅이었기 때문이다. 교황청에서도 이런 활동을 적극 지원했다. 또한 스칸디나비아 반도도 기독교화가 시작되면서 웁살라^{Uppsala} 등에는 교구청도 설치되었다. 또한 러시아의 모피가 유럽의 귀족사회에서 인기를 끌면서 독일의 상인들이 발트해에 더 적극적으로 진출하기 시작했다. 한자동맹은 이런 흐름에서 탄생한 독특한 존재였다.

뤼벡의 건설과 한자동맹의 결성

홀슈타인 백작 아돌프 2세는 발트해 무역이 전망이 있다고 여기고 무역 상인들의 거점을 만들기 위해 1143년에 트라베 강과 발트해를 잇는 지점에 있는 하중도^{河中島}에 뤼벡을 건설하였다. 교통과 방어에 유리했기 때문인데, 라인란트와 니더작센에서 많은 상인들이 이 신도시로 이주했다. 뤼벡은 빠른 속도로 발전해서 1160년대에 이미 발트해 무역의 중심도시로 올라섰고, 1226년에는 제국자유도시로 지정되어 자치권을 획득했다. 1161년, 뤼벡과 함부르크는 해적과 산적을 토벌하고 등대를 세워 항해의 안전을 촉진하였으며, 선원과 수로 안내인 등을 훈련시키고 무역기지와 독점권을 확립함으로써 교역의 안전을 확보하고자 동맹을 맺었다. 이것이 한자^{Hansa} 동맹의 시작인데, 한자라는 단어는 고대 독일어로 집단이나 무리를 의미한다. 1259년에는 로스토크와 슈트랄준트^{Stralsund} 등 발트해 연안 도시들이 가입했다. 발트해 연안 도시들 중 베네치아나 제노바 같은 대도시는 없었다. 따라서 그들은 제해권과 무역망을 지키기 위해서 뭉쳐서 동맹을 맺을 수밖에 없었다. 1280년대에는 쾰른을 비롯한 라인 지방의 상업 도시들이 공통 이익을 지키기 위해 한자동맹에 가세했다.

한자 동맹은 북해의 격랑을 가르고 나아가는 데 적합한 형태의 배 코

코그는 중세에 주로 무역과 운송에 사용했지만 전쟁에도 사용했던 선박이다. 10세기에 처음 등장했고 12세기경부터 널리 사용되었다. 코그는 일반적으로 단일 돛대와 단일 사각 돛이 장착되었다. 코그는 주로 중세 유럽 북서부에서 무역에 사용되었으며 특히 한자 동맹에서 많이 사용했다. 일반적인 코그는 길이가 15~25m(49~82피트), 너비가 5~8m(16~26피트)였으며 무게는 30~200톤이었다. 300톤이 넘는 큰 경우는 드물었지만 때로는 1,000톤이 넘는 상당히 큰 코그도 있었다.

그^{Cog} 선을 개발했다. 하나의 돛대와 사각 돛을 단 코그 선은 일반적으로 길이가 15~25미터, 너비가 5~8미터였으며 무게는 30~200톤이었다. 1,000톤이 넘는 대형 코그도 극소수이지만 존재했다. 평평한 바닥이어서 항구에서 화물을 싣고 내리기가 더 쉬웠고, 높은 측면 덕분에 해적의 공격으로부터 더 안전한 구조였다.

특혜도시들

한자동맹은 영국, 스칸디나비아, 러시아, 플랑드르 등지에 동맹의 대리인과 정주 상인집단을 보내고, 상관을 지었다. 이 상관은 주택과 사무실은 물론 창고, 교회, 공장, 식당이 있고 성벽으로 둘러싸인 거대한 커뮤니티로 성장했다. 이런 상관이 있는 도시를 콘토르^{kontor}라고 불렀는데, '특혜도시'라고 번역할 수 있다. 가장 대표적인 도시가 바로 런던이다. 런던에 살던 뤼벡 출신을 중심으로 한 한자동맹 상인들은 특권을 지니고 중세, 근세 초 영국의 북유럽 교역에 막대한 지분을 가지고 있었는데 이 상인집단을 스틸야드^{Steelyard} 라고 불렀다.[128]

런던 외에 대표적인 한자동맹 특혜도시는 벨기에의 안트베르펜, 브뤼헤, 브뤼셀[129], 현대에는 스웨덴 땅이 되었지만 당시에는 덴마크령이었던 말뫼^{Malm}, 스코틀랜드의 수도 에든버러의 외항인 리스^{Leith}, 중세 러시아의 대표 도시인 노브고로드, 노르웨이의 베르겐, 리투아니아 대공국의 주요 도시였던 카우나스와 리투아니아가 성장 과정에서 흡수했던 옛 키예프

---

[128] 영국인들은 한자동맹의 상인들을 동쪽에서 온 사람들이라며 이스털링^{Eastering}이라고 불렀고, 여기서 영국 파운드의 별칭인 스털링^{Stering}이 유래했을 정도로 한자동맹의 영향력은 막강했다.
[129] 한사동맹에게 플랑드르는 아주 중요한 파트너였지만, 안트베르펜, 브뤼헤, 브뤼셀에 한꺼번에 상관을 둔 적은 없었고, 시대에 따라 옮겨 다녔다.

루스의 주요 도시 중 하나였던 폴라츠크Polotsk 등이 대표적이다. 이렇게 한자 동맹의 판도는 리가Riga 만에서부터 노르웨이의 베르겐, 플랑드르, 런던에 이르러 북해와 발트해를 자신들의 호수로 만들었다. 또한 라인 강 등 내수면까지 올라가 독일 내륙의 중계무역을 독점하다시피 했다.

한자동맹의 상품과 산업

한자동맹이 다루는 상품은 향신료가 중심인 이탈리아 도시국가들과는 달리 목재, 곡물, 모직물, 청어와 대구 같은 해산물, 철과 구리 광석, 소금, 포도주, 타르, 맥주, 밀랍, 고래기름, 철광석, 유제품, 목공품 같은 생활필수품이 대부분이었다. 특히 뤼네부르크에서 산출되는 암염은 아주 중요한 상품이었다. 러시아의 모피와 발트해변에서 나오는 호박, 금과 은 정도가 사치품으로 예외적인 존재였다.

뤼벡을 비롯한 한자 상인들은 베르겐에서 대구와 목재, 고래기름을 사고 소금, 곡물, 모직물, 맥주, 포도주를 팔았다. 베르겐에서 산 대구와 목재를 런던에서 팔고 양모를 구입했으며, 이를 플랑드르에 팔고 모직물을 수입했다. 러시아에서는 모피와 곡물, 목재, 밀랍을 수입해서 독일과 플랑드르에 팔았다. 지중해 지역에서는 올리브유와 향신료를, 라인 지방에서는 포도주를 수입했다.

한자동맹은 단순한 무역망을 넘어 제조업도 발달시켰다. 비즈마르Wismar 같은 도시들은 제조업이 중심이었다. 한자동맹의 제조업은 가장 중요한 조선업은 물론, 맥주, 모피와 목제가공, 제분, 섬유 등 다양하게 발전하였다. 특히 맥주는 도시별로 발전하여 현대 수천 종이 넘는 독일 맥주의 다양성을 낳는 데 결정적인 계기를 만들었다.

한자동맹의 전성기

한자동맹은 1370년부터 전성기를 맞았는데, 이 시기에 스칸디나비아와 무역이 활성화되었기 때문이다. 지금도 유명하지만, 스웨덴에서 철광석과 구리가 발견되면서 이 광물들도 한자동맹의 중요한 상품으로 부상하였다. 이 광석들을 나르기 위해 한자 상인들이 건설한 도시가 바로 스톡홀름이었다. 전성기에 한자동맹은 맹주 뤼벡과 2인자였던 함부르크를 필두로, 쾰른, 브레멘, 베를린, 뮌스터, 로스토크, 마그데부르크, 킬, 단치히(현재의 그단스크), 그리고 독일어권 밖에 있는 리가와 비스뷔, 탈린 등 최대 100여 개 도시가 참여했다. 콘토르^{Kontor}(교역소)보다는 규모가 작지만, 아이슬란드와 베네치아, 보르도에 이르기까지 거의 유럽 전역이라고 불러도 좋을 정도로 많은 도시에 무역기지를 보유하기에 이른다.

한자동맹은 무역과 경제공동체였고, 지중해와는 달리 이슬람 같은 강력한 이교도 세력이 없었기에 군사력은 강하지 않았다. 그렇다고 전쟁

폴란드 그단스크(독일어로 단치히)에 남아 있는 한자동맹 시절의 기중기 유적

이 없었던 것은 아니다. 한자동맹의 공격적인 보호무역정책은 현지 상인들의 반발을 불러일으켰고, 종종 전쟁으로 이어졌다. 1368년에 한자동맹은 덴마크 왕 발데마르^{Valdemar} 4세의 저항에 부딪쳤다. 발데마르는 발트해 남서부지역을 지배하면서 한자동맹의 경제적 지배력을 끝내려고 애썼다. 한자동맹은 특별 회의를 소집해 군대를 동원하기로 결정했는데, 이때 소집된 군대가 그 후 덴마크 군에 승리해 한자동맹은 덴마크 국왕의 선출을 거부할 수도 있게 되었다. 일개 단체가 국가에 승리를 거둔 셈이다.

한자동맹은 1402년에 발트해의 해적 클라우스 슈퇴르테베커$^{Klaus\ Störtebeker}$와 그 일당을 잡아 처형한 적도 있었다.[130] 1426년 칼마르 연합의 왕 포메른의 에리크가 무역선들에게 자신의 영역인 외레순 해협을 지나갈 때 통행세를 요구하자 전쟁을 치르기도 했다.

한자동맹의 구조

한자동맹에는 공식적인 정관도 없었고, 상비군도 없었으며, 정기 회의 ^{Hansetag}를 제외하고는 관리기구도 없었다. 이런 이유 때문에 '동맹'이라는 어휘를 써야하지는 지에 대해 의문을 제기하는 학자들도 있을 정도다. 어쨌든 이 의회는 1300년경에 시작되어, 1356년 이후 공식화되었고, 1669년 마지막 의회가 열릴 때까지 총 172회 열렸다. 하지만 각 도시의 특유한 이해관계와 지역적인 이익이 공통의 관심사보다 비중이 커지자, 15세기 초부터는 정기 회의를 소집하는 일도 점점 뜸해졌다. 또한 앞서 해양자원 편에서 다루었지만 15세기 초 청어 떼가 수온 변화로 북해로

---

130) 독일 민담에서 슈퇴르테베커는 로빈 후드와 비슷한 전설적인 인물이다. 부자들의 돈을 훔쳐 가난한 사람들을 돕고 막대한 보물을 숨겼다는 전설이 생겨났을 정도다.

서식지를 옮기면서 상당한 타격을 입었다.

뤼벡이 맹주이기도 하지만 절대적인 존재와는 거리가 멀었다. 분담금 배분을 보아도 이는 잘 드러난다. 15세기 말에서 16세기 초까지 한자동맹의 분담금 상황은 아래와 같았다. 하지만 중앙금고가 있는 뤼벡을 제외하면 체납이 잦았다. 이런 점에서 2천년 전, 델로스 동맹을 이끌던 아테네를 연상하게 하지만, 장악력은 비교도 되지 않을 정도로 약했다.

1위 : 뤼벡과 함부르크 100
2위 : 단치히 80
3위 : 함부르크 75
4위 : 브라운쉬바이크 70
5위 : 마그데부르크, 쾨니히스베르크, 할레 등 60
6위 : 브레멘, 리가 등 50
7위 : 로스토크, 슈테틴, 힐데스하임 등 40
(단위는 라인 굴덴)

한자동맹의 쇠퇴와 소멸

한자동맹의 세력을 약화시킨 중요한 원인은 비독일계 민족들이 세운 발트해 연안 국가들의 성장이었다. 강적 리투아니아와 폴란드는 1368년에 통일되었고, 덴마크 스웨덴 노르웨이는 1400년경에 연방을 결성했다. 또한 앞서 해양자원 편에서 다루었지만 15세기 초 수온의급격한 변화로 청어 떼가 북해로 서식지를 옮기면서 상당한 타격을 입었다.

러시아에서는 모스크바 대공국이 성장하여, 1478년에 노브고로드를 점령하고, 그곳의 독일 상인들을 추방한 다음 상관도 폐쇄했다. 이것이 한자동맹 해외 상관이 첫 번째로 문을 닫은 사례가 되었다. 16세기 중엽에는 네덜란드 인이 발트해에서 서쪽으로 상품을 수송하는 해운업을 장악하면서 한자 동맹에 심각한 타격을 주었다. 설상가상으로 16세기 말인 엘리자베스 1세 시기에 잉글랜드 내 교역의 중심이 잉글랜드 상인들에게 넘어오면서 스틸야드의 특권이 폐지되었고, 1598년에는 상관도 문을 닫았다.

플랑드르의 상관들도 여기저기 옮겨 다니다가 모두 사라지고 말았다. 베르겐 상관은 강제로 문을 닫지는 않았지만, 한자동맹의 쇠퇴와 소멸로 단순한 독일 상인들의 상관으로 바뀌었다.[131] 독일 내부에서도 프로이센 같은 강력한 군주국과 야코프 푸거라는 대자본가이자 거대 국제무역상이 등장하면서, 한자동맹을 더욱 약화시켰다. 설상가상으로 대항해시대가 본격화되면서 구시대적 존재인 한자동맹은 서서히 사라지게 만들었다. 현대적으로 표현하면 무역과 통상의 세계화가 지역 블록 경제를 해체시킨 셈이다. 또한 종교 개혁에 따른 중부와 북유럽 전체에서 벌어진 사회적, 정치적 분열도 한자동맹에게 불리하게 작용할 수밖에 없었다.

마지막 결정타는 30년 전쟁이었다. 이 전쟁 이후 국민 국가 개념이 완전히 자리 잡으면서, 도시 연합체가 힘을 발휘할 공간은 사라져 버렸다. 1669년, 9명의 대표단이 뤼벡에서 한자의 날을 맞이하여 만났지만, 성과가 없었고 결국 한자동맹은 역사 속으로 사라졌다. 하지만 동맹의 소멸에도 불구하고 뤼벡과 함부르크, 브레멘은 개별 도시 차원에서는 계속 번영했다. 이 도시들은 한자를 그대로 도시 이름에 넣었고, 지금도 변함이 없다. 또한 자유시로서의 지위도 계속 유지했으며, 브레멘과 함부르크는 도시임에도 독일연방의 주로서의 지위를 누리고 있다.

---

131)   상관 내에 있던 교회는 1870년까지도 독일어로 예배를 보았다고 한다.

한자동맹이 미친 영향

1870년대 이후, 독일에서는 한자동맹에 대한 연구가 많아지고, 평가도 높아졌다. 이 시기는 독일 통일 직후인데, 당연하게도 우연의 산물이 아니었다. 비록 비스마르크는 억제했지만, 해외진출의 욕구가 넘쳐흐르던 시기였기 때문이다. 이렇게 독일 제2제국과 제3제국 시기 한자동맹은 독일인들에게는 제국주의적 야망으로 기억되었다.

하지만 유럽연합(EU) 출범 이후에 한자동맹은 도시 간 상업네트워크이자 유럽연합의 선례로 재해석되면서 새롭게 기억되기에 이른다. 서독이 설립한 국립항공사 이름을 루프트한자^{Lufthansa}(하늘의 한자동맹이라는 의미)으로 지은 것이 대표적인 사례이다. 또한 한자동맹의 맹주였던 뤼벡의 지역 지식인들이 한자동맹을 도시 간 교류와 협력의 네트워크로 재현하는 박물관을 만들고, 새롭게 결성된 네트워크를 주도하였다. 이들은 초국가적 학술 네트워크를 조직하는 등의 활발한 활동을 하고 있다. 최근 독일과 북유럽 국가, 발트3국, 네덜란드를 묶어 신한자동맹이라고 부르는데, 새로운 경제블록으로 주목을 받고 있다.

이탈리아 도시국가들과 한자 동맹의 비교

이탈리아 해양 국가들과 한자동맹의 가장 큰 공통점은 정치적으로 유력 상인들의 과두지배 체제였다는 사실이다. 따라서 둘 다 경제적 목적을 위해 정치체제를 만들었다는 점에서 아주 닮았다. 이것이 두 세력이 다른 국가들과 다른 결정적인 차이였다. 하지만 경제적으로는 효율적이었어도, 압도적 인구와 국력을 가진 대국들이 그 잠재력을 발휘하는 군주를 만났을 때는 감당할 수 없었다. 결국 두 세력은 2천 년 전의 페니키아 도시국가들이 그랬듯이 시간 차이는 있었어도 대국들에게 흡수당하는 운명을 피할 수 없었다.

두 번째 공통점은 국방이다. 물론 두 세력 다 해상무역 보호 차원에서 중요했던 해군력을 유지하려고 시민들이 병역의무를 맡았지만, 무역을 위해서는 육로도 지켜야 했기에 육군도 반드시 필요했다. 하지만 육군은 둘 다 용병에 의존할 수밖에 없었다.

세 번째 공통점은 십자군과의 연결성이다. 규모와 시기의 차이는 있어도 두 세력 모두 십자군의 수송과 보급을 맡으면서 성장했다는 공통점이 있다.

네 번째로는 두 세력 모두 정치의 중심지와 상당히 떨어져 있었다는 사실이다. 이탈리아 해양도시 국가들은 교황청이 있는 로마와 한자동맹의 도시들은 신성로마제국의 황제들이 있던 빈이나 프라하, 프랑크푸르트, 뉘른베르크[132]와 거리가 멀었다. 즉 중앙정치권력과는 물리적으로도 거리가 멀었다는 사실이다. 이런 이유로 이탈리아와 독일은 통일이 늦었지만 다양한 색깔을 가진 중소도시들이 존재할 수 있었다.

하지만 두 세력은 이렇게 외관상 공통점이 많아도 내용에서는 차이점이 더 많았다. 정치적으로 보면 한자동맹 도시들은 실질적인 독립국이기는 했지만 형식적으로는 신성로마제국의 일원이었다. 이탈리아 도시국가 중 적어도 베네치아는 확실히 명실상부한 독립국이었고, 신성로마제국에 속한 적이 있었던 제노바도 한자동맹의 도시들보다는 독립성이 더 강했다. 이때문인지 이탈리아 도시국가들은 자기들끼리 동맹을 맺지 못하고 서로 전쟁을 벌이는 경우가 훨씬 많았다. 하지만 한자동맹 도시들은 자기들끼리 전쟁을 하는 경우가 거의 없었다.

132) 신성로마제국은 특별한 수도가 없었고, 황제의 거주지가 수도의 역할을 했다.

또 다른 차이는 식민지이다. 한자동맹은 로스토크 같은 도시를 건설하기도 하고 독일어권 밖에도 리가 같은 교역도시를 세웠다. 하지만 베네치아나 제노바의 식민지 크레타, 키프로스, 코르시카처럼 큰 섬을 지배하거나 경영하지 않았고, 무역기지로 머물렀다는 점에서 큰 차이가 있다.

경제적인 면에서 보면 두 세력의 가장 큰 차이는 거래대상인 상품이었다. 이탈리아 도시국가들의 상품은 주로 향신료를 비롯한 사치품이었지만 한자동맹 도시들의 상품은 모피나 호박 정도를 제외하면 대부분 생활필수품이었다. 조금 과장해서 이야기하면 독일을 비롯한 중부 유럽과 북유럽이 남부 유럽보다 훨씬 빠른 산업화에 성공한 이유를 여기에서 찾을 수도 있다.

또한 이탈리아 도시국가들은 이슬람이 파트너였기 때문에 교황청의 견제를 받았고, 이런저런 편법을 쓰지 않을 수 없었다. 하지만 한자동맹의 도시들은 그런 핸디캡이 없었다는 점도 달랐다.

우리나라에서의 인지도로 보면 베네치아와 제노바가 한자동맹의 도시들보다 훨씬 유명하다. 실제로도 이탈리아 도시국가들이 세계사에 미친 영향이 한자동맹이 미친 영향보다는 컸다고 할 수 있다. 하지만 현재 상황으로 보면 그렇지만도 않다. 피사와 아말피는 소도시로 전락했고, 베네치아도 냉정하게 보면 관광도시에 불과하다. 제노바 역시 이들보다는 낫지만, 이탈리아를 벗어난 관점에서 보면 강력한 경제력을 가진 도시라고는 할 수 없다. 하지만 한자동맹의 핵심도시인 브레멘과 함부르크, 쾰른은 강력한 경제력을 지닌 대도시이다.[133] 또한 한자동맹권의 국가들이 부유하고, 세계적인 모범국이며, 신한자동맹까지 나타나는 최근의 현상을 보면 한자동맹이 미친 영향력도 그렇게 뒤지지 않음을 알 수 있다.

---

133) 하지만 맹주인 뤼벡은 냉전시기 불리한 지리적 위치를 극복하지 못하고, 쇠퇴하여 중소도시로만 남았다.

참고서적

- 경제강대국 흥망사 / 찰스 P. 킨들버거 저 / 주경철 역 / 까치
- 구호기사단 천년의 서사시 / 한종수 저 / 자유문고
- 대서양 문명사 / 김명섭 저 / 한길사
- 바다의 도시 이야기 / 시오노 나나미 저 / 한길사
- 부의 도시 베네치아 / 로저 크롤리 저 / 다른 세상
- 30개 도시로 읽는 독일사 / 손선홍 저 / 다산초당
- 세계화, 전 지구적 통합의 역사 / 나얀 찬다 저 / 유인선 역 / 모티브북
- 자본가의 탄생 / 그레그 스타인메츠 저 / 노승영 역 / 부 키
- 콘스탄티노플 함락 / 시오노 나나미 저 / 한길사

해외서
- イタリア海洋都市の情神 / 陣內秀信 저 / 講談社
- ハンザ同盟の歴史 / 高橋理 저 / 創元社

문명을 바꾼 대항해 시대

첫 번째 주자 : 포르투갈

제노바가 기초를 닦아 놓은 대양 항해를 국가적 사업으로 시작한 나라는 유럽의 변방이자 인구 100만에 불과했던 소국 포르투갈이다. 포르투갈 해양사업의 선구자는 훗날 '항해왕'이라는 칭호를 받게 되는 엔리케 왕자이다. 1415년, 세우타를 무어인들로부터 빼앗아 최초의 해외영토를 얻은 주역이었던 엔리케 왕자는 1416년부터 아프리카 해안 탐험을 시작했다. 1419년에는 자신의 소유였던 사그레스 요새에 세계 최초의 해양연구소와 등대를 세웠다. 그리고는 당대 최고의 해양학자, 발명가, 천문학자, 기상학자. 수학자, 지도 제작자, 측량과 천문기구 제작자, 선박 제작자, 수로 전문가 심지어 점성술사까지 모아놓고 해양학과 항해술을 연구하게 했다. 15세기의 NASA라고 할 수 있는 이 연구소는 바르톨레메우 디아스, 바스코 다 가마, 페르난도 마젤란 그리고 콜럼버스 등 세계사를 바꾼 쟁쟁한 탐험가들을 배출했다.

대항해시대는 유럽사에서 대략 15세기에서 17세기까지를 가리킨다. 시대사적으로 근세에 해당하며 기술사적으로는 범선 시대와 거의 겹치는 이 대항해 시대는 유럽 식민지 정복의 제1물결(the first wave of European colonization)과 동의어라고 할 수 있다. 포르투갈 리스본에 있는 이 대항해기념탑은 항해왕 엔리케(둥근 사진속 모형 배를 든 인물) 서거 500주년을 기념하며 1960년 10월 10일에 완공되었다.

새로운 원양 범선인 캐러벨^{Caravel}의 건조와 항해술의 개발, 새로운 지도 제작 등이 이 연구소에서 이루어졌다. 캐러벨은 약 50톤의 무게에 20~30m의 크기로, 선원 20여 명이 탔다. 배가 작고 흘수선도 얕았다. 이 범선은 북유럽의 사각 범帆을 단 돛대 2개과 역풍에도 항해가 가능한 삼각범 돛대 1개를 융합하여 바람만으로 원양 항해를 가능하게 만든 것이다. 삼각범은 이슬람 세계의 발명품이다. 뛰어난 기동성과 저렴한 운용비용으로 서아프리카 탐사에 활용되었다. 캐러벨은 많은 한계에도 불구하고 향후 해양 탐사에서 매우 지대한 역할을 하면서 포르투갈의 대항해시대를 열었다. 이후 캐러벨을 개량하여 대형화한 캐럭^{Carrack}도 개발되었다.

포르투갈 왕실은 왕실 영지의 나무를 베어 범선을 건조하도록 허용하면서 솔선수범을 보여주었다. 포르투갈은 베네치아를 본받아 강력한 국가주도 선단을 만들었지만 노에 의존하는 갤리선이 아닌 범선이 미래의 주역이라고 확신했다. 점차 원양 항해에 자신감을 얻은 포르투갈인들은 마데이라 제도, 아조레스 제도, 카보베르데 제도 등 동방 항로의 거점이 될 섬들을 차지하고, 개발했다. 그리고 더 나아가 포르투갈은 기니아와 콩고만 해안의 자원들을 손에 넣었다. 이 과정에서 비용을 충당하기 위해 자행한 흑인 노예무역은 19세 중반까지 서구 사회의 흑역사로 남았다.

1487년 탐험가 바르톨로뮤 디아스가 희망봉을 넘어서 인도 항로를 절반 이상 개척하고 귀국했다. 1498년 5월에는 바스코 다 가마가 드디어 인도의 캘리컷에 도착하여 인도 항로를 완전히 개척하는 쾌거를 이루었다. 그리고 4년 후에 바스코 다 가마는 2차 원정에 나서 캘리컷을 정복하고, 포르투갈은 유럽 역사상 처음으로 동양에 군사력을 주둔시킨 나라가 되었다. 물론 소국 포르투갈이 물리적으로 정복한 땅은 그리

넓지 않았지만, 그들의 향신료 수입은 1501년 22만 파운드에서 5년 만에 열배가 넘는 230만 파운드로 폭발적으로 늘어났다. 이에 비해 향신료 수입의 대표주자였던 베네치아는 15세기말에는 평균 300만 파운드였지만, 1510년에는 100만 파운드로 줄어들었다. 이는 지중해 무역 시대가 저물어 간다는 결정적인 증거였다.

포르투갈인들은 대서양과 인도양의 바람과 조류를 완벽에 가깝게 파악했다. 정확하게 말하면 그들은 북위 20도와 남위 20도에서는 동쪽에서 서쪽으로 강한 무역풍(북반구에서는 북동풍, 남반구에서는 남동풍)이 불며 북위와 남위 40~60도 사이에서는 서풍이 분다는 사실을 알고 있었다. 그래서 그들은 인도로 갈 때 북반구 무역풍에 배를 맡기고 한참을 가다가 다시 남반구 무역풍의 힘으로 브라질 해안까지 갔고 귀로에는 남반구 무역풍을 타고 올라오다가 북반구 무역풍을 끊고 올라가 멕시코 만류와 중위도의 편서풍을 타고 돌아왔다. 포르투갈은 베네치아처럼 강력하게 국가가 주도하는 선단을 운영했고, 1515년에는 향신료의 원산지인 몰루카 제도까지 진출했다. 이로써 인도양은 포르투갈의 독무대가 되었고, 그 뒤 포르투갈은 반세기에 걸친 전성기를 맞이했다. 그들은 아랍인이나 베네치아 인들처럼 무역을 하지 않고, 현지 향료 생산지를 아예 점령하여 지배하는 방식을 택했다. 이런 이유로 포르투갈인들을 최초의 근대적 제국주의자라고 부른다. 포르투갈인들은 인도양을 넘어 일본까지 진출하였고, 이때 조총이 일본에 전래되었다는 사실은 아주 유명하다.

하지만 대서양과 인도양, 태평양은 포르투갈의 적은 인구와 자원을 가지고 유지하기에는 너무나 넓었다. 더구나 그들이 성과는 자신들의 상품을 정당하게 판매하고 교환해서 얻은 성과가 아니고, 포격과 협박, 나포, 약탈, 점령 등 사실상 해적질로 얻은 결과물이었기에 오래 갈

수가 없었다. 그 유산 중 하나가 2002년, 21세기 최초의 독립국가가 된 동티모르이다.

또한 자신들의 놀라운 성공에 질투한 감당하기 어려운 강력한 국가들의 견제 그리고 지나친 국가 주도의 해운으로 인한 구성원들의 인센티브 결여로 패권을 오래 유지하지 못했다. 결국 1580년 포르투갈은 왕위 계승자까지 잃으면서 스페인의 펠리페 2세에게 통치를 맡기고 사실상 합병되고 말았다. 비록 80년 후 다시 독립하기는 했지만 옛 영광은 돌아오지 않았고, 유럽의 후진국으로 전락하였다. 다만 '영광의 유산'인 아프리카와 아시아의 식민지들은 1970년대 중반까지 대부분 유지할 수 있었지만, 시대의 흐름을 거스를 수 없어 모두 독립하여 제 갈 길을 찾기에 이른다.

두 번째 주자 : 스페인

스페인의 대항해 시대는 콜럼버스에 의해 포르투갈과는 정반대의 방향으로 이루어졌다. 콜럼버스는 네 차례에 걸친 항해에도 죽을 때까지 자신이 밟은 땅이 인도라고 믿었다. 이렇게 되자 스페인과 포르투갈은 전쟁 직전까지 갈 정도로 분쟁이 격화되었다. 1494년 6월 6일, 두 나라는 교황 알렉산데르 6세가 중재에 나서 스페인 서부의 토르데시야스라는 도시에서 조약을 체결했다. 당시 구대륙의 끝이라 여겨지던 카보베르데 섬과 신대륙의 시작이라 여겨지던 히스파니올라 섬 사이인 대서양 한가운데를 기준선으로, 새로 발견한 미개척지의 귀속이 서쪽은 에스파냐로, 동쪽의 땅은 모두 포르투갈로 돌아간다는 내용의 조약이 맺어졌다.

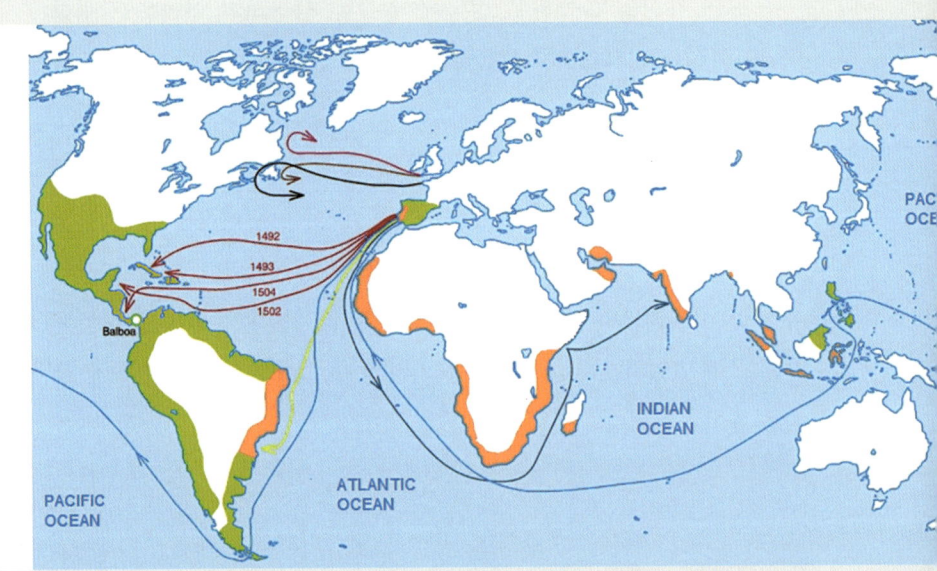

대항해시대는 유럽사에서 대략 15세기에서 17세기까지를 가리킨다. 시대사적으로 근세에 해당하며 기술사적으로는 범선 시대와 거의 겹친다. 이 시대에 이루어진 대규모 해양탐험은 향후의 유럽 문화 특히 유럽 백인이 대거 아메리카와 호주로 이주하는 강력한 요인이 되었다. 유럽 국가들이 식민주의를 정책사업으로 채택한 것도 이 시대였다. 즉, 대항해시대란 유럽 식민지 건설의 제1물결(the first wave of European colonization)과 동의어라고 할 수 있다.

스페인은 새로운 대륙이 인도가 아니라는 사실을 점차 깨달았지만, 금과 은이 많이 묻혀 있어 경제적 가치가 매우 높다는 사실을 알고 정복을 시작했다. 히스파뇰라, 푸에르토리코, 자메이카, 쿠바 등 카리브해의 섬들은 1511년까지 차지하여 전초기지를 건설했다. 1513년 발보아는 파나마 지협을 건너 태평양을 본 최초의 유럽인이 되었다.

새로운 대양 항로를 알게 된 스페인은 유능한 포르투갈 출신 항해가 페르디난드 마젤란을 고용하여 1519년, 3년간에 걸친 세계 최초의 대항해를 성공시켰다. 공교롭게도 마젤란의 선단이 장도에 오른 해에 에르난 코르테스는 600명의 군대를 이끌고 유카탄 반도에 상륙했다. 의도한 바는 아니었지만 보이지 않는 최고의 지원군 천연두의 도움을 받아 2년 후, 그들은 아즈텍 제국의 수도 테노치티틀란을 함락시키고 신대륙 절반의 주인이 되었다.

1531년, 코르테스의 성공에 고무된 피사로는 칼5세를 설득해 잉카제국 정복에 나섰다. 그는 발보아 탐험대의 일원이기도 했다. 잉카의 내분과 교묘한 책략 그리고 우월한 무기로 단기간 내에 거대한 제국의 정복에 성공했다. 스페인 인들은 포토시에서 거대한 은광을 찾아냈고, 원주민들을 무자비하게 혹사시켜 엄청난 은을 캐냈다. 또한 괌을 비롯한 태평양의 섬들과 필리핀을 정복해 포토시의 은을 중국에 공급하는 기지로 삼으면서 무역망도 장악했다. 이때 대서양과 태평양은 스페인의 바다였다.

하지만 스페인의 해양지배는 너무 잦은 전쟁, 그리고 지나친 종교색, 무엇보다도 생산에 대한 경시와 약탈에만 의존하는 사회구조로 인해 오래 지속될 수 없었다.[134] 특히 스페인과 포르투갈의 조선소는 단일한

---

134) 길게 보면 711년 우마미야 왕조의 정복으로부터 1492년 그라나다의 함락까지 8세기에 걸쳐 스페인인들은 이슬람 세력에 맞서 국토를 회복하려는 레콩키스타(재정복) 전쟁을 벌였다. 이 영향으로 스페인은 전사를 숭배하고 생산과 상업을 경시하는 문화의 지배를 받게 된다.

중앙기구에 예속되어 있었고 지시대로만 일할 수밖에 없었다. 결국 그들은 자체의 형식주의로 인해 질식당하고 말았다.

스페인의 힘은 18세기에는 현저하게 약화되었고 19세기에는 대부분의 중남미 국가들이 독립하면서 제국까지 해체되었다. 하지만 현재도 리오그란데 강 이남의 아메리카는 물론 미국 남서부 역시 강력한 스페인 문화의 영향을 받고 있으니 옳고 그름을 떠나 스페인의 대서양 정복은 현대에도 강력한 영향을 미치고 있는 셈이다.

세 번째 주자 : 네덜란드

앞에서 청어와 고래 이야기를 하면서 네덜란드를 소개했는데, 네덜란드인들은 그 과정에서 자연스럽게 고급 항해술을 익힐 수 있었다. 하지만 인도로 가는 항로는 여전히 극비에 붙여져 있었다. 네덜란드 선원 얀 린스코텐Jan Huygen van Linschoten이 1583년 그 항해 비법을 입수했고, 이후 1595년 코넬리스 드 하우트만Cornelis de Houtman이 선단을 이끌고 자바섬에 도착한 후 귀국했고, 3년 후에는 올리버 반 노르트Oliver van Noort가 세계일주에 성공하면서 대항해 시대의 다음 주자로 올라섰다.

1609년 네덜란드는 기나긴 독립전쟁 끝에 스페인에서 독립하면서 전성기를 열었다. 이전의 주인공 포르투갈과 스페인은 함대 성격의 범선 몇 척을 띄워 물자를 실어 나르는 단순한 교역에 머물렀지만, 네덜란드는 거대한 선단을 구성하여 세계 전역을 누볐다. 또한 그전에는 귀금속이나 향신료 같은 고가품만 운반했지만, 네덜란드의 선단들은 밀가루나 린넨 천 같은 대중적인 상품도 실어 날랐다. 그 이유는 이미 청어와 대구 같은 생선을 나른 경험이 있었던 데다가, 저렴하고 효율적인 조선기술 덕분이었다. 목재가 부족했던 베네치아가 자신들의 배조차도 네덜란드에 주문했다는 사실은 앞에서도 언급한 바 있다. 또한 당시 남유럽의 흉작으로 밀이 부족했던 것도 네덜란드가 해운의 전성기를 누릴 수 있었던 중요한 이유였다. 이렇게 네덜란드는 전 유럽 해운의 절반 이상을 장악했고 '바다의 마부'라는 칭호까지 얻기에 이른다.[135]

'바다의 마부'들은 세계 최초의 주식회사이기도 한 동인도회사로 모여들었다. 1602년에 설립된 동인도회사는 아프리카와 아시아 각지에 거점을 마련하며 급속하게 성장했다. 이어서 네덜란드는 향신료 원산지인 몰루카 제도를 포르투갈에게서 빼앗고 경제적으로 유럽 최고의 위치를 차지한다. 네덜란드는 소프트웨어 쪽에서도 증권거래소, 은행과 보험회사 설립이 이어지면서 암스테르담을 중심으로 세계 해상권과 금융패권을 장악한다.

포르투갈이 인도 항로 개척이라는 대위업을 이루었지만, 왕실이 이익을 독점하는 구조 때문에 그 이상의 시너지를 만들지 못한 데 비해 대상인들의 나라였던 네덜란드는 다양한 파생 효과를 거두었다. 네덜란드의 교역이 얼마나 멀리, 그리고 활발했는지는 조선에까지 영향을 미친 것으로도 알 수 있다. 1627년 벨테브레(귀화 이름 박연)와 일행 2명이 인도네시아 바타비아(지금 자카르타)에서 일본 나가사키로 가다가 표류해 조선에 왔고, 1653년에는 바타비아와 대만을 거쳐 일본으로 가던 네덜란드 배가 폭풍을 만나 제주에 표착했다. 이들 중 하멜을 포함한 36명이 구조되었고 모두 서울로 보내져 훈련도감에 배속되어 일했다. 이후 1666년 하멜을 포함한 8명이 탈출해 일본을 거쳐 네덜란드로 돌아갔고, 하멜은 《하멜 표류기》를 써서 유럽에

---

135) 네덜란드는 잘 알려진 바대로 저지대에서 국토의 상당부분이 바다나 늪지를 개간한 땅이어서, 귀족이나 교회에서 소유권을 주장하기 어려웠다. 이러 이유 때문에 네덜란드에서는 장원제가 발달하기 어려웠고, 주민들은 전통과 종교의 굴레에서 벗어나 실용주의적 태도를 가질 수 있었던 것이다.

조선을 처음으로 소개하기도 했다. 네덜란드는 자신들의 해양패권을 정당화하기 위해 후고 그로티우스$^{Hugo\ Grotius}$라는 천재학자를 내세워 《해양자유론》이라는 책까지 내놓았다. 이 책의 골자는 바다는 경계가 없으므로 소유권을 주장할 수 없으며, 따라서 포르투갈과 스페인의 기득권 주장은 근거가 없다는 것. 하지만 네덜란드가 지배하던 자바 섬은 사실상 농노국가였다는 평가가 주류일 정도로 통치가 가혹하기는 마찬가지였다.

네덜란드의 성공은 그들의 노력 못지않게 행운이 따른 덕분이기도 했다. 영국과 프랑스라는 이웃의 대국들이 내부 문제로 활발한 활동을 벌이지 못했기 때문이다. 영국은 1620년 미국에 식민지를 개척하면서 제대로 식민지를 확보하고 해외무역에 뛰어들려 했지만 정작 본국은 엘리자베스 여왕 사후 국왕과 의회의 갈등으로 통일된 정책을 펼치지 못했다. 프랑스는 앙리 4세 때부터 퀘벡에 식민지를 개척하면서 역시 해외로 뻗어나가려고 노력하고 있었지만, 앙리 4세가 암살되고 어린 루이 13세가 즉위하는 등 혼란을 겪고 있었고, 계속되는 구교도와 신교도의 분쟁도 발목을 잡았다. 게다가 1618년, 30년 전쟁이 터지면서 유럽의 모든 강대국들은 여기에 휘말렸고, 그 사이 네덜란드가 전성기를 누릴 수 있었다. 하지만 이 전쟁이 끝나자 포르투갈이 그랬듯이 네덜란드 역시 소국의 한계를 피할 수 없었고, 특히 상인들이 주도한 연방국가여서 군사비를 많이 쓸 수 없다는 태생적인 한계까지 작용했다.

1648년, 베스트팔렌 조약으로 30년 전쟁이 끝나면서 네덜란드는 독립을 보장받았다. 하지만 다른 시각으로 보면 이는 네덜란드에게 재앙이기도 했다. 여유가 생긴 유럽의 강대국 특히 프랑스와 영국이 지나치게 잘나가는 네덜란드를 방관하지 않고 전쟁을 일으키기에 이르렀기 때문이다.

먼저 나선 나라는 영국이었다. 네덜란드가 해양 무역을 석권하자 영국은 몹시 배 아파했다. 특히 영국은 국내 정정이 안정되자 해군을 앞세워 네덜란드를 압박했다. 두 나라 간의 전쟁은 무려 네 차례나 벌어졌는데, 특이하게도 해전으로만 치러졌다. 네덜란드도 총력을 모아 대응하며 일진일퇴를 거듭했지만 서서히 군사력을 비롯해 종합적인 국력에서 우위를 보인 영국이 우세를 점하였고, 결국 해양패권을 빼앗기고 말았다.

그 다음 상대는 프랑스였다. 사실 해양대국을 몰락시키는 가장 쉬운 방법은 본국에서 전쟁을 벌이는 것이다. 본국이 위기에 빠지면 제해권 따위는 신경 쓸 새도 없이 육군 증강에 힘을 기울일 수밖에 없기 때문이다. 물론 섬나라는 예외인데, 영국과 일본은 이런 면에서 대단히 유리했다. 결국 1672년 영국과 프랑스는 손을 잡고 네덜란드를 공격한다. 네덜란드는 천신만고 끝에 본토 방어에 성공하지만, 제해권은 내줄 수밖에 없었다. 이어진 아우크스부르크 동맹전쟁으로 재정이 바닥난 네덜란드는 1701년에 시작된 스페인 왕위계승 전쟁에까지 휘말리면서, 국력을 소모하여 유럽의 2등 국가로 전락하고 말았다. 사실 전성기 시절에도 네덜란드에는 악명 높은 튤립 투기 파동이 날 정도로 내부에서도 문제가 적지 않았다. 결국 네덜란드의 성공은 주위 대국들의 전쟁이라는 외부적 요인이 크게 작용했다는 것을 부인할 수 없다.

이 반세기 동안 네덜란드는 분투했지만, 결국 소국의 한계를 극복하지 못했다. 이후 네덜란드는 오스트리아 왕위계승전쟁과 미국 독립전쟁에서 영국에 압도당했고, 19세기에는 프랑스에, 20세기에는 국토의 전부가 독일에 지배당하는 굴욕까지 겪는다. 네덜란드의 해양지배는 길게 잡아도 한 세기에 미치지 못하는데, 이는 포르투갈의 그것과 거의 비슷하다.

네 번째 주자 : 영국과 프랑스

대항해 시대의 마지막 주자는 18세기는 물론 19세기 초까지 거의 전 세계에서 패권을 다툰 프랑스와 영국이었다. 영국은 앞서 제노바 편에서 이야기한 존 캐벗의 뉴펀들랜드 탐사 이후 헨리 8세 시절부터 강력한 해군을 만들기 시작했고, 결과적으로 실패로 끝나기는 했지만, 북아메리카 개척도 시도했다. 해적으로 더 유명한 프랜시스 드레이크가 1580년에 마젤란에 이어 두 번째로 세계 일주에 성공했고, 영국은 1588년 스페인의 무적함대를 격파하면서 명실상부한 해양 강국으로 올라섰다.

영국의 해양 진출은 새로운 항로를 탐색하고 '미지의 땅'을 먼저 발견해 식민지로 만드는 기존의 단순한 방법과는 차원을 달리했다. 우선 선교사와 상인, 군인, 관리가 대부분이던 위 세 나라와는 달리 귀족, 과학자, 부르주아, 평민 등 거의 모든 계층이 바다에 뛰어들었다. 그 결과로 나온 책이 《로빈슨 크루소》와 《걸리버 여행기》이다.

이후에는 과학적 탐사라는 요소까지 더해져 미지의 동물과 식물에 대한 연구를 함께 진행하였다. 이 결과 다윈이 비글호를 타고 갈라파고스 제도를 조사하다가 진화론을 수립하기에 이르렀고, 리빙스턴이 아프리카 내륙을 탐사하는 계기가 되었다. 이미 미지의 해역이 사라진 20세기에 이르러서도 섀클턴과 스콧이 남극점 정복을 위해 사투를 벌였다는 사실은 영국인들의 해양 진출이 위 세 나라와 얼마나 큰 차이가 있는지 잘 보여주는 예이다. 드레이크와 쿡은 항해를 통해 입신한 영국인들 중 대표적인 존재들이다.

강력한 중앙집권 체제를 갖춘 프랑스는 1517년, 대서양변의 항구도시 르아브르를 건설하면서, 대양으로 나가기 시작했다. 그리고

1534년에는 자크 카르티에Jacques Cartier가 대서양을 횡단하여, 세인트로렌스만에 도착하여 퀘벡의 기초를 쌓았다. 이후 프랑스의 국왕들은 브레스트와 로리앙 등 대서양변에 새로운 항구도시를 건설하며 영국의 해양패권에 도전했다. 이 시기가 되면 300년 동안의 노하우를 모은 전장 범선, 프리게이트 등 군함은 물론 스쿠너 같은 상선들이 전 세계의 바다를 누비면서 대결을 펼쳤다. 특히 프랑스는 대항해시대의 마지막 주자였기에 선박 건조에서 다른 나라가 저지른 실수를 피해 갈 수 있었다는 장점을 누렸다.

하지만 프랑스는 기술적인 면을 떠나서 세 가지 태생적인 한계 때문에 영국을 바다에서 이길 수 없었다. 첫 번째 한계는 영국은 섬나라였기에 자원을 바다에 집중할 수 있었지만, 대륙의 패권을 잡아야 했던 프랑스는 그럴 수가 없었다. 특히 대륙의 강자 합스부르크와 벌인 패권 다툼은 바다로의 집중을 불가능하게 만들었다. 두 번째는 풍요로운 본토에 살고 있던 프랑스 인들은 여간해서 미지의 땅으로 떠나려 하지 않았다. 실제로 17세기 동안 영국이 건설한 해외 거점은 17곳에 달했고, 그곳으로 떠난 이민이 30만 명에 달했지만, 프랑스는 8개였고, 인구는 2만 명에 불과했다. 더구나 토크빌이 지적했듯이 프랑스 이민자들은 더 땅을 넓히겠다는 야심이 부족했다.[136] 마지막으로 프랑스는 지중해 국가인 까닭에 지중해 세계에 제국을 세우겠다는 야심도 포기할 수 없어서 역량이 분산되고 말았다.

하지만 프랑스는 이미 18세기 초 스페인 왕위계승 전쟁에서 패하고, 1763년에 끝난 7년 전쟁에서도 패배하여 북대서양과 인도에서 완전히 밀려나 상업적으로만 활동할 수 있었을 뿐 정치 경제적 패권은 영국으로 완전히 넘어갔다. 프랑스는 미국 독립을 지원함으로써 영국의 지위에 큰

---

136)   현재 북미에서 프랑스 문화권은 퀘벡뿐이다.

타격을 주었지만 그렇다고 바다에서 영국의 자리를 차지할 수는 없었다. 유럽을 석권한 나폴레옹조차도 1805년 트라팔가에서 넬슨 제독에게 대패하면서 더 이상 영국의 제해권에 도전하지 못했다.

이후 영국의 상선은 대포를 달고 다닐 필요가 없을 정도로 '팍스 브리태니커'는 완벽해졌다. 범선의 최고봉이라고 할 수 있는 클리퍼가 19세기 전반 세계의 바다를 누볐고, 영국은 과감하게 증기선을 도입하면서 또 다른 혁신을 이루었고, 이를 통해 제해권을 더욱 완벽하게 다져나갔다. 이런 과정에서 다른 나라의 상선들에게도 재해와 교전에 대한 로이드 보험회사의 보험 상품을 들도록 강요하였고, 이는 지금까지도 큰 변화 없이 이어지고 있다. 영어는 세계 공용어가 되었다. 또한 영국의 그리니치 천문대는 항해를 위해 태양, 달, 행성, 항성의 위치 관측에 주력하여 많은 공적을 남겼고, 1884년 워싱턴국제회의에서 이 천문대를 지나는 자오선을 본초자오선으로 지정하여 경도의 원점으로 삼았다. 영국은 이렇게 대서양-앵글로 색슨 표준을 완성했고, 자국은 쇠퇴했지만, 이런 표준은 아들 격인 미국으로 넘어가 여전히 세계를 지배하고 있다.

참고서적

- 대서양문명 / 김명섭 저 / 한길사
- 대항해 시대 - 해상 팽창과 근대 세계의 형성 / 주경철 / 서울대학교출판부
- 대항해자의 시대 / 김신 / 두남
- 바다의 시간 / 자크 아탈리 저 / 전경훈 역 / 책과함께
- 바다인류 / 자크 아탈리 저 / 전경훈 역 / 책과함께
- 백지원의 역사세상 : 제1부 대양시대 개막 / 백지원 / 진명출판사

해양력의 중요성과 우수한 항만

제국주의가 만든 항구도시들

인류 역사를 주름잡았던 제국들은 한나라, 명나라와 청나라 정도를 제외하면 모두 바다를 중시했다. 그렇기 때문에 위대한 제왕들은 제국의 발전을 위해 항구도시를 건설하고 때로는 수도로 삼기까지 했다. 알렉산드로스 대왕이 알렉산드리아를, 콘스탄티누스 대제가 콘스탄티노플을, 표트르 대제가 상트페테르부르크를 건설했던 것이 좋은 예이다. 세 도시는 모두 제국의 수도가 되었다. 이 세 도시보다는 훨씬 작지만 태양왕 루이14세는 군항 도시 로리앙을, 예카테리나 여제는 세바스토폴과 오데사를 건설했다. 그러나 바다의 중요성은 대항해 시대와 산업혁명 그리고 제국주의가 등장하면서 훨씬 커졌고, 자연스럽게 기존의 항구는 더 커지고 새로운 항구도시들이 역사에 등장했다.

대항해 시대 이후 유럽 열강들은 아시아와 아프리카, 중남미 대륙의 해안에 항구를 만들어 무역과 식민지배의 거점으로 만들었다. 대표적인 예가 영국이 인도에 건설한 뭄바이와 캘커타, 첸나이와 카라치, 나이지리아의 라고스, 예멘의 아덴, 가나의 아크라, 홍콩과 싱가포르, 포르투갈이 만든 마카오와 고아 그리고 말라카와 페낭, 브라질의 리우 데 자네이루와 상파울루, 프랑스가 베트남에 건설한 사이공(현 호찌민)과 코트디부아르의 아비장, 세네갈의 다카르, 콩고의 브라자빌, 스페인의 작품인 마닐라와 리마, 하바나, 부에노스아이레스, 과야킬, 카라카스, 베라크루스, 네덜란드가 건설한 자카르타와 콜롬보, 독일이 건설한 다르에스살람과 청도, 라바울, 벨기에가 만든 킨샤사, 러시아가 만들었지만 러일전쟁 후 일본의 차지가 된 대련 그리고 열강들이 같이 만든 상해, 마지막으로 우리나라의 부산과 인천 등이다. 대국 중의 대국인 러시아는 시베리아와 연해주, 크림 반도 등을, 미국은 중서부와 남부를 내부 식민지로 만들어 팽창해 나갔다. 이러면서 블라디보스토크, 세바스토폴이나 페트로파블로스크, 샌프란시스코, 휴스턴, 샌디에이고, 포틀랜드 등이 건설되었다.

이 항구도시들 중 상당수는 대항해 시대부터 서구 열강이 차지했지만 당시에는 무역거점일 뿐 무굴제국이나 청나라 같은 아시아의 대제국들을 정복할 거점이 되기에는 역부족이었다. 그러나 산업혁명 후 압도적인 물리력을 가지게 된 서구 열강들은 기존의 항구는 물론 새로운 거점을 확보하고 그 곳에 항구를 건설하면서 강력한 제국주의 정책을 펴나갔다. 이 항구도시들은 거의 대도시로 발전했고, 제국주의에서 벗어난 이후에도 그 나라의 가장 중요한 도시들이 되었는데, 다음과 같이 몇 가지 유형으로 나눌 수 있다.

첫번째는 지금도 그 나라에서 가장 큰 도시이고 건국 초기에는 수도였지만 내륙에 건설한 새로운 행정 도시로 수도의 기능을 넘겨준 경우이다. 파키스탄의 카라치(행정수도는 이슬라마바드), 스리랑카의 콜롬보(행정수도는 스리자야와르데네푸라코테[Sri Jayawardenepura Kotte]), 미얀마의 양곤(행정수도는 네피도^{Naypyidaw}), 리우 데 자네이루와 상파울루(행정수도는 브라질리아), 나이지리아의 라고스(행정수도는 아부자^{Abuja}), 코트디부아르의 아비장(행정수도는 야무수크로^{Yamoussoukro}), 탄자니아의 다르에스살람(행정수도는 도도마^{Dodoma}) 등이다. 세계 4위의 인구 대국 인도네시아도 수도권 집중과 도시 침하 현상이 심각해서 자바의 자카르타에서 보르네오 밀림에 건설한 누산타라^{Nusantara}137로 수도를 이전했다. 이런 나라들은 제국주의가 만든 기존의 국가 구조에서 벗어나 새로운 계기를 만들기 위해, 그리고 내륙 개발을 위해 새로운 행정도시를 건설하는 쪽을 택한 것이다.

두 번째는 기존의 수도는 건재하지만, 제국주의 시절 건설된 항구도시들이 경제적으로 중심이고 인구 역시 수도보다 더 많은 경우다. 중국의 상해, 베트남의 호찌민(옛 사이공), 인도의 뭄바이와 콜카타, 에콰도르의 과야킬 등을 들 수 있다. 중국과 베트남, 인도는 역사가 길어서 옛 수도를 버리기 어려웠다. 세 나라보다는 못해도 에콰도르의 수도 키토 역시 잉카제국 북부의 수도로서 남미에서는 긴 역사를 지닌 도시이다.

세 번째는 여전히 수도이자 가장 큰 도시로 남아 있는 경우인데, 리마, 부에노스아이레스, 하바나, 카라카스, 다카르가 그러하다. 특히 리마는 잉카 제국의 수도인 쿠스코를 완전히 지방 소도시로 전락시켜 버렸다. 잉카를 정복한 스페인이 고산지대이기도 한 그곳에서 압도적 다수인 원주민들에게 포위될까 두려워서 모든 중심을 리마에 두었기 때문이다.

네 번째는 현재 그 나라의 중요한 항구이지만 경제적으로도 정치적으로도 정상에 오르지 못한 경우로 중국의 청도와 대련, 우리나라의 부산 등이다.

다섯 번째는 그저 그런 중소도시로 몰락한 경우인데, 마카오와 고아, 말라카와 페낭 등 포르투갈이 만든 아시아의 도시들이다.

---

137) 세종특별자치시를 모델로 했다고 하며, 실제 이전 완료는 2045년에야 가능할 정도로 서내한 사업이다.

마지막은 싱가포르와 홍콩인데 이 두 도시는 특이하게도 국가와 준국가로 발전했다. 대영제국의 막강한 글로벌 교통, 통신망과 무력 그리고 화교들의 경제력과 네트워크가 절묘하게 결합하여 엄청난 부를 이룬 특수한 경우이다.

싱가포르

싱가포르는 1819년, 당시 수백 명이 사는 어촌에 불과한 이 곳을 차지한 영국의 토마스 래플스^{Thomas Stamford Raffles} 경이 동인도 회사의 무역 전진 기지로 개발하면서 시작되었다. 인도양과 남중국해를 잇는 전략적 위치에다 태풍과 지진이 없어서 그야말로 천혜의 항구였기 때문이다. 이미 1860년대 말 연간 화물처리량이 60만 톤에 달했다. 특히 수에즈 운하가 개통하면서 싱가포르는 동서양과 아프리카, 대양주를 연결하는 중계무역항으로 자리 잡았다. 또한 중국 본토의 혼란으로 생활력이 강한 화교 특히 객가인^{客家人}들이 대거 자리 잡으면서 우수한 노동력을 풍부하게 가질 수 있게 되었다.

1963년 영국이 떠나고, 1965년 다시 말레이 연방에서 독립한 싱가포르는 자립기반이 거의 없는 막막한 상태였다. 하지만 이광요^{李光耀}를 중심으로 한 싱가포르 정부는 물류산업을 국가 전략 산업으로 정하고 항구를 정책적으로 발전시켰다. 다국적 기업을 대거 유치하고 유통센터 설립을 지원했다. 또한 주류와 담배, 자동차, 석유류에 부과하는 특별소비세 외에는 일체의 관세를 부과하지 않아 재수출을 용이하게 했고, 세계적인 중계무역항으로 자리 잡게 되었다. 이후에도 지속적인 항만 시설 현대화 및 확장을 통해 다국적 물류 기업의 지역본부 유치에 성공했고, 우수한 치안과 행정, 그리고 영어를 위시하여 중국어, 말레이어, 인도어 등 여러 언어를 구사하는 전문 인력도 풍부하게 확보하여 세계적인 물류 중심으로서 확고한 위치를 차지하고 있다. 최근에는 깨끗하고 안전하지만, 따분한 도시라는 이미지에서 벗어나기 위해 카지노와 유니버설 스튜디오를 유치하면서 이미지를 많이 개선했다.

하지만 선박 기술 발전으로 중계항이 불필요해지는 경우가 많아졌고, 다국적 기업들이 기회가 더 많은 중국 쪽으로 이탈했다. 또한 지구 온난화로 인한 북극항로 개척 등은 싱가포르의 장래에 나쁜 영향을 미칠 것으로 보인다. 더구나 경직된 사회 분위기로 인해 문화예술가들이 거의 나오지 않는 등 싱가포르의 미래가 반드시 밝다고는 할 수 없다.

로테르담

유럽 최대 항구는 이제는 결코 강대국이라고 할 수 없지만 여전히 최고의 선진국 중 하나인 네덜란드의 로테르담이다. 로테르담은 13세기 초, 북해에서 30킬로미터 정도 떨어진 로테 강과 라인 강이 합류하는 지점의 간척지에 청어잡이 어선들이 모이는 어촌으로 시작했다. 청어잡이가 번성하고 네덜란드가 부유해지면서 로테르담은 라인 강과 북해를 오르내리는 배들이 모이는 항구도시로 발전하기 시작했다.

하지만 2차대전 때에는 바르샤바에 이어 두 번째로, 서유럽에서 첫번째로 독일 공군의 표적이 되어 900명의 사망자와 2만 5천 채의 주택, 항만 설비의 30%를 잃는 대참사를 당하기도 했다. 복구는 지지부진했고 인구가 줄어들었지만 1973년부터 새로운 도시계획을 수립하고 독특한 다가구 주택인 트리 하우스Tree House를 짓기 시작했다. 이렇게 도시가 변모하고 라인 강 일대의 독일과 북해를 잇는 지리적 이점에 더해 북해 유전의 개발로 유조선들이 몰려들면서 로테르담은 유럽 최고의 항구도시가 되었다.

현재 로테르담은 연간 3만 척 이상의 선박이 오가며 3억 톤 이상의 화물을 운송하고 있다. 이 지역 내에서 직간접적으로 항만 관련 산업에 종사하는 노동자가 11만 명에 달한다. 로테르담 항은 깊이와 화물에 관계없이 어떤 종류의 선박도 일 년 내내 자유자재로 입항할 수 있다. 도선사, 선박 예인 회사와 선원 및 항만 당국 같은 해양 서비스 주체들 간의 유기적인 협조가 이루어져 로테르담의 화물 처리 시간은 짧고 효율적이다. 로테르담 항에서는 현재 500편 이상의 정기선이 로테르담과 전 세계 1,000개 이상의 항만을 연결하고 있으며, 하루 약 90척의 원양선이 이곳에 입항한다. 또한 유럽에서도 가장 조밀한 철도와 도로, 유럽 최대 공항 중 하나인 암스테르담의 스키폴 공항이 자동차로 50분 거리에 위치해 육, 해, 공으로 입체적이고 복합적인 운송망을 자랑하고 있다.

"로테르담에서 불가능한 것은 전 세계 어디를 가도 불가능하다."고 로테르담 해운 업계는 자랑한다. 이 말은 당장 활용할 수 있는 전문 기술이 엄청나게 많다는 의미이다. 항구에서 처리하는 엄청난 급유량과 정유 공장 송유관까지 거리가 짧아서 급유 비용이 아주 저렴하다. 로테르담 조선소들은 신속하고 효율적인 유지 보수 작업을 보장하고 필요한 수리 작업을 전문적으로 수행할 수 있다. 이에 더해 이곳 조선소들은 페리선, 준설선, 탱크선 등 전문적인 선박 건조에서도 좋은 평을 받고 있다.

소프트웨어 면에서도 수많은 은행, 보험회사, 법률사무소 및 컨설팅 등 관련사들이 로테르담을 중심으로 활동하고 있다. 또한 규모는 작지만 전문화된 수많은 기업들도 이 항구도시에 자리 잡고 있다. 이러한 다양성 때문에 고객들의 선택폭은 더욱 커졌고, 뛰어난 서비스를 확실히 제공할 수 있게 되었다. 로테르담은 천혜의 지리적 이점과 강력한 하드웨어와 소프트웨어를 가진 유럽 최고의 항구로서 당분간 확고한 위치를 지킬 것이다. 유럽에서 유일하게 물동량의 세계 10위 안에 드는 항구이다.

선적으로 수입을 얻는 나라들과 선박의 초대형화

세계를 돌아다니는 선박들은 세금을 덜 내기 위해 또는 관리상의 이유 등으로 선적법이 느슨한 국가들에 선적을 등록해서 운용하는, 이른바 편의치적便宜置籍이라는 방식으로 운용되는 경우가 많다. 실질적으로 그 배를 운용하는 회사는 한국 회사라고 하더라도, 그 배의 선적은 파나마나 마셜 제도, 바하마, 라이베리아, 몰타, 버뮤다, 키프로스, 세인트 빈센트, 안티구아 바부다 같은 나라로 등록되어 있다면 선적국법주의에 따라 국내법 적용이 배제된다. 국제선박의 약 3/4에 해당하는 숫자가 실질적으로 이런 식으로 운영되고 있다. 어쨌든 편의치적국들은 대부분 소국들인데 그들은 이런 식으로나마 국가 수입을 올리고 있는 셈이다. 아프리카의 소국 지부티는 편의치적국은 아니지만 홍해와 인도양을 잇고 내륙국 에티오피아를 배후에 두고 있다는 지리적 이점을 이용해 항구이용료를 국가 재정의 기둥으로 삼고 있다. 이 나라는 최근에 중국 인민해방군의 기지를 유치하여 이용료를 받아내고 있다.

 2차대전 후 해운에서 주목할 현상은 선박의 초대형화와 컨테이너의 등장이다. 2차대전 전의 선박은 일부 초대형 여객선을 제외하면 2만 톤 정도가 고작이었다. 하지만 앞서 언급한 석유 편에서 다룬 유조선의 초대형화와 유사하게 20만 톤이 넘는 광석운반선도 개발되면서 호주와 브라질의 철광석이 일본과 한국, 중국으로 운반될 수 있었고, 세 나라의 공업화는 큰 도움을 받았다. 당연히 기존의 항만 시설로는 감당이 되지 않아 외해에 새로운 초대형 항구들이 건설되었다. 영국 런던의 외항 펠릭스토우Felixstow, 부산 신항과 상해 양산항이 대표적이다.

또 다른 혁신은 컨테이너의 등장이다. 1950년대까지 항구의 하역은 크레인과 인력에 의지했다. 여기에는 막대한 인력과 에너지가 소모되었으며, 하역 이후 육상 교통으로의 환적도 어렵기는 마찬가지였다. 이 과정에서 사고도 잦았고, 불필요하게 소모되는 화물도 적지 않았다. 하지만 맬컴 매클레인Malcom McLean이라는 미국인이 1956년 4월, 9미터짜리 컨테이너를 개발하면서, 해운의 대혁신이 시작되었다. 어느 학자는 이 대혁신을 이렇게 표현했다.

> 선박운송 컨테이너는 인터넷을 포함하여 지난 100년 동안 이룩한 인류의 위대한 발명들만큼이나 세계와 우리의 일상생활을 근본적으로 변화시켰다고 해도 결코 과장된 표현이 아니다.

컨테이너의 보급으로 크레인과 수송체계가 규격화되었고, 트럭과 화물선이 일체화되면서 하역 과정이 매우 단순화되었고, 물류비용이 무려 37분의 1 수준으로 줄어들었다. 컨테이너의 보급과 표준화에 큰 역할을 한 결정적인 계기는 베트남 전이었다. 미 국방부는 방대한 군수물자를 수송하기 위해 컨테이너를 도입하였고, 군납 기업들도 따르도록 함으로써 컨테이너 규격화에 성공한다. 또 베트남에서 빈 배로 미국으로 돌아가는 선박들이 자연스럽게 일본과 한국, 대만, 홍콩에 들러 그곳에서 생산된 저렴한 공산품을 미국으로 수출하게 되었다. 이렇게 컨테이너 시스템은 1960~70년대 일본과 한국의 수출과 경제부흥에 큰 기여를 했다. 그리고 이런 현상은 곧 전 세계로, 특히 중국으로 확산되었다. 이렇게 컨테이너가 이끈 물류 혁명은 유럽과 북미의 생활비와 물가 상승률을 낮추고, 동아시아의 산업화를 이끌어 세계를 하나로 묶었다.

컨테이너의 보편화와 해상물동량의 폭발적인 증가로 인해 기존의 항만 시설로는 감당할 수 없자 외해에 새로운 초대형 항구를 건설하는 방식이 일반화되었다. 영국 런던의 외항 펠릭스토우^{Felixstow}, 부산 신항과 상해 양산항이 대표적이다. 대신 옛 항만 지역들은 문화관광이나 금융 중심지로 재개발하거나 도시재생으로 새로운 활력을 얻고 있다. 대표적인 지역이 런던의 도크랜드^{Docklands}나 요코하마의 미나토미라이^{港未來} 등이다. 우리나라도 부산, 인천, 군산 등에서 구 옛 항만 지역의 활성화에 나서고 있고, 일부 효과를 보고 있지만 아직 예전의 영화와는 거리가 멀다.

우리나라의 해양력

우리나라는 고려시대까지만 하더라도 해양국가였다. 위만조선은 한나라와 한반도, 왜를 연결하는 무역로를 장악하고 독점하다가 결국 한나라의 침공을 받아 멸망하고 말았다. 경위야 어쨌든 이미 그 시대부터 우리 민족은 해양에 국가의 운명을 걸었다는 증거가 아닐 수 없다. 백제는 중국과 일본에 걸친 해상왕국을 건설했다. 고구려도 중국 삼국시대의 오나라와 남북조 시대의 남조 여러 나라들과 활발하게 교류하면서 위나라와 북위를 견제하였다.

통일신라도 인도까지 여행했던 혜초와 동아시아의 바다를 주름잡았던 장보고를 배출한 바 있다. 길지는 않았지만 청해진은 한국 해양사의 전설이자 자랑으로 남아 있다. 아랍인으로 추정되는 처용의 전설도 이 시대의 산물이다. 고려 왕조를 연 태조 왕건은 무역상 출신이었고, 제해권을 장악했기에 후삼국 통일도 가능했다. 그리고 개경의 외항인 벽란도는 세계적인 국제무역항이었다. 송나라의 대문호 소동파가 고려 상인의 활동을 제한하라는 주장을 할 정도로, 고려 상인들의 활동도 활발했다. 코리아라는 고유명사가 이때 탄생한 것은 너무나 잘 알려져 있다. 삼별초가 진도와 제주도를 거점으로 4년 동안이나 항쟁을 계속한 것도 고려의 해양력을 증명하는 사례이다.

하지만 조선시대에 들어서면서 명군인 태종과 세종조차 해금령을 내리면서, 삼면이 바다임에도 바다를 거의 활용하지 않고, 농업에만 의존하는 나라가 되고 말았다. 토정 이지함 같은 무역진흥론자가 없었던 것은 아니지만 소수에 불과했다. 박제가 등 조선 후기에 등장한 실학자들도 무역진흥을 주장했지만, 아주 제한적인 발전만 이루어졌을 뿐이다.[138] 중국과의 조공무역도 거의 육로로만 이루어졌다. 어쩔 수 없이 해로를 이용해야 하는 조선통신사와, 임진왜란 때 거둔 이순신 장군의 연전연승은 예외적인 현상이었다. 오히려 섬을 비우는 공도空島 정책을 쓸 정도로 조선은 500년 내내 바다에 관심이 없는 나라였다.

물론 불가피한 고충도 있었다. 금, 송 사이에서 등거리 외교를 할 수 있었던 고려와 달리, 조선조 500년은 명과 청이라는 초강대국이 있어서 사대외교에만 의지해야 했다. 따라서 조선은 임진왜란 시기에서 명청 교체기를 제외하면, 19세기 말까지 대륙의 움직임에만 신경을 곤두세워야 했다. 이런 이유로 앞서 이야기했지만, 명 태조 주원장의 해금 정책을 그대로 모방한 정책을 펼치면서 해양으로부터 새로운 문화와 문물을 받아들일 수 있는 기회를 스스로 걷어찼다. 조선을 처음으로 서구사회에 소개한 표류기로 유명한 하멜은 14년 동안이나 우리 땅에 머물렀지만, 그에

---

138) 김대건 신부의 일대기를 다룬 영화 〈탄생〉에서 상해로 가는 배를 모는 사공들은 과거에는 서해를 앞마당처럼 다녔지만 조선 정부의 해금 정책 때문에 숨어들 수밖에 없었다.

게서 별다른 것을 얻어내지 못했다. 하지만 하멜 일행이 일본으로 탈출에 성공하자 일본의 태도는 우리와 무척 대조적이었다. 이들을 네덜란드로 송환하는 과정에서 정보를 최대한 얻어내려고 치밀하고 집요하게 심문했다. 막부 직속이었던 나가사키 부교가 당시 하멜에게 던진 질문은 모두 54가지나 되었다. 하멜의 국적과 항해의 목적부터 시작해서 난파 지점, 하멜이 타고 있던 배의 대포 수, 화물, 한양으로 압송된 이유 등 기본적인 사항들에 대해 물었다. 그리고 더 나아가서 조선의 물산, 군사장비, 군함, 종교, 인삼 등 세세한 정보들까지 체계적으로 질문하여, 그들이 14년 동안 조선에 머무르며 보고 들은 정보를 단 하루 만에 캐냈다.

이렇게 쇄국 상태로 대륙 세력의 일부였던 조선이 해양세력권으로 편입된 시기는 청일전쟁 이후였다. 그 **결과 사대주의의 상징이던 영은문이 헐리고 그 자리에 독립문을 세웠다.** 하지만 이런 노력에도 불구하고, 우리는 얼마 못가 일본의 식민지로 전락하고 만다. 일제는 한반도 곳곳에 많은 항만을 개발했는데, 대표적인 항구는 역시 일본 본토와 가장 가까운 부산이었다. 부산은 지금의 서구 부민동에서 남구 감만동까지의 수면이 매립되어 한반도 최대의 항구 도시로 발전했다. 목포, 원산, 군산, 인천, 청진, 마산 등 한적한 어촌에 불과했던 지역들이 근대적 항구도시로 변신했다. 물론 이는 수탈과 대륙 침략을 위한 것이었다.

다행히 해방을 맞았지만, 남북분단에 이은 전쟁으로 휴전선이 한반도의 허리를 자르고 대한민국은 사실상 섬나라가 되고 말았다. 지정학적으로 해양으로 나아갈 수밖에 없는 상황에서 강력한 수출 드라이브 정책이 실행되었고, 미국과 일본이 이끄는 해양세력에 완전히 편입되었다. 앞서 이야기한 컨테이너 시스템의 도입도 이런 현상을 가속화하였다.

자의반 타의반이었던 해양세력화는 산업화와 연계되면서 놀랍게도 세계적인 조선대국이라는 결과를 낳았으며, 부산도 세계 5위권의 항구도

부산에 남아 있는 매축기념비. 당시 조선총독 미나미 지로(南次郎)의 이름이 선명하게 새겨져 있다. 부산지하철 1호선 부산진역 인근 부산동부경찰서 앞에 있다.

시로 자리 잡았다. 또한 부산 외에도 인천, 광양, 평택 등 수준급의 항만을 보유하게 되었다. 항구에서 처리할 수는 있는 화물 수용 능력도 해방 직후의 연간 1천만 톤에서 현재는 14억 톤에 달할 정도로 상상을 초월하는 놀라운 성장을 이루었다.

하지만 외형과는 달리 '세월호 참사'에서 보듯 어둡고 후진적인 이면이 뼈아프다. 해운이라는 특수성을 이용해 견제하는 세력 없이 일명 '해피아'라는 전무후무한 독점적 집단이 존재한다는 사실도 밝혀졌다. 급속한 산업화로 인한 그림자는 해양산업에도 예외 없이 존재했던 것이다.

미국의 쇠퇴와 중국의 부상

이미 중국 및 러시아와 수교를 한 지 한 세대가 지났고, 다시 대륙화의 바람이 분 것도 오래되었다. 우리 무역에서 중국이 차지하는 비중은 점점 증가해 왔다. 문제는 미국의 해양력이 해군 뿐 아니라 민간 분야에서도 너무 취약해졌다는 사실이다. 오랫동안 세계 최고의 항구였던 뉴욕은 이제 20위권에 불과해서 베트남의 호찌민과 비슷한 실정이다. 그러나 중국은 세계 10대 항구에 상해를 비롯한 자국 항구가 7,8개를 차지하고 있고, 세계 최고 수준의 조선능력을 보유하고 있다. 반면 미국은 LA의 외항 롱비치가 11, 12위권을 유지하고 있을 뿐이다. 유럽도 로테르담을 제외하면 10위권 항구는 없지만 세계 3대 해운회사가 있고, 크루즈선의 대부분을 건조하는 데 비해 미국은 군사 분야를 제외하면 이렇다 할 조선소도 해운회사도 없는 실정이다. 과거의 조선대국 일본은 비중이 엄청나게 줄어들었지만 그래도 어선 분야는 여전히 세계 최정상급이다. 이렇게 인류 역사상 처음으로 경제와 군사 초강대국이 바다를 지배하지 않게 된 것이다. 적어도 무역 분야에서는 확실한 사실이다.

신냉전이 시작되면서 해양강국인 우리나라의 위치가 모호해지고 있다. 대륙국가인 중국이 강력한 해양력까지 지녔기 때문이다. 대한민국의 미래는 과거에 이루어진 타율적 해양화를 대륙시대와 조화시켜 창의적 해양화를 성공하는 데에 있다고 해도 과언이 아니다. 또한 북극의 온난화로 북극항로가 현실화되고 있으며, 현 정부도 범정부적 차원으로 이에 대한 준비를 진행하고 있다. 만약 북극항로가 활성화된다면 대륙과 해양이 결합되는 새로운 시대가 열리고, 우리나라도 그 주역 중 하나가 될 수 있을 것이다.

참고서적

- 도시는 역사다 / 민유기, 이영석 저 / 서해문집
- 바다에 새겨진 한국사 / 강봉룡 저 / 한얼미디어
- 신화가 되어버린 싱가포르 / 김덕영, 이용주 저 / 한국학술정보
- 21세기 해양력 / Geoffrey Till 저 / 배형수 역 / 한국해양전략연구소
- 한국의 해양력 / 월간조선

세상을 바꾼 철도

철도의 탄생과 유럽의 변화

증기기관이 등장한 이후 기선이 등장했고 발명가들은 차량에도 이를 장착하려고 노력했지만 쉽지 않았다. 차량은 엔진을 실을 공간이 배보다 훨씬 작았기 때문이다. 여러 발명가들의 시도 끝에, 조지 스티븐슨^{George} ^{Stephenson}이 시속 30킬로미터 속도로 100킬로미터 이상을 달릴 수 있는 로켓 호를 선보이면서 철도 시대가 시작되었다. 철도는 당시 기준으로는 기계공학, 재료, 토목공학이 하나가 된 최첨단 기술의 정화였다.[139] 19세기 기준으로 철도의 운송비는 역마차의 5% 수준에 불과했고, 더구나 역마차처럼 기상조건에 좌우되지도 않았다.

1830년 맨체스터와 리버풀을 잇는 세계 최초의 도시 간 철도가 개통되었고, 10년 동안 무려 3,500킬로미터가 넘는 철도가 영국 전역에 부설되었다. 바다를 지배한 영국은 이로써 육지도 지배할 수 있게 된 것이다.

---

139) 철도가 등장했던 당시에는 이렇게 '고속'으로 달리는 물체에 타면 건강에 심각한 위협이 된다는 의견이 많았다.

날짜와 주간 단위로 계산되었던 여행시간은 시간 단위로 측정되었다. 그리고 철도는 유럽 대륙을 넘어 전 세계로 그것도 아주 빠른 속도로 깔리기 시작했다. 이제까지 무역상이나 부자, 귀족, 고위관료와 군인들만 누렸던 장거리 이동과 여행이 대중들에게도 가능해진 것이다. 이를 증명하는 좋은 수치가 있다. 1835년 영국인들은 약 1천만 회의 역마차 여행을 했지만, 1845년에는 약 3천만 회의 철도여행을 했고, 1870년에는 무려 3억 3천만 회에 달했다. 또한 철도 건설에 필수불가결한 교량과 터널, 역사 등 부대 공사는 자연스럽게 토목과 건축 기술의 눈부신 발전을 가져왔다. 철도가 비슷한 시기에 등장한 증기선보다 현대문명에 훨씬 많은 영향을 미친 까닭이 여기에 있다. 증기선이 기존의 항구를 개량하는 정도에 그쳤다면 철도 건설은 차원이 달랐기 때문이다.

영국은 철도의 종주국이었기에 전 세계에 관련 기술을 수출하는 이점까지 누렸지만 자유방임적이고 국가의 무간섭 원칙 아래 건설되었던 영국 방식은 외국에서 거의 받아들이지 않았다. 이런 영국의 방임주의는 기관차와 열차 부품 표준의 다양화를 가져왔고, 결국 표준화를 추구한 독일과 미국에게 뒤쳐지는 결과를 낳고 말았다.

철도의 등장 이후 고립적이고 폐쇄적이었던 지역 공동체는 해체되고, 지역 간 상호작용을 하는 광역 경제체제로 편입되었다. 대량 생산된 공산품들은 무서운 속도로 타 지역으로 파고들었다. 표준어가 지역의 언어를 대체하고, 신문이 소문을 대신했고, 철도 시간표로 인해 '시간 엄수'라는 미덕이 탄생했다. 이렇게 해서 진정한 국민경제가 탄생했다. 유럽에서 가장 중앙집권적이라는 프랑스에서조차 위대한 역사학자 페르낭 브로델 Fernand Braudel 은 이런 말을 남겼다.

"프랑스를 하나의 국가 그리고 하나의 문화로 만든 것은 철도였다. 철도가 등장하기 이전까지 프랑스는 서로 고립된 지역의 집합으로서, 오로지 정치적으로만 통합되어 있었다."

1858년 성모 마리아가 소녀에게 발현했다는 남프랑스의 소읍 루르드가 근대 가톨릭의 수도라고 할 정도로 유명해진 이유도 철도 덕분이었다. 일부 민간 자본이 참여하기도 했지만, 자본가 개인이나 자본가들의 공동 투자로 건설되었던 다른 나라들과 달리 프랑스 철도는 정부 주도로 확장된다. 이 뿌리 깊은 전통이 오늘날까지도 영향을 미쳐 프랑스에는 강력한 공영 철도 시스템이 유지되고 있다. 프랑스 철도가 공영체제로 시작할 수밖에 없었던 가장 큰 이유는 1백 년에 이르는 혁명의 혼란기에 안정적으로 거대 인프라에 투자할 만한 자본가가 없었기 때문이다.

또 다른 이유는 프랑스의 혁명 정신이다. 1800년대 중반을 풍미했던 공상적 사회주의의 한 그룹인 푸리에주의자들, 유토피아적 세상을 꿈꿨던 콩시데랑Prosper Victor Considérant'을 비롯한 다양한 그룹들은 철도망의 국영화와 철도 건설이, 민간 자본에 의존하지 않고 이상적이고 조화로운 원칙에 따라 이루어져야 한다고 주장했다. 항상 혁명에 대한 두려움을 안고 있던 정부는 '철도 건설을 위한 국민 협약'에 합의하여, 공영철도를 원하는 시민들의 뜻을 반영했다. 파리를 중심으로 하는 방사형 철도망이 국가 주도 공영체제로 자리 잡게 된 배경에는 바리케이드를 수호하며 자유·평등·연대의 깃발을 올렸던 '레미제라블'들이 있었던 것이다.

19세기 초, 30개 이상의 주권국가로 분열되어 있던 독일은 프로이센의 주도로 1834년 관세동맹이 시작되면서, 경제적 통일이 시작되었다. 그 선봉이 바로 철도였다. 1835년 12월, 뉘른베르크와 퓌르트를 연결하는 노선을 시작으로 철도를 개통했다. 이렇게 시작한 독일의 철도는 1840년에는 총연장 2,500킬로미터, 1855년에는 8,300킬로미터까지 늘어났다. 또한 처음에는 영국과 벨기에에서 수입할 수밖에 없었던 레일과 기관차를 국산화하면서 제철산업 등 중공업도 크게 발전했다. 이 과정에서 크게 성장한 기업이 바로 크루프이다. 영국제품의 수입에 의존하던 기관차와 열차도 자체 제작하기 시작했는데, 이 과정에서 성장한 회사가 지금은 전차와 장갑차 생산으로 유명한 크라우스-마파이Krauss-Maffei사다. 이런 중공업의 힘으로 독일은 유럽 최강대국으로 올라서기에 이른다.

대륙횡단 철도들

미국은 1828년 7월 4일, 볼티모어에서 오하이오를 연결하는 철도를 시작으로 엄청난 철도망을 건설했다. 도로망이 빈약했던 미국은 영국처럼 철도가 도로와 경쟁할 필요가 없었고, 토지 비용도 저렴했다. 지역마다 차이가 있기는 했지만 미국의 철도 건설비용은 영국의 10% 수준에 불과했다. 19세기 중반까지 미시시피 강 서쪽에는 아무런 철도도 없었다. 1848년 멕시코 전쟁에서 승리해 엄청난 영토를 얻고 태평양까지 진출했지만 서부로 가는 길은 여전히 멀기만 했다. 하지만 때마침 터진 골드러시로 서부로 이주하는 인구가 많아지면서 대륙횡단 철도의 필요성에 대한 공감대가 형성되었다. 이를 주도하는 인물들 중에는 아이러니하게도 훗날 미국 최고의 대통령으로 평가받는 에이브러햄 링컨과 남부연합의 대통령에 오르는 제퍼슨 데이비스도 있었다. 두 인물은 남북전쟁 때문에 갈라섰는데, 한 명은 암살당하고 다른 한 명은 반역자가 되었다.[140]

미국인들은 전쟁이 끝나자마자 대륙횡단 철도 신설이라는 대사업에

---

140) 철도가 놓이게 되면 철도 용지 통행권, 같은 노선을 쓰는 철도회사 간의 계약소송, 여객관리 소송, 회사간의 합병이나 파산 등 여러 가지 소송이 일어나기 마련이고, 변호사들의 돈줄이 되었다. 변호사 링컨 역시 이런 소송들을 맡아 먹고 살았고, 이름도 알릴 수 있었다.

아메리카 대륙 최초의 대륙횡단철도는 남북전쟁(1861~1865) 직후인 1869년 5월 10일 완공된 총 길이 2,827킬로미터(1,756마일)의 철도로 캘리포니아 주의 새크라멘토와 네브래스카 주의 오마하를 연결했다. 이는 미국 동부와 서부를 처음으로 연결한 교통망으로, 이후 경제·사회적 통합에 크게 기여했다

착수하여 1869년 5월 10일 개통했다. 이후 15년 동안 무려 3개의 대륙횡단 철도를 더 개통했다. 이 철도들을 따라 소들이 운반되면서 카우보이들도 사라지고 말았다. 체코의 대작곡가 드보르작이 미국으로 건너가 자신의 대표작인 9번 교향곡 〈신세계〉를 작곡한 시기가 1893년이다. 이 교향곡은 미국의 철도와 흑인 영가, 원주민의 음악까지 녹여낸 걸작이다.

현대 미국은 이때부터 시작되었다고 해도 과언은 아니지만 그림자도 짙었다. 아메리카 원주민의 땅을 철도 공사용으로 무상 몰수한 미국 정부의 정책은 생존권 투쟁을 벌인 아메리카 원주민과 폭력충돌을 일으켰고, 그 과정에서 엄청난 숫자의 원주민들이 희생되었기 때문이다. 또한 쿨리苦力라고 부르던 10만 명이 넘는 중국인 노동자들을 데려와 사실상의 노예로서 학대하고 인종차별을 자행했을 뿐 아니라 LA와 와이오밍에서는 학살까지 저지른 것은 부인할 수 없는 오점이다. 하지만 1848년 단 세 명에 불과하던 샌프란시스코의 중국인이 2년 후에는 2만 명에 이를 정도로, 화교 사회가 미국에 본격적으로 뿌리를 내린 계기가 되기도 했다.[141] 미국은 현재 네 개의 표준시를 쓰고 있는데, 이를 구체화하고 공식화한 것도 철도회사들이었다. 결국 1883년 11월 18일, 철도회사들이 합의하고 실행한 이 시간대는 35년 후 의회에서 입법으로 공식화하였다.

캐나다 역시 철도 덕분에 탄생한 나라이다. 특히 밴쿠버가 있는 브리티시컬럼비아는 1871년 캐나다 연방에 가입하면서 철도연결을 조건으로 내걸었다. 즉 철도는 캐나다 연방의 결혼반지 격이었다. 연방의 첫 총리인 존 맥도널드는 당시에 "이 위대한 사업이 완성되기 전까지 캐나다 연방 자치령은 그저 지도상의 선에 불과할 것이다."라면서 철도가 얼마나 절실한지 강조했다. 10년간의 난공사 끝에 몬트리올에서 밴쿠버에 이르

---

141) 골드러시 때 시작된 중국인의 미국 이주는 대륙간 철도 건설로 크게 늘어났는데, 이때 홍콩이 '쿨리무역'으로 크게 성장하는 계기를 맞았다. 인종적 편견 때문에 중국 노동자를 싫어하는 이들도 많았는데, 한 철도회사 간부는 "그들은 만리장성도 쌓은 사람들입니다."란 말로 일축했다고 한다.

1913년 제작되어 뉴욕 센트럴 철도 열차로 운행했던 증기기관차 6721 앞의 저자(조성준). 현재 뉴욕주 유티카 역에 전시되어 있다.

는 3,219킬로미터의 캐나다 대륙횡단 철도가 개통되었는데, 미국과 마찬가지로 중국인 노동자들이 큰 역할을 했다. 이 철도 덕분에 캐나다는 하나의 국가가 되었고, 미국의 속국이 되는 신세를 면할 수 있었다.

20세기 초에는 9,297킬로미터의 시베리아 횡단철도라는 기념비적인 대 철도가 탄생했는데, 여기에서도 20만에 달하는 중국인 노동자들이 동원되었고, 이보다는 훨씬 적고 정확한 숫자는 알 수 없지만, 조선인 노동자들도 자의 또는 타의로 공사에 참여했다.[142]

이런 대륙 횡단철도는 기존의 철도와는 차원이 달랐다. 기존의 철도는 거의 수로의 대체물 같은 인상을 주었지만, 이런 대륙횡단 철도는 말

---

142) 시베리아 철도는 우리나라의 운명과도 직접적인 관련이 있다. 러시아 제국이 시베리아 철도를 건설하지 않았다면, 일본은 러일전쟁을 일으키지 않았거나, 일어났더라도 규모는 훨씬 삭아졌을 것이기 때문이다.

세상을 바꾼 철도 — 315

그대로 대륙의 배가 되어 대항해시대의 범선 같은 역할 즉 대양과 대양을 연결하는 역할을 하였다. 그 결과 미국과 러시아, 캐나다는 진정한 의미에서 한 나라가 된 것이다. 19세기에 계획된 대륙횡단철도는 아프리카 종단 철도를 제외하면 모두 완성되었다. 그리고 미국과 러시아는 20세기 후반 세계를 양분하는 초강대국으로 올라선다. 특히 러시아는 시베리아 철도를 이용해서 2차 대전 초기에는 극동군을 유럽전선으로 돌려 독일을 격파하고, 1945년 여름에는 다시 군대를 만주로 돌려 일본을 격파하는 쾌거를 이룰 수 있었다.

전쟁의 양상을 바꾼 철도

철도는 도로와는 달리 건설 초기에는 군사적인 의도가 없었다. 하지만 과학기술이 늘 그렇듯이 전쟁에서의 활용은 시간문제였다. 1854년 영국은 프랑스, 오스만제국과 연합하여 러시아와 크리미아에서 전쟁을 벌였다. 영국은 군수물자와 병력 소송을 위해 발라클라바에서 세바스토폴에 이르는 47킬로미터의 철도를 놓았고, 전쟁을 승리로 이끌었다. 이때부터 철도는 전쟁의 양상을 완전히 바꾸어 놓았다.

5년 후 이탈리아에서 일어난 이탈리아 통일 전쟁에서 프랑스는 오스트리아를 상대로 싸우는 사보이아-사르디니아 왕국을 지원했다. 이때 프랑스는 60만 대군과 13만 필의 말을 파리에서 마르세유 그리고 다시 제노바에서 알렉산드리아로 연결된 철도 덕분에 석 달 만에 이동시켜 승리할 수 있었다. 하지만 이 두 전쟁은 시작에 불과했다.

미국에서 벌어진 남북전쟁에서 철도는 엄청난 역할을 해냈다. 전쟁이 시작된 1861년, 미국 내에는 5만 킬로미터에 가까운 철도가 부설되어 있었고 그중 70%가 산업화된 북부에 집중되어 있었다. 남부는 철도 자체도 빈약했지만, 면화 등 농산물을 항구로 나르는 철도가 대부분인데다 민간에서 만든 철도는 궤간이 제각각이어서 네트워크와는 거리가 멀었다. 결국 북부의 체계적인 철도망이 군사적으로 활용되어 북부의 승리에 큰 공헌을 했다.[143] 북부의 승리는 주들 간의 느슨한 연합에 불과했던 미국을 진정한 의미의 근대 국민국가로 만드는 결정적인 계기가 되었다. 남북전쟁은 철도가 대규모로 그리고 본격적으로 사용된 첫 번째 전쟁이다.

이미 1850년대부터 철도의 군사적 이용에 큰 관심을 가졌던 프로이센 군부는 신생국 미국의 내전인 남북전쟁 당시 관전 장교를 파견하여 군대의 철도 수송에 대한 노하우를 배웠다. 이에 따라 철도시간표를 만들어 1864년 대(對) 덴마크 전쟁, 1866년 오스트리아 전쟁에서 군대 수송을 시험했다. 이렇게 경험을 쌓은 프로이센은 분 단위로 짜여진 더욱 정교한 철도 시간표를 만들어 1870년에 일어난 보불전쟁에서 근대 국민군의 원조인 프랑스보다 훨씬 많은 100만이 넘는 대군과 대규모 포병을 신속하게 배치하는 데 성공하여 프랑스를 압도했다. 또한 철도로 내부가 통합된 독일경제는 무서운 속도로 국경 밖으로 뻗어나가 세계 경제와 연결되었다. 철도는 전쟁의 규모를 키웠고, 결국 두 차례의 세계대전에서 대살육전이 일어나는 데에도 큰 역할을 한다.[144] 하지만 자동차와 항공기가 발달하면서 철도는 한국전쟁을 마지막으로 전장의 주역 자리를 내놓을 수밖에 없게 된다.

---

143) 남군과 북군 모두 상대방의 철도를 파괴하는 데 많은 노력을 기울였다. 이런 면에서 보아도 남북전쟁은 본격적인 철도전쟁이었던 셈이다. 하지만 산업기반이 취약한 남부는 복구할 자재가 부족해 큰 어려움을 겪었고, 이는 패배의 원인 중 하나가 되고 말았다. 남부의 철도는 지역마다 다양한 궤간으로 부설되어 있었지만, 전후에는 영국식 표준궤로 통일되었다.
144) 비록 전쟁에 패하기는 했지만 유럽의 중앙에 위치한 독일의 조밀한 철도망은 독일군이 동서남 세 전선에서 오랫동안 싸울 수 있는 기반을 만들어 주었다.

근현대 자본주의 발전에 결정적인 역할을 한 철도

철도는 하드웨어 면에서 레일과 열차 제작을 위한 제철, 탄광 등 여러 연관산업을 발전시켰다. 그 중 하나가 축산업이다. 철도가 없던 1841년 전에 뉴욕시민들은 버터처럼 가공된 우유 덩어리나 시내 건물 지하에서 비위생적으로 사육되는 젖소의 우유 말고는 선택의 여지가 없었지만, 철도의 속도와 수송력 덕분에 신선한 우유를 마실 수 있게 되었다. 런던 시민들도 철도의 혜택을 입었는데, 시내에서 젖소들이 사라지면서 공기 질이 좋아지는 효과까지 얻었다. 축산용 곡물의 대량 수송과 가축의 운반도 철도 덕분에 가능해졌고, 축산의 산업화가 촉진되었다.

철도로 인해 메트로폴리스로 올라선 대표적인 도시가 시카고이다. 1850년까지만 해도 시카고는 인구 3만의 평범한 도시에 불과했지만 불과 10년 후에는 무려 11개의 철도가 지나가는 중부 최대의 대도시로 성장했다. 앞의 동물과 곡물 편에서 언급했듯이 미국 특히 중서부에서는 축산과 농업의 산업화가 빠르게 진전되었는데, 철도는 상호간에 시너지 효과를 내며 엄청난 성장을 이룰 수 있게 했다. 세계 최초의 근대적 선물거래소인 시카고 상품거래소가 탄생한 것도 철도 덕분이었다.

또한 여행업과 프로 스포츠라는 새로운 산업도 철도 덕분에 발전할 수 있었으며, 모네와 르누아르 등 인상파 화가들이 교외의 자연과 그 곳에서 벌어지는 삶의 풍경을 화폭에 담을 수 있었던 것도 철도 덕분이었다. 철도 덕분에 가난한 예술가들을 비롯한 일반 대중들도 세계를 시야에 둘 수 있게 되었던 것이다. 토마스 커티스 클락[Thomas Curtis Clarke]이라는 철도 기술자이자 작가는 19세기 말에 자신의 책 《The Building of a Railway》에 이런 글을 남겼다.

나폴레옹이 군림하던 시절을 율리우스 카이사르가 살던 때와 비교해보면 많은 변화가 있었다. 하지만 나폴레옹 이후 오늘날까지 달라진 세상은 그와 비교도 되지 않는다. 이러한 변화가 가능했던 것은 바로 철도의 발달 때문이다.

철도는 소프트웨어 면에서도 자본주의를 완전히 변화시켰다. 철도 건설에 들어가는 자금은 엄청났기에, 상업자본주의를 주도했던 특정 가문들조차도 개별적으로는 도저히 감당할 수 없었다. 따라서 새로운 자금조달 방식이 필요했고, 자연스럽게 중산층들이 철도회사의 주식공모에 뛰어들었다. 회사의 소유와 경영이 분리된 것도 철도가 만든 산물이었다. 자연스럽게 산업자본이 상업자본을 능가하는 계기가 되었으며, 주식회사 형태의 기업들이 번성하였다.

또한 근대 자본주의 발전에서 반드시 필요한 개념 중 하나인 시간관념이 기차시간표 덕분에 생겨났다는 사실도 짚고 넘어가야 한다. 철도 종주국인 영국도 철도 보급 이전에는 시간을 오전과 오후로만 구분할 정도였다. 아이러니하게도, 자본주의 타도를 외치며 19세기와 20세기 초반을 풍미한 사회주의 인터내셔널 역시 철도가 없었다면 태어나기 힘든 조직이었다. 즉 민족국가를 만든 철도는 정반대로 세계주의를 만드는 데에도 큰 공헌을 한 셈이다.[145] 철도는 예술의 현대화에도 큰 역할을 했다. 터너나 모네, 도미에, 고흐 등의 대화가들이 철도와 열차가 들어간 풍경화나 열차 내부와 승객들을 그렸고, 톨스토이는 안나 카레니나의 최후를 철도 투신으로 설정했으며, 도스토예프스키는 《백치》의 첫 장면을 철도로 시작한다.

---

145) 식민지 조선에도 비슷한 현상이 일어났다. 1926년 12월 6일, 서대문 형무소 앞 민가에서 열린 조선공산당 대회도 철도 덕분에 열릴 수 있었기 때문이다. 10명의 대의원들은 당일 첫 차를 타고 상경해 밤새 회의를 마친 다음 날 첫 차로 근거지로 돌아갔다.

철도 궤도가 다른 이유

철도는 어느 나라에서나 국토의 대동맥이라고 부를 정도로 육상 수송에서 중요한 역할을 담당하고 있고 '군사적인 목적'도 포함된다. 철도를 애써 만들어 놓았다가 적군에게 빼앗겨 버린다면 오히려 그 철도를 통해 적군이 밀려들어올 가능성이 컸다.

우리나라의 경우 전방지역에서 차를 몰고 다니다보면 도로 중간에 서 있는 육중한 콘크리트 구조물들을 볼 수 있다. 북한이 쳐들어올 경우 이 구조물을 폭파해서 도로를 막아 전차 등이 쉽게 내려오지 못하게 하려는 목적이다.

1,524mm인 러시아의 광궤 철도도 비슷한 이유로 만들어졌다. 러시아는 독일을 경계했는데 독일을 비롯한 유럽 여러 나라가 표준궤(1435mm)를 쓰는 것과 다르게 자신들만의 궤간으로 철도를 만들면, 설사 철도가 독일군에게 점령당하더라도 독일군은 그 철도를 사용할 수 없게 하겠다는 생각에서 광궤를 깔게 된 것이라고 한다. 앞서 도로 편에서 전국시대의 수레 크기가 달랐다는 사실과 같은 원리라고 볼 수 있다. 제정 러시아의 이런 정책은 2차 대전 때 빛을 발했다. 파죽지세로 진격하던 독일군도 러시아의 광궤를 알고 있었고 궤도를 바꾸는 공사를 했지만 전열을 가다듬은 소련군의 반격으로 제 때 공사를 마치지 못했다. 결국 300킬로미터 이상의 거리를 말과 트럭으로 보급을 해야 했고, 이는 모스크바 공략전에서 결정적인 약점으로 작용했다. 결국 무적이라고 부르던 독일 기갑부대는 모스크바를 수십 킬로미터 남겨둔 지점에서 동장군까지 만나 공략에 실패하고 말았다. 참고로 스페인 역시 프랑스를 경계해 광궤를 채택했는데, 스페인이 산업화에 뒤지게 된 원인 중 하나로 작용하기도 했다. 1차 대전 후 폴란드는 러시아와 독일, 오스트리아로부터 영토

를 떼어 받아 독립했는데, 철도 궤간과 시스템이 달라 한동안 큰 어려움을 겪은 바 있었다.

- 궤간 : 궤도에서 한 레일과 마주 바라보는 레일 사이의 거리.
- 표준궤간 : 1435mm를 주로 사용한다.
- 궤간이 좁은 협궤는 1067mm(옛 수인선)
- 궤간이 넓은 광궤는 러시아, 핀란드, 몽골(1,524mm), 아일랜드, 에스파냐, 포르투갈(약 1,600mm), 인도·파키스탄(약 1,676mm) 등에서 채택하고 있다.

여러 나라를 지나가는 철도는 궤간의 차이로 어려운 점이 있어 차륜 폭을 변형할 수 있는 철도차량을 개발하기도 했다. 예를 들면 중국에서 몽골이나 러시아로 들어가면 열차는 약 2미터 높이로 들어 올린 다음 광궤용 바퀴로 교환한 후 출발한다.

표준궤간으로 설정된 1435mm는 영국에서 유래했다. 당시 2마리 말이 끌던 마차의 폭이 그 정도였으며 말 2마리의 엉덩이 폭에 약간의 여유를 둔 정도였다. 즉 철도의 궤간은 증기기관차 발명 이전 말들이 궤도차량을 견인했던 과거의 유산이라고 할 수 있다. 우리나라는 광궤선과 협궤선이 있었고 유일한 협궤선이었던 수인선은 지금은 철거되고 철도박물관에 가야 볼 수 있다.

- 광궤선 : 레일 면에서 밑으로 16mm 지점의 상대편 레일두부 내측간의 최단거리가 1.435m인 선로
- 협궤선 : 레일 면에서 밑으로 12mm 지점의 상대편 레일두부 내측간의 최단거리가 0.762m인 선로

궤간과는 별개 문제이지만 급커브나 낙석 같은 위험 요소를 경고하는 시스템은 훗날 등장하는 고속도로에 그대로 전수되었다.

◈ 세계 각국의 철도 궤간 종류 ◈

1.676m : 인도, 아르헨티나, 칠레, 파키스탄, 스웨덴
1.600m : 브라질, 아일랜드, 호주
1.524m : 핀란드, 러시아
1.435m (세계 표준) : 한국, 독일, 영국, 프랑스, 미국, 이탈리아, 아르헨티나, 중국, 일본, 이란, 이라크
1.067m : 일본, 필리핀, 벨기에, 스웨덴
1.000m : 이집트, 폴란드, 스위스
0.914m : 멕시코, 쿠바
0.762m : 일본 사철 일부, 유고슬라비아, 체코, 오스트리아
0.610m : 아프리카, 인도 일부

일본의 철도

수송과 여행이 주목적이었고 중앙집권이나 국민국가의 탄생은 파생물이었던 유럽이나 미국과 달리 일본의 철도 도입은 사회 전체의 후진성 극복과 강력한 중앙집권 체제 수립을 위한 수단의 성격이 강했다. 메이지 유신에도 불구하고 잔존하여 때로는 반란까지 일으키던 지방 번과 무사들의 세력을 억누르는 한 방편으로 철도건설이 추진되었다. 그 결과 1872년에 도쿄 신바시와 요코하마를 연결하는 첫 철도가 개통되었다. 물론

일본의 C56형은 시마 히데오(島秀雄)가 설계한 증기 기관차로 1935년부터 1939년까지 일본정부철도(JGR)에서 운행했으며 전후에는 일본 국유 철도(JNR)에서 운행했다. 1935년부터 1939년까지 총 164대의 기관차가 제작되었는데, 제2차 세계 대전 중에는 C56 1호부터 C56 90호, 그리고 C56 161호부터 C56 164호까지 번호가 매겨진 기관차를 동남아시아로 보내 침략전쟁에 사용했다. 일부는 1980년대까지 운행했다. 마지막 C56은 1974년에 퇴역했지만, 몇몇은 문화유산으로 보존 지정되어 운행하고 있다. 사진의 기관차는 야스쿠니 신사에 전시되어 있다.

이 철도는 영국의 자본과 기술을 빌려 만들었고, 심지어 연료인 석탄까지 수입해야 했다. 하지만 주체는 어디까지나 일본 정부였고, 운영도 정부가 직접 맡았다. 이 차이가 우리나라와 일본의 차이를 갈랐다고 해도 과언이 아니다. 그렇다고 일본 철도를 전부 국가가 건설했다는 의미는 아니다. 영국처럼 민간이 자신들의 사업에 필요해서 철도를 놓은 경우도 많았다. 동물 편에서 이야기한 일본의 생사와 견직물을 수송하고자 군마 현과 도치기 현을 연결한 료모센兩毛線, 기타규슈의 풍부한 석탄을 운반하려고 건설한 지쿠호센筑豊線이 대표적이다. 일본 민간철도는 20세기 초에 이르면 산업용 뿐 아니라 해수욕장 등 관광과 결합하고 철도역 주변 개발 사업을 주도했다. 세이부西武나 한신阪神 등 일본의 많은 재벌들이 철도를 기반으로 성장했다는 사실은 널리 알려져 있고, 지금도 민간철도 의존도가 상당히 높은 나라이다.

일본은 기술 자립을 가속화해 1910년대 초반에는 기관차부터 레일에 이르는 모든 분야를 자체적으로 설계하고 생산하기에 이르렀다. 1925년에는 전철화도 시작했다. 심지어 1942년에는 혼슈와 규슈를 갈라놓는 간몬關門 해협에 철도터널을 개통하기에 이른다. 간몬터널은 해저터널로는 세계 최초이다. 일본은 철도를 통해 애초에 의도했던 정치적 목적은 물론 자본주의 발전과 재벌의 탄생, 그리고 제국주의적 야망을 모두 달성한 셈이다. 조선에서도 이러한 목적을 달성하기 위해 경인선과 경부선, 경의선을 차례로 개통했다. 그리고 한국 병합 직후인 1911년에는 압록강 철교를 개통했다. 부산과 시모노세키를 연결하는 배의 이름이 여객선이 아니라 연락선이었던 것은 이런 이유 때문이다.

성공에 도취한 일본은 무모하게도 미국을 공격하여 태평양 전쟁을 일으켰다. 초기에는 승승장구했지만 점점 열세로 몰렸고 말기에는 미군의 폭격과 연료 부족으로 거의 마비 상태에 빠지고 말았다. 정도의 차이는 있지만 폭격 피해를 입은 역이 198개, 파괴된 기관차가 891대, 노선이 403개에 달했을 정도였다. 전후에는 귀향하는 병력과 시골로 피난시켰던 주민들의 귀환으로 여객수요가 폭증했지만 시설이 파괴되고 관리 인력도 부족해 대형 철도사고도 잦았다. 100명 이상의 사망자가 나온 대참사도 두 건이나 발생했다.

하지만 일본 철도는 전후 급속한 경제발전과 함께 세계적인 철도망으로 발전했고, 특히 1964년 세계 최초로 도쿄와 오사카를 잇는 515킬로미터의 '뉴 도카이도東海道 라인'이라는 이름의 고속철도 신칸센을 개통하는 위업을 이루었다. 신칸센은 급증하는 교통수요를 훌륭하게 흡수하면서, 홋카이도와 규슈까지 연결해 명실상부한 일본의 대동맥으로 자리 잡았다. 신칸센은 2011년 3월에 일어난 동일본 대지진 때도 탈선하지 않는 등, 60년간 거의 사고를 내지 않는 안정성도 인정받고 있다.[146] 이때문에 신칸센은 대만 등 여러 나라에 수출되었다. 또한 신오사카나 신고베, 신 요코하마, 신아오모리 등 도시 외곽에 신간센 전용역을 건설하여 새로운 도시를 개발하는 부수 효과도 얻었다. 이런 방식은 우리나라도 도입하여 광명, 울산, 천안아산 역 등이 건설되었고, 새로운 도시가 만들어졌다.

세계 최고의 중국 철도

중국의 철도는 2020년 말 기준으로 약 14만 6,300킬로미터에 이른다. 총 연장으로는 미국 다음으로 2위에 해당하지만 뚱처動車, 또는 까오톄高鐵라고 부르는 고속철도는 약 3만 7,900킬로미터로서 단연 세계 최장을 자랑한다. 여기에 논란은 있지만 철도에 한정해서 본다면 '일대일로—帶—路' 프

---

146) 신칸센의 명문명 Shinkansen은 영어사전에 올라 있다.

로젝트에 따라 깔리게 될 고속철도 추가노선이 무려 2만 6천 킬로미터에 이를 예정이라 하니 중국을 세계 최고 최대의 철도국이라 불리도 무방할 듯하다. 게다가 중국의 고속철도와 열차는 모두 100% 자국산이고, 고속철 수출도 단연 세계 최고이다. 참고로 2024년 1년 동안 철도를 이용한 승객은 43억 1,200만 명이고 그중 고속철도 이용객이 75%에 달한다.

중국의 철도를 세계 최고로 인정할 수 있는 중요한 요소는 인구 20만 이상의 도시에는 99% 기차가 다닌다는 사실이다. 그리고 철도의 선진화에서 중요한 지표가 되는 전철화 역시 전체 70% 이상으로 세계 1위이고, 복선률도 세계 2위에 올라 있다. 이 뿐만 아니라 고속철의 속도도 시속 300킬로미터를 훌쩍 넘어 400킬로미터를 주파한다. 철도의 길이를 비롯하여 규모와 기술 그리고 서비스 모두 세계 최고 수준에 올라 있다. 다만 특유의 보안 조치 때문에 표를 사기가 상당히 힘들다는 단점은 지적하지 않을 수 없다. 이렇게 세계 최고 수준의 역량을 자랑하는 중국 철도의 역사는 어떻게 시작하였을까? 중국 근대사 자체가 그렇듯이 철도사에도 아픈 대목이 발견된다. 이 부분을 간략하게나마 알아보자.

1842년 8월, 아편전쟁에서 패한 청 왕조는 이후 압도적인 서구열강과 일본의 힘에 눌려 수많은 굴욕을 당하는데, 그 중심에 철도가 있었다. 사실 중국인들은 아편전쟁 이전부터 서양 선교사들의 책을 통해 철도가 있다는 사실을 알고 있었고, 임칙서林則徐나 위원魏源 같은 선각자들은 저서를 통해 철도를 소개하였다. 또한 태평천국 말기에 재상을 지낸 홍인간洪仁玕도 1859년 홍수전洪秀全에게 제출한 태평천국의 개혁방안을 담은 《자정신편資政新編》이라는 책을 펴내며 21개 노선의 철도 부설을 주장하기도 했지만 어디까지나 탁상공론에 불과했다.[147]

서양을 배우자는 양무운동洋務運動의 거두 이홍장李鴻章도 철도 부설에

---

147) 태평천국 후반기 내정을 이끌었던 홍인간은 태평천국 봉기를 일으킨 홍수전의 사촌동생이다.

대한 중요성을 깨닫고 있었지만, 기술과 자본 그리고 인식 부족으로 시작은 더디기만 했다. 결국 1876년, 영국이 상해와 오송吳淞을 잇는 14.5킬로미터의 오송철도를 개통했지만, 중국인 한 명을 치어 죽이는 사건이 발생하면서 결국 1년 만에 철거되고 말았다.

두 번째 철도는 1881년 11월 개통한 하북성 당산唐山과 서각장胥各莊을 잇는 9.7킬로미터의 당서철도인데, 이 철로는 당산 개평 탄광에서 채굴한 석탄을 운반하기 위해 건설되었다. 비록 짧은 노선이었지만 이 철도는 광궤나 협궤가 아닌 표준궤인 1.435미터를 적용함으로써 이후 중국 철도의 표준이 되었고, 중국이 자력으로 건설했다는 점에서 큰 의미를 가진다. 또한 이후 개평開平 탄광의 생산과 물동량이 증가하여 철도의 경제성이 증명되었다는 점에서도 높은 평가를 내릴 수 있다. 이 철도는 6년 후 노태蘆台까지 42킬로미터가, 7년 후에는 천진天津까지 42킬로미터가 연장되기에 이른다. 자연스럽게 여객열차도 운행되었고, 이때부터 진정한 의미의 철도 시대가 열렸다. 이후 1893년에는 대만臺灣에도 107킬로미터 길이의 철도가, 다음 해에는 산해관山海關쪽으로 193킬로미터의 관동선關東線이 개통되었지만, 열차의 속도는 바다 건너 일본에 비하면 너무 느렸다.

일본은 이미 도쿄 신바시에서 요코하마를 잇는 철도를 개통했고, 청일전쟁 전까지 아오모리-도쿄-히로시마를 연결하는 1,000킬로미터가 넘는 간선 철도가 개통되어 전쟁에서 큰 역할을 하였다. 조금 심하게 표현하면 이런 철도 건설의 차이가 두 나라의 운명을 갈랐다 해도 과언은 아니다. 청일전쟁 패전 후 이런 차이를 느낄 수밖에 없었던 청나라도 철도 부설에 속도를 내기 시작했지만 서구 열강들이 방관하지 않았다. 그들은 멋대로 중국을 자신들의 배타적 세력권으로 나누었는데, 이를 가능하게 한 양대 축이 조차한 항구와 철도부설권이었다. 특히 철도부설권은 교통과 운수를 넘어 철로가 지나가는 지역에 대한 배타적인 지배권을 의미했다. 따라서 철도부설권의 분포는 열강의 세력범위와 일치했다. 프랑스가 만든 베트남과 광서성 용주龍州를 연결하는 용주철도를 시작으로, 블라디보스토크에서 적탑赤塔에 이르는 동청철도는 러시아가, 장춘과 대련을 연결하는 남만주 철도는 일본이, 홍콩과 광주를 잇는 광구廣九철도는 영국이, 청도와 제남을 잇는 교제膠濟 철도는 독일이 건설했다. 물론 청나라도 가만히 보고만 있지는 않아서, 북경에서 무한에 이르는 경한 철도, 상해에서 남경을 잇는 호녕滬寧 철도 등을 개통했고, 북경에서 장가구를 연결하는 경장京張 철도는 중국인 기술자의 손으로 개통하기에 이르렀다. 하지만 열강들이 놓은 철도가 워낙 긴데다가 그들의 세력권을 굳히기 위한 철도였기에 수도 북경을 중심으로 한 체계적 철도교통망이 구성될 수 없는 구조였다.

이처럼 중국은 열강들의 침탈로 근대화에서 가장 중요한 수단을 빼앗기고 활력을 잃고 말았다. 중국 철도의 역사는 이렇게 열강의 침탈 속에서 성장했다는 아픈 역사를 가지고 있지만 이는 유럽과 미국, 일본을 제외한 대부분의 나라가 마찬가지이고, 우리나라도 예외가 아니다. 중화민국이 세워진 이후에는 흠주欽州와 중경을 잇는 흠투欽渝 철도, 강소성에서 감숙성에 이른 농해隴海 철도 등 중요한 철도들이 놓이기는 했지만, 일본과의 전쟁 등으로 정부와 인민이 원하는 성과는 거두지 못했다. 그러나 1949년 신중국 성립 이후 중국의 철도는 신장성 깊숙이까지 이어지는 등 비약적으로 발전했고, 약 70년 만에 마침내 세계 최고가 되었다. 중국은 2006년 7월 2일, 해발 5,000미터가 넘는 티베트 고원을 관통하는 청장철도까지 완성하는 위업을 이루었다. 개통 직후 몇 달 만에 수백만의 관광객이 몰려들었고, 백만 톤이 넘는 화물이 운반되었다. 고립된 오지였던 티베트는 철도의 연결로 중국 본토에 경제적으로 더욱 종속되었다. 망명 티베트인들은 이를 두 번째 침공이라고 부르기까지 한다.

중국은 2011년 6월 북경과 상해를 잇는 1,300킬로미터의 경호京沪 고속철도를 개통하면서 고속철 시대를 열었다. 이후 중국은 4종 4횡, 약 3만 7천 킬로미터의 고속철도망을 구축하였고, 최고 속도가 400킬로미터가 넘어, 질과 양에서 모두 세계 최고 수준의 고속철도 대국이 되었다. 하지만 부작용도 나타나고 있는데, 지나친 투자로 인한 막대한 적자가 국가적 문제로 부상하고 있다.

그럼에도 중국 철도의 위력은 일반의 예상을 벗어날 정도로 막강하다. 이미 하남성 정주鄭州 등 중국 여러 곳에서 유럽 각국까지 화물열차가 개통되어 물류를 담당하고 있다. '일대일로' 프로젝트가 마무리되면 그 위력은 훨씬 더 커질 것으로 예상한다.

한 걸음 더 : 미국과 중국의 철도는 비교하기 힘든 큰 차이가 있다

중국이 G2로 급부상하면서 모든 면에서 미국과 비교하는 경우가 많아졌다. 철도 역시 마찬가지이다. 하지만 두 나라의 철도를 단순 비교하기에는 여러 면에서 무리가 있다. 가장 중요한 요인으로는 중국의 철도가 100% 국영인 것에 비해 미국은 민영이 대부분이라는 점이다. 이때문에 미국 철도는 전철화 비율이 5% 정도에 불과하다. 다른 교통수단, 즉 자동차나 비행기 등이 발전하지 않았던 시절에는 미국의 철도 관련 산업이 한 시대를 풍미했지만, 1920년대 이후 자동차와 비행기라는 간편하고 더 빠른 교통수단이 등장하면서 미국의 철도 관련 산업은 계속적으로 쇠락의 길을 걷고 있다. 폐지된 노선과 역이 부지기수이다. 1920년대 41만 킬로미터가 넘던 철도노선이 지금은 그 절반 수준인 22만 5천 킬로미터 정도에 불과하다. 다만 화물 수송은 아직도 철도의 비중이 43%에 달해, 그 어떤 선진국보다 높다.

미국의 고속철도 상황은 더 비참하다. 오바마 행정부 때까지 고속철도 자체가 존재하지 않았고, 오바마 집권 이후 2015년부터 2030년까지 간선 철도망을 고속화하겠다는 계획이 세워지기는 했지만 주정부와 마찰 등으로 출발부터 삐걱거리다 거의 백지화된 상태에 있다. 트럼프 정부가 들어서면서 상황은 더욱 나빠졌다. 그나마 2018년부터 시운전을 시작한 390킬로미터의 올란도-마이애미 구간의 최고 속도 200킬로미터를 간신히 넘는 반쪽짜리 고속철도로 전락했다. 애틀란타와 사바나, LA-라스베이거스 등 일부 구간에서 사업이 진행되고는 있지만 지금으로 보아서는 2030년까지 하겠다는 간선 고속철도망 구축은 이미 물 건너 간 것으로 보인다. 요컨대 전체 길이만 길었지 모든 면에서 중국은 물론 다른 나라와도 비교가 안 될 정도로 낙후되어 있다. 철도에 한정해서 보았을 때, 미국의 경쟁력은 한 참 뒤떨어져 있다.

우리나라의 철도

우리나라의 경우 1899년, 일본이 건설하기는 했지만 국내 최초로 인천과 노량진을 잇는 경인선이 완공되었고, 러일전쟁 기간에 경부선과 경의선이 개통되면서 본격적인 철도 시대가 열렸다. 첫 철도인 경인선은 1896년 7월, 세계 표준인 1.435미터 결정되었지만, 아관파천으로 러시아의 영향력이 강해지자, 러시아 표준인 1.524미터로 변경되었다. 그러나 일본이 다시 경인철도를 장악하면서 국제표준인 1.435미터로 되돌아왔다. 만약 철도궤간이 러시아식으로 결정되었다면 우리나라 철도 역사는 많이 바뀌었을 것이다. 경의선은 원래 프랑스가 부설권을 획득했지만, 약정기간에 착공하지 못해 대한제국 정부의 손에 돌아왔다. 앞서 도로 편에서도 이야기했지만 경의가도가 가장 중요한 도로였기에 경의선만큼은 자력으로

경인철도부설기공식. 1899년 일부 개통된 경인철도는 철도부설권을 놓고 미국과 일본이 인천 우각리와 인천역에서 기공식을 두 번씩이나 하는 우여곡절 끝에 1900년 서울까지 공식 개통되었다. 한편 이 사진은 당시 우리나라 산림이 얼마나 황폐해 있었는지를 보여주는 자료이기도 하다.(출처 : 인천상공회의소 100년사)

건설하려 했다. 개성까지는 측량도 완료하고 독립문 근처에서 착공식도 열었지만, 러일전쟁을 일으킨 일본이 이를 빼앗아 빠른 속도로 완공했다. 이렇게 1905년에 경부선과 경인선이 개통되었다.[148] 서울만 보더라도 용산과 수색에 철도조차장이 건설되면서 새로운 도시가 생겨났으며, 철도역이 있는 청량리, 창동, 영등포 등은 부도심으로 발전했다.

일제강점기 동안 경원선, 호남선, 함경선, 중앙선 등 6,362킬로미터에 달하는 철도망이 건설되었다. 물론 이 철도는 일본이 수탈과 제국주의적 욕구로 놓은 것이다. 경부선과 경의선은 대륙 침략을 위해, 경원선과 함경선은 지하자원 수탈을 위해, 호남선은 식량 수탈을 위해 부설되었다. 특히 대륙침략을 목표로 철도는 평원선과 경전선, 충북선을 제외하면 거의 남북 방향으로 놓였다.[149] 그나마도 동서방향선인 평원선은 계획된 지 30년이나 지난 1941년에야 개통했고, 경전선과 충북선은 끝까지 완성하지도 못해 해방 후에야 연결된다. 경부선과 경의선만 복선화한 것과 두 철도의 여객열차 시각이 부관연락선과 맞춰져 있는 것 모두 대륙침략이라는 이유 때문이다. 또한 철도건설 과정에서 생긴 이익은 고스란히 일본 건설업자들의 호주머니로 들어갔다. 심지어 일본인 벽돌제조업자들의 성장을 돕기 위해 역사도 대부분 벽돌로 지었을 정도였다. 이런 침략적 목적에도 불구하고 비록 직행은 아니었지만 서울역에서 유럽행 열차표를 살 수 있을 정도로 철도는 한국인들의 시야를 넓혀 놓았던 것도 사실이다. 베를린 올림픽의 영웅 손기정도 이 열차를 이용해 베를린 올림픽에 참가했다.

철도는 조선시대의 수송망과 도시공간을 완전히 바꾸어 놓았다. 내륙 수운이 거의 사라졌고, 공주와 강경, 상주, 진주, 안성 등 지방의 중심

---

148) 경부선은 러일 전쟁 이전에 이미 부설권이 일본으로 넘어간 상태였다.
149) 옛 경춘선은 춘천 유지들의 모금으로 만들었기에 민족자본 철도라고 할 수 있다.

도시들이 쇠퇴하고 대전이나 익산, 평택, 군산, 부산, 신의주 같은 도시들이 새롭게 떠올랐다. 기존 도시들 역시 구도심은 쇠퇴하고 철도역 중심으로 시가지가 재편되었다. 1913년 일제는 경성(서울), 인천, 군산, 목포, 대구, 부산, 마산, 평양, 진남포, 원산, 청진을 부府로 지정했는데, 이 도시들은 경성과 대구, 평양을 제외하면 조선시대에 번성했던 도시가 아니었다. 기준은 일본인이 5천 명 이상 거주하는 도시였다.

1925년에서 1935년 사이에 인구는 19,522,945명에서 22,899,038명으로 거의 15%가 늘어났다. 그런데 철도가 경유하는 면의 인구는 1925년 4,800,011명(전체 인구의 24.6%)에서 1930년에는 8,369,790명(전체 인구의 36.6%)로 크게 늘어났다. 물론 경유 면의 숫자도 1925년 460개(전체 면은 2,515개, 18.3%)에서 1935년 646개(당시 전체 면은 2,408개, 26.8%)로 많이 증가했지만, 비율로 보면 인구증가가 철도 경유면 증가보다도 10% 가량 높았다는 사실을 알 수 있다. 즉 철도가 지나가는 지역으로 인구가 유입되었다는 의미이다. 일제의 의도야 어떠했든 철도는 한반도의 공간을 결정적으로 바꾸어 놓은 것이다.

해방의 기쁨도 잠시, 한국의 철도는 바로 분단이라는 비극을 맞아 경의선, 경원선, 금강산 전철, 동해북부선이 38선에 가로막혀 반신불수가 되었다. 전쟁 후 1960년대 후반부터 본격적인 산업화가 시작되면서 철도는 고속도로와 자동차에 교통의 주역 자리도 내주었다. 1961년 철도는 여객의 53%, 화물의 88%를 맡고 있었지만 2000년에는 여객 15%, 화물 8% 수준으로 격감했을 정도였다. 해방 이후인 1960년대에 개통한 석탄 수송을 위한 태백선과 영동선 개통을 제외하면 장거리 철도는 활발하게 건설되지 않았다. 다만 해방 후 건설된 몇 안 되는 태백선, 영동선, 충북선, 경전선 미개통 구간 등이 거의 동서방면인 까닭은 일제강점기에 미비했던 동서축선을 강화하려는 노력의 일환이었다. 1960년 서해안선을 비롯한 18개 철도를 건설하려는 계획이 있었지만 대부분 폐기되었고, 상당수는 훗날 고속도로로 대체되었다. 대신 도시철도는 수도권을 중심으로 눈부시게 확장되었다.

하지만 21세기 들어 상황은 많이 달라졌다. 2004년에 경부선 KTX가 개통되었고, 많은 철도가 복선화되고 전철화 되었으며, 호남선 KTX와 경강선 KTX도 개통되었다. 21세기 이후, 정부가 철도에 많은 투자를 하고 있는 이유는 크게 두 가지이다. 첫 번째는 자동차 시대의 도래 이후 40년 이상 도로에 이미 많은 투자를 한 상태이고, 대기오염과 에너지 문제로 더 이상의 도로 확장이 한계에 부딪치자 친환경적이고 에너지를 덜 소모하는 철도 쪽으로 관심이 옮겨진 까닭이다.

정선, 도고, 강촌 등 일부 노선은 직선화로 인해 폐선되었는데, 그 철도를 레일바이크로 바꾸어 인기를 끌었다. 또한 연트럴파크라고 부르기도 하는 경의선 숲길은 경의선을 지하화하고 조성한 공원인데, 서울의 최고 명소 중 하나로 발돋움했다. 경의선숲길은 앞으로 수색까지 확장되어 마포와 은평, 서대문을 한 몸으로 만들 것이다. 이런 변화는 앞서 이야기한 연탄공장, 석유비축기지, 서울화력발전소의 변신과 궤를 같이 한다고 보아야 할 것이다. 도시철도도 GTX라는 광역급행철도가 등장하면서, 도시교통의 혁명을 이끌고 있다. 특히 서울역-연신내-대곡-킨텍스-운정을 연결하는 구간은 사업적으로도 성공을 거두고 있다.

두 번째는 최근 남북관계의 악화로 진행되고 있지는 않지만 남북철도 연결을 통한 '철의 실크로드'에 대한민국의 미래가 걸려 있기 때문이다. 현재 바다와 하늘을 통한 무역으로 우리나라의 GNP를 3만 달러가 넘는 수준까지 올렸지만 이제는 거의 한계에 도달한 상황이다. 거대한 시장과 엄청난 자원을 가지고 있으며 철도가 주요 교통수단인 러시아 중국과 철도를 연결하는 것은 우리나라 발전의 새로운 계기가 될 것임 틀림이 없다. 하지만 2000년 경의선이 연결되고 남북 간에 열차가 왕복하기는 했지만, 그 후 이렇다 할 진전이 없는 상황이다. 다시 남북 간에 철도와 도로가 연결되고 물류가 이어진다면 우리 민족 전체의 축복이겠지만, 은평구와 파주, 고양시는 더욱 그 혜택을 받을 것이다.

참고서적

- 역사에서 경영을 만나다 / 이재규 저 / 사과나무
- 일본 철도의 역사와 발전 / 이용상, 정병현, 요시다 유타카, 우쓰노미야 기요히토, 아베 세이지, 하라다 가쓰마사, 사이토 다카히코, 쇼지 겐이치 저 / 장우진 역 / BG북갤러리
- 철도의 세계사 / 크리스티안 월마 저 / 배현 역 / 다시봄
- 한국 철도의 역사와 발전 / 이용상, 도도로키 히로시, 이정훈, 정병현, 박동주, 이용복, 윤경철, 최종빈, 노병국, 배은선, 변현진, 윤희일, 이시모토 준코, 최영수 저 / BG북갤러리

해외서

- 日本鐵道史 / 老川慶喜 저 / 中公新書
- シベリア鐵道 / 淺井勇 저 / 敎育社
- 鐵道のドイツ史 / 鳩澤步 저 / 中公新書

항공과 전파로 세계를 지배한 미국

항공기의 종주국

앞서 등장한 몽골 제국과 대영제국의 네트워크는 육지와 해상에 한정되었지만 20세기의 초강대국 미국은 강력한 항공력과 전파의 힘으로 삼차원에서 세계를 지배하였다. 그 지배력의 핵심인 항공기와 전신, 전화, 컴퓨터, 인터넷은 모두 미국에서 발명되었다.

윌버와 오빌 라이트 형제는 1903년 12월 17일, 미국 노스캐롤라이나 주 키티호크Kitty Hawk 인근 킬데빌Kill Devil 언덕에서 동력 기계를 타고 하늘을 날았다. 플라이어호라는 이름이 붙은 그 비행 기계의 엔진과 프로펠러는 모두 형제가 직접 제작한 것이었다. 플라이어호는 당시 만들어진 그 어떤 비행 기계들보다 우수한 성능을 지니고 있었다.

동생 오빌이 플라이어호의 엔진에 시동을 걸었다. 오전 10시 35분, 플라이어호가 천천히 앞으로 움직였다. 비행기를 따라 달리던 윌버가 승강타를 잡아당기자 비행기가 공중으로 떠올랐다. 그리고 프로펠러의 힘으로 앞으로 날아갔다. 비행에 성공한 플라이어 호는 아래로 떨어지기 시작했고 미끄러지듯이 모래밭에 착륙했다. 이렇게 인류는 최초로 동력 기계로 하늘을 날았다. 이렇게 미국은 20세기가 시작한 지 3년 만에 항공기의 종주국이 되었다.

이후 항공기는 많은 발전을 이루었지만 1차 대전 종전까지는 '무모한' 스포츠용 기계이거나 용감한 전사들의 무기로서 일부 엘리트들의 전유물이었고, 우편용으로서 일부 가치를 인정받았을 뿐이었다. 그러나 전쟁이 끝나자, 수천 대의 군용기가 남아돌게 되었고, 실직한 조종사도 수천 명에 이르렀다. 그러자 이런 인적 물적 자원을 이용하여, 1919년 초부터 프랑스, 영국, 독일에서 항공사들이 설립되었다. 유럽은 전쟁으로 도로와 철도가 많이 파괴되어 미국보다 먼저 항공사가 등장하게 된 것이다. 특히 독일은 중요한 항공기 재료인 두랄루민이라는 합금을 개발해 1930년, 최초의 완전한 금속제 여객기 JU52[150]를 실용화했고 야간 비행이 가능한 항법과 계기 장치도 발명하여 항공발전에 크게 기여했다.

1920년, 미국에 첫 번째 항공사가 설립되었지만 본격화된 시기는 1925년부터였다. 이때부터 항공사들은 장거리 우편을 도맡았고 여객에서도 큰 몫을 담당하게 되었다. 미국의 4대 항공사인 아메리칸 항공, 이스턴 항공, 유나이티드 항공, TWA 항공의 전신은 모두 이때 탄생했다. 미국은 영토가 거대해서 다른 나라에 비해 항공기가 많이 필요했고, 보잉을 비롯한 수많은 항공기 제작회사들이 탄생했다.

1927년 5월, 찰스 린드버그는 뉴욕에서 출발해 33시간 만에 파리까지 5,632킬로미터의 비행에 성공해 대륙 간 비행이 가능함을 증명하고 항공기의 종주국임을 세계에 과시했다. 1936년에는 팬암사가 대서양과

---

150) JU52는 2차대전 당시 독일 공군의 주력 수송기로 맹활약했고, 전후에도 유럽과 중국, 남미에서 광범위하게 사용되었다. 마지막 JU52가 퇴역한 시기는 2008년이었다.

태평양 횡단 항로를 개척했다. 과거 몽골이 육지로, 영국이 바다로 세계를 제압했다면 미국은 하늘로 세계를 지배한 제국이 되었다.

군에서도 빌리 미첼이라는 걸출한 인물이 등장한다. 그는 1898년 스페인 전쟁을 계기로 미 육군에 입대했다. 당시에는 일반 병사였지만, 곧 통신장교로 임관했다가 늦은 나이에 비행훈련을 받기 시작했다. 미국이 제1차세계대전 참전을 선언하자, 당시 중령이었던 미첼은 유럽으로 가서 영국과 프랑스의 항공전투 경험을 배웠다. 이러한 경력을 바탕으로, 전쟁 말기 유럽 전선의 미 육군 항공단장으로 활약했다. 계급도 준장으로 올라서 미 육군 최고의 항공 전문가로 인정받게 되었다. 1920년 미 육군 조직 개편에서 항공병과가 보병, 포병의 뒤를 잇는 3대 병과로 강화된 것도 그의 공로였다. 미첼은 더 나아가 육군, 해군과 동등한 독립 군종으로서 공군의 창설을 강력히 주장했다. 이 과정에서 그는 '전함 1척이면 항공기 1,000대를 확보할 수 있다'면서 항공기의 기술적 우위를 강조했고, 1921년에는 항공기로 전함을 격침하는 시범을 보여주기도 했다. 육군 주류의 공격으로 1936년 57세의 아까운 나이로 세상을 떠났지만 훗날 그는 미 공군의 아버지로 인정받는 위대한 인물로 평가받게 된다.[151]

공군력으로 승리한 2차세계대전

1941년 12월, 일본의 진주만 기습은 항공력에 기반한 해양 지배라는 해군 역사의 신기원을 이룬 대사건이다. 이후 일본의 항공모함 부대는 인도

---

151) 2차 대전에서 활약한 B-25폭격기에 미첼의 이름이 붙여졌고, 그의 고향인 위스콘신 주 밀워키 미첼 국제공항은 그의 이름을 따 지어졌다. 미 공군사관학교에서도 생도들의 식당을 '미첼 홀'로 명명해 그의 업적을 기리고 있다. 2007년에는 미 공군협회(Air Force Association)의 연구소가 '미첼 항공우주력 연구소'(Mitchell Institute for Aerospace Studies)로 명명되었다.

양까지 진출하며 일본의 초기 승리에 큰 공헌을 했다. 하지만 일본은 이런 대성공에도 불구하고 여전히 구태의연한 함대 결전과 대함거포주의에 빠져 있었다. 1942년 6월 5일에서 7일에 걸쳐 하와이 북서쪽 미드웨이 앞바다에서 있었던 미일 양군 사이의 미드웨이 해전에서 일본군은, 야마모토 해군 대장이 지휘하는 전함 11척, 항공모함 8척, 순양함 18척 등 연합함대 주력과 나구모 중장 지휘하의 기동부대를 합친 350척의 대함대를 동원해 미드웨이 섬의 점령과 미해군 기동부대를 유인 섬멸하기 위한 대작전을 펼쳤다. 일본으로서는 이 작전을 입안 중이던 4월에 둘리틀 폭격기 부대가 처음으로 도쿄를 공습하자 이 작전으로 제해권의 확대까지 기대하고 있었다. 열세였던 미해군은 3척의 항공모함으로 이에 맞섰다.

그러나 정찰 태만과 미국의 암호 해독으로 대기 중이던 미 항모에서 출격한 급강하 폭격기대의 기습을 받고 나구모 함대는 주력 항공모함 4척과 항공기 300대, 병력 3,500명 특히 잘 훈련된 조종사를 대거 상실하는 참패를 당하고, 제공권을 상실해 작전을 중지할 수밖에 없었다. 태평양전쟁 개전 이래 태평양 인도양에서 우위를 지키던 일본 해군은 이 해전의 패배 이후 주도권을 미군에 내주면서 전쟁의 중대한 전환점이 되었다. 이후 미국은 과달카날에서 오키나와까지 태평양의 여러 섬들에 만들어진 비행장들을 점령하고 확장해 일본 본토까지의 길을 열었다.

미국은 제2차세계대전 동안 32만 대 이상의 각종 항공기를 생산했는데, 이는 추축국 전체 생산량을 합친 것보다 두 배 이상이었다. 그 중에서도 대형 기종인 수송기와 폭격기의 대량 생산이 돋보였다. 제2차세계대전의 전환점이 된 노르망디 상륙작전 당시 미 육군 제101공수사단과 제82공수사단의 공수작전에 800여 대가 넘는 C-47 수송기가 동원되었다. C-47 수송기는 다코타라는 애칭으로 부르며 1만 5천 대 이상이 생산되었고 일부 국가에서는 지금도 사용하고 있다.[152] 태평양 전선에서는 3천 대 이상 생산된 C-46 수송기가 높고 험준한 히말라야 산맥을 넘나들며 중국지원 물자보급에 동원되었다. 비록 실패했으나 미국의 항공력은 사상 최대의 공수작전인 마켓 가든 작전을 실행할 정도로 대단했다.

미국의 대형 폭격기 B-17은 독일을, B-29는 일본을 무자비하게 폭격했다. 특히 일본의 경우 폭격으로 인해 철도와 도로가 대부분 파괴되어 육상 수송이 거의 불가능해지면서 경제가 마비되었다. B-29 폭격기가 이륙하는 티니안 섬은 일 년 남짓 '세계에서 가장 바쁜 공항'이 될 정도였다. 그 유명한 원자폭탄 투하는 일본의 마지막 숨통을 끊었을 뿐이다.

유럽 전선에서도 항공력의 힘은 전쟁에 엄청난 영향을 미쳤다. 독일은 항공력을 육상의 기갑부대와 연계한 전격전술로 전 유럽을 휩쓸었지만 전술 차원에 머무르는 한계를 보였고, 결국 전략폭격기는 개발하지 못했다. 반면 미국과 영국은 B17, B24, 랭커스터 같은 대형 전략폭격기를 개발하여, 대량 생산했다. 이 폭격기 부대는 독일과 동맹국, 점령국[153]의 산업지대와 도시를 공격하여 추축국의 전쟁수행능력을 크게 저하시켰다. 대서양에서도 육상 기지와 항공모함에서 발진한 항공기들이 독일 잠수함들을 사냥하고 항로를 지켜내어 전쟁 승리에 중요한 공헌을 하였다.

민수용 전환

전쟁이 끝나자 미국의 항공기 제작회사들은 장거리 폭격기를 기초로 장거리 대형 여객기 개발을 서둘렀는데, 군비축소를 단행한 미국 정부의 정

---

152) 여의도 공원에 전시되어 있는 일명 '장준하 비행기'가 이 기종이다. 해방 직후, 장준하는 이 수송기를 타고 여의도 비행장에 내려 일본군 장교를 만나 항복을 논의했다.
153) 독일, 이탈리아, 헝가리, 슬로바키아, 루마니아, 프랑스가 그 대상이었다.

C-47은 더글러스 DC-3를 기반으로 한 미국의 쌍발엔진 군용수송기로 스카이트레인(Skytrain) 또는 '다코타(Dakota)'라는 애칭(특히 영국에서)으로 불렸으며, 제2차 세계대전 동안 전장 곳곳에서 낙하산 부대 수송, 보급품 수송, 글라이더 견인 등 다양한 임무를 수행했다. 일부 국가에서는 지금도 현역으로 활용하고 있는 기종이다.

책변화 때문에 생존을 위해서라도 이런 방향전환은 필수적이었다. 특히 유럽 경제부흥을 이끈 마셜 플랜에는 여행개발부서가 있었다. 호텔 체인과 민간 항공사, 여행사와 언론이 참여한 이 부서는 미국인들의 유럽 여행을 장려하는 역할을 맡았다. 미국인들이 유럽에서 소비를 해서 유럽의 경제부흥을 돕자는 취지도 있었고, 민간항공기의 발전을 촉진하자는 의도도 겸했다. 사실 2차대전 당시 유럽과 태평양에서 싸운 수백만의 미군 병사들은 대부분 '해외여행'이 처음이었다. 그들은 자신이 처음으로 간 외국에 흥미를 느꼈다. 더구나 전쟁이 끝난 후 이들의 임무는 전투에서 점령으로 바뀌었고, 해당 지역을 돌아보는 데 많은 시간을 쓸 수밖에 없었다. 자연스럽게 미국인들의 해외여행이 크게 늘어나는 계기가 되었다.

대중화된 해외여행은 세계 경제 회복에 상당한 몫을 차지했다. 이렇게 항공은 최소한 장거리 여행에서는 해운을 능가하기 시작했고, 지금까지 이어지고 있다. 장거리 항공 여행과 수송이 일반화되면서 가장 혜택을 본 미국의 도시는 알래스카의 앵커리지였다. 앵커리지는 미국 동부, 일본, 유럽 같은 산업 중심지가 모두 1만 킬로미터 이내여서 냉전시기 북극권 항로의 중간 기착지로 크게 중요시 되었다. 1990년대 이후, 초장거리 여객기의 등장과 냉전종식으로 앵커리지의 중요성은 내려갔지만, 화물수송은 화물을 더 싣고, 중간기착을 하는 쪽이 유리하기에 여전히 중요한 공항의 위상을 지켰다. 특히 코로나 팬데믹 이후에는 세계에서 가장 바쁜 공항이 되기도 했다. 최근에도 트럼프 미국 대통령과 푸틴 러시아 대통령이 앵커리지에서 만나 회담을 가졌다.

이런 분위기가 이어지면서 여객기도 계속 개발되었는데, 대표적인 존재가 슈퍼스트라토크루저로 이륙중량이 66톤에 항속거리가 6,759킬로미터에 달했다. 제트 여객기는 영국이 첫 번째로 개발했지만 고성능의 대형 여객기로 발전시킨 나라는 역시 미국이었다. 1950년 후반, 미국은 제트엔진을 단 보잉707과 맥도날 더글러스 DC-8 같은 여객기를 선보이며 민간 항공부문에서도 우위를 차지했다. 10여 년간 이러한 기술과 경제적 우위는 계속되었고 특히 중단거리 노선에 적합한 보잉727은 1,800대 이상이 생산되어 크게 성공했다. 경쟁사인 맥도널 더글러스는 단거리 노선에 적합한 DC-9를 개발하여 2,200대 이상 판매하였다. 그러자 보잉은 1966년, '점보'라고 부르는 초대형 여객기 747을 개발하여 40년 동안 1,385대를 생산하여 항공 여객과 수송에 혁명을 일으켰다. 20년 후, 유럽의 라이벌 에어버스는 2005년에 더 큰 초대형 A380을 개발하였다.

1980년 한 해 동안 항공 승객은 8억이었지만, 현재는 46억에 달하며, 그 중 국제여객 승객은 2억에서 20억으로 늘어났다. 이렇게 제트여행기의 등장은 고위 정치인과 관료, 학자, 부호들의 전유물이었던 해외여행을 대중화하는 데 결정적인 역할을 하였다. 이런 항공여행의 대중화로 자원도 빈약하고 기술도 없는 신생국들이나 약소국들이 관광산업을 육성하여 최소한의 국부를 창출할 수 있었다. 몰디브, 네팔, 모리셔스, 크로아티아, 바하마, 코스타리카, 바베이도즈, 사모아, 그레나다, 카보베르데 등이 그러한 나라들이라 할 수 있다. 하지만 관광에 의존하는 국가들은 코로나19로 인해 큰 타격을 입고 말았다. 카타르나 UAE 같은 중동의 석유 부국들도 세계 최대 경제권인 동아시아와 유럽의 중간에 위치했다는 지리적 장점을 이용해 항공 산업을 적극적으로 육성하여, 괄목할 만한 성과를 거두었다. 그 결과 도하와 두바이는 세계적인 규모의 공항으로 발돋움했다. 현대의 항공노선은 한 세기 전 증기선이 만든 항로들과 비교할 수 없을 정도로 촘촘하다. 이렇게 항공이 중요해지자 에티오피아나 네팔 같은 극빈국들조차도 자체항공사를 보유하지 않을 수 없게 되었다.

유럽 국가들의 합작회사인 에어버스가 등장한 이후 미국 항공기 제작사들의 독점구조는 무너졌고, 맥도널 더글라스 사가 보잉에 합병되기까지 했지만 항공기 제작 특히 군용기 제작은 미국의 몇 남지 않은 세계적인 제조업으로 경쟁력을 과시했다. 하지만 최근 보잉은 기술 위주 경영에서 재무와 회계 위주 즉 수익 위주 경영으로 전환하면서 품질이 저하되었고, 연이은 사고로 기업 이미지가 크게 실추되었다. 당연히 주가가 폭락했음은 물론이고 주문도 격감하여, 1위 자리를 에어버스에 내주고 경영 실적도 크게 악화되었다.

여전한 미국의 항공패권

미국의 항공력은 2차 대전 승리의 원동력이었고, 1948년 베를린 봉쇄 때에는 매일 5,000톤을 공수하는 등 엄청난 능력을 과시하여 결국 소련으로 하여금 봉쇄를 풀게 만드는 승리를 거두었다. 또한 러시아 출신이지만 혁명으로 인해 미국으로 망명하여 귀화한 이고르 시콜스키가 세계 최초로 대량생산된 R-4 헬리콥터를 개발하고, 이후 한국전쟁에 실전 투입하면서 미국의 항공력은 더욱 힘을 받게 되었다. 이렇게 절정에 오른 미국의 항공력도 베트남에서는 큰 실패를 겪었다. 폭격량만도 1,300만 톤에 달할 정도로 엄청난 화력을 쏟아 부었지만, 세계 여론만 악화시키고 패전이라는 쓴 맛을 보고 말았다.[154] 하지만 1991년 1월 걸프전에서는 사상 최초로 스텔스기를 실전에 투입하는 등 압도적인 파괴력을 선보이며 베트남전의 실패를 상당 부분 만회했다.

전 세계 어디에라도 투입이 가능한 항공 수송력 역시 미국 패권의 큰 기둥이다. 1960년대 중반, 4대의 제트엔진을 장착한 대형 C-141 수송기가 등장한다. 이렇게 미군이 대륙간 비행능력을 가지면서, 전쟁 물자를

---

154) 1,2차 세계대전과 한국전쟁을 모두 합쳐도 폭격 량은 850만 톤 정도에 불과하다고 한다.

후방의 주요 기지까지 나를 수 있는 전략 수송기와, 작전지역 내에서 부대를 이동 전개하고 장비와 물자를 수송하는 전술 수송기로 세분화 되었다. 대표적인 전략 수송기로는 초대형 C-5 수송기가, 전술 수송기로는 2,300대 이상이 생산되고 전 세계 70여 개국에 사용할 정도로 베스트셀러인 C-130이 있다. 하지만 가장 이상적인 수송기는 전략 수송기의 비행 및 수송 능력 그리고 전술 수송기의 이착륙 능력이 결합된 것이었다.

현재 미 공군이 운용중인 C-17 수송기가 가장 이상적인 대형 수송기로 꼽힌다. 1991년 9월 15일 첫 비행에 성공한 C-17은 C-130의 3배에 달하는 탑재량을 자랑하여, 60여 톤에 달하는 미 육군의 M1 에이브람스Abrams 전차를 수송할 수 있다. 반면에 이착륙거리는 C-130 수송기와 같아 운영이 아주 편리하다.

9.11 테러 이후 시작된 2001년 아프간 전쟁 초기 미 공군의 C-17은 험준한 산악지형으로, 육로 수송이 제한된 지형에서 공수작전의 47%를 담당했다. 이어진 2003년 이라크전쟁에서도 C-17 수송기는 맹활약을 했다. 당시 이라크 공격 계획에 따르면, 디지털 기계화 부대인 미 육군 제4사단이 튀르키예를 통해 이라크 북부로 진격할 예정이었으나 튀르키예 정부의 반대로 무산되었다. 결국 소수의 특수부대가 침투해 바그다드로 진격했지만, 이라크 군의 완강한 저항에 부딪치고 말았다. 결국 미군 수뇌부는 당시 유럽에 주둔 중이던 공수여단을 긴급 투입한다. 2003년 3월, 900여 명의 병력이 C-17 수송기에 타고, 이라크 바슈라 공군기지에 낙하했고, 4월 들어서는 C-17 수송기로 M1A1 에이브럼스 전차와 M2 브래들리Bradley 장갑차로 구성된 기계화 부대를 투입해 이라크 북부의 주요 거점 장악에 성공했다. 이렇게 미군은 전 세계에 어디에라도 긴급 병력 투입이 가능한 유일한 군대로서 독보적인 위상을 자랑하고 있다.

공항의 대형화와 도서화

세계적으로 항공수요가 폭증하자, 대도시들은 기존의 공항들로는 감당할 수 없게 되었고, 결국 새로운 공항을 건설할 수밖에 없었다. 특히 빠른 경제발전을 이룬 동아시아 국가들이 인공 섬을 만들거나 도서 사이를 메워 공항을 건설하고, 다리로 대도시와 연결하는 방식을 택했다. 그 시작은 간사이 국제공항이다. 어느 나라나 마찬가지인 항공기 소음에 항의하는 주민들의 민원 문제와 무엇보다 비싼 땅값으로 충분한 용지를 확보하기가 어려웠다. 결국 길이 4킬로미터, 폭 1킬로미터의 인공 섬을 만들고 그 위에 간사이 공항을 건설했다. 이 방식은 24시간 동안 공항을 가동할 수 있다는 장점도 있어서 우리나라와 홍콩도 따라했지만, 완전한 인공 섬은 아니고 자연 섬들을 활용하는 방식을 채택했다.

　서울의 국제공항은 원래 일제강점기에 여의도에 만들었지만, 도시의 팽창과 여의도 개발로 일본군 비행장이 있던 김포공항으로 이전했다. 하지만 김포공항도 1980년대부터 수용능력에서 한계를 보이기 시작하면서, 영종도와 용유도 사이를 메워 2001년 3월에 인천국제공항을 개항했다. 인천공항은 급속도로 성장해 지금은 세계적 규모를 자랑하는 국제 허브공항으로 자리 잡았다. 건설 과정에서 월드컵 개최와 상암 구장 건설이 결정되었고, 이때문에 쓰레기 섬 난지도가 공원으로 재탄생했다. 자연스럽게 수색 일대도 면모를 일신했다. 홍콩 역시 도심에 있던 카이탁啓德 공항 대신 외곽의 섬인 쳅랍콕에 새로운 국제공항을 건설해 1998년 7월에 개항했다. 착공을 앞두고 있는 가덕도 공항 역시 같은 방식으로 건설할 계획이다.

　이러한 국제공항의 대형화와 도서화는 앞서 다룬 항만의 대형화와 외해 이전, 고속철도 역사의 외곽 이전과 비슷한 흐름이라고 할 수 있다.

미국이 주도한 통신혁명

미국은 항공력 뿐 아니라 통신 수단을 선진적으로 개발하며 현대 문명을 더욱 발전시키고, 세계 패권 유지의 결정적인 축으로 만들었다. 인간의 정보를 기록하고 전달하는 수단은 수메르인의 점토판에서 시작하여, 파피루스, 목간과 죽간, 양피지와 종이, 인쇄술, PC 그리고 인터넷과 스마트폰까지 눈부시게 진화했다. 하지만 대중적인 지식의 기록과 전달은 역시 인쇄술에서 시작되었고 보아야 한다.

그 초기 형태인 목판 인쇄술은 8세기 중국에서 발명되어, 학문과 종교의 대중화에 큰 기여를 했고, 고려에서는 탈착이 가능한 세계 최초의 금속활자를 만들기도 했다. 그러나 세계사를 뒤흔들 정도로 인쇄술을 고도의 경지로 올린 인물은 역시 구텐베르크였다. 1440년경 만들어진 그의 금속활자는 탈착뿐 아니라 인쇄기계까지 결합한 것이었다. 게다가 구텐베르크는 종이와 잉크까지 신경을 썼기에 완벽에 가까운 시스템을 완성한 셈이었다. 19세기 중반 윤전기가 나오기 전까지 구텐베르크의 인쇄기는 약간의 개량이 더해지기는 했지만, 기본적으로 그대로 사용했을 정도로 대단한 발명이었다. 구텐베르크의 인쇄기 덕분에 종교개혁이 성공할 수 있었다는 사실은 아주 유명하다.

구텐베르크 덕분에 한 부 베낄 시간에 수천 부의 책이 나올 수 있었고, 오탈자를 최소화할 수 있었기에 지식과 정보의 정확한 전달과 대중화가 가능해졌다. 1455년까지만 해도 유럽 전역에서 발간된 책들이 겨우 수레 한 대를 채울 정도에 불과했다면 50년 후에는 가짓수만 수만 종, 권수로는 수백만 권에 달하는 책들이 쏟아져 나왔다. 서유럽이 동아시아를 능가하게 된 중요한 원인 중 하나가 구텐베르크의 활자와 인쇄기 덕분이라는 주장은 결코 과장이 아니다.

미국뿐 아니라 당시 서구 사회에서 최고의 지식인으로 꼽혔던 벤저민 프랭클린은 인쇄공이자 인쇄소 사장 출신이다. 작가이자 피뢰침의 발명자이며 미국 건국의 아버지로 유명하지만, 미국의 초대 체신부 장관이라는 사실은 잘 알려져 있지 않다. 그는 정보의 생산 못지않게 유통이 중요하다는 것을 깨달았던 선각자이다. 미 연방정부는 1792년 우편법을 제정해 연방우편제도를 확립했는데, 1816년 연방정부 소속 공무원 중 69퍼센트가 우체국 소속일 정도로 체신부는 최대 부처로 자리 잡았다.

이렇게 정보의 생산은 엄청나게 늘었지만 전달과 유통은 여전히 범선과 말의 속도를 넘지 못하고 있었다. 그러나 산업혁명이 일어나면서 통신에서도 혁명이 시작되었다. 바로 모스 부호와 전신의 발명이다. 이 위대한 혁신 또한 미국에서 일어났다. 하지만 앞서 대영제국의 네트워크 편에서도 이야기했듯이 이 전신망을 더 잘 활용한 나라는 영국이었다.

전신은 철도의 안전운행 수단으로 사용되면서 각광을 받기 시작해서 1852년경에는 유럽 전체를 덮는 망이 형성되기에 이른다. 전신은 전 세계를 하나로 만든 19세기의 인터넷이었고, 자본주의와 제국주의의 발전에 큰 기여를 했다. 우리나라는 1885년에 서울-인천 간 전신을 시작으로 서울-의주와 서울-부산 간 전신을 개통했다. 하지만 1905년 대한제국의 전신망이 일본의 손에 넘어갔고 결국 망국으로 이어진다.

전기 중심의 2차 산업혁명과 컴퓨터의 등장

석탄과 증기기관이 이끌었던 1차 산업혁명에 비해 전기와 내연기관, 화학이 복합적으로 발전하며 일어난 2차 산업혁명은 서구 열강에게 거의 전능에 가까운 힘을 가져다주었다. 그 중에서도 전화와 무선통신은 전신에 이은 2차 혁명을 가져온 엄청난 신기술이었다. 전화는 1876년 미국인 그레이엄 벨이, 무선통신은 20년 후인 1896년에 이탈리아인 마르코니가 발명했고, 라디오는 캐나다인이기는 하지만 미국에서 활동한 엔지니어 레지널드 페슨든Reginald Fessenden이 1901년에 세계 최초로 전파에 목소리를 실어 전달하는 기술을 개발하면서 시작되었다. 페슨든은 자신의 송신기를 더욱 개선한 후, 매사추세츠에서 스코틀랜드까지 대서양을 횡단하는 음성 송신에 최초로 성공하였으며, 1906년 크리스마스이브에 최초의 라디오 방송을 시작하였고, 이후 라디오는 급속하게 보급되었다. 물론 전화와 라디오는 산업화된 전기가 없었다면 불가능한 발명이었다.

초기의 전화는 사람이 직접 교환하는 수동식이었지만 1920년대에 자동식으로 전환되었고, 점차 소형화되면서 1930년대부터는 가정에도 보급되기 시작했다. 대용 무전기인 워키토키walkie-talkie도 1937년에 등장했다.

라디오는 전기에 기반한 현대 대중문화의 시작을 알렸고, 엄청난 정보를 대중에게 제공했다. 하지만 언제나 기술은 악용되는 경우가 대부분인데 라디오도 예외가 아니었다. 히틀러와 괴벨스는 라디오를 적극적으로 이용하여 나치의 집권을 가능하게 만들었고, 1933년 집권에 성공했으며, 결국 세계대전의 참화까지 이어지고 말았다. 공교롭게도 루스벨트가 그 유명한 노변담화를 라디오를 통해 내보낸 시기도 1933년 3월이었다.

그러나 전쟁, 특히 큰 전쟁일수록 기술을 발전시키는 법인데 정보통신 분야는 더욱 그렇다. 연합국과 추축국 양 진영 모두 뛰어난 통신장비와 암호해독 그리고 방대한 데이터를 처리할 수 있는 계산기 개발에 심혈을 기울였다. 하지만 승자는 연합국이었다. 영국에서 개발한 콜로서스와 미국에서 만든 ABC(어태너소프-베리 컴퓨터)가 암호해독에 큰 공헌을 했기 때문이다. 이런 노하우를 모아 1946년 현대 컴퓨터의 원조라고 알려진 애니악이 등장하기에 이른다. 1만 7천 개 이상의 진공관을 장착한 애니악은 무게가 약 30톤에 달했고, 폭은 24미터에 이르는 거대한 덩치를 지녔다. 하지만 100명의 수학자가 1년 동안 풀어야 할 문제를 단 2시간 만에 풀어버리는 속도를 가진, 당시 기준으로는 경이로운 물건이었다. 그러나 늘 온도와 습도를 조절해야 하고, 정부기관에 설치했을 경우에는 무장군인이 경비해야 하는 신기하고 너무 둔중한 물건이었다.

반도체가 일으킨 혁명

엄청난 덩치와 가격 때문에 애니악은 정부기관이나 군대, 대기업, 소수의 대학에나 비치된 귀한 물건이었고, 일반인들은 구경할 기회조차 없었다. 또한 엄청난 전기를 소모하는 괴물이기도 했다. 이랬던 컴퓨터가 소형화되기 시작한 계기 중 하나는 '스푸티니크 쇼크' 때문이다. 1957년, 소련이 인류 최초의 인공위성 스푸티니크를 쏘아 올린 데 이어, 4년 후 유리 가가린이 인류의 최초의 우주비행을 성공시키자 미국은 큰 충격에 빠졌다.

다음 해인 1962년, 케네디 대통령은 달에 인간을 보내겠다는 선언을 하고 매년 연방정부 예산의 4%를 쏟아붓고, 모든 기술력을 총동원했다. 그 중 핵심은 우주선에 들어갈 정도로 컴퓨터를 소형화하는 것이었다. 엔지니어들은 엄청난 노력을 기울여 컴퓨터의 크기를 '혹등고래에서 아르마딜로만큼' 줄이는 데 성공했다. 이런 혁명적인 변화는 트랜지스터라고 부르는 반도체의 개발이 없었다면 불가능했다. 교류전류를 직류로 바꿔주는 진공관은 컴퓨터는 물론 라디오, TV, 레이더 등 당시에 존재하는 거의 모든 전자제품에 들어가는 '만능 부품'이었지만 큰 부피와 짧은 수명, 그리고 엄청난 전기 소모량은 큰 부담이었다. 하지만 스탠퍼드 대학 출신 윌리엄 쇼클리는 1947년 게르마늄과 실리콘을 이용한 트랜지스터의 원형을 개발했다. 하지만 상용화에는 오랜 시간이 필요했고, 1954년 12월에야 휴대용 트랜지스터라디오가 등장했다.

트랜지스터를 줄인 이름인 TR-1라디오는 불티나듯 팔려나갔고, 진공관을 완벽하게 대체할 뿐 아니라 진정한 정보통신 시대를 열기에 이르렀다. 이후 스탠퍼드 대학을 중심으로 정보통신산업이 발전해 나갔고, 산타클라라와 산호세, 팰로앨토 등의 전원도시에 벤처기업들이 자리 잡으면서, 실리콘 밸리가 탄생했다.[155]

PC의 등장과 급속한 보급

하지만 컴퓨터는 1970년 중반까지도 여전히 특정집단만 소유하고 사용하는 '천상의 신기'였고, 일반인들은 구경조차 어려웠다. 이 시기에 등장한 인물이 바로 그 유명한 스티브 잡스와 스티브 워즈니악이라는 두 명의 스티브였다. 둘 다 컴퓨터광에다 괴짜였기에 의기투합하여 자동차와 계산기를 팔아 1500달러를 마련하고 차고에서 연구와 작업을 거듭했다. 드디어 1975년 6월 29일, 키보드를 쳐서 글자가 디스플레이에 나오게 하는 현대 PC의 원형을 만들어냈다. 이렇게 탄생한 애플I은 고가일 뿐 아니라 여러 가지 문제점을 안고 있어 200대 판매에 그쳤다. 하지만 문제점을 개선하여 2년 후인 1977년 6월에 등장한 애플II는 모니터와 키보드가 일체화 된 형태로 큰 성공을 거두며 사실상 최초의 PC로 자리 잡는데 성공한다. 두 명의 스티브가 20대 초반에 백만장자가 되었음은 당연한 결과였다. 하지만 여전히 고가라는 약점은 극복하지 못했다.

그 동안 기업용 컴퓨터만 생산하던 IBM은 1981년에 기념비적인 PC

---

155) 냉전 시기 소련 핵미사일의 주요 목표 중 하나가 실리콘 밸리였다.

펜실베이니아 대학에 설치되었던 에니악. 설치 당시 비용이 50만 달러(현재 가치로 800만 달러)였다고 한다. 지금과 같은 프로그램 기억식이 아니라 프로그램을 배선판에 일일이 배선하는 외부 프로그램 방식이었다. 현재 컴퓨터는 2진수로 계산하지만 에니악은 10진수를 채용했다. 당시에는 획기적인 컴퓨터였지만 가동했을 때 펜실베이니아 시내의 가로등이 모두 희미해지고 신호등이 꺼질 정도로 엄청난 전력을 소모했다(시간당 150kw). 게다가 작동에 시간이 많이 걸릴 뿐만 아니라 엄청난 열이 발생했고 진동에도 취약했다. 그럼에도 성능은 크기에 비해 형편없었다. 1955년까지 사용하다가 전자공학기술의 발달로 다른 컴퓨터로 대체되어 구시대의 유물로 전락했다.

IBM 5150을 내놓았다. IBM은 리스크를 최소화하고 선발주자를 따라잡기 위해 처음부터 모든 구조를 직접 설계해 만들던 기존 방법론을 버리고 CPU, 메모리 등의 구성 하드웨어와 운영 체제를 기성품을 사용하고 다른 회사에서 주변 기기나 호환 기종을 만들 수 있도록 개방하는 파격을 선택했다. 이때의 개방정책은 40년이 지난 현재의 PC에까지 지대한 영향을 미치고 있다고 보아도 과언이 아니다. IBM 5150은 매달 20만 대 이상 팔려나갈 정도로 대단한 판매량을 보였다. 하지만 개발시스템 개선이 그야말로 신의 한 수가 되었다는 사실이 더 중요하다. 이 시스템은 말 그대로 세계를 정복하고 그 전과는 완전히 다른 세상을 만들어 버렸다. 다음해인 1982년, 소니와 필립스가 콤팩트디스크와 플레이어를 개발해 시중에 내놓았고, IBM의 PC시스템과 결합하였다. 이렇게 PC는 문화 영역까지 깊숙이 침투하여 완전히 새로운 문화 지형을 만들기에 이르렀다. 이때 등장한 PC는 애니악 정도의 성능을 지녔는데 그때와는 달리 온도와 습도를 조절할 필요도 무장 군인들의 경비도 필요 없었다. 세계적 석학 유발 하라리는 컴퓨터라는 존재를 이렇게 묘사했다.

컴퓨터는 지능에서 점토판, 인쇄술, 라디오 등 모든 정보 기술을 훨씬 능가한다. 점토판은 세금에 정보를 저장했지만 세금을 얼마나 부과할지 스스로 결정할 수 없었고, 완전히 새로운 세금을 발명할 수도 없었다. 인쇄기는 《성경》과 같은 자료를 복제했지만, 《성경》에 어떤 텍스트를 포함할지 결정할 수 없었고, 《성경》에 대한 새로운 해설을 쓸 수도 없었다. 라디오는 정치연설과 교향곡 같은 정보를 전파했지만, 어떤 연설이나 교향곡을 방송 할지 결정하거나, 연설문을 작성하고 교향곡을 작곡할 수는 없었다. 컴퓨터는 이 모든 것을 할 수 있다. 인쇄기와 라디오는 인간이 조작해야 하는 수동적인 도구였던 반면, 컴퓨터는 이미 인간의 통제와 이해를 벗어나 사회, 문화, 역사를 주도적으로 만들어갈 수 있는 능동적인 행위자가 되고 있다.

인터넷의 등장

인터넷도 군사적 목적으로 탄생하였다. 1969년, 미 국방부는 중요한 군사 정보의 보관과 관리에 고민에 빠졌다. 처음에는 강력한 요새를 건설하고, 이곳에 중앙 서버를 두어 모든 정보를 중앙 집중형으로 관리하려고 했지만 '핵미사일로 공격하면 어떻게 할 것이냐?'는 반론에 대해서는 해결책이 없었다. 따라서 여러 곳에 서버를 분산한 다음 이를 서로 연결하여 일부가 공격당하더라도 나머지 서버들로 관리하는 방안이 제시되었다. 그러면서 이 연구의 일부를 담당한 UCLA의 실험실에서 몇 비트의 데이터를 케이블을 통해 다른 컴퓨터로 전송할 수 있다는 것이 확인되면서 인터넷의 전신인 아파넷이 시작되었다.

1980년 후반 등장한 인터넷은 광섬유 케이블과 나란히 성장했다. 파장이 일정하고 강한 광선인 레이저와 빛의 펄스를 통해 정보를 전송할 수 있는 광섬유 케이블의 등장으로 정보혁명은 가시화되었다. 1988년 대서양 횡단 광섬유 케이블이 개통되면서 3만 7,800회선의 동시 통화가 가능해졌고, 8년 후에는 130만 회선으로 늘어났다. 현재 거의 300개의 해저케이블이 전 세계를 인터넷으로 하나로 묶고 있는데, 대부분 미국 소유이다. 미국은 자크 아탈리의 표현대로 바다를 포기하고 바다 아래로 유통되는 상품 즉 정보의 교류를 장악하기로 한 듯하다.

1995년 전 세계를 대상으로 하는 인터넷 벼룩시장인 이베이가 등장했다. 과거 시장 상인들처럼 일반인들도 쓰던 가전제품이나, 카메라, 책,

오래된 영화 포스터나 레코드판 같은 물건들을 전 세계 네트워크 안에서 최고 입찰자에게 팔 수 있게 되었다. 아마존도 이 시기에 등장했고, 닷컴 열풍이 불면서 거대한 거품이 형성되었다. 이후 버블 붕괴로 월스트리트조차 큰 충격을 받았지만 닷컴 버블 덕분에 광섬유 인프라가 수년 만에 깔렸고, 아마존 등 견뎌 낸 기업들은 더 거대해졌고 내성도 강해졌다.

하늘을 통해 세계를 지배한 미국은 인터넷이 만들어낸 전 세계적인 전자공간을 구글, 애플, 아마존, 페이스북 같은 거대한 IT기업을 통해 지배하고 있다. 이들은 빅데이터와 인공지능이라는 두 가지 강력한 무기로 엄청난 경제적 이익을 얻으며 무한에 가까운 부를 쌓아가고 있다.

지구를 지배하는 GPS기술

지금은 공기처럼 자연스럽게 사용하는 GPS(Global Positioning System) 역시 미국에서 시작되었다. 인터넷처럼 시작은 군사용이었다. 스푸트니크의 발사로 미국이 큰 충격을 받았을 때, 미국 존스 홉킨스 대학교의 응용 물리학 연구소(APL)에서는 스푸트니크에서 송출하는 라디오 신호를 듣고 있었다. 이때 누군가가 이 신호를 이용해서 위성의 위치를 알 수 있지 않을까라는 제안을 했고, 실제로 계산해보니 가능성이 있다는 판단을 내렸다. 그리고 서로 다른 여러 안테나에서 이를 수신하여, 신호가 들어오는 시간차와 각도 등을 측정하여 위치를 계산하는 보고서를 작성했다. 그러나, 금세 잊히고 말았다.

하지만, 얼마 후 핵잠수함이 등장했고, 탄도미사일의 정확한 발사를 위해서는 주야 구분 없이 자신의 위치를 정확히 알 필요가 생겼다. 그러면서, 이 보고서가 다시 주목을 받았다. 여기에서 나온 기술을 반대로 이용해, 여러 송출원에서 신호를 쏘고 이를 수신해서 자신의 현재 위치를 계산하는 기술이 등장했는데, 바로 GPS이다. 인공위성은 소련보다 늦었지만, 미국의 인공위성 숫자가 훨씬 많아서 가능했던 일이다. 물론 이 기술은 해군뿐 아니라 육군과 공군, 해병대도 도입했다. 그리고 GPS 서비스는 1990년대 초반 민간에도 개방된다. 이로써 전 세계를 오가는 수많은 항공기들이 연료를 절약하면서도 안전한 비행이 가능해졌다. GPS는 곧바로 전 세계에 보급되었다.

이 시기에는 오차 범위가 수백 미터에 달했지만, 항공기나 선박 입장에서 이 정도 오차는 충분히 견딜 수 있는 수준이었고, 극지 탐험이나 조난 상황에서도 큰 문제가 없었다. 하지만 도심이나 이동하는 자동차에서 사용하기에는 상당히 큰 오차였기 때문에 이를 보정하기 위한 다양한 기술들이 개발되었다. 그러면서 민간용 GPS의 측위 정밀도가 30미터 이하로 정확해졌고, 이후 더 향상된 기술과 접목되어 수 미터 이내의 정밀도를 가지기에 이른다. 2020년 이후 출시된 대부분의 스마트폰은 GPS를 기본적으로 장착하고 있고, 매우 높은 수준의 정확도로 빠른 시간 안에 현재 위치를 추적할 수 있다. 그리고 이러한 기술들은 21세기 신기술의 총아인 드론과 자율주행차량에도 접목되었다.

컴퓨터와 인터넷, GPS는 모두 군사용으로 시작했지만 민간으로 퍼져 나가 세상을 통째로 바꾸어 놓았고, 엄청난 부가가치를 창출했다. 반면 소련은 개발된 군사기술을 민간으로 전환하지 않고 고립을 고수하다가 군비경쟁에서 이길 수 없었다. 군사기술의 민간전환 또는 개방은 미국이 냉전에서 승리를 거둔 중요한 원인 중 하나였다.

중국의 항공과 통신 굴기

2인자 중국 역시 화웨이華爲와 바이두百度, 텐센트, 알리바바, 샤오미, 딥시크 등 막강한 IT기업들을 보유하고 있다. 화웨이는 세계 1위의 통신장비 기업이다. 이들이 구글이나 아마존, 페이스북을 벤치마킹하였다는 것은 사실이지만, 14억 인구에서 나오는 엄청난 시장데이터를 바탕으로 모바일 결제와 전기자동차 등 새로운 비지니스 모델을 만들어 엄청난 성공을 거두었음은 부인할 수는 없다. 특히 5G 분야는 세계 최고 수준이다.

중국은 세계 최고 수준의 드론과 우주선, 전투기 제조와 운영 기술도 가지고 있다. 최근에는 중국이 제공한 전투기와 미사일이 인도 공군의 프랑스제 라팔 전투기를 격추해 세계를 놀라게 했다. 또한 민간 여객기 분야에서도 C919라는 중형 여객기와 C929, 939라는 장거리 대형 여객기를 개발하면서, 미국과 유럽에 도전장을 던졌지만 아직은 서구 부품 의존도가 높은 실정이다. 그럼에도 우주선 기술은 세계 최고 수준이며, 2019년에는 세계 최초로 달의 뒷면에 창어嫦娥 6호[156]를 착륙시켰다. 또한 중국은 중국판 GPS인 베이더우北斗를, 국가측량제도국에서는 중국판 구글어스인 톈디투天地圖라는 위성지도 서비스를 개발하여, 중국 전역 및 전 세계 지리 정보를 제공하여, 미국 중심의 온라인 패권에서 상당히 벗어나 있다.

중국이 미국이라는 선도자의 강고한 기반을 무너뜨리기는 쉽지 않겠지만, 소련과는 달리 군사와 민간 분야의 기술 교류가 활발하고, 이미 자본주의 경제체제에 확고하게 자리잡았다. 무엇보다 그 발전 속도기 놀라운 데다가, 이공계 우대 정책이 강력한 동인으로 작용하고 있어서 역전도 불가능한 것은 아닐 것이다.

---

156) 창어(嫦娥) 6호는 중국 국가항천국의 로봇 달 탐사선이다. 2024년 5월 3일에 발사되었다. 착륙선은 2024년 6월 1일 달 뒷면에 착륙했다. 상아(嫦娥)는 중국 신화에 나오는 달의 여신으로, 원래 이름은 항아(姮娥)였으나 전한 시대 문제(文帝)의 이름과 발음이 같아 '상(嫦)' 자를 사용하게 되었다.

2024년 5월 3일 지구를 출발하여 2024년 6월 2일 달 뒷면에 있는 남극 에이킨 분지에 성공적으로 착륙한 창어(嫦娥) 6호의 달 표면 탐측기. 탐측기는 중국 국가항천국의 로봇 달 탐사선으로 달의 뒷면에서 월석 시료를 채취한 것은 세계 최초의 기록이다.

영독 패권 쟁탈전과 닮은 꼴인 미중 패권 쟁탈전

문제는 중국과 미국의 패권 쟁탈전이 한 세기 전 독일과 영국의 그것과 무척 닮아있다는 점이다. 거시적으로 보면 20세기 초에는 2차 산업혁명 기간이었고, 앞서 이야기했듯이 독일이 이를 주도하며 패권국인 영국에 도전장을 내밀었는데, 지금은 4차 산업혁명이 진행 중이고, 중국이 무섭게 미국을 따라잡고 있다는 사실이다. 세부적으로 보면 독일은 빌헬름 2세가 주도한 3B로 대표되는 세계정책과 대양해군 건설이, 중국은 일대일로와 대양해군 건설은 사실상 동일하다. 계획으로 끝나긴 했지만 앞서 이야기한 크라 운하 건설 계획과 제2파나마운하 건설 계획도 마찬가지의 흐름이다. 독일과 모두 중국이 세계 최고 수준의 제조업 강국이라는 사실, 독일이 오스트리아-헝가리를 제외하면 별다른 동맹이 없었고, 중국 역시 파키스탄을 제외하면 이렇다 할 우호국이 없다는 점도 유사하다. 심지어 독일과 영국이 러시아와 프랑스를 견제하기 위해 친하게 지내다가 독일의 야심으로 사이가 벌어져 전쟁까지 한 것처럼, 미국도 소련을 견제하기 위해 중국과 손을 잡았다가 소련이 무너지자 패권 다툼을 벌이게 된 것도 비슷해 보인다. 다른 점이 있다면 주 무대가 유럽이 아니라 동아시아라는 사실 정도뿐이다.

    전문가들은 양국의 경제가 너무 밀접하게 연결되어 있어 정면충돌은 불가능하다고 하지만, 과거 영국과 독일도 경제적으로 아주 긴밀하게 연결되어 있었다. 그럼에도 1차세계대전이라는 파국이 일어나고 말았다. 두 강대국 사이에 끼어 있는 우리에게는 어느 강대국도 멀리하지 않고 조심스럽게 행동하고 관리하는 지혜가 절실한때이다. 이 과정에서 그 책임은 정부 관계자만 져서는 안 되며 대기업을 비롯한 시민사회 전체가 나서야 하며, 나라의 중심인 서울 시민의 몫 또한 적지 않다 할 것이다.

참고서적

- 거의 모든 IT의 역사 / 정지훈 저 / 메디치
- 기술의 충돌 / 박현 저 / 서해문집
- 넥서스 / 유발 하라리 저 / 김명주 역 / 김영사
- 비행기의 역사 / 리카르도 니콜리 저 / 유자화 역 / 예담
- 세계사를 뒤흔든 19가지 비행이야기 / 김동현 저 / EDEN HOUSE
- 세계화, 전 지구적 통합의 역사 / 나얀 찬다 저 / 유인선 역 / 모티브북
- 역사에서 경영을 만나다 / 이재규 저 / 사과나무
- 자본주의 인문학 산책 / 조홍식 저 / 한국경제신문

해외서

- 空の帝國 アメリカの20世紀 / 生井英考 저 / 講談社
- 海軍の世界史 / Jeremy Black 저 / 内藤嘉昭 역 / 福村出版

에필로그

인류에게 자연은 애증의 대상이다. 압도적인 자연의 힘은 두려움과 극복의 대상이기도 했지만, 한편으로 자연은 인간의 삶을 풍요롭게 한 물질문명 건설의 재료이자 기회의 장이기도 했다. 인간의 역사는 '어제보다 나은 내일'을 열기 위한 치열한 투쟁으로 진보해 왔다. 그 투쟁의 대상은 자연이었다. 경제학 교과서는 '인간의 욕망은 무한하지만, 자원은 제한되어 있다'는 전제로 시작한다. 영웅들의 서사와 인류 문명의 성취로 가득한 역사의 심연에는 자연이 부여한 제한된 자원을 차지하기 위해 흘렸던 피와 눈물이 담겨 있다. 이들은 생존을 위해, 때로는 더 나은 삶을 위해 자신들보다 압도적인 크기와 힘을 가진 동물들과 맞서야 했고, 척박한 땅을 갈아 씨를 뿌렸으며, 끝이 어디인지 알 수 없는 망망대해에 배를 띄웠다.

《움직이는 문명, 자원과 물류의 세계사》는 인류 문명의 본질을 다룬다. 역사와 문명은 소수의 영웅이 만들어내지 않았다. 자원을 확보하고, 활용하여 무엇인가를 생산하고, 그것을 확산시켜 온 수많은 사람들의 집단 성취물이다. 생산과 물류는 인류 문명 건설의 핵심

활동이었다. 불평등하게 주어진 천연 자원은 생산 활동을 통해 인간에게 요긴한 상품으로 만들어졌고, 운반이라는 수단을 통해 다른 곳으로 전달되고 확산되었다. 이러한 활동의 반복을 통해 물질문명의 확산과 보편화가 이루어졌다.

공간에 대해서도 전해야 할 사실이 있다. 이 책 역시 동아시아, 북미, 유럽 중심을 벗어나기 어려웠음을 솔직히 인정한다. 하지만 이 책에 등장하는 나라의 수가 100여 개가 넘을 정도로 대국 중심, 영웅 중심의 기존 역사책에서는 잘 다루지 않던 존재들을 최대한 포함하려 노력했다. 수천 년 혹은 수만 년 전과 오늘의 인간이 살아가는 모습은 확연히 다르지만 그들과 우리가 같은 땅을 밟고 있으며, 그들이 바라보던 산과 강이 오늘 우리가 바라보는 풍경과 크게 다르지 않았다고 생각하면 그 옛날 선조들의 숨결이 곳곳에서 느껴지는 듯하다. 이 책의 공동저자인 성흠제 의원은 '직업상의 이유'로 서울에 대한 애정이 많아 본문 곳곳에 그 이야기도 많이 풀어 놓았다. 아마 독자들이 살고 있는 동네와 관련된 이야기가 나올 수도 있는데, 서울의 25개 구가 모두 이 책에 등장한다. 내 주변에서 인류 문명사적인 의미를 새롭게 발견하고, 그 장소를 다시 한 번 찾아보는 것도 이 책을 읽는 또 다른 재미가 아닐까 한다.

이 책이 세상의 빛을 볼 수 있도록 생명을 불어넣어 주신 섬앤섬 출판사의 한희덕 대표와 편집자들께 감사의 마음을 전한다. 특별히, 출판되기 전임에도 불구하고 이 책의 가치를 인정해 주신 북펀딩 참여자 한분 한분의 사랑을 기억하며 펜을 놓는다.

2025년 11월 1일
저자 일동

고마운 분들(펀딩 참가자)

강래곤, 고유창, 고현주, 곽경숙, 권위상, 권홍석, 김규직, 김동욱, 김상순, 김상주, 김수자, 김승형, 김영덕, 김윤희, 김용희, 김은식, 김은하, 김인수, 김정은, 김재석, 김재원, 김종곤, 김종분, 김진희, 김철, 김학기, 김학웅, 김형민, 김형진, 김화영, 미야우치 아키오, 박덕진, 박미영, 박연현, 박영길, 박영신, 박재심, 박현식, 박효빈, 방준식, 백익승, 백현주, 법천스님, 변금연, 서충렬, 신종근, 양기환, 연대흠, 오안나, 오청, 윤성림, 이경덕, 이대섭, 이대훈, 이두관, 이명학, 이민수, 이보현, 이상용, 이선원, 이성진, 이영애, 이종옥, 이철기, 이춘복, 이혜윤, 인선희, 인순환, 임선숙, 임헌택, 전병옥, 전선예, 전한병, 정두석, 정미화, 정승원, 정창일, 정형두, 정홍주, 조성원, 조철호, 천희진, 최보인, 하도겸, 하운용, 홍영민

움직이는 문명, 자원과 물류의 세계사

초판 제1쇄 발행 2025년 11월 11일

지은이 한종수, 성흠제, 조성준

펴낸이 김현주

주　간 한희덕
편　집 김형수, 김희수
디자인 이강빈
마케팅 정용수
펴낸곳 섬앤섬

출판신고 2008년 12월 1일 제396-2008-000090호
주　소 경기도 고양시 일산동구 백석로 119. 210-1003호
주문전화 070-7763-7200　**팩스** 031-907-9420
전자우편 somensum@naver.com
인　쇄 성광인쇄

ISBN 979-11-93566-18-3　03900

이 도서는 2025년 문화체육관광부의 '중소출판사 도약부문 제작지원' 사업의 지원을 받아 제작되었습니다.

이 책의 출판권은 섬앤섬 출판사가 소유합니다. 저작권법에 따라 보호를 받는 저작물이므로 무단 전재와 복제를 금합니다.